中国哲学社会科学学科年鉴
CHINESE ACADEMIC ALMANAC

ALMANAC OF RUSSIAN,
EAST EUROPEAN AND
CENTRAL ASIAN
STUDIES IN CHINA

孙壮志 主编

中国俄罗斯东欧中亚研究年鉴

2023

中国社会科学出版社

图书在版编目（CIP）数据

中国俄罗斯东欧中亚研究年鉴. 2023 / 孙壮志主编. --
北京：中国社会科学出版社，2024. 9. -- ISBN 978-7
-5227-4348-6

Ⅰ. D751-54；D736-54

中国国家版本馆CIP数据核字第2024PR0562号

出 版 人	赵剑英
责任编辑	张靖晗
责任校对	韩海超
责任印制	张雪娇

出　　版	中国社会科学出版社
社　　址	北京鼓楼西大街甲158号
邮　　编	100720
网　　址	http://www.csspw.cn
发 行 部	010-84083685
门 市 部	010-84029450
经　　销	新华书店及其他书店
印刷装订	三河市东方印刷有限公司
版　　次	2024年9月第1版
印　　次	2024年9月第1次印刷
开　　本	787×1092　1/16
印　　张	15.75
插　　页	2
字　　数	380千字
定　　价	138.00元

凡购买中国社会科学出版社图书，如有质量问题请与本社营销中心联系调换
电话：010-84083683
版权所有　侵权必究

《中国俄罗斯东欧中亚研究年鉴2023》编委会

主　编　孙壮志
副主编　庞大鹏　李丹琳
编　委　（以姓氏笔画为序）
　　　　　马　强　王晓泉　田德文　刘显忠　孙壮志　李中海　李振利
　　　　　张　宁　金　哲　庞大鹏　赵会荣　柳丰华　徐坡岭　高　歌
　　　　　高京斋　薛福岐
撰稿人　（以姓氏笔画为序）
　　　　　于　游　于树一　马　强　王　超　王效云　牛义臣　龙　希
　　　　　包　毅　刘　丹　刘　畅　刘博玲　吕　萍　曲　岩　杨　进
　　　　　李丽娜　李勇慧　李睿思　张　宁　张知备　吴德堃　林　莹
　　　　　周国长　赵玉明　赵会荣　柳丰华　姜　琍　贺　婷　徐　刚
　　　　　徐坡岭　高　歌　高焓迅　郭晓琼　蒋　菁　韩克敌　薛福岐
　　　　　鞠　豪

编辑说明

一、《中国俄罗斯东欧中亚研究年鉴》由中国社会科学院俄罗斯东欧中亚研究所主办，系统汇集俄罗斯东欧中亚研究的年度研究动态、科研成果、学术活动、基本数据等。其宗旨是全面、客观展示本学科成果和发展状况，促进中国与对象国的思想交流与合作。

二、年鉴的框架。年鉴采用分类编辑法，以栏目为单位，下设分目、条目，栏目设置保持相对稳定，但根据年度特色略有调整。2023卷共设置5个栏目，即研究综述、年度论文推荐、学术活动、数据统计和2022年大事记。

三、年鉴的体例。年鉴以条目为基本结构形式，采用说明体或论述体。研究综述栏目对2022年俄罗斯东欧中亚研究各学科的研究情况进行叙述；年度论文推荐、学术活动栏目对重点论文和活动进行说明和解释。各研究综述和年度论文推荐按照俄罗斯政治、社会与文化学科，俄罗斯经济学科，俄罗斯外交学科，俄罗斯历史与文化学科，中亚与高加索学科，中东欧转型和一体化学科，乌克兰、白俄罗斯、摩尔多瓦学科，欧亚战略学科，多边与区域合作学科的顺序排列。

四、条目选定的原则。年鉴条目是信息的基本载体，反映的是年度俄罗斯东欧中亚研究的新观点、新动态和新成果。选择标准重在年度内可产生全局性、学术创新性、传播力的重要信息。2023卷主要收录的是2022年主要学术成果、学术活动、主要事件和所研究的28个国家的主要经济数据。

缩略语对照表

3SI	三海倡议
ARPORC	全俄舆情研究中心
B9	布加勒斯特九国
V4	维谢格拉德集团
BRI	"一带一路"倡议
BRICS	金砖国家
CEECs	中东欧国家
China-CEEC Cooperation	中国—中东欧国家合作
CICA	亚洲相互协作与信任措施会议
CIS	独立国家联合体（简称独联体）
COVID-19	新型冠状病毒感染
CPRF	俄罗斯共产党
RFC	俄罗斯联邦委员会
EU	欧洲联盟
EAEU	欧亚经济联盟
FA	外国代理人
ASEZ	超前发展区
FSB	联邦安全局
GRF	俄罗斯联邦政府
ICT	信息与通信技术
LC	列瓦达中心
LDPR	俄罗斯自由民主党
LSGR	俄罗斯地方自治
MVD	俄罗斯联邦内务部
NATO	北大西洋公约组织
PRF	俄罗斯联邦总统
RFC	俄罗斯联邦会议
RIAN	俄新社

NTV	俄罗斯独立电视台
ROC	俄罗斯东正教会
RSD	俄罗斯国家杜马
SCO	上海合作组织
SIRF	俄罗斯联邦社会院
SRF	俄罗斯联邦主体
TASS	塔斯社
URP	统一俄罗斯党

目　录

研究综述

2022年俄罗斯政治、社会与文化研究综述　……………………马强　吴德堃　刘博玲（3）
2022年俄罗斯经济研究综述　………………………………………………蒋菁　徐坡岭（13）
2022年俄罗斯外交研究综述……………………………………………………………………
　　…………………… 柳丰华　李勇慧　韩克敌　吕萍　赵玉明　刘丹　于游（31）
2022年俄罗斯历史与文化研究综述　………………………………………………周国长（55）
2022年中亚与高加索研究综述 ………… 张宁　杨进　包毅　高焓迅　李睿思　刘畅（72）
2022年中东欧转型和一体化研究综述…………………………………………………………
　　………………… 高歌　姜琍　徐刚　鞠豪　李丽娜　曲岩　贺婷　王效云（83）
2022年乌克兰、白俄罗斯、摩尔多瓦研究综述……………………赵会荣　龙希　王超（107）
2022年欧亚战略研究综述　………………………………………………………薛福岐（123）
2022年多边与区域合作研究综述　………………………………郭晓琼　牛义臣　林莹（134）

年度论文推荐

俄罗斯国家观念对俄乌冲突的影响　………………………………………………庞大鹏（159）
认知约束、螺旋对抗与机制耦合
　　——探源俄乌危机中俄罗斯的冲突选择　………………………………………郝赫（159）
俄罗斯数字化转型与网络公共领域的生成　…………………………………………马强（159）
转型国家的政治学：俄罗斯政治学30年来的发展与评析　………………………费海汀（160）
普京时期俄罗斯议会职权的演变
　　——以宪法修改为视角　………………………………………………………马天骄（160）
美欧制裁压力下俄罗斯经济的韧性、根源及未来方向　……………………………徐坡岭（161）
极限制裁下的反制裁：博弈、影响及展望　…………………………………………高际香（161）

1

俄罗斯开发开放东部地区的进程及其战略意图	陆南泉（162）
美西方制裁对俄罗斯经济的影响及启示	李建民（162）
俄乌冲突下美欧利用SWIFT制裁俄罗斯的影响及其对中国的启示	李仁真 关蕴珈（162）
地缘经济视域下的历史逻辑	
——俄罗斯经济结构特性与俄乌冲突的起源	吴贺 陈晓律（163）
欧亚经济联盟经济一体化效果测度及评价	宫艳华（163）
当代俄罗斯外交：理论兴替与政策承变	柳丰华（164）
俄日关系：基于俄罗斯独立三十年对日政策的战略安全考量	李勇慧（164）
北约东扩与乌克兰危机	韩克敌（164）
行稳致远、不断深化的中俄关系	刘显忠（165）
乌克兰危机中的美俄混合战：演化、场景与镜鉴	许华（165）
苏联核计划：从模仿到创新	张广翔（165）
制度与人：苏联解体过程的演进逻辑	余伟民（166）
中国学界苏联剧变问题研究史回眸	左凤荣（166）
阿富汗变局后的中亚安全：大国博弈与地区合作	孙壮志（166）
"无声的协调"：大国在中亚的互动模式新探	曾向红（167）
从规则治理到关系治理	
——三十年来中亚地区治理模式的变迁	曾向红（167）
构建更紧密的命运共同体："一带一路"建设的欧亚实践	王晨星（168）
中亚安全再认识：威胁与保障	高焓迅（168）
大国博弈视角下欧亚地区生物安全治理	李睿思（168）
中亚国家民法典编纂：国家建构、民族性与现代性	金欣（169）
吉尔吉斯斯坦混合制国家权力体制评析	梁强（169）
欧盟宪政秩序的挑战与危机	
——基于波兰法治危机案的考察	程卫东（170）
欧盟绿色和数字化转型与捷克第二次经济转型构想	姜琍 张海燕（170）
增长、趋同与中东欧国家的第二次转型	孔田平（170）
政党权力转换与政党制度变迁	
——基于中东欧国家政党制度变迁的案例分析	高歌（170）
俄乌冲突后欧盟政治的新变化	鞠豪（171）
新冠肺炎疫情冲击下中东欧国家的经济韧性：表现、原因和启示	王效云（171）
乌克兰危机的多维探源	赵会荣（171）
历史与认同碎片化：乌克兰国家建设的困境与镜鉴	刘显忠（172）
俄乌冲突主要利益攸关方之博弈及其影响	李永全（172）

乌克兰危机折射俄罗斯与西方关系结构性困境 ………………………………… 庞大鹏（172）
俄罗斯与乌克兰：从同根同源到兵戎相见 …………………………………… 张弘（172）
俄乌冲突对国际政治格局的影响
　　……………………… 倪峰　达巍　冯仲平　张健　庞大鹏　李勇慧　鲁传颖（173）
近年来摩尔多瓦共产党人党的发展状况与政策主张 ………………………… 曲岩（173）
欧亚地区的"中心—边缘"结构：区域研究的新视角 ………………………… 薛福岐（173）
上合组织安全合作理论构建、行动实践与中国力量贡献 …………………… 苏畅（174）
"转阵营行为"与欧亚地区"灰色地带"的起源 ……………………………… 肖斌（174）
中俄美合作与竞争：基于全球气候治理、低碳绿色发展视角的分析 …… 徐洪峰　伊磊（174）
俄罗斯新版国家安全战略评析 ………………………………………………… 于淑杰（175）

学术活动

● **学术讲座** …………………………………………………………………………（179）
"俄国官僚制度的演进与1917年革命"讲座 …………………………………………（179）
苏联军事工业史系列讲座 ………………………………………………………………（179）
俄罗斯政治社会文化学术沙龙（第二期） ……………………………………………（179）
德国汉堡大学教授视频讲座 ……………………………………………………………（179）
中国苏联东欧史研究会2022年学术年会 ………………………………………………（179）
苏联制度史专题研究系列讲座 …………………………………………………………（179）
"回望俄国革命"讲座 …………………………………………………………………（180）
"乌克兰历史的演进及其历史文化特点"讲座 ………………………………………（180）
中国中俄关系史研究会2022年学术年会 ………………………………………………（180）
"'新帝国史'视野下的俄罗斯帝国（1552—1917）"讲座 …………………………（180）

● **学术研讨会** ………………………………………………………………………（180）
"俄罗斯文化文明发展道路"国际学术研讨会暨第十八届全国俄罗斯哲学年会………（180）
中国社会科学院国际研究学部2022年度国际问题研讨会暨《中国社会科学院国际
　　形势报告（2022）》发布会 ………………………………………………………（180）
"乌克兰局势对地区形势影响及应对建议"学术研讨会………………………………（180）
"俄乌冲突对地区形势影响"学术研讨会………………………………………………（181）
"中俄北极合作：机遇与挑战"国际研讨会……………………………………………（181）
"新冠疫情和俄乌冲突下的中东欧华侨华人"研讨会…………………………………（181）
第二届"中国与俄罗斯：共同发展与现代化"暨庆祝中俄友好、和平与发展委员会
　　成立25周年国际研讨会 ……………………………………………………………（181）

"中国与亚美尼亚建交三十年：现状与前景"研讨会 …………………………………（181）
首届"中国—亚美尼亚论坛" ……………………………………………………（182）
"塞尔维亚大选及其内政外交走向"学术研讨会 ………………………………（182）
2022金砖国家智库国际研讨会 …………………………………………………（182）
"新形势下中俄能源合作发展"国际研讨会 ……………………………………（182）
"俄乌冲突背景下伊朗与上合组织"学术研讨会 ………………………………（182）
中俄智库高端论坛（2022）"中国与俄罗斯：新时代合作" …………………（183）
上海合作组织经济智库联盟专家会议 ……………………………………………（183）
"中国与乌兹别克斯坦：友好合作30年"国际学术研讨会 ……………………（183）
中国国际金融30人论坛第七届研讨会"金融科技暨俄乌战争与国际金融变局" ………（183）
"中俄跨境物流合作前景"国际学术研讨会 ……………………………………（183）
"俄反制金融制裁"学术研讨会 …………………………………………………（184）
"和平与发展时代主题：机遇与挑战"国际学术研讨会 ………………………（184）
"新乌兹别克斯坦的宪法改革"圆桌会议 ………………………………………（184）
第四届新时代中俄全面战略协作高层论坛 ………………………………………（184）
《俄罗斯黄皮书：俄罗斯发展报告（2022）》新书发布会 ……………………（184）
"上合峰会前地区国家形势"学术研讨会 ………………………………………（185）
哈萨克斯坦驻华大使馆圆桌会议 …………………………………………………（185）
"乌克兰学科发展三十年"学术研讨会 …………………………………………（185）
第二届"中国+中亚五国"智库论坛 ……………………………………………（185）
"乌克兰危机背景下的中欧关系"学术研讨会 …………………………………（186）
新兴经济体研究会2022年会暨2022新兴经济体论坛 …………………………（186）
"俄与独联体国家关系变化新动向"学术研讨会 ………………………………（186）
第五届中国—中东欧论坛 …………………………………………………………（186）
《中东欧转型30年：新格局、新治理与新合作》与列国志《捷克》发布会 …（186）
中国与独联体国家区域合作发展研讨会 …………………………………………（187）
第十一届东亚斯拉夫欧亚会议 ……………………………………………………（187）
"2022年俄罗斯内政外交评估"学术研讨会 ……………………………………（188）
中国俄罗斯东欧中亚学会成立四十周年庆祝大会暨第十四届俄罗斯东欧中亚与世界高层
　论坛 ………………………………………………………………………………（188）
"俄乌战局、俄国内形势阶段性分析及展望"学术讨论会 ……………………（188）

数据统计

栏目说明 ……………………………………………………………… 张知备（191）

- **亚洲** ··· (192)
- 2022 年阿塞拜疆共和国基本经济数据指标 ··· (192)
- 2022 年格鲁吉亚基本经济数据指标 ·· (192)
- 2022 年哈萨克斯坦共和国基本经济数据指标 ·· (193)
- 2022 年吉尔吉斯共和国基本经济数据指标 ·· (194)
- 2022 年塔吉克斯坦共和国基本经济数据指标 ·· (195)
- 2022 年土库曼斯坦基本经济数据指标 ·· (196)
- 2022 年乌兹别克斯坦共和国基本经济数据指标 ·· (196)
- 2022 年亚美尼亚共和国基本经济数据指标 ·· (197)
- **欧洲** ··· (199)
- 2022 年阿尔巴尼亚共和国基本经济数据指标 ·· (199)
- 2022 年爱沙尼亚共和国基本经济数据指标 ·· (199)
- 2022 年白俄罗斯共和国基本经济数据指标 ·· (200)
- 2022 年保加利亚共和国基本经济数据指标 ·· (201)
- 2022 年北马其顿共和国基本经济数据指标 ·· (202)
- 2022 年波兰共和国基本经济数据指标 ·· (202)
- 2022 年波斯尼亚和黑塞哥维那基本经济数据指标 ·· (203)
- 2022 年俄罗斯联邦基本经济数据指标 ·· (204)
- 2022 年黑山基本经济数据指标 ·· (205)
- 2022 年捷克共和国基本经济数据指标 ·· (205)
- 2022 年克罗地亚共和国基本经济数据指标 ·· (206)
- 2022 年拉脱维亚共和国基本经济数据指标 ·· (207)
- 2022 年立陶宛共和国基本经济数据指标 ·· (208)
- 2022 年罗马尼亚基本经济数据指标 ·· (208)
- 2022 年摩尔多瓦共和国基本经济数据指标 ·· (209)
- 2022 年塞尔维亚共和国基本经济数据指标 ·· (210)
- 2022 年斯洛伐克共和国基本经济数据指标 ·· (211)
- 2022 年斯洛文尼亚共和国基本经济数据指标 ·· (211)
- 2022 年乌克兰基本经济数据指标 ·· (212)
- 2022 年匈牙利基本经济数据指标 ·· (213)

2022 年大事记

··· (215)

Contents

Annual Review

Studies on Russian Politics, Society and Culture in 2022
.... *Ma Qiang, Wu Dekun and Liu Boling* (3)
Studies on Russian Economy in 2022 .... *Jiang Jing and Xu Poling* (13)
Studies on Russian Diplomacy in 2022
.... *Liu Fenghua, Li Yonghui, Han Kedi, Lv Ping, Zhao Yuming, Liu Dan and Yu You* (31)
Studies on Russian History and Culture in 2022 .... *Zhou Guochang* (55)
Studies on Central Asia Caucasusin 2022
.... *Zhang Ning, Yang Jin, Bao Yi, Gao Hanxun, Li Ruisi and Liu Chang* (72)
Studies on Transition and Integration of Central and East Europe in 2022
.... *Gao Ge, Jiang Li, Xu Gang, Ju Hao, Li Lina, Qu Yan, He Ting and Wang Xiaoyun* (83)
Studies on Ukraine, Belarus and Moldova in 2022
.... *Zhao Huirong, Long Xi and Wang Chao* (107)
Studies on Russian, East European and Central Asian Strategy in 2022
.... *Xue Fuqi* (123)
Studies on Multilateral and Regional Cooperation in 2022
.... *Guo Xiaoqiong, Niu Yi chen and Lin Ying* (134)

Research Papers of The Year

Influences of Russian State Concept on Russia-Ukraine Conflict .... *Pang Dapeng* (159)
Cognitive Constraints, Spiral Confrontations, and Mechanistic
 Coupling— Exploring Russia's Choices in the Russia-Ukraine Crisis .... *Hao He* (159)
Russia's Digital Transformation and Creation of Internet Public Sphere .... *Ma Qiang* (159)
The Political Science of Transition Countries: An Analysis of
Russian Political Science Research in the
Past Thirty Years .... *Fei Haiting* (160)

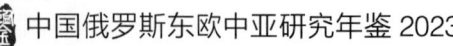

The Evolution of the Functions and Powers of the Russian
Parliament during Putin's Period—From the
Perspective of Constitutional Amendment ……………………………………… *Ma Tianjiao*（160）
The Resilience, Roots and Future Direction of Russia's
Economy under the Pressure of Sanctions from US and Europe …………… *Xu Poling*（161）
Counter-sanctions against the Harshest Package: Competition, Impact
and Future Prospects ……………………………………………………………… *Gao Jixiang*（161）
Process and Strategic Goal of Development and Opening-Up of the East Region
of Russia ………………………………………………………………………… *Lu Nanquan*（162）
The Impact of US-led Western Sanctions on Russia's Economy an
Enlightenment …………………………………………………………………… *Li Jianmin*（162）
The Impact of the United States and Europe Using SWIFT to
Sanction Russia in the Russia-Ukraine Conflict and Its
Enlightenment to China …………………………………… *Li Renzhen and Guan Yunjia*（162）
Historical Logic from the Perspective of Geoeconomics
—The Formation of Russia's Economic Structural
Model and the Origin of Russia-Ukraine Conflict …………… *Wu He and Chen Xiaolv*（163）
Measurement and Evaluation of Economic Integration
Effect of Eurasian Economic Union ……………………………………… *Gong Yanhua*（163）
Contemporary Russian Diplomacy: The Evolution
of Theory and Policy ……………………………………………………… *Liu Fenghua*（164）
Russia-Japan Relations: Strategic and Security Considerations Based on Russia's Policy towards
Japan in the Thirty Years since Russia's Independence ………………… *Li Yonghui*（164）
NATO Eastward Expansion and the Ukraine Crisis ……………………………… *Han Kedi*（164）
Stable and Deepening Relations between China and Russia ………………… *Liu Xianzhong*（165）
The US-Russia Hybrid Warfare in the Ukraine Crisis:
Evolution, Scenarios, and Reference …………………………………………… *Xu Hua*（165）
The Soviet Nuclear Project: From Imitation to Innovation ……………… *Zhang Guangxiang*（165）
The System and the Man: The Logic of the Soviet Disintegration ………… *Yu Weimin*（166）
Chinese Academic Research on the Upheaval of USSR ………………… *Zuo Fengrong*（166）
Security in Central Asia after the Changed Political Situation in
Afghanistan: Great Powers Game and Regional Cooperation ………… *Sun Zhuangzhi*（166）
"Silent Coordination": A New Study about the Interaction
Model of Great Powers in Central Asia …………………………………… *Zeng Xianghong*（167）

2

Contents

From Rule-based Governance to Relational Governance—
  The Evolution of Governance Models of Central Asian
  Countries in the Past Thirty Years .... *Zeng Xianghong* (167)
Build a Closer Community of Shared Future: Eurasian Practice
  of the Belt and Road Initiative .... *Wang Chenxing* (168)
Recognition of Security in Central Asia: Threats and Guarantees .... *Gao Hanxun* (168)
Biosecurity Governance in Eurasia from the Perspective of
  Great Power Game .... *Li Ruisi* (168)
Codification of Civil Codes in Central Asian Countries:
  State Construction, Nationality and Modernity .... *Jin Xin* (169)
The Practice of Kyrgyzstan's Mixed form of Government .... *Liang Qiang* (169)
Rule of Law Crisis in Poland and Its Challenges to EU
  Constitutional Order .... *Cheng Weidong* (170)
EU's Green and Digital Transformation and the Conception
  of Czech's Second Economic Transition .... *Jiang Li and Zhang Haiyan* (170)
Growth, Convergence and the Second Transition of
  CEE Countries .... *Kong Tianping* (170)
Transformation of Political Party Power and Changes of Political
  Party System—A Case Study Based on Changes of Party System
  in Central and Eastern European Countries .... *Gao Ge* (170)
New Changes of EU Politics after the Russia-Ukraine Conflic .... *Ju Hao* (171)
Economic Resilience of Central and Eastern European Countries
  under the Impact of the COVID-19: Performance, Causes
  and Enlightenment .... *Wang Xiaoyun* (171)
A Multidimensional Exploration of the Ukraine Crisis .... *Zhao Huirong* (171)
Fragmentation of History and Identity: The Dilemma and
  Enlightenment of Ukraine's National Construction .... *Liu Xianzhong* (172)
Game of the Main Stakeholders in the Russia-Ukraine
  Conflict and Its Influence .... *Li Yongquan* (172)
Ukraine Crisis Reflects the Structural Difficulty in
  Russian-Western Relations .... *Pang Dapeng* (172)
Russia and Ukraine: From the Same Root to the War .... *Zhang Hong* (172)
Impact of Russia-Ukraine Conflict on International Political Landscape ....
  .... *Ni Feng, Da Wei, Feng Zhongping, Zhang Jian,*
  Pang Dapeng, Li Yonghui and Lu Chuanying (173)

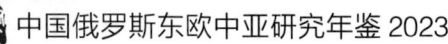

The Development and Policy Proposition of the Party of
　　Communist of the Republic of Moldova in Recent Years ·················· *Qu Yan*（173）
The Center-Periphery Structure of Eurasia: A New
　　Perspective of Regional Studies ·· *Xue Fuqi*（173）
The Theoretical Construction, Operational Practice of SCO
　　Security Cooperation and China's Contribution ···························· *Su Chang*（174）
"Camp Switching Behavior" and the Origin of the
　　"Gray Zone" in Eurasia Regions ·· *Xiao Bin*（174）
Cooperation and Competition between China, Russia and the United
　　States: From the Perspective of Global Climate Governance and
　　Low-Carbon Green Development ······················ *Xu Hongfeng and Yi Lei*（174）
An Analysis on Russia's New National Security Strategy ················ *Yu Shujie*（175）

Academic Activities

Academic Lectures ··（179）
Workshop on the Evolution of Russian Bureaucracy and the Russian
　　Revolution of 1917 ···（179）
Lecture Series on History of Military Industry of the USSR ··························（179）
Salon on Russian Politics, Society and Culture (The 2nd Session) ················（179）
Video Lectures by Prof. Victor Denninghaus from the
　　University of Hamburg, Germany ···（179）
Annual Conference of the Chinese Society for Soviet and
　　East European History Studies, 2022 ··（179）
Lecture Series on Soviet Institutional History ··（179）
The Lecture of "Looking back at the Russian Revolution" ···························（180）
The Lecture on "Evolution of Ukrainian History and its
　　Historical and Cultural Characteristics" ··（180）
Annual Conference of Chinese Society for the History of
　　Sino-Russian Relations, 2022 ··（180）
The Lecture of "The Russian Empire in the Perspective of
　　the 'New Imperial History' (1552-1917)" ···（180）
Academic Symposiums ···（180）
International Symposium on "The Development of Russian
　　Culture and Civilization" and the 18th Annual National
　　Conference of Russian Philosophy ···（180）

International Symposium of Academic Division of
 International Studies(2022) and Release Meeting
 of *Report on the International Situation of the Chinese
 Academy of Social Sciences* (2022) ·· (180)
The Symposium of "Impact of the Situation in Ukraine
 on the Regional Situation and Proposals for Response" ························ (180)
The Symposium of "Impact of the Ukraine Crisis
 on the Regional Situation" ·· (181)
The International Symposium of "Sino-Russian Arctic
 Co-operation: Opportunities and Challenges" ······································ (181)
The Symposium of "Overseas Chinese in Central and
 Eastern Europe under the COVID-19 and the
 Russia-Ukraine Conflict" ·· (181)
The 2nd International Symposium of "China and Russia:
 Mutual Developmentand Modernization" and
 Celebration of the 25th Anniversary of the Committee
 for China-Russian Friendship, Peace and Development ························· (181)
Seminar on the 30th Anniversary of the Establishment of Diplomatic
 Relations between China and Armenia ··· (181)
The 1st China-Armenia Forum ··· (182)
Colloquium on "Serbian Elections and the Trends of its
 Domestic and Foreign Policy" ·· (182)
The International Symposium of BRICS Think Tank ··································· (182)
The International Symposium of "Development of Energy
 Cooperation between China and Russia in the New Situation" ················ (182)
Colloquium on "Iran and the SCO in the Context of the
 Russian-Ukrainian Conflict" ·· (182)
China-Russia High-Level Think Tank Forum (2022)
 "China and Russia: A New Era of Cooperation" ·································· (183)
Expert Meeting of the SCO Economic Think Tank Alliance ·························· (183)
The International Symposium on "China and Uzbekistan:
 30 Years of Friendship and Cooperation" ·· (183)
The 7th Seminar of the China International Finance 30-People
 Forum on "Fintech, the Russia-Ukraine War and the
 Changing International Financial Situation" ·· (183)

The International Symposium of "Prospects of Cooperation in
　　Cross-border Logistics between Russia and China" ……………………………… (183)
Colloquium on "Russia Counteracts Financial Sanctions" ……………………………… (184)
The International Symposium of "Theme for the Era of Peace
　　and Development: Opportunities and Challenges" ……………………………… (184)
Round Table on "Constitutional reform in New Uzbekistan" ……………………… (184)
The 4th High-level Forum on China-Russia Comprehensive
Strategic Collaboration in the New Era ……………………………………………… (184)
Book Launch of *The Yellow Book of Russia: Russia Development Report (2022)* ……………… (184)
The Seminar on "Situation in Regional Countries before the SCO Summit" ……………… (185)
Round Table at the Embassy of Kazakhstan in China ……………………………… (185)
The Seminar on "30 Years of Ukraine Studies" ……………………………………… (185)
The 2nd Think Tank Forum on "China + Central Asia" ……………………………… (185)
The Seminar on "Sino-European Relations in the Context of the
　　Ukrainian Crisis" ……………………………………………………………………… (186)
2022 Annual Conference of China Society of Emerging
　　Economies and Emerging Economies Forum 2022 ………………………………… (186)
The Seminar on "New Developments in Russia's
　　Relations with the CIS Countries" …………………………………………………… (186)
The 5th Forum of China-Central and Eastern Europe ……………………………… (186)
*30 Years of Transformation in Central and Eastern Europe:
　　New Patterns, New Governance and New Co-operation*
　　and Book Launch of The Czech Republic …………………………………………… (186)
Seminar on the Development of Regional Cooperation
between China and CIS Countries ……………………………………………………… (187)
The 11th East Asian Conference of Slavic Eurasian Studies ……………………… (187)
Colloquium on "Assessment of Russia's Internal
　　and External Affairs in 2022" ………………………………………………………… (188)
Celebration of the 40th Anniversary of the Founding of the
　　China Society of Russia, East Europe and Central Asia
　　and the 14th High-Level Forum on Russia, East Europe
　　and Central Asia and the World ……………………………………………………… (188)
Colloquium on "The Russian-Ukrainian War, Analyses of the
　　Domestic Situation in Russia and Its Prospect" …………………………………… (188)

Statistics

Explanation Notes ··· *Zhang Zhibei* (191)
Asia ·· (192)
1. Basic Economic Data Indicators of The Republic of Azerbaijan in 2022 ······················ (192)
2. Basic Economic Data Indicators of Georgia in 2022 ································· (192)
3. Basic Economic Data Indicators of The Republic of Kazakhstan in 2022 ····················· (193)
4. Basic Economic Data Indicators of Kyrgyz Republic in 2022 ································ (194)
5. Basic Economic Data Indicators of The Republic of Tajikistan in 2022 ····················· (195)
6. Basic Economic Data Indicators of Turkmenistan in 2022 ··································· (196)
7. Basic Economic Data Indicators of The Republic of Uzbekistan in 2022 ···················· (196)
8. Basic Economic Data Indicators of The Republic of Armenia in 2022 ······················· (197)
Europe ·· (199)
9. Basic Economic Data Indicators of The Republic of Albania in 2022 ······················· (199)
10. Basic Economic Data Indicators of The Republic of Estonia in 2022 ······················ (199)
11. Basic Economic Data Indicators of The Republic of Belarus in 2022 ······················ (200)
12. Basic Economic Data Indicators of The Republic of Bulgaria in 2022 ····················· (201)
13. Basic Economic Data Indicators of The Republic of North Macedonia in 2022 ·············· (202)
14. Basic Economic Data Indicators of The Republic of Poland in 2022 ······················· (202)
15. Basic Economic Data Indicators of Bosnia and Herzegovina in 2022 ······················· (203)
16. Basic Economic Data Indicators of Russian Federation in 2022 ···························· (204)
17. Basic Economic Data Indicators of Montenegro in 2022 ···································· (205)
18. Basic Economic Data Indicators of Czech Republic in 2022 ································ (205)
19. Basic Economic Data Indicators of The Republic of Croatia in 2022 ······················ (206)
20. Basic Economic Data Indicators of The Republic of Latvia in 2022 ······················· (207)
21. Basic Economic Data Indicators of The Republic of Lithuania in 2022 ···················· (208)
22. Basic Economic Data Indicators of Romania in 2022 ······································· (208)
23. Basic Economic Data Indicators of The Republic of Moldova in 2022 ······················ (209)
24. Basic Economic Data Indicators of The Republic of Serbia in 2022 ······················· (210)
25. Basic Economic Data Indicators of The Slovak Republic in 2022 ··························· (211)
26. Basic Economic Data Indicators of The Republic of Slovenia in 2022 ····················· (211)
27. Basic Economic Data Indicators of Ukraine in 2022 ······································· (212)
28. Basic Economic Data Indicators of Hungary in 2022 ······································· (213)

Major Events in 2022

·· (215)

研究综述

2022年俄罗斯政治、社会与文化研究综述

马强　吴德堃　刘博玲*

2022年，国内外学术界紧紧围绕俄罗斯政治、社会和文化领域的热点问题进行研讨，如乌克兰危机升级的原因（从政治机制、认知，以及深层次的文化因素视角）、对内政和社会的影响；新冠疫情下的政治和社会形势。除此之外，俄罗斯政治和社会研究的经典议题，如议会和政党、央地关系、精英、社会分层与结构、国家和社会关系等被持续关注。随着文化在俄罗斯国家和社会治理中的作用日益突出，文化安全、文化主权的概念成为该学科研究的新热点。同时，数字化、新媒体等新的科技手段在俄罗斯政治、社会和文化领域也会带来新的变化，政治参与、社会治理、文化传播都与其密切相关。俄罗斯政治、社会和文化领域的新变化催生了新的研究取向，从该学科国内外的研究成果来看，更多的是从俄罗斯政治、社会和文化的现实出发，从俄罗斯的知识传统中寻找阐释路径。在研究方法上，除了经典的史论结合、文本（政策）分析等，基于田野调查、定量分析的学术成果逐渐增多。2022年，俄罗斯东欧中亚研究所的俄罗斯政治、社会与文化学科建设在学术成果、项目、学术活动中都有长足的进步，人才队伍进一步壮大，年龄结构合理，专业背景多元。与此同时，学科建设还存在理论和方法创新不足、与国内外同行交流不多等问题，成为今后该学科建设的努力方向。

一、国内俄罗斯政治、社会与文化学科研究的新进展

为更加清晰地呈现俄罗斯政治、社会与文化学科国内发展的最新动态，本文根据相对集中的研究主题对2022年国内俄罗斯政治、社会和文化领域的研究成果进行梳理。

（一）俄乌冲突

针对2022年年初爆发并持续至今的俄乌冲突，国内学者从政治机制、认知、观念来分析俄乌冲突中的行为逻辑。中国社会科学院俄罗斯东欧中亚研究所的庞大鹏在《俄罗斯国家观念对俄乌冲突的影响》一文中认为，俄罗斯回归治理传统的同时，与西方产生认识差异和结构性矛盾，是导致乌克兰危机难以调和并最终兵戎相见的重要原因。[①] 俄罗斯东欧中亚研究所的郝赫在《认知约束、螺旋对抗与机制耦合——探源俄乌危机中俄罗斯的冲突选择》一文中认为，这场冲突的本质是俄罗斯与北约、美西方的矛盾与斗争，而当事方间螺旋上升的敌视

---

* 马强，博士，中国社会科学院俄罗斯东欧中亚研究所俄罗斯政治与社会研究室副主任，副研究员；吴德堃，博士，中国社会科学院俄罗斯东欧中亚研究所助理研究员；刘博玲，博士，中国社会科学院俄罗斯东欧中亚研究所助理研究员。
① 庞大鹏：《俄罗斯国家观念对俄乌冲突的影响》，《俄罗斯研究》2022年第4期。

进程则直接催化了矛盾由量变转向质变。① 俄乌冲突中东正教世界的纷争也是重要的表现，俄罗斯东欧中亚研究所的马强和刘博玲在相关研讨会上分别作了题为"俄乌冲突背景下东正教世界的分与合"和"乌克兰危机下的乌克兰东正教会"的报告。

（二）俄罗斯政治研究

1. 俄罗斯政治研究综述

北京大学的费海汀在《转型国家的政治学：俄罗斯政治学30年来的发展与评析》一文中认为，俄罗斯政治学在30年发展中，经历了从政治学知识方面的模仿学习，到本土政治现象的科学化描述，再到秉持本土价值、吸纳前沿方法的三阶段发展历程。俄罗斯政治学已经确定了国家、政府、政党、市场、社会、精英、思想文化7个主要研究领域。这是国内学者首次对俄罗斯政治学30年以来的发展状况进行梳理，对该领域有一个新的认识。② 由中国社会科学院大学的李永全主编的《"俄罗斯学"在中国》（第五辑）对2021年俄罗斯学研究进行了综述，其中便有《2021年俄罗斯政治社会文化学科综述》。③

2. 俄罗斯议会和政党研究

国内俄罗斯政治研究者对俄选举制度和政党政治也颇为关注。郝赫复盘俄罗斯第八届国家杜马选举，认为俄罗斯当局与执政党正在越来越倚重政治技术层面上的优势和技巧来取得胜利，因此，选举的最终结果并不能完整全面地反映俄罗斯当下各政治势力和社会情绪的分布与走势。④ 中国社会科学院大学的马天骄在《普京时期俄罗斯议会职权的演变——以宪法修改为视角》一文中认为，俄罗斯议会权力变更的目的是巩固"超级总统制"，议会在俄罗斯从来就不是国家权力体系的核心。⑤ 复旦大学的朱积慧和北京大学的杨康书源共同发表的《俄罗斯的复合型政党体制与政治韧性》一文介绍了俄罗斯复合型政党体制，认为在2016年和2021年的国家杜马选举中，俄政府均能通过充分调动资源，有效运作复合型政党体制，成功确保统一俄罗斯党取得宪法多数席位，实现控制议会的目标，对维护俄罗斯国家稳定发挥了重要作用。⑥ 此外，也有学者以2021年俄国家杜马选举为例，考察俄罗斯政党财政对选举的影响。⑦

3. 精英研究

精英（尤其是政治精英）在很大程度上决定了俄罗斯政治的走向，是俄罗斯政治研究的

---

① 郝赫：《认知约束、螺旋对抗与机制耦合——探源俄乌危机中俄罗斯的冲突选择》，《俄罗斯学刊》2022年第6期。
② 费海汀：《转型国家的政治学：俄罗斯政治学30年来的发展与评析》，《国际政治研究》2022年第6期。
③ 李永全主编：《"俄罗斯学"在中国》（第五辑），社会科学文献出版社2022年版。
④ 郝赫：《对俄罗斯第八届国家杜马选举的回顾与分析》，载孙壮志主编《俄罗斯发展报告（2022）》，社会科学文献出版社2022年版。
⑤ 马天骄：《普京时期俄罗斯议会职权的演变——以宪法修改为视角》，《俄罗斯东欧中亚研究》2022年第2期。
⑥ 朱积慧、杨康书源：《俄罗斯的复合型政党体制与政治韧性》，《俄罗斯研究》2022年第5期。
⑦ 那传林：《当代俄罗斯政党财政及其对选举的影响——以第七届国家杜马选举为例》，《俄罗斯学刊》2022年第1期。

重点领域。北京大学的费海汀在《精英身份与改革策略——俄罗斯改革模式的次国家比较》中认为，俄罗斯精英身份影响了改革策略的选择，精英整体结构影响了总体改革模式的塑造，经济改革先行的模式已经为许多政治精英所接受。[①]

4. 央地关系研究

作为实施联邦制和多民族的国家，俄罗斯中央和地方的关系是维系其政治和社会稳定的重要因素。中国社会科学院俄罗斯东欧中亚研究所的李雅君关注2021年出台的《俄罗斯联邦主体公共权力组织一般原则法》。她认为，该法将国家各级权力机构作为一个整体，确定了各权力机构之间的职责和相互关系，进一步强化了总统权力在公共权力体系中的核心地位。[②] 俄罗斯东欧中亚研究所的吴德堃认为，2021年俄罗斯地方政治形势总体保持了稳定可控，地方政权交接稳步推进，俄继续加强联邦中央对地方的垂直管理，进一步完善地方治理模式。[③] 北京大学的费海汀撰文《"权力再集中"：俄罗斯政治趋势分析》指出俄政治发展趋势的集权特点，认为政治权力的再集中强调集中性的权力与排他性的规则，在国际政治中体现为全球化进程向逆全球化进程转变，在国内政治中体现为科层式机构向替代性制度集中以及地方自治向联邦管辖集中。[④] 黑龙江大学的葛新蓉和中国社会科学院大学的高文博联合撰写的《普京第四任期：俄罗斯"可控民主"的实施效果评析》一文认为，中央对地方的控制手段多样化，俄执政当局掌握行政资源和财政资源，对于地方可以采取软硬兼施的措施组合，因此在可预见的未来，俄联邦中央层面及地方层面均在可控范围内。[⑤] 北京大学的郝龙在《俄罗斯联邦国务委员会的起源、发展及作用——基于国家权力结构变迁视角》一文中认为，从俄罗斯联邦国务委员会的机构改革来看，普京还在不断尝试，如何能够更加稳妥地掌握国家权力，更好地理顺中央与地方之间、政治与社会之间的系统性权力关系。[⑥]

（三）俄罗斯社会文化研究

1. 俄罗斯社会形势

中国社会科学院俄罗斯东欧中亚研究所的马强在《2021年俄罗斯社会形势》一文中对2021年俄罗斯的社会形势进行分析，认为俄罗斯社会旧有的威胁仍然存在，同时面临新的机遇和挑战。俄罗斯社会总体上稳定可控，但俄罗斯民众的生活水平并没有得到改善，与西方关系恶化等因素也构成了俄罗斯社会的风险。[⑦] 来自北京师范大学的李兴、姚威关注俄罗斯非

[①] 费海汀：《精英身份与改革策略——俄罗斯改革模式的次国家比较》，《俄罗斯东欧中亚研究》2022年第2期。

[②] 李雅君：《〈俄罗斯联邦主体公共权力组织一般原则法〉概述》，载孙壮志主编《俄罗斯发展报告（2022）》，社会科学文献出版社2022年版。

[③] 吴德堃：《2021年俄罗斯央地关系发展形势》，载孙壮志主编《俄罗斯发展报告（2022）》，社会科学文献出版社2022年版。

[④] 费海汀：《"权力再集中"：俄罗斯政治趋势分析》，《俄罗斯研究》2022年第5期。

[⑤] 葛新蓉、高文博：《普京第四任期：俄罗斯"可控民主"的实施效果评析》，《西伯利亚研究》2022年第4期。

[⑥] 郝龙：《俄罗斯联邦国务委员会的起源、发展及作用——基于国家权力结构变迁视角》，《俄罗斯学刊》2022年第1期。

[⑦] 马强：《2021年俄罗斯社会形势》，载孙壮志主编《俄罗斯发展报告（2022）》，社会科学文献出版社2022年版。

政府组织的状况，认为俄罗斯境内的非政府组织可分为"本土非政府组织"和"外国代理人"两种类型，在此分类基础上，可对俄罗斯非政府组织的行动逻辑及其"工具性"与"主观性"并存的社会作用进行分类透视，对俄政府在非政府组织问题上实行"合作性"与"对抗性"的不同政策及其效果进行分析和评估。[1]

2. 媒体研究和数字化研究

黑龙江大学的李淑华在专著《俄罗斯大众传媒研究》中全面地展示俄罗斯媒体信息，研究其传播规律，以期从侧面了解俄罗斯政治文化与社会文化。[2] 国内学者也密切关注俄罗斯数字转型及其对国家与社会治理的应用，特别是《俄罗斯学刊》组织专栏对此问题进行研讨。[3]

3. 文化政策

随着理性保守主义成为俄罗斯意识形态的重要组成部分，俄罗斯文化（文明）问题逐渐成为学界讨论的热点。文化政策也成为俄罗斯政治和社会治理的重要内容，特别是将文化和安全问题紧密结合在一起，提出"文化主权"论。庞大鹏关注2021年版《俄罗斯国家安全战略》中提及的"文化主权"概念。他指出，这一版《俄罗斯国家安全战略》将俄罗斯"文化主权"定义为"保护俄罗斯传统精神道德价值观、文化和历史记忆"。俄罗斯把在几百年国家历史中形成的基本精神道德和文化历史价值观视为俄罗斯社会的基础，它有助于维护和巩固俄罗斯的主权。[4] 刘博玲关注与西方对抗背景下俄罗斯文化政策新调整，认为2021年俄罗斯当局根据国内国外形势的变化，从概念、法律和经济层面对多层次系统的文化政策进行了调整。[5]

二、国外俄罗斯政治、社会与文化学科研究的新进展

（一）俄罗斯学者的研究成果

1. 新冠疫情影响下的俄罗斯政治和社会

三年以来，新冠疫情肆虐，成为人类共同面临的难题。由俄罗斯科学院社会学研究所编撰的《COVID-19大流行：挑战、影响、反击》[6] 将新冠疫情作为现代社会发展的一项挑战，关注其影响并总结应对这一流行病的方法。也有俄罗斯学者关注到社会危机下宗教的作用，

---

[1] 李兴、姚威：《俄罗斯非政府组织的分类透视与政策评析》，《俄罗斯东欧中亚研究》2022年第6期。
[2] 李淑华：《俄罗斯大众传媒研究》，社会科学文献出版社2022年版。
[3] 封帅：《建构非对称竞争优势的尝试：俄罗斯人工智能治理体系的结构与逻辑解析》，《俄罗斯学刊》2022年第2期；马强：《俄罗斯数字化转型与网络公共领域的生成》，《俄罗斯学刊》2022年第2期；张涛、张莹秋：《俄罗斯国家数据安全治理的机制建设》，《俄罗斯学刊》2022年第2期；张誉馨：《俄罗斯虚拟现实产业发展状况探究》，《俄罗斯学刊》2022年第2期。
[4] 庞大鹏：《俄罗斯国家观念对俄乌冲突的影响》，《俄罗斯研究》2022年第4期。
[5] 刘博玲：《与西方对抗背景下的俄罗斯文化政策新调整》，载孙壮志主编《俄罗斯发展报告（2022）》，社会科学文献出版社2022年版。
[6] Пандемия COVID-19: Вызовы, последствия, противодействие// Под ред. А. В. Торкунова, С. В. Рязанцева, В. К. Левашова, М.: Издательство Аспект Пресс, 2021.

疫情下宗教和政治机构相互支持，构成宗教和政治组织之间的新关系。① 还有学者聚焦新冠疫情如何导致俄社会危机状态加剧，以及如何促进市民社会的活力。②

新冠疫情也改变了俄国内政治的稳定和发展。索科洛夫等人（Б. О. Соколовв, М. А. Завадская, К. Ш. Чмель）撰写的《俄罗斯在疫情期间政治支持率动态：来自"危机中的价值观"调查数据分析实证研究》③ 运用定量研究方法说明疫情影响和政治支持率的相关关系。卡巴诺夫等人（Ю А. Кабанов, Б. А. Романов, М. Е. Карягин）发表的《新冠疫情、"权力下放"和社交媒体上对地方领导人称赞（否定）：什么是重要的？》④ 一文主要关注在疫情期间中央下放权力后对地方领导人的影响。作者认为，政治控制和社会政策对地方领导人在社交媒体上的形象有直接影响。圣彼得堡国立大学的格里申（N. Grishin）在《疫情期间的选举改革：俄罗斯的经验性证据》⑤ 一文中认为，疫情导致了一些国家选举制度的改革，俄罗斯在疫情期间也调整了选举方式，选举改革加剧了俄罗斯国内政治的风险。

2. 俄罗斯政治研究

第一，地方治理。俄高等经济学院的图罗夫斯基等人（Р. Ф. Туровский, Е. М. Луизидис）在《俄罗斯州长辞职的因素》⑥ 一文中经过系统性分析指出，社会经济发展和管理效率是地方领导人辞职与否的重要指标。美国威斯康星大学密尔沃基分校的瑞特与图罗夫斯基（O. J. Reuter, Р. Ф. Туровский）联合发表的《俄罗斯的选举动员、经济表现和州长任命》⑦ 也分析了俄罗斯地方领导人任免的原因。特鲁多柳波夫（А. С. Трудолюбов）在《大城市的政治基础：当代俄罗斯城区主体性问题》⑧ 一文中关注俄罗斯城市内部自治机构的政治体制。作者认为，城市内的地方自治机构的特点是体制薄弱，财政上依赖于上级政府，选举被上级行政机关操控，所发挥的主观能动性有限。

第二，地方选举。俄高等经济学院的图罗夫斯基和芬克（R. Turovsky, K. Funk）发表的

---

① Религия в современной России: события и дискурсы пандемии // Под ред. М. М. Мчедловой, Москва: РУДН, 2021.

② В. К. Левашов, Н. М. Великая, И. С. Шушпанова и др. Российское гражданское общество и государство в условиях пандемии и парламентских выборов; отв. ред. В. К. Левашов; ФНИСЦ РАН. – М.: ФНИСЦ РАН, 2021.

③ Б.О.Соколов, М. А. Завадская, К. Ш. Чмель. Динамика индивидуальной политической поддержки в России в ходе пандемии COVID-19: анализ данных опроса «ценности в кризисе» // Политическая наука. 2022. № 2. С. 122-143.

④ Ю А. Кабанов, Б. А. Романов, М. Е. Карягин. Пандемия коронавируса, «децентрализация» и (не) одобрение глав регионов в социальных сетях: что имеет значение? // Политическая наука. 2022. №2. С. 164-183.

⑤ Nikolai Grishin, "Electoral Reform during the COVID-19 Pandemic: Empirical Evidence from Russia", *Russian Politics*, Vol.7, Iss.4, 2022, pp.535-554.

⑥ Р. Ф. Туровский, Е. М. Луизидис. Факторы губернаторских отставок в России // Полис. Политические исследования. 2022. №4. С. 161-178.

⑦ Ora J. Reuter, Rostisla Turovsky, "Vote Mobilization, Economic Performance and Gubernatorial Appointments in Russia", *Russian Politics*, Vol.7, Iss.2, 2022, pp.183-209.

⑧ А. С. Трудолюбов. Политический фундамент мегаполиса: проблемы субъектности городских районов в современной России // Полис. Политические исследования. 2022. №1. С. 120-135.

《俄罗斯各地区的选举改革：在不相称性与合法性之间的平衡》[1] 通过考察 2003 年以来选举制度的变化，认为选举制度在俄罗斯政治中发挥着平衡机制的作用。俄罗斯科学院彼尔姆研究中心的科文和谢苗诺夫（V. Kovin, A. Semenov）在《俄罗斯"市政过滤器"的政治逻辑：来自彼尔姆边疆区 2020 年的选举数据》[2] 一文中，根据彼尔姆边疆区选举的数据对选举审核制度的过程和结果进行了探讨。

3. 俄罗斯社会研究

第一，社会结构及社会不平等。俄罗斯科学院社会学研究所编撰的《机会不平等的社会：现代俄罗斯的社会结构》[3] 提出社会分层垂直模型的方法致力于描述俄社会结构的现状。中俄社会学家合作的《中俄社会平等和公正》[4] 探讨了俄社会中出现的不平等现象的合理性，政府为减少社会不平等，落实社会公正原则，为人们提供平等的机会以确保有价值的生活而采取的措施。还有学者关注社会结构思想，托谢年科（Ж. Т. Тощенко）在《俄罗斯社会结构思想的演变》[5] 中探讨俄罗斯社会结构思想的起源，认为俄国/苏联/俄罗斯社会学在这一领域的研究具有延续性。

第二，社会转型和现代化。洛科索夫（В. В. Локосов）在《激进变革社会学：1987—2020 年俄罗斯社会的转型》[6] 一文中分析了俄罗斯社会在 1987—2020 年的激进变化过程，认为改革的惯性导致了社会发展关键矛盾的延续。为了克服这些矛盾，需要俄罗斯社会转型的新阶段，目标、利益、价值观为广大公民所理解和分享。2019 年，历史学家米罗诺夫出版专著《俄罗斯现代化与革命》，俄学者专门召开该书的研讨会"俄罗斯：从过去到未来"探讨该书。与会学者认为，米罗诺夫超越了帝国时期俄罗斯社会历史的时间框架，总结了数百年来俄罗斯"现代化"努力的本质和结果。[7]

（二）欧美学者的研究成果

1. 俄乌冲突

面对俄乌冲突这一热点问题，欧美学术界将俄乌冲突作为理解俄罗斯政治社会文化的文

---

[1] Rostislav Turovsky, Karina Funk, "Electoral Reforms in Russia's Regions: An Equilibrium between Disproportionality and Legitimacy", *Russian Politics*, Vol.7, Iss.4, 2022, pp.485-511.

[2] Vitalii Kovin, Andrei Semenov, "Political Logic of the 'Municipal Filter' in Russia: Evidence from Perm Krai 2020 Elections", *Russian Politics*, Vol.7, Iss.4, 2022, pp.512-534.

[3] Общество неравных возможностей: социальная структура современной России // Под ред. Н. Е. Тихоновой, Москва: Издательство «Весь Мир», 2022.

[4] 李培林、[俄] 戈尔什科夫等：《中俄社会平等和公正》，社会科学文献出版社 2022 年版；М. К. Горшков и др. Проблемы социального равенства и справедливости в России и Китае. М.: Издательство Новый Хронограф, 2021. 584 с.

[5] Ж. Т. Тощенко. Эволюция идей социальной структуры российского общества // Социологические исследования. 2022. №10. С. 62-73.

[6] В. В. Локосов. Социология радикальных изменений: трансформация российского общества в 1987-2020 годах. М.: ФНИСЦ РАН, 2022.

[7] С. А. Нефедов, Н. С. Розов, Д. В. Трубицын, Н. В. Романовский. Россия: из прошлого в будущее (круглый стол по книге Б. Н. Миронова) // Социологические исследования. 2022. №3. С. 24-39.

本。英国伦敦国王学院的阿柳科夫（Maxim Alyukov）在《理解威权政权下的新闻：俄罗斯电视观众对俄乌冲突的感受》一文中刻画了俄政权的威权主义特征，作者通过调查俄罗斯电视观众对俄乌冲突的信息接收，发现威权政治体系中的媒体感知过程：他们对政权既表示批评又表示支持，无法表达一致的观点。① 俄乌冲突以后，俄罗斯东正教会坚定地站在俄罗斯政权一方，这体现了俄罗斯政教关系鲜明的特点。由德国图宾根大学和中国南开大学的研究人员联合撰写的《俄罗斯的霸权结构：俄罗斯周边地区的东正教从属战略》② 认为，俄将俄罗斯东正教会工具化为动态的"软实力攻势"的一部分，以此创造出一个以克里姆林宫为中心的政治秩序，并对其周边地区重新施加霸权影响。

2. 俄罗斯政治研究

第一，议会和政党研究。议会和政党是俄罗斯政治研究传统领域，研究者以2021年国家杜马选举为案例，对此领域的研究更为深入和微观。美国学者塞雷蒂娜（M. Seredina）在《俄罗斯的政党：主导型政党体系中的政党制度国家化》③ 一文中分析了俄罗斯主导型政党的固定化和政党体系国家化之间的相互作用。芬兰赫尔辛基大学的扎瓦德斯卡娅和鲁缅采娃（M. Zavadskaya, A. Rumiantseva）在《人民不信任的党：2021年俄罗斯共产党选举胜利的根源》④ 一文中认为，俄罗斯共产党在2021年国家杜马选举中得票率提高得益于2018年退休金改革和之后俄罗斯的抗议运动。美国得克萨斯大学奥斯汀分校的莫塞尔和雷巴尔科（R. G. Moser, M. Rybalko）在《1993—2021年妇女和少数民族在俄罗斯国家杜马中的代表情况》⑤ 一文中分析了俄国家杜马和地方议会选举方式的变化，以及选举方式变化对妇女和少数民族在议会中占比的影响。此外，地方选举也进入研究者的视野。美国俄克拉何马州立大学的哈维（C. J. Harvey）在《为什么允许地方选举？动员、操纵和俄罗斯市长选举的取消》⑥ 一文中关注207个俄罗斯城市的市长选举，分析俄取消市长选举的原因。

第二，政治精英研究。政治精英研究是欧美学界经典的研究主题。美国弗吉尼亚理工大学斯涅戈瓦娅和俄罗斯莫斯科大学彼得罗夫（M. Snegovaya, K. Petrov）共同撰写的《长期的苏联阴影：普京精英之间的关系》⑦ 关注俄强力部门精英的组成，同时对普京执政时期政治精

---

① Maxim Alyukov, "Making Sense of the News in an Authoritarian Regime: Russian Television Viewers' Reception of the Russian-Ukraine Conflict", *Europe-Asia Studies*, Vol.74, No.3, 2022, pp.337-359.

② Maximilian Ohle, Richard J. Cook, Srðan M. Jovanović and Zhaoying Han, "Russia's Architecture of Hegemony: Christian Orthodox Subordination Strategies in Russia's Peripheral Zone", *Europe-Asia Studies*, Vol.74, No.3, 2022, pp.382-401.

③ Maria Seredina, "Parties in Russia: Party System Nationalisation in Dominant Party Systems", *East European Politics*, Vol 38, Iss. 2, 2022, pp.208-226.

④ Margarita Zavadskaya, Aleksandra Rumiantseva, "The Party of People's Distrust: The Roots of Electoral Success of the Communists in 2021", *Russian Politics*, Vol.7, Iss.2, 2022, pp.265-288.8130843 2

⑤ Robert G. Moser, Mikhail L. Rybalko, "Representation of Women and Ethnic Minorities in the Russian State Duma 1993-2021", *Russian Politics*, Vol.7, Iss.2, 2022, pp.311-339.

⑥ Cole J. Harvey, "Why Allow Local Elections? Mobilization, Manipulation, and the Abolition of Russian Mayoral Elections", *Russian Politics*, Vol.7, Iss.2, 2022, pp.237-264.

⑦ Maria Snegovaya, Kirill Petrov, "Long Soviet Shadows: the Nomenklatura Ties of Putin Elites", *Post-Soviet Affairs*, Vol.38, Iss.4, 2022, pp.329-348.

英出身和教育进行充分解析。克罗斯顿等人（M. Crosston, D. Seltser, D. Zhukov）撰写的论文《俄罗斯地方精英转型：基于1985—2019年带有反事实情况的系统动力学模型》[1] 运用数据模型分析1985—2019年从苏联至俄罗斯独立后地方精英的发展情况。

3. 俄罗斯社会文化研究

第一，市民社会研究。欧美学界关注俄罗斯市民社会与国家的关系，认为二者存在竞争、反抗与合作的关系。市民社会是俄罗斯政治的"晴雨表"，抗议示威活动一直牵动着俄政权的神经。贝德森（V. D. Bederson）在《谈谈怎么样？当代莫斯科集体行动的社会组织特征》[2] 一文中基于信任和社会资本理论以及组织密度和资源动员理论，认为参与家庭、邻里事务或者地区的社交网络与集体行动的关系是显著的。杰米亚年科等人（А. Н. Демьяненко, М. В. Клиценко）关注2020年哈巴罗夫斯克抗议示威参与者模式的观察结果，指出其发展阶段以及影响抗议的形式和内容。[3] 俄少数民族的社会运动也被关注，尤苏波娃（G. Yusupova）在《恐惧政治在俄罗斯是如何运作的？支持少数民族语言的社会动员的案例》[4] 一文中讨论了压迫性环境如何在线上和线下塑造这种社会动员。英国格拉斯哥大学的阿利耶夫（Huseyn Aliyev）关注社会制裁作为暴力动员的有效工具。他在《社会制裁和暴力动员：克里米亚鞑靼人案例中的教训》[5] 一文中认为，社会制裁对暴力动员的影响在遵守社会规范、地方传统和习俗程度较高的传统社会中仍然特别强烈。来自爱尔兰都柏林三一学院、美国康奈尔大学和英国伦敦大学学院的作者共同撰写的《压力下的独立媒体：来自俄罗斯的证据》[6] 关注独立媒体电视台"雨"被政权打压以后的反应，增加了人们对媒体操纵和威权韧性的理解。[7]

第二，数字化转型。数字化转型深刻地影响着俄罗斯政治和社会。伊利乔娃（М. В. Ильичева）考察了国家和公民社会机构在数字空间中的互动，介绍了当前数字环境发展趋势及其在新的政治进程和现实中对公民社会与国家之间关系的影响。卡拉瓦伊（А. В. Каравай）认为社交网络可以获得诸种类型的资源，他通过数据模型分析指出，最显著的因素是居住地，生活在莫斯科和圣彼得堡的居民更有可能获得社交网络的资源，俄罗斯人获得社会网络资源

---

[1] Matthew Crosston, Dmitry Seltser and Dmitry Zhukov, "The Transformation of Russia's Regional Elites: A System-Dynamics Model with Counterfactual Scenarios 1985–2019, *Russian Politics*, Vol.7, Iss.3, 2022, pp.389–421.

[2] V. D. Bederson, "How about a Conversation? Socio-organizational Characteristics of Collective Action in Contemporary Moscow", *Political Studies*, No.3, 2022.

[3] А. Н. Демьяненко, М. В. Клиценко. Хабаровский протест: опыт социологического анализа // Социологические исследования. 2022. № 1. C. 125–133.

[4] Guzel Yusupova, "How Does the Politics of Fear in Russia Work? The Case of Social Mobilisation in Support of Minority Languages", *Europe-Asia Studies*, Vol.74, No.4, 2022, pp. 620–641.

[5] Huseyn Aliyev, "Social Sanctions and Violent Mobilization: Lessons from the Crimean Tatar Case", *Post-Soviet Affairs*, Vol.38, No.3, 2022, pp206–221.

[6] Tom Paskhalis, Bryn Rosenfeld and Katerina Tertytchnaya, "Independent Media under Pressure: Evidence from Russia", *Post-Soviet Affairs*, Vol. 38, No.3, 2022, pp.155–174..

[7] М. В. Ильичева. Государство и институты гражданского общества: цифровая доминанта. М.: Издательство «Проспект», 2022.

的能力不同，现有社会的不平等进一步加深。① 传统文化在数字化空间也焕发生机，奥斯特洛夫斯卡娅（Е. А. Островская）在《佛教社区在新媒体的策略》一文中考察俄罗斯各种佛教社区数字化的动态，以及他们与互联网和新媒体建立关系的策略。② 纳姆和费德洛娃（Х. Х. Нам，К. С. Федорова）则关注在互联网空间和社交网络中表达的语言意识形态和移民语言的集体态度。③

第三，文化与文明研究。韩国启明大学学者在《21世纪的俄罗斯东正教与文明危机》④一文中探讨复兴的俄罗斯东正教是不是俄罗斯和西方之间新文化冲突的主要原因，揭示了东正教和西方社会的文化冲突：东正教旨在使俄罗斯社会基督教化，其本质较为保守；而西方文明则寻求将宗教限制在私人领域，同时弘扬先进且非宗教化的价值观。文章指出，如果俄罗斯和西方文明持续对峙，特别是如果俄罗斯继续抵制西方的价值观，这种文化冲突将会加剧。

三、中国的俄罗斯政治、社会与文化学科建设情况

2022年，国内俄罗斯政治、社会与文化研究领域共出版专著3部，发表核心期刊论文30余篇。该领域成建制的科研团队来自中国社会科学院俄罗斯东欧中亚研究所，主体为俄罗斯政治与社会研究室，其他研究人员分散在中央和地方科研机构、高校之中。

（一）俄罗斯政治、社会与文化研究团队基本情况

中国社会科学院俄罗斯东欧中亚研究所从事俄罗斯政治、社会与文化领域研究的研究人员共12名，其中研究员5名、副研究员2名、助理研究员4名、博士后1名。俄罗斯政治与社会研究室是从事俄罗斯政治、社会与文化研究的主体，目前共有科研人员6名，博士后1名。在中国社会科学院大学研究生院俄罗斯政治、俄罗斯社会与文化方向的研究生导师共计6名，其中博士生导师1名，硕士生导师5名。另有在读博士研究生4名，硕士研究生3名。在中国社会科学院的学科建设中，俄罗斯政治学科一直是重点学科，自中国社会科学院推出"登峰战略"以来，俄罗斯政治、社会与文化学科是优势学科俄罗斯学的重要组成部分。

多年以来，俄罗斯东欧中亚研究所形成了俄罗斯政治、社会与文化学科的科研和教学的专业团队，是国内俄罗斯政治、社会与文化研究领域科研人员多、研究力量强、研究议题广、研究方法多元、影响力大的团队，对国内俄罗斯政治、社会与文化研究起到了引领的作用。

2022年，俄罗斯政治与社会研究室研究队伍进一步壮大，研究室的科研力量充实。至今，研究室在岗科研人员共计6名，博士后1名，研究领域涵盖俄罗斯政治、社会、文化、宗教、

---

① А. В. Каравай. Факторы доступа к ресурсам социальных сетей в современной России // Социологические исследования. 2022. № 10. C. 74-84.

② Е. А. Островская, Т. Б. Бадмацыренов. Стратегии буддийских сообществ в новых медиа // Социологические исследования. 2022. № 7. C. 109-119.

③ Х. Х. Нам, К. С. Федорова. Языковая идеология России и Южной Кореи (отношение к языкам мигрантов в публичном дискурсе) // Социологические исследования. 2022. №7. C. 129-141.

④ Stanley S. Maclean, Eduard Leonidovich De, "The Russian Orthodox Church and the Crisis of Civilization in the 21st Century", *International Journal of Russian Studies*, No.11/1, 2022.

11

民族等广泛议题。

(二) 2022年俄罗斯政治与社会研究室的科研状况

1. 学术成果

2022年，研究团队共发表核心期刊论文6篇，国外期刊论文1篇。另有研究报告5篇，内参报告20余篇，其中多篇受到中央领导人的正面批示，起到了参政议政的作用。研究主题主要包括以下几个方面：聚焦俄乌冲突，分析其爆发的结构性原因，以及对俄罗斯政治、社会以及国际秩序的影响；关注俄罗斯政治和社会治理、文化政策；配合外宣、对外传播工作，宣传中国观点、中方立场，讲好中国故事。

2. 重要学术活动

2022年5月11日，由俄罗斯政治与社会研究室主办的俄罗斯政治社会文化学术沙龙第二期"俄罗斯政治与社会思想中的保守主义"在线上举行。来自俄罗斯东欧中亚研究所和各高校的8位科研人员围绕俄罗斯保守主义的历史和现实问题进行深入研讨。2022年，俄罗斯政治与社会研究室科研人员多次参加所内外举办的学术研讨会，并发表最新研究成果。

3. 科研项目

俄罗斯政治、社会与文化学科的创新工程项目，庞大鹏任首席研究员，俄罗斯政治与社会研究室多数科研人员参加的《世界政治中的俄罗斯》已于2022年12月结项。《世界政治中的俄罗斯》着眼于国际局势与世界格局中的俄罗斯，回答"俄罗斯是一个什么样的国家""在世界政治中理解俄罗斯"等问题，在理论、方法和学术实践中都具有创新性。该项目已形成30万字的结项报告，将于2023年出版。

在新立项目方面，俄罗斯政治与社会研究室助理研究员刘博玲主持的"东正教与后苏联空间的地缘政治研究"获国家社会科学基金青年项目立项（项目批准号：22CZJ020）。2022年，研究室研究人员还承接科技部、国家民委等国家部委委托项目。

(三) 2022年俄罗斯政治、社会与文化学科建设和发展评价

2022年，俄罗斯东欧中亚研究所俄罗斯政治、社会与文化学科成果丰硕。主要体现在：完成创新工程课题，课题的创新性和应用性得到评审的好评；获得社会科学基金项目立项和承接部委委托课题；撰写多篇学术论文和研究报告，得到良好的社会评价；坚持基础研究和应用研究相结合，俄罗斯政治与社会研究室科研人员撰写多篇内参报告，并被有关部门采用，起到了咨政建言的作用。

俄罗斯政治、社会与文化学科的发展也存在诸多不足：在一级学科区域国别学的框架内，俄罗斯政治、社会与文化学科的理论、方法和研究路径并没有进行总结、反思和创新；与国内外俄罗斯政治、社会与文化领域的学者交流不够，同行的研究经验借鉴不多；研究方法的多元性和科学性仍显薄弱；近年来该学科的研究领域虽有拓展，但仍有诸多领域研究不够，如俄罗斯政治和社会思想、俄罗斯法律研究仍显薄弱。

2022年俄罗斯经济研究综述

蒋菁 徐坡岭[*]

一、2022年中国学者俄罗斯经济研究综述

2022年中国国内从事俄罗斯经济研究的学者共发表学术论文和一般学术文章47篇，皮书报告6篇。撰写这些文章的作者主要来自中国社会科学院俄罗斯东欧中亚研究所、中国社会科学院数量经济与技术经济研究所、中国社会科学院金融研究所、商务部国际贸易经济合作研究院、黑龙江大学、北京外国语大学、南开大学、南京大学、四川大学、西南财经大学、深圳大学、武汉大学、哈尔滨商业大学、河北工程大学以及金融机构。从研究主题来看，2022年中国俄罗斯经济研究主要涉及以下六个方面。

（一）俄罗斯宏观经济形势和未来发展前景

此类研究涉及俄罗斯宏观经济总体形势、农业经济、财政金融形势、对外经济关系等方面，主要研究成果有：徐坡岭的《疫情背景下俄罗斯2021年宏观经济走势及未来前景》、蒋菁的《2021年俄罗斯农业发展和农业政策》、许文鸿的《2021年俄罗斯的对外经济关系》、丁超的《2021年俄罗斯财政金融形势与政策》。[①] 其主要观点如下。

1. 2021年俄罗斯宏观经济形势总体向好。2021年俄罗斯经济实现较快复苏，几乎所有行业都对经济增长作出了贡献，财政收支、通货膨胀率、净出口、外汇储备等指标均向好。国际能源价格持续上涨仍是最主要的动力。与此同时，俄罗斯宏观经济政策主线开始从防疫、反危机转向中长期结构调整和促进经济增长，而经济体制有回归经济计划和传统政府干预的倾向。

2. 2021年俄罗斯农业供需均衡。俄罗斯农业受多重叠加因素影响，2021年产值出现自2018年以来的首次下滑，但农产品产量完全可以满足国内需求，生产和出口发展趋势良好，进口替代成效进一步显现。2022年，为确保本国粮食安全，俄罗斯农业政策持续收紧，继续对粮食市场采取出口限制。

3. 2021年俄罗斯的对外经济关系聚焦三大热点。一是在反西方制裁背景下以"去美元化"为核心与西方展开金融领域的博弈；二是围绕"北溪-2号"天然气管道展开的俄欧美等多方博弈；三是围绕抗击新冠疫情展开国际博弈。当前，金融领域制裁与反制裁的博弈成为

---

[*] 蒋菁，博士，中国社会科学院俄罗斯东欧中亚研究所副研究员；徐坡岭，中国社会科学院俄罗斯东欧中亚研究所经济研究室主任，研究员。

[①] 以上4篇文章均载孙壮志主编《俄罗斯发展报告（2022）》，社会科学文献出版社2022年版。

俄罗斯对外经济关系中的重点内容。

4. 2021年俄罗斯财政金融形势总体趋好、政策趋紧。2021年俄罗斯预算系统提前回归平衡状态，经常账户也获得了创纪录的盈余。在刺激投资过程中，央地联动性也空前增强。然而，在多种因素影响下，高通胀成为中期内经济发展的首要威胁，俄罗斯央行的货币政策被迫转为紧缩。此外，2021年全球能源转型和低碳议程成为影响财政形势的最重要因素，经济结构转型可能因此加速。

（二）西方制裁对俄罗斯经济发展的影响及对中国的启示

此类研究涉及西方制裁（特别是利用环球银行金融通信协会——SWIFT制裁）对俄经济影响、卢布汇率走强等对俄经济的影响，以及俄罗斯应对西方制裁对中国的启示等方面，主要研究成果有：《美欧制裁压力下俄罗斯经济的韧性、根源及未来方向》《美西方制裁对俄罗斯经济的影响及启示》《西方对俄罗斯制裁产生的影响、应对及启示》《西方制裁与疫情叠加冲击下俄罗斯经济发展态势分析》《卢布汇率走强的原因及对俄罗斯经济的影响研究》《俄乌冲突下美欧利用SWIFT制裁俄罗斯的影响及其对中国的启示》《SWIFT制裁对俄罗斯影响几何》《如何看待俄罗斯被剔除出SWIFT的影响》。[①] 其主要观点如下。

1. 徐坡岭、李建民、姜振军等研究认为，西方制裁对俄经济的影响转向长期。随着乌克兰危机长期化，美欧的制裁措施及目标逐渐转向削弱和破坏俄罗斯经济的综合实力和长期发展潜力。在美欧制裁长期化背景下，俄罗斯经济将走上一条经济主权优先，有限开放、有限市场竞争与政府深度介入资源配置相结合的发展道路。此外，制裁已成为美国及其盟友遏制孤立俄罗斯的重要工具和长期政策选择，从而也成为影响俄罗斯经济发展的经常性变量。虽然俄罗斯不断采取应对措施，但制裁对俄经济造成严重冲击，短期内将使其经济出现深度下降，长期内将打击其创新能力和发展潜力，俄国际形象和影响力的损失在短期内难以弥补，硬实力和软实力都将陷入新的低谷。

2. 李仁真、关蕴珈、许文鸿提出，西方利用SWIFT制裁对世界经济和政治格局产生广泛影响。近年来，SWIFT越来越成为美国对外实施金融制裁的核心系统。美欧等国将SWIFT系统武器化，其实质是滥用国际金融领域的公共产品对别国予以打击，导致各国对SWIFT的信任降低，也促使更多SWIFT替代品出现。观察美欧等国将俄罗斯剔除出SWIFT可能产生的影响，不能仅仅看到对俄罗斯的影响，更要看到可能对世界经济和政治格局产生的广泛影响。它强烈冲击着世界金融体系，会破坏国际支付清算体系的公平性、削弱美元自身的信用以及推动国际货币体系的嬗变。而SWIFT制裁在俄罗斯将出现多重叠加效应，

[①] 徐坡岭：《美欧制裁压力下俄罗斯经济的韧性、根源及未来方向》，《俄罗斯学刊》2022年第4期；李建民：《美西方制裁对俄罗斯经济的影响及启示》，《欧亚经济》2022年第4期；李建民：《西方对俄罗斯制裁产生的影响、应对及启示》，《经济导刊》2022年第Z1期；姜振军：《西方制裁与疫情叠加冲击下俄罗斯经济发展态势分析》，《西伯利亚研究》2022年第4期；郑鹏程、张奎：《卢布汇率走强的原因及对俄罗斯经济的影响研究》，《黑龙江金融》2022年第9期；李仁真、关蕴珈：《俄乌冲突下美欧利用SWIFT制裁俄罗斯的影响及其对中国的启示》，《国际贸易》2022年第9期；许文鸿：《SWIFT制裁对俄罗斯影响几何》，《中国外汇》2022年第10期；王永利：《如何看待俄罗斯被剔除出SWIFT的影响》，《经济导刊》2022年第2期。

进而对俄罗斯金融经济发展造成更严重的打击。对此，俄罗斯正力图通过打造自己的金融体系和金融基础设施，并采取各种积极措施，以打破西方的制裁，摆脱对美国主导的国际金融体系的依赖。

3. 郑鹏程、张奎认为，卢布汇率走势影响着俄罗斯经济并对其产生显著的影响。强势卢布汇率对俄经济负效应凸显。综合考虑乌克兰危机走势、俄进出口形势、宏观政策调控目标及空间等因素，预计未来俄罗斯卢布汇率将出现短期维稳、长期贬值走势。

4. 王永利研究认为，中国需要对西方制裁俄罗斯导致的各方面变化做好应对准备，维护自身金融安全。西方各国对乌克兰危机的反应和干预对维护遵守既有国际秩序和规则提出严峻挑战，促使各国不得不进一步严肃思考如储备资产、跨境结算、稳定供应链等关系国家安全的问题。对此，中国应努力保证自身金融安全、谨防美国等西方国家的二级制裁、提高重要高科技产品和服务的进口替代率。面对美欧可能利用SWIFT对中国实施金融制裁的风险，中国在短期内仍应以合作的态度对待SWIFT，长期则需要继续推动中国人民币跨境支付系统（CIPS）建设以及加快探索数字人民币跨境使用的适用性，从而摆脱对SWIFT的依赖。当前，除了贸易、科技、舆论等方面外，金融领域正成为中美博弈的核心领域，中美金融摩擦进一步升级的概率正在加大。

（三）俄罗斯应对西方经济制裁的措施及其效果

此类研究涉及极限制裁下的反制裁、金融制裁应对措施及效果、石油限价应对效果、"平行进口"政策等方面，主要研究成果有：《极限制裁下的反制裁：博弈、影响及展望》《俄罗斯的外汇储备困局、应对措施及其影响》《俄罗斯利用"平行进口"规避西方制裁》《俄罗斯应对西方国家经济金融制裁的措施及政策启示》《俄罗斯应对金融制裁的措施分析》《金融安全视角下国际金融制裁的宏观经济效应——来自俄罗斯的证据》《卢布不再是瓦砾 俄罗斯应对金融战的组合拳与效果》《俄罗斯如何应对美欧金融制裁》《俄罗斯能否顶住美欧"史上最严厉"制裁》《俄罗斯应对美西方制裁百日效果评估》《俄罗斯逆势降息复苏经济》《金融制裁与反制裁：美俄博弈及启示》《美西方对俄实施石油限价会有效吗》《俄罗斯会退出世贸组织吗》。[①] 其主要观点如下。

[①] 高际香：《极限制裁下的反制裁：博弈、影响及展望》，《欧亚经济》2022年第4期；许文鸿：《俄罗斯的外汇储备困局、应对措施及其影响》，《东北亚学刊》2022年第6期；丁超：《俄罗斯利用"平行进口"规避西方制裁》，《世界知识》2022年第18期；李珍、牟思思、赵凌：《俄罗斯应对西方国家经济金融制裁的措施及政策启示》，《当代金融研究》2022年第9期；陈冠华、郑联盛：《俄罗斯应对金融制裁的措施分析》，《中国外汇》2022年第10期；陈天鑫、李军帅：《金融安全视角下国际金融制裁的宏观经济效应——来自俄罗斯的证据》，《上海金融》2022年第7期；王永钦、韩إ：《卢布不再是瓦砾 俄罗斯应对金融战的组合拳与效果》，《中国经济周刊》2022年第7期；陈景超、李响、范嘉润：《俄罗斯如何应对美欧金融制裁》，《银行家》2022年第4期；徐坡岭：《俄罗斯能否顶住美欧"史上最严厉"制裁》，《世界知识》2022年第6期；徐坡岭：《俄罗斯应对美西方制裁百日效果评估》，《世界知识》2022年第11期；董方冉：《俄罗斯逆势降息复苏经济》，《中国金融家》2022年第8期；夏凡、林萍、王之扬、王欢：《金融制裁与反制裁：美俄博弈及启示》，《河北金融》2022年第11期；徐坡岭：《美西方对俄实施石油限价会有效吗》，《世界知识》2022年第19期；高际香：《俄罗斯会退出世贸组织吗》，《世界知识》2022年第11期。

1. 高际香认为，西方制裁与俄罗斯反制裁的博弈激烈、广泛且影响深远。俄罗斯应对制裁未雨绸缪、先行布局，紧急采取卢布与黄金和天然气"双锚定"、冲击西方知识产权体系的科技反制等非常规措施，与西方形成了系统性、全面性、体系性博弈，其对抗之烈、范围之广、影响之深，前所未见。同时，俄在全力反击美国等西方国家政治、军事和经济压力的同时，不会主动彻底同国际体系脱钩。尤其是俄罗斯奋力维护多年争取来的世贸组织成员地位，这与其在联合国框架内开展外交、政治斗争，具有同等重要的价值。制裁与反制裁博弈的影响包括：俄罗斯与西方主导的全球化体系渐行渐远、全球产业分工逻辑发生根本改变、全球金融格局加速调整重构、俄欧关系转圜难度加大。

2. 李珍等通过研究认为，金融制裁与反制裁有较大的负面溢出效应。金融制裁已经成为大国博弈的新方式。自乌克兰危机升级以来，美欧等国对俄罗斯掀起包括金融制裁在内的多轮制裁，是21世纪以来参与制裁国家最多、制裁举措最多、制裁烈度最强的一次综合制裁。面对美国金融制裁，俄罗斯先后采取了大幅提高利率、贸易本币结算、启动国内替代性支付体系、实施外汇管制、提供流动性支持、降低存款准备金率、阻止外国投资者抛售在俄资产、允许国内债务人用本币偿还外债以及实施其他紧急宏观审慎调控措施，对稳定俄罗斯汇率和资本市场发挥了重要作用。尽管这些反制措施在短期内取得了一定的缓释作用，但是否能够取得长期成效还有待观察。同时，金融制裁使其外汇储备困局凸显。在俄强势和系统反制下，美欧等对俄金融制裁影响有限和可控，但制裁的反作用和负面溢出效应给世界经济和国际金融秩序带来冲击，倒逼国际金融体系变革，并使全球金融体系更加"碎片化"。同时，还会给全球经济带来诸多不确定因素，推动世界各国在外汇储备、能源、供应链等多方面作出调整，以维护本国金融安全。

3. 丁超研究认为，俄以"平行进口"合法化应对制裁的效果和前景有待观察。"平行进口"合法化依然是俄应对制裁的临时措施。主要是为应对制裁压力并缓解外贸"进口危机"，通过替代供应渠道进口原装商品。"平行进口"政策的落实尚有赖于俄政府各部门尤其是监管部门的密切配合，有赖于企业层面作出更为积极的回应，效果和前景有待继续观察。

4. 徐坡岭等认为，俄进口替代策略令制裁效果不及预期。这轮对俄制裁的长期布局主要针对俄经济的国际产业链供应链和对外技术依赖，制裁的程度取决于美欧在制裁立场上的一致性，制裁的效果取决于美欧联盟内各成员之间的利益差异。从制裁的效果来看，由于俄罗斯实施进口替代策略，一方面，制裁未能危及俄经济安全；另一方面，虽然进口替代在俄已实施多年，但俄产品制造的对外技术依赖度很高，几乎任何国产机械中都仍有进口零部件，因此，生产秩序的重组与适应还有相当长的路要走。

5. 徐坡岭研究认为，俄能源的"战略东转"令石油限价的效果递减。G7能够在短期内运用金融手段压低俄石油价格，主要原因在于俄能源买家目前还是集中在西方国家。如果俄加快能源的"战略东转"，类似的制裁在未来将会越来越起不到效果。俄不会对这种石油出口限价以及反俄行动无动于衷，一定会采取反制措施。其中，借重那些没有参与对俄制裁的能源消费大国重构俄石油市场，并在这个过程中采取针对性举措，是俄必然选择。这些针对性举措和政策选择的总体方向是俄能源的"战略东转"。从长期看，俄能源"战略东转"将深化中俄能源合作。

（四）俄罗斯经济发展的若干热点问题

此类研究涉及俄罗斯数字经济发展、低碳发展战略、粮食安全、央地财政关系、国家支付系统、石油工业税收模式、特区经济等方面，主要研究成果有：《俄罗斯服务业数字化转型：主要进展及驱动因素分析》《俄罗斯数字经济：回顾与展望》《俄罗斯地区创新体系改革及其对中俄科技合作的启示》《俄罗斯粮食安全现状与中俄粮食合作前景》《全球气候议程中的俄罗斯低碳发展战略：路径、特征及内在逻辑》《俄罗斯央地财政关系与国家治理的财政逻辑》《俄罗斯国家支付系统：历程、现状与前景》《俄罗斯石油工业税收模式与评估》《俄罗斯建立"奥利亚"经济特区的动因探究》。[①] 其主要观点如下。

1. 高际香等研究认为，俄数字经济发展取得较大进展，但仍有较大发展空间。俄罗斯将数字经济上升为国家战略高度，积极推动数字产业化和产业数字化。当前，俄罗斯数字经贸发展位居全球前列，以金融、医疗、交通物流行业为代表的俄罗斯服务业数字化转型取得一定进展，但核心要素尚未发挥有效作用。未来，还须在技术投入、立法、数据市场建设、人才保障、数字基础设施建设、标准化建设、平台建设、监管规则制定和完善等方面加大力度。新形势下，俄罗斯经济发展面临的挑战和压力加大，但俄罗斯数字经济和数字贸易仍有望取得进一步发展。

2. 徐坡岭认为，俄低碳发展战略由被动转向主动。俄罗斯是在欧洲加速实施碳边界调节税、气候议程上升为全球主要大国的普遍议题之后，才在气候问题和低碳发展领域由被动转向主动，制定和推出自己的低碳发展战略的。一方面，选择以碳信用模式起步，逐渐引入具有强制性的"排放配额"交易系统，并把俄罗斯国内绿色脱碳农场模式和森林项目碳吸收抵消模式纳入"全球碳价格形成体系"的组成部分；另一方面，全球低碳发展长期给俄罗斯带来巨大挑战，其制造业部门扩张与脱碳之间也存在内在矛盾，因此，俄罗斯坚决反对能源转型领域的激进主义、单边主义，坚持能源转型的可持续性，以及所有国家依据国际法遵循共同又有差别的减排原则。

3. 蒋菁指出，俄以粮食外交保障粮食安全与合作。乌克兰危机全面升级以来，面对不断加剧的全球粮食危机，俄罗斯充分施展粮食外交的手段，提出只向友好国家以卢布或本币结算方式出口粮食。当前，中俄粮食合作增长迅速，前景可期。今后，两国粮食合作应重点围绕粮食供应链通道建设、粮食安全共同体构建、粮食全产业链合作、粮食贸易金融服务和饲料粮多渠道供应等方面展开深入合作。

---

① 高际香：《俄罗斯服务业数字化转型：主要进展及驱动因素分析》，载孙壮志主编《俄罗斯黄皮书：俄罗斯发展报告（2022）》，社会科学文献出版社2022年版；李西林、游佳慧、张谋明：《俄罗斯数字经济：回顾与展望》，《服务外包》2022年第7期；葛新蓉：《俄罗斯地区创新体系改革及其对中俄科技合作的启示》，《商业经济》2022年第7期；蒋菁：《俄罗斯粮食安全现状与中俄粮食合作前景》，《东北亚学刊》2022年第4期；徐坡岭：《全球气候议程中的俄罗斯低碳发展战略：路径、特征及内在逻辑》，《俄罗斯东欧中亚研究》2022年第3期；丁超：《俄罗斯央地财政关系与国家治理的财政逻辑》，《俄罗斯东欧中亚研究》2022年第2期；李福川：《俄罗斯国家支付系统：历程、现状与前景》，《欧亚经济》2022年第5期；路煜：《俄罗斯石油工业税收模式与评估》，《东北亚经济研究》2022年第3期；许航：《俄罗斯建立"奥利亚"经济特区的动因探究》，《特区经济》2022年第7期。

4. 丁超提出，俄央地财政关系调整为国家主义回归创造了充分的物质基础与灵活的政策工具。一方面，通过税制改革确立了联邦政府对国民经济收入分配的绝对掌控力，同时也获得了绝对的财政资金分配权；另一方面，通过转移支付制度向地方政府摊派任务，几乎所有的财政援助形式都带有定向性。此外，联邦政府还不断加大对地方的政策统筹与控制力度。目前，俄罗斯正处于再次转型的关键期，从长远看，央地财政关系的未来发展将取决于联邦政府能否建立起有效的经济治理模式，在垂直体系下优化资源配置，能否充分调动地方政府的积极性，实现经济的突破性发展。

5. 李福川撰文叙述了俄加强国家支付系统建设。俄罗斯国家支付系统是俄罗斯央行对市场竞争环境下成长起来的多个支付系统依法进行整合的结果。整合过程突出了央行代表国家在支付系统中的地位和作用。实践证明整合是成功的，俄罗斯国家支付系统是安全和高效的。

6. 葛新蓉提出，俄通过地区创新体系改革深化中俄科技合作。近年来俄罗斯地区创新体系在合作模式和发展方向上均进行着改革，以提升国家科技实力和打造世界级科研中心。今后，科技合作则是中俄贸易升级的关键领域。为此，建议借助俄罗斯地区创新体系中的优势力量，在俄罗斯高校和科研机构转型之际，以新内容深化两国科技创新合作。

7. 路煜通过研究分析指出，俄调整石油工业税收模式。俄罗斯石油公司每桶石油当量的税收负担与外国主要石油公司相当，而总税收在收入中的份额比外国公司明显要高。近年来，俄罗斯联邦政府持续推进税制改革，进一步降低油气出口关税。通过分析俄罗斯石油工业现代税收制度的关键参数和调查俄罗斯主要石油公司的税收负担，可以发现俄罗斯油气税收法规在动态变化和调整。

8. 许航对俄加强特区经济建设进行了叙述。在疫情背景下，俄特区经济仍整体呈有效运行状态，其中港口型经济特区综合效率指数最高。2020 年俄罗斯联邦成立"奥利亚"港口型经济特区，将有助于俄罗斯打通"南北"国际贸易走廊、巩固其在里海的支配地位、改善和发展俄欧和俄亚关系并在里海形成船舶物流产业集群。

（五）中俄经济合作与区域经济合作发展

此类研究涉及中俄经贸合作、科技合作、跨境支付、中亚一体化、上海合作组织经济合作，以及欧亚经济联盟发展等方面，主要研究成果有：《百年变局下中俄经贸合作新趋势》《美欧对俄经济制裁影响下的中俄经贸关系》《〈中俄睦邻友好合作条约〉签署 20 年来的中俄关系评析》《俄乌局势对中俄贸易的影响分析及应对策略——以黑龙江省情况调查分析为例》《"冰上丝绸之路"建设视角下中俄贸易路径的开拓研究》《浙江创新经验对推进中俄贸易的启示》《俄罗斯地区创新体系改革及其对中俄科技合作的启示》《区块链技术在中俄跨境电商支付中应用研究》《基础设施对中亚区域经济一体化的影响——基于空间面板杜宾模型的研究》《中国与中亚经济合作 30 年——政策演进、重点领域进展及未来发展路径》《新冠疫情冲击下欧亚经济联盟国家的宏观经济走势与分析》《欧亚经济联盟经济一体化效果测度及评价》

《上合组织经济合作开启新征程》。① 其主要观点如下。

1. 郭晓琼、蔡真认为中俄经贸合作沿广度和深度拓展。经贸合作是中俄战略协作伙伴关系的重要基石，双方不断拓宽合作领域，特别是在能源、区域经济、农业等领域合作密切。当前，中俄经贸合作取得显著成果。在西方对俄经济制裁不断加码的背景下，俄罗斯对华经贸合作的意愿更强，西方企业相继退出俄罗斯为中国企业进入俄罗斯各领域细分市场创造更多机遇，数字经济的发展将拓展两国经贸合作的广度和深度，气候变化议题备受关注也催生出绿色合作新领域。同时，两国能源合作将更加紧密，金融领域将深度合作对接，经济安全合作被置于更重要的地位，科技创新合作拥有广阔前景。

2. 许婷依等人认为，可利用区块链技术助推中俄跨境支付合作转型升级。中俄贸易传统支付方式存在流通效率低、交易费用高、安全性低等问题，因此如何转变传统支付方式、建立安全可靠的跨境支付平台成为亟待解决的重点问题。将区块链技术去中心化、去信任化、计算逻辑化和可追溯性的特点运用到跨境支付上，以区块链赋能跨境支付，可以形成更完善的支付系统，从而促进中俄跨境贸易不断发展。

3. 李建民认为，上海合作组织区域合作成效显著且仍具有较大潜力和空间。上海合作组织区域经济合作已在多个领域取得阶段性成果，有效带动了整个区域贸易投资规模的不断扩大和经济总量的显著提升。其在能源、科技、金融等领域达成新共识。未来，仍有巨大潜力和上升空间。

4. 徐坡岭、李宝琴认为，基础设施合作显著促进中国和中亚国家的区域合作。30 年来中国和中亚国家的互利合作正是将"共谋发展"这一理念携手转化为实际成果的努力过程。基础设施领域的合作对中亚区域内和加入俄罗斯后形成的中亚跨区域一体化均具有显著的负向溢出效应，而对于加入中国之后形成的中亚跨区域一体化，则呈现显著的正向溢出效应，有助于提升中国与中亚国家的区域合作水平，也完全契合以基础设施互联互通为核心的中国"一带一路"倡议。

5. 郑鹏程、王文博撰文指出，中俄地方经济合作同时面临挑战和机遇。乌克兰危机升级的冲击和影响已通过贸易传导至黑龙江省，导致黑龙江省对俄贸易企业经营困难。同时，银行结算效率和资产质量面临挑战，未来黑龙江省对俄进口成本将有所增加。但由于中国与俄

---

① 郭晓琼、蔡真：《百年变局下中俄经贸合作新趋势》，《俄罗斯学刊》2022 年第 4 期；李双双：《美欧对俄经济制裁影响下的中俄经贸关系》，《俄罗斯东欧中亚研究》2022 年第 5 期；陆南泉：《〈中俄睦邻友好合作条约〉签署 20 年来的中俄关系评析》，《中国浦东干部学院学报》2022 年第 1 期；郑鹏程、王文博：《俄乌局势对中俄贸易的影响分析及应对策略——以黑龙江省情况调查分析为例》，《黑龙江金融》2022 年第 10 期；刘新霞：《"冰上丝绸之路"建设视角下中俄贸易路径的开拓研究》，《价格月刊》2022 年第 6 期；刘泽熙：《浙江创新经验对推进中俄贸易的启示》，《中国外资》2022 年第 8 期；葛菲蓉：《俄罗斯地区创新体系改革及其对中俄科技合作的启示》，《商业经济》2022 年第 7 期；许婷依、焦欣瑜、燕楠：《区块链技术在中俄跨境电商支付中应用研究》，《商业经济》2022 年第 11 期；徐坡岭、李宝琴：《基础设施对中亚区域经济一体化的影响——基于空间面板杜宾模型的研究》，《工业技术经济》2022 年第 4 期；李建民：《中国与中亚经济合作 30 年——政策演进、重点领域进展及未来发展路径》，《俄罗斯研究》2022 年第 5 期；蒋菁：《新冠疫情冲击下欧亚经济联盟国家的宏观经济走势与分析》，《北方论丛》2022 年第 4 期；宫艳华：《欧亚经济联盟经济一体化效果测度及评价》，《俄罗斯东欧中亚研究》2022 年第 5 期；李建民：《上合组织经济合作开启新征程》，《世界知识》2022 年第 20 期。

罗斯在经济上的互补性以及西方对俄的封锁，中国将在扩大贸易范围、加大对俄投资力度、深化金融合作和建立物流通道等领域迎来机遇。从浙江省的发展经验来看，政府应该发挥其疏导和服务作用，在贸易合作的生产、销售、运输以及政府服务领域为中俄双方企业提供便利和帮助，助力双边贸易扩大规模、转型升级。此外，"冰上丝绸之路"建设可以为中俄地方经贸合作带来更多的发展机遇。

6. 蒋菁分析认为，欧亚经济联盟的发展因乌克兰危机升级而面临较大风险。全球新冠疫情暴发以来，欧亚经济联盟成员国的宏观经济形势总体上相对稳定，其宏观经济政策的调整主要围绕保民生和保中期债务的稳定性展开。乌克兰危机升级给欧亚经济联盟成员国带来的经济冲击将使得未受制裁国家不断衡量自身的收益和风险，而俄罗斯将比以往更加需要联盟的支持。在西方全方位制裁下，俄罗斯与欧盟之间从能源贸易到金融投资彻底割裂的风险骤升，导致欧亚经济联盟未来发展前景不乐观，可能走向封闭，始终维持低效运转，即经济一体化深度发展局限性较强，空间扩展有限，且发展进度和节奏将明显低于预期水平。

（六）历史和地缘经济视角下的俄罗斯经济问题研究

此类研究涉及苏联经济史、俄罗斯远东开发战略、经济结构特性等方面，主要研究成果有：《苏联经济发展史简论与启示：从十月革命前到列宁时期》《俄罗斯开发开放东部地区的进程及其战略意图》《俄罗斯远东开发战略评估——从"东向"到"东向北向联动"》《地缘经济视域下的历史逻辑——俄罗斯经济结构特性与俄乌冲突的起源》。[①] 其主要观点如下。

1. 陆南泉研究指出，从历史视角看，俄罗斯经济具有明显的阶段性特征。十月革命前，俄国经济带有浓厚的封建色彩、垄断与集中程度高、对外国资本依赖程度高、发展水平较低，远远落后于资本主义国家。十月革命后，苏维埃政府对俄国经济实行了最初的改造，巩固了新生政权，奠定了社会主义经济基础。特别是在列宁的推动下，苏维埃政府于1921年开始实行以发展商品货币关系为实质的新经济政策。此后国民经济的迅速恢复和发展表明，新经济政策是符合经济社会发展规律的，是向社会主义过渡的正确之道。

2. 高际香等研究认为，从地缘经济视角看，东部开发对俄罗斯意义重大。苏联时期，东部地区的经济获得了很大发展。普京执政后，采取一系列政策措施来加快开发开放东部地区，目的是加强与亚太地区各国的合作，推动国内经济发展，巩固与提升俄罗斯在亚太地区的影响力，减少对欧盟的能源出口依赖，以及维护和巩固国家安全。乌克兰危机导致俄罗斯融入欧洲的"西向"战略受挫，使其再次将目光投向东方。俄政府开启了"东向北向联动"发展战略布局，意图利用远东和北极地区矿产、土地等资源优势，以及连通北冰洋和太平洋、紧邻亚太巨大消费市场和制造基地等区位优势，全面推动远东和北极地区联动发展，在融入亚太地区的同时，确保北极利益，重塑欧亚大国和北方大国地位。但是，基于现实基础和国际环境制约，俄罗斯要最终达成上述目标仍面临巨大挑战。

[①] 陆南泉：《苏联经济发展史简论与启示：从十月革命前到列宁时期》，《中国浦东干部学院学报》2022年第4期；陆南泉：《俄罗斯开发开放东部地区的进程及其战略意图》，《中国浦东干部学院学报》2022年第3期；高际香：《俄罗斯远东开发战略评估——从"东向"到"东向北向联动"》，《俄罗斯学刊》2022年第1期；吴贺、陈晓律：《地缘经济视域下的历史逻辑——俄罗斯经济结构特性与俄乌冲突的起源》，《探索与争鸣》2022年第9期。

3. 吴贺、陈晓律认为，俄罗斯以地缘政治主导地缘经济的历史路径依赖影响深远。俄罗斯在历史上形成了依靠地缘政治主导地缘经济从而改善经济地理条件的路径依赖。当代俄罗斯也曾试图以独联体为核心打造欧亚联盟来扭转其在世界经济体系中的不利地位，但欧美对乌克兰事务的深度介入使得俄罗斯的地缘经济布局被一再打破。从这个角度看，俄乌冲突是不可避免的。但如果俄罗斯能够转变以地缘政治主导地缘经济的旧有思路，则以和平方式破解困局的契机依然存在。

二、2022年俄罗斯学者经济研究综述

俄罗斯本土经济学者的代表性研究成果主要发表在《俄罗斯经济问题》《全俄经济杂志》《社会与经济》《世界经济与国际关系》《预测问题》等学术期刊上，研究力量主要集中在俄罗斯科学院各经济类研究所（如经济研究所、国民经济预测研究所、世界经济与政治研究所等）、盖达尔经济政策研究所、高等经济大学、总统所属政府行政学院、圣彼得堡经济大学以及各地方经济类院校等。2022年俄罗斯经济学界的研究主要涉及的选题包括：制裁下的俄罗斯经济，科技创新与科技合作，低碳发展、绿色经济、气候议程，区域经济发展等。

（一）制裁下的俄罗斯经济

此类研究涉及制裁对俄罗斯宏观经济整体影响、制裁对俄部分地区经济的影响、制裁对俄部分行业发展的影响等方面，主要研究成果有《新制裁挑战下的俄罗斯经济》[1]、《原料型出口经济的"新现实"：数量与结构性参数考察》[2]、《制裁下的马加丹州黄金开采业：对于地区发展的风险》[3]、《制裁下的航空运输业：伊朗的经验是否可为俄罗斯所用？》[4]。其主要观点如下。

1. 从整体看，2022年疫情以及西方对俄罗斯实施的一系列制裁是对俄罗斯经济韧性的压力"测试"。俄罗斯境外资产被冻结，世界经济体系因此经历了巨大的扭曲。俄罗斯经济具有建立新支点的潜力，需要重构内部发展机制和外部发展机制，但进口替代未必能堪当重任。用拉姆齐-卡斯-库普曼斯模型检验的结果显示，原料型经济体在无法有效实施替代进口时，潜在GDP将下降。即使经济体完全有效地实施进口替代，家庭消费水平也会下降。原因有二：一是劳动力必须部分转移到进口替代项目上，二是资本积累率必须保持在较高水平。如果进口替代在投资品和消费品两个部门都效果不佳，则居民生活水平和经济规模双下降不可避免。

2. 从地区看，制裁给部分地方经济发展带来较大风险。例如，制裁对马加丹州黄金开采业产生影响，西方禁止进口俄罗斯黄金以及禁止向俄罗斯出口开采设备和备件等，导致黄金开采成本上升、销售价格下降，联邦政府和地方政府应出台相应的纾困措施。

---

[1] М. В. Ершов. Российская экономика в условиях новых санкционных вызовов // Вопросы экономики. 2022. No 12.

[2] М. С. Лымарь, А. А. Реентович, А. А. Синяков. Экономика экспортера – сырья в «новой реальности»: количественные и структурные параметры // Вопросы экономики. 2022. No 12.

[3] Н. В. Гальцева. Золотодобывающая отрасль Магаданской области в условиях санкций // ЭКО. 2022. No 12.

[4] М. А. Фокеев. Отрасль авиаперевозок в условиях санкций: применим ли опыт Ирана в России // ЭКО. 2022. No 8.

3. 从行业看，受制裁影响较大的部分行业须采取积极的应对措施。例如，对俄罗斯航空运输业来说，伊朗反制裁和应对制裁的一系列措施值得借鉴，诸如重新布局航线，加强机队管理和发展航空工业综合体等。

（二）科技创新与科技合作

此类研究涉及俄罗斯创新与市场间的互动关系、俄创新体系的建立与发展、俄创新人才供给、俄国际科技合作情况、乌克兰危机下俄科技发展形势等方面，有代表性的研究成果有：《创新是体系性互动》[1]、《从叙事经济学视域看俄罗斯创新体系的正式规制》[2]、《俄罗斯科技人才：趋势、问题、前景》[3]、《从国际合作的角度看俄罗斯科学的自给自足趋势》[4]、《新形势下俄罗斯大学的国际科技合作：制约与机遇》[5]、《俄罗斯科技新现实及其重塑的必要性》[6]、《大学创业工作室作为技术转移的新模式》[7]、《俄罗斯人职务创新积极性：员工个性特征和组织文化》[8]。其主要观点如下。

1. 俄罗斯创新模式需要从苏联模式向创新互动模式转变。创新从理念到市场的演进路径取决于创新者和消费者之间的互动。俄罗斯国家科技创新政策实施遇到的主要问题是其项目和规划的低效，根源是其创新体系建立在一个过时的苏联模式之上。要解决问题就要转变创新模式，需要从对创新的认识开始，引入创新互动概念，将创新视为一种新型业务流程的核心。只有向创新互动模式过渡，才能与数字经济发展现实和创新型发展相适应。

2. 俄罗斯创新体系改革不适宜走急剧变革之路，应从建立正式规制开始逐步推进。俄罗斯科学领域与其他领域不同，难以适应急剧变革，革命性的体制变革并不成功，且很难被科学界接受。况且随着外部环境严重恶化，经济和外交政策调整也未能为其创新体系改革预留较大的适应空间。为此，需要建立创新体系的正式规制，特别是专门的法律法规，以更客观地反映和适应其发展水平。

3. 俄罗斯科技人才供给不足，需要通过效率的提高以弥补供给的不足。俄罗斯科研人员数量多年来持续减少，尤其是作为科技人才主要后续来源的研究生供给不足。此外，工资收

---

[1] А. Г. Фонотов. Инновации как системные коммуникации // ЭКО. 2022. №1.

[2] В. В. Вольчик, С. С. Цыганков, А. И. Маскаев. Формальные институты российской инновационной системы в свете нарративной экономики // ЭКО. 2022. №10.

[3] Е. Е. Емельянова, В. В. Лапочкина. Научные кадры России: тенденции, проблемы, перспективы // ЭКО. 2022. №5.

[4] И. Г. Дежина, С. В. Егерев. Движение к автаркии в российской науке сквозь призму международной кооперации // ЭКО. 2022. №1.

[5] И. Г. Дежина. Международное научное сотрудничество российских вузов в новых условиях: ограничения и возможности // ЭКО. 2022. №11.

[6] Е. Е. Емельянова, В. В. Лапочкина. Новые реалии научной жизни в России и необходимость ее переформатирования // ЭКО. 2022. №7.

[7] В. Г. Зинов, Н. Г. Куракова. Университетские стартап-студии как новая модель трансфера технологий // ЭКО. 2022. №4.

[8] А. И. Нефедова, М. В. Чернышева, Л. С. Кузина, И. Б. Юдин. Инновационная активность россиян на рабочем месте // Вопросы экономики. 2022. №9.

入微薄严重影响科学家的积极性，进而导致科研产出指标不佳，这些问题严重束缚了俄罗斯科技水平的提高。解决问题的关键是将政策支持重点从增加人员数量向提高效率转变。为此，应修订俄罗斯科学成就评估标准，以吸引并留住最有生产力的员工。

4. 乌克兰危机成为俄罗斯参与国际科技合作的阻力，迫使其科技发展更多依靠本国力量。2022年乌克兰危机升级，西方国家停止了所有与俄罗斯科研机构的合作，联合研究项目亦中断。俄罗斯还遭遇了科研人才外流、购买科研设备和获取科学信息遇阻等问题。在此背景下，俄罗斯科技呈现自给自足发展趋势。"大科学"项目实践显示，传统上公认的适合国际合作的领域反而越来越依靠自给自足谋发展。事实上，为保持与世界科技体系的联系，俄罗斯应当强化与亚洲、非洲、拉丁美洲的科技合作。

5. 乌克兰危机升级背景下俄罗斯科技发展面临新的现实情况，有必要对其进行重塑。在对乌克兰发起特别军事行动之后，俄罗斯经济和政治形势发生较大变化，有必要重新审视所有的科技活动，作出利于科学和技术进步的决定，这是决定国家成功的主要因素。为此，需要确定科技发展优先方向，重新调整科学成果评价机制。

6. 俄罗斯创新体系的建立健全需要重点关注微观主体。一是需要重点关注大学创业工作室。国外和俄罗斯实践表明，大学创业工作室正在成为风险投资交易的主要参与者。俄罗斯很多大学正在将知识产权作为参股方式，但俄罗斯大学创业的主要障碍仍是缺乏初始资金，因此，应当考虑建立"大学间种子基金"。二是需要重点挖掘员工职务创新的积极性。经过回归分析可知，职务创新一方面取决于员工的个人特质，另一方面取决于企业或组织是否能激励员工自主创新。

（三）低碳发展、绿色经济、气候议程

此类研究涉及能源工业的低碳发展、辩证看待气候议程等方面，主要研究成果有：《石油和天然气工业去碳战略流变》[1]、《经济去碳化：俄罗斯的挑战与前景》[2]、《气候议程的迷思与暗礁》[3]、《气候议程尚未取消：为什么对俄罗斯经济很重要？》[4]、《全球能源转型预测》[5]、《工业共生可以作为去碳工具》[6]。其主要观点如下。

1. 不同国家的经济主体选择不同的石油和天然气工业低碳发展战略。世界上最大的石油和天然气公司的战略显示，它们的脱碳目标不仅在于减少温室气体排放，还有提高竞争力。美国公司倾向于维持现有商业模式，欧洲公司侧重开发替代能源，俄罗斯公司则是在能源开采和加工中增加碳捕获和碳存储环节。

---

[1] И. Ю. Блам, С. Ю. Ковалев. Вариативность стратегий декарбонизации нефтегазовой индустрии // ЭКО. 2022. №12.

[2] В. А. Цветков, А. С. Тулупов. Декарбонизация экономического развития: вызовы и перспективы для России // ЭКО. 2022. №12.

[3] Л. М. Корытный, В. Н. Веселова. Мифы и рифы климатической повестки // ЭКО. 2022. №7.

[4] А. И. Пыжев. Климатическую повестку никто не отменял: почему это важно для российской экономики? // ЭКО. 2022. №7.

[5] В. С. Арутюнов. О прогнозах глобального энергоперехода // ЭКО. 2022. №7.

[6] И. Ю. Блам, С. Ю. Ковалев. Промышленный симбиоз как инструмент декарбонизации // ЭКО. 2022. №7.

2. 在世界脱碳进程中，俄罗斯必须推进现有能源体系多元化发展，并形成工业共生的思维和认识。能源体系多元化发展，一方面要顾及国内消费，另一方面应考虑到发展中经济体的能源需求仍要依靠传统能源满足。为此，可以考虑引入工业共生的概念，并充分认识其在气候政策演进中的重要意义。政府一方面应支持工业集群内企业形成共生关系，另一方面通过为低碳技术提供补贴，维系俄罗斯经济的竞争力。

3. 俄罗斯需要辩证地看待气候议程，采取适合自身的发展路径。未来以环境为导向的经济模式将成为全球经济发展的动力。俄罗斯在面对气候变化这个特殊的新问题时，应积极推进国内气候议程，制定相应战略，使经济和社会适应气候变化进程。但是，一味坚持减少温室气体排放的做法也可能引发其他更严重的问题，尤其是可能成为绿色经济发展的绊脚石，俄罗斯的气候学说有必要加以调整。事实上，在人类没有解决热核聚变问题之前，世界经济的主要能源依旧是石油和天然气。因此，俄罗斯制定和实施自己的能源规划时应完全从国内现实和利益出发，不必顾及西方主导的趋势以及相应决定。

（四）区域经济发展

此类研究主要指向俄罗斯亚洲区域，特别关注远东发展，主要研究成果有：《俄罗斯亚洲区域经济发展基础》[①]、《远东投资政策与主要行业居民收入：实证检验》[②]。其主要观点如下。

开发不足和交通不发达、恶劣的气候等因素导致俄罗斯区域开发成本巨大，而大型投资项目或有助于促进亚洲区域经济增长。比较来看，制度工具的作用并不及预期，以远东支持投资的制度工具对居民收入影响为例进行实证分析，结果表明，积极态势的产生归因于俄罗斯整体性因素，而非制度工具的特殊作用。远东有一半地区社会发展状况不佳，也即制度工具很难稳定东部地区人口。因此，需要进行深层次的制度重构，而非仅仅实施"远东地区发展制度"。

（五）动员经济、人力资本、产业政策、粮食安全等议题

上述议题的主要研究成果有：《国家调控集中化是俄罗斯经济走向动员轨道的基础》[③]、《俄罗斯人力资本贬值进程》[④]、《转型和强约束条件下的产业政策》[⑤]、《俄罗斯粮食安全的潜在威胁：触发条件和制衡机制》[⑥]。其主要观点如下。

1. 在西方集体制裁下，俄罗斯有必要重构动员政策。"动员经济"是指在紧急经济情况

[①] В. А. Крюков, Н. И. Суслов, М. А. Ягольницер. Об основах развития экономики Азиатской России // ЭКО. 2022. №2.

[②] И. П. Глазырина, Л. М. Фалейчик, А. А. Фалейчик. «Дальневосточная» инвестиционная политика и доходы граждан в разрезе основных отраслей: опыт эмпирического анализа // ЭКО. 2022. №7.

[③] А. Х. Цакаев. Централизация государственного регулирования как основа перевода российской экономики на мобилизационные рельсы // Проблемы прогнозирования. 2022. №6.

[④] Ю. М. Слепенкова. Процесс обесценивания человеческого капитала в России // ЭКО. 2022. № 11.

[⑤] Ю. В. Симачев, А. А. Федюнина, М. Г. Кузык. Российская промышленная политика в условиях трансформации системы мирового производства и жестких ограничений // Вопросы экономики. 2022. № 6.

[⑥] Р. Р. Гумеров. Феномен "спящих" угроз продовольственной безопасности России: условия реализации и механизмы нейтрализации // ЭКО. 2022. №6.

下，要求所有经济主体（国家、企业和居民）作出非常规管理决策。国家监管集中化是现代俄罗斯"动员经济"的基础。

2. 俄罗斯人力资本正处于贬值进程之中。目前俄罗斯新增人力资本仍能弥补当期损失。主要问题在于：一方面，出生率下降和非劳动年龄人口的增加；另一方面，现有的移民政策无助于解决问题，因为流入的移民受过高等或中等教育者比例较低，而流出到发达国家的移民则多数受过高等教育。

3. 俄罗斯产业政策需要进行调整，克服经济的结构性限制。俄罗斯产业政策必须遵循灵活性、多样性原则，激发自下而上的活力，建立一个面向未来的决策体系，克服经济中低效的局部平衡。

4. 俄罗斯粮食安全问题或因制裁压力而引爆。其潜在威胁包括：俄罗斯食品工业中的跨国公司在某些方面具有较强控制力；反垄断立法薄弱；管理体系对市场波动的敏锐度不足；缺乏对农产品出口风险的监测。可考虑设立外国公司社会责任制度，赋予价格管理、反垄断机制和海关监管机制更多的灵活度，保证国家利益高于食品市场大型参与者的利益。

三、其他国家对俄罗斯经济的研究

2022年2月爆发的俄乌冲突是2022年度最重要的事件之一，也是"冷战"结束以来最为严重的地缘政治事件。俄乌冲突爆发后，各方都对其影响进行了分析和评估，主要热点集中在对俄罗斯的宏观经济形势、美国等西方国家制裁俄罗斯的效果及影响、危机背景下的去美元化、俄罗斯在欧亚地区的作用、俄罗斯与"金砖国家"的关系等方面。分析和评估的主要机构有国际货币基金组织、世界银行、比利时布鲁盖尔研究所（Bruegel）、日本北海道大学斯拉夫研究中心。此外，美国斯坦福大学、芬兰国际事务研究所等机构也有部分研究成果。

（一）关于俄罗斯经济状况评估

韩国学者李汉索（Han-Sol Lee）等人研究了外国直接投资和出口对俄罗斯及其远东地区经济增长的影响，结果表明，外国直接投资流入促进了俄罗斯的收入增长。然而，在促进远东地区经济增长方面发挥关键作用的是出口而不是外国直接投资。建议远东国家采取出口导向的增长战略，改善目前对能源部门扭曲的外国直接投资结构。此外，俄罗斯的经济衰退主要是由美欧等国的经济制裁引发的。因为俄罗斯的多个行业，如旅游、军事用品、石油、银行、食品等都成为制裁的主要目标，从而对俄罗斯的经济发展产生影响。[1]

斯捷潘·泽姆佐夫（Stepan Zemtsov）等人研究了俄罗斯的小企业及其市场潜力、税收和数字化问题，并讨论了外部冲击和商业环境变化对小企业发展的影响，以及在俄罗斯创业的动态、挑战和前景。研究结果表明：包括税收政策措施在内的俄罗斯的商业环境，对于解释

---

[1] Han-Sol Lee, Woosik Yu, "The Effects of FDI and Exports on Economic Growth of Russia and its Far Eastern District", *Eastern European Economics*, Vol.60, No.6, 2022, pp.479-497.

小企业活动非常重要,但企业家可以更好地控制数字化转型和市场潜力的作用。①

(二) 关于俄罗斯的绿色经济发展

挪威学者安娜·科尔普(Anna Korppoo)关注了俄罗斯学术辩论中的绿色经济(GE)概念化情况,认为绿色经济在俄罗斯是一个相当新的概念,俄罗斯在环境治理方面已经落后于其他发达经济体。俄罗斯学者认为绿色发展是解决当前环境、社会和经济问题的办法,这些问题主要来自该国的资源出口和工业经济。②

世界银行专家伊戈尔·马卡洛夫(Igor Makarov)等人出版了《俄罗斯与全球绿色转型》报告,该报告认为俄罗斯的绿色经济发展将使该国突破目前依赖化石燃料增长模式的限制,在快速变化的全球经济中更能抵御外部冲击,可以为俄罗斯带来更可持续的繁荣。越来越多的国家和公司对碳中和的选择为化石燃料资产的价值带来了新一轮的不确定性。这种不确定性可能导致能源密集型工业产品出口收入下降和更大波动。③

(三) 关于美欧对俄制裁效果的评估

比利时知名智库布鲁盖尔研究所研究了制裁对俄罗斯的影响,结果表明:第一,俄罗斯的财政没有受到足够的制裁,无法缩短这场战争的持续时间;第二,俄罗斯银行的有效管理防止了金融不稳定,因此也保护了实体经济;第三,鉴于制裁范围广泛,俄罗斯经济将在中长期内受到影响;第四,随着俄罗斯经济的自我孤立,将更难找到可靠的数据来评估打击的程度。对此,需要在全球范围内加强制裁协调,以孤立俄罗斯经济,限制收入流入俄罗斯,从而帮助停止战争。④

在制裁之初,国际货币基金组织举办了有关乌克兰问题媒体圆桌会议,会议讨论制裁影响俄罗斯经济的三条渠道。一是制裁导致大宗商品价格上涨;二是卢布大幅贬值正在推高通胀;三是通货膨胀导致实际收入减少,严重削弱了绝大多数俄罗斯人口的购买力和生活水平,同时,对金融状况和商业信心产生影响。⑤ 此后,国际货币基金组织进一步研究了制裁背景下俄罗斯天然气供应对欧洲经济的影响以及对德国经济的影响等。研究表明,欧洲各国对俄罗斯天然气和其他能源的依赖因国家而异。在中欧和东欧一些受影响最严重的国家——匈牙利、斯洛伐克和捷克,天然气消费短缺的风险高达40%,国内生产总值萎缩的风险高达6%。对此,可以通过替代能源供应、缓解基础设施瓶颈、鼓励节能、保护脆弱家庭以及在各国之间

---

① Stepan Zemtsov, Yulia Tsareva, Vera A. Barinova, Maksim Belitski and Alexander N. Krasnoselskikh, "Small Business in Russia: Institutions, Market Potential, Taxes and Digitalization", *Post-Communist Economies*, Vol.34, No.8, 2022, pp.1029-1053.

② Anna Korppoo, Nina Tynkkynen and Inessa Tarusina, Conceptualizing "Green economy" in Russian Academic Debate, https://research.abo.fi/ws/files/46846552/Korppoo_Tynkkynen_Tarusina_FINAL_170522_anonymous.pdf.

③ Russia and Global Green Transition: Risks and Opportunities, https://documents1.worldbank.org/curated/en/319061639149266594/pdf/Russia-and-Global-Green-Transition-Risks-and-Opportunities.pdf.

④ How Have Sanctions Impacted Russia? https://www.bruegel.org/policy-brief/how-have-sanctions-impacted-russia.

⑤ The Economic Impacts on Germany of a Potential Russian Gas Shutoff, https://www.imf.org/en/Publications/WP/Issues/2022/07/18/The-Economic-Impacts-on-Germany-of-a-Potential-Russian-Gas-Shutoff-520931.

共享天然气来减轻俄罗斯天然气中断所造成的影响。①

欧盟安全研究所（European Union Institute for Security Studies，EUISS）评估了欧盟对俄罗斯制裁的有效性。欧盟为应对2022年2月爆发的俄乌冲突而制定了一系列制裁措施后，如何评估制裁有效性的问题对欧盟来说非常紧迫。该研究所的报告概述了欧盟对俄罗斯制裁机制的复杂结构，该结构分为几个子机制，分析了制裁设计背后的理由，评估了制裁在俄罗斯的表现。②

（四）关于制裁对俄罗斯经济的影响

日本北海道大学斯拉夫研究中心田畑伸一郎（Shinichiro Tabata）先后撰写了美欧制裁对俄罗斯经济影响的数篇报告，得出如下结论。第一，经济制裁的效果不明显。几乎没有任何制裁措施能够达到预期的政治目的，同时，制裁伴随着巨大的副作用，实施制裁的一方往往面临反制裁。第二，美欧金融制裁对卢布汇率的影响取决于石油和天然气出口。如果俄罗斯能够继续出口石油和天然气，便可以赚取外币，从而能够避免卢布汇率的暴跌或连续下滑，而无须从其外汇储备中出售外币。这是因为俄罗斯出台强制结汇令，要求与海外实体进行交易的公司必须出售它们获得外币的80%。但如果俄罗斯无法继续出口石油和天然气或出口量大幅下降，俄罗斯将别无选择，卢布汇率只能随着外汇储备减少而下降。第三，当经济制裁导致俄罗斯石油和天然气出口减少时，俄罗斯的经济增长和财政收入将受到相当大的损害。③

英国伦敦国王学院战争研究系的教师克塞尼亚·柯克汉姆（Ksenia Kirkham）出版了《制裁的政治经济学：俄罗斯和伊朗的恢复力和转型》一书，对受到美欧制裁下的俄罗斯、伊朗进行了比较研究。虽然越来越多的文献关注制裁的效力，但对制裁改变目标社会（国家）的发展方式的关注却少得多。尽管因为受到制裁，俄罗斯和伊朗在国家治理方面变得越来越霍布斯式，更加自力更生，但也不那么民主，对西方更具侵略性。作者通过一个新的福利国家制度框架来探索这些发展，该框架将福利国家功能与制度、经济和文化结构维度相结合，还揭示了制度、福利国家和通过制裁制度（重新）生产资本主义社会关系之间的联系。④

意大利国际关系学会（IAI）发布的报告认为俄罗斯经济正在艰难度过制裁。美欧对俄制裁在规模和范围上都是前所未有的，48个国家及许多非国家行为者都加入了制裁。美欧制裁给俄罗斯经济的运行带来了相当大的障碍和额外的成本，俄罗斯经济必然会进行深刻的重组，对生产和消费过程产生深远的影响。目前卢布升值和通货膨胀放缓并不是改善的迹象，而是所采取的稳定措施的直接影响，事实上，这对俄罗斯经济进一步发展不利。2022年夏天，许多问题开始浮出水面，基于俄罗斯经济具有弹性的乐观评估似乎为时过早。俄罗斯目前缺乏

---

① The Economic Impacts on Germany of a Potential Russian Gas Shutoff, https://www.imf.org/en/Publications/WP/Issues/2022/07/18/The-Economic-Impacts-on-Germany-of-a-Potential-Russian-Gas-Shutoff-520931.

② Slow-acting Tools-evaluating EU Sanctions against Russia after the Invasion of Ukraine, https://www.iss.europa.eu/content/slow-acting-tools-evaluating-eu-sanctions-against-russia-after-invasion-ukraine.

③ Oil and Gas in the Economic Transformation of Russia, https://src-h.slav.hokudai.ac.jp/coe21/publish/no11_ses/01_tabata.pdf.

④ *The Political Economy of Sanctions: Resilience and Transformation in Russia and Iran*, https://kclpure.kcl.ac.uk/portal/en/publications/the-political-economy-of-sanctions-resilience-and-transformation.

新环境下经济结构调整的战略计划。未来的事件走向将取决于私营部门是以最小的损失领导经济重组，还是政府强加其规范性前景，使结果远离经济平衡。①

（五）关于乌克兰危机升级的影响

美国斯坦福大学斯拉夫研究中心学者梅丽莎·德·维特（Melissa de Witte）撰写了《理解俄罗斯入侵乌克兰的影响》；斯坦福大学学者斯科特·萨根（Scott Sagan）讨论了俄罗斯与乌克兰冲突中的核威胁；斯坦福大学法学院的艾伦·S.韦纳（Allen S. Weiner）讨论了俄罗斯入侵乌克兰的法律影响及其后果；斯坦福大学学者史蒂文·皮弗（Steven Pifer）讨论了俄罗斯期望实现的目标以及为什么其对乌克兰的政策适得其反。②

2022年7月22日，经济合作与发展组织（OECD）发表了题为《乌克兰战争的潜在空间影响》的报告。该报告认为在经合组织各经济体中都将感受到乌克兰危机升级的影响，特别是在人道主义、难民危机、前线等领域。俄罗斯对乌克兰的特别军事行动的经济影响，特别是能源价格上涨所造成的影响，将在空间上有所不同，对某些地区的影响比其他地区更大。虽然俄罗斯在意大利出口中所占的份额很小，但一些地区和旅游等行业容易受到两国双边贸易下滑的影响。③

（六）关于能源问题在乌克兰危机中的作用和影响

葡萄牙学者罗沙娜·安德雷（Roxana Andrei）立足于天然气研究欧盟、俄罗斯和土耳其之间的冲突与合作。具体分析了影响欧洲能源态势的迅速发展的事件，并且认为乌克兰危机和能源危机自2022年以来重新配置了欧洲和全球地缘政治场景，不仅破坏了关键的自然资源，而且破坏了能源转型的步伐和欧洲大陆的基本安全、信任和连续性，提出了对欧洲冲突与合作动态的新解释，建议将本体论应用于安全的框架，以了解欧盟、俄罗斯和土耳其对过去几年影响它们的重大生存危机的反应，以及最终导致乌克兰危机升级和2022年能源危机的原因。④

（七）关于乌克兰危机背景下去美元化问题的研究

芬兰国际事务研究所学者玛丽亚·沙吉娜（Maria Shagina）发表了《西方金融战与俄罗斯去美元化战略：对俄罗斯的制裁如何重塑全球金融体系》的报告。该报告认为，自2014年以来，俄罗斯的去美元化计划一直以安全和地缘政治考虑为指导，通过从其外汇储备中倾销美债，用货币的流动性和货币发行人的信誉决定储备货币的选择。俄罗斯从2014年开始去美元化，在2018年加速去美元化，到2022年转变为全面的卢布化。随着多极世界秩序的发展，

---

① The Russian Economy Is Muddling Through the Sanctions War, https://www.iai.it/en/pubblicazioni/russian-economy-muddling-through-sanctions-war.

② How Will the Russia-Ukraine War End? https://sgs.stanford.edu/news/how-will-russia-ukraine-war-end.

③ OECD, Potential Spatial Impacts of the War in Ukraine（Abridged version）: A Case Study from Italy, https://www.oecd-ilibrary.org/docserver/76c873fd-en.pdf?expires=1697376399&id=id&accname=guest&checksum=4AEDD38524BAB552487AC1878FA0A584.

④ Roxana Andrei, Natural Gas at the Frontline Between the EU, Russia, and Turkey: A Conflict-Cooperation Perpetuum, https://link.springer.com/book/10.1007/978-3-031-17057-7.

全球金融体系也趋向于碎片化和货币多极化。美国等西方国家过度使用制裁可能使得越来越多的国家以非美元货币进行贸易，以避免美国的监督或可能的制裁。如果目前的趋势继续下去，全球范围去美元化的努力可能会取得进展，并逐步打破美元的霸权地位。[1]

（八）关于"金砖国家"与俄罗斯的相互关系

随着"金砖国家"的发展，其他"金砖国家"与俄罗斯的相互关系也成为相关学者研究的热点。印度沃克森大学（Woxsen University）的朱努古鲁·斯里尼瓦斯（Junuguru Srinivas）出版了《"金砖国家"的前景和中俄的作用》一书，认为"金砖国家"作为当今国际事务中的一个具有决定性作用的国家集团正在崛起。该书分析了中国和俄罗斯的对外政策对"金砖国家"集团的重要性、二者在"金砖国家"集团内紧密联系的原因，以及这两个国家如何利用"金砖国家"集团促进其国家利益。此外，该研究解释了新冠疫情后国际事务中全球政治的变化、"金砖国家"在新兴国际政治中发挥决定性作用等问题。[2]

（九）关于俄罗斯在欧亚地区的作用和二者的互联互通

美国伊利诺伊大学政治系的教师罗杰·E. 卡内特（Roger E. Kanet）等人研究发现：在过去的10年中，俄罗斯的政策变得更加敌视西方，而认识俄罗斯在与世界其他地区的关系中所起的作用是非常重要的，因为这种几乎是弥赛亚式的看法是其外交关系的核心。俄罗斯人目前的民族主义和作为大国的自我形象建立在几个世纪以来的这种观点之上，并暗示着俄罗斯的主导作用，至少在自己的邻国是如此。[3]

芬兰国际事务研究所的克里斯蒂娜·西尔万（Kristina Silvan）发表了《俄罗斯在欧亚大陆的互联互通战略：政治优先》一文，认为自21世纪以来俄罗斯一直试图加强欧亚大陆内部的互联互通，作为其"转向东方"政策的一部分，但受资源和政治意愿的影响，其互联互通战略的实际效果仍然有限。鉴于俄罗斯远东地区靠近亚洲市场和该地区丰富的自然资源，其互联互通的基础设施将大大改善。然而，通过加强该区域的互联互通来加速区域社会经济发展的努力并未能产生作用。中国的"一带一路"倡议推动了俄罗斯推进其跨大陆连接的宏伟愿景，即大欧亚伙伴关系。大欧亚伙伴关系旨在加强俄罗斯在中亚的大国地位及其与中国的平等地位，虽然它缺乏经济和行政基础，实施也面临多重困难，但它作为俄罗斯欧亚大陆的大型连通愿景发挥了象征性的作用。[4]

四、中国的俄罗斯经济学科建设情况

2022年，国内俄罗斯经济学科队伍的组织性和学科平台建设更进一步，学科的系统性和

---

[1] Maria Shagina, Western Financial Warfare and Russia's De-dollarization Strategy: How Sanctions on Russia Might Reshape the Global Financial System, https://www.fiia.fi/wp-content/uploads/2022/05/bp339_western-financial-warfare-and-russias-de-dollarization-strategy.pdf.

[2] Junuguru Srinivas, Future of the BRICS and the Role of Russia and China, https://library.usi.edu/record/1449107.

[3] Roger E. Kanet, "Russia's Enhanced Role in Eurasia: The 'Near Abroad' Three Decades on", European Politics and Society, First Published: 13 Mar 2022.

[4] Kristina Silvan, Russia's Connectivity Strategies in Eurasia: Politics over Economy, https://www.fiia.fi/en/publication/russias-connectivity-strategies-in-eurasia.

科学性也有较大进展。从事俄罗斯经济问题研究和相关工作的学者主要分布在中国社会科学院俄罗斯东欧中亚研究所、商务部国际贸易经济合作研究院、黑龙江大学、武汉大学等高校和科研院所。其中，成建制和专业从事俄罗斯经济问题研究的只有中国社会科学院俄罗斯东欧中亚研究所以俄罗斯经济研究室为核心的研究团队，其他科研院所和高校的学者通常是基于教学需要或接受专门委托偶尔或分散从事俄罗斯经济研究。2022年，全国有47名学者发表了相关学术成果。

（一）中国社会科学院俄罗斯东欧中亚研究所俄罗斯经济问题研究团队基本情况

2022年，中国社会科学院俄罗斯东欧中亚研究所从事俄罗斯经济问题研究的学者共11名，其中二级研究员1名，研究员6名，副研究员3名，助理研究员1名，在国家决策咨询方面发挥重要作用。该研究团队分工协作，开展了对俄罗斯宏观经济、财政、金融、产业与实体经济、对外经济关系、中俄经贸合作等问题的研究。

（二）中国社会科学院俄罗斯东欧中亚研究所俄罗斯经济学科学术成果情况

2022年，中国社会科学院俄罗斯东欧中亚研究所俄罗斯经济学科研究人员发表学术文章24篇，皮书报告6篇，承担国家部委俄罗斯经济研究课题3项，编辑专业资料信息《俄罗斯经济要闻》12期（共完成48期），基础数据和文献、信息建设取得阶段性成果。为国家有关部委提供咨询服务37次，并承担了国家关于乌克兰危机升级背景下俄罗斯经济状况跟踪和评估的相关任务，提供了一系列评估报告。

（三）中国社会科学院俄罗斯东欧中亚研究所俄罗斯经济学科重点研究项目情况

在理论经济研究方面，2022年，中国社会科学院俄罗斯东欧中亚研究所俄罗斯经济研究团队借鉴世界经济、区域国别研究、经济史等学科的研究方法，从核心概念、理论体系、研究方法、理论问题等各层面探索了俄罗斯经济学科体系建构问题。

在应用经济研究方面，研究团队在跟踪俄罗斯经济发展进程的基础上，对俄罗斯经济发展道路和增长模式进行了深入探索。结合中国式现代化理论，与俄罗斯学者开展了《中俄共同发展与现代化》的联合研究，发布了《低碳转型与中俄能源合作》等联合研究报告。

（四）中国社会科学院俄罗斯东欧中亚研究所俄罗斯经济学科研究生培养情况

在研究生培养方面，截至2022年，俄罗斯经济研究团队世界经济学科有俄罗斯经济研究方向博士生导师1人，硕士生导师4人，在读博士研究生6人，在读硕士研究生6人，毕业留所博士1名。2022年俄罗斯经济研究团队在中国社会科学院大学开设了《俄罗斯经济发展与经济增长：模式与道路》《转轨国家经济研究》等课程，并开设了包括8个专题在内的俄罗斯经济问题讲座。

2022年俄罗斯外交研究综述

柳丰华　李勇慧　韩克敌　吕萍　赵玉明　刘丹　于游[*]

一、2022年中国俄罗斯外交研究进展

柳丰华全面系统地总结了1991—2021年俄罗斯外交理论的兴替和外交政策的继承变化。其论文认为：苏联解体至今，在"冷战"后国际形势变幻不定、俄罗斯国内形势发展变化、俄领导人外交理念等因素的影响下，俄外交政策经历了从转型到定型的演变进程。这一进程分为五个阶段：亲西方外交（1991—1995年）、"多极化"外交（1996—2000年）、大国务实外交（2001—2004年、2009—2013年）、新斯拉夫主义（2005—2008年）和大国权力外交（2014年至今）。俄罗斯西方主义、斯拉夫主义、欧亚主义和强国主义等外交理论对俄外交决策产生了重要的影响。俄罗斯外交政策既因势而变，又变中有承，形成若干共识。俄罗斯外交政策共识包括追求大国地位、重视维护国家安全、追求国际权力、利用国际机制和注重经济外交等，将为今后俄政府所遵行。在未来相当长一个时期，俄罗斯仍将奉行大国权力外交政策。[①]

柳丰华论述了乌克兰危机升级后西方对俄罗斯"升级版"制裁的主要内容、俄当时及未来的应对之策。2022年俄罗斯对乌克兰发动特别军事行动后，西方全面强化对俄制裁。制裁包括：冻结俄罗斯将近一半的黄金和外汇储备；将部分俄银行踢出环球银行金融电信协会（SWIFT）支付系统；限制向俄出口高科技产品；限制向俄出口炼油设备和技术；等等。俄罗斯对西方反制裁措施包括：实行外汇管制；限制外国投资者退出俄资产；实施进口替代政策；支持俄罗斯金融信息传输系统（SPFS）；要求西方国家用卢布结算天然气；加快"非美元化"进程；加强同友好国家和中立国家的经济合作。西方制裁虽然对俄罗斯经济造成严重的损伤，但是不可能使俄屈服。战争和制裁解决不了国际争端，只有政治谈判和相互妥协才是乌克兰危机的有效解决之道。[②]

李勇慧撰文指出，2021年俄罗斯加紧布局亚太外交，奉行加强地缘政治影响力与扩展经

---

[*] 柳丰华，博士，中国社会科学院俄罗斯东欧中亚研究所俄罗斯外交研究室主任，研究员；李勇慧，中国社会科学院俄罗斯东欧中亚研究所俄罗斯外交研究室副主任，研究员；韩克敌，博士，中国社会科学院俄罗斯东欧中亚研究所副研究员；吕萍，博士，中国社会科学院俄罗斯东欧中亚研究所副研究员；赵玉明，博士，中国社会科学院俄罗斯东欧中亚研究所副研究员；刘丹，博士，中国社会科学院俄罗斯东欧中亚研究所助理研究员；于游，博士，中国社会科学院俄罗斯东欧中亚研究所助理研究员。

① 柳丰华：《当代俄罗斯外交：理论兴替与政策承变》，《俄罗斯东欧中亚研究》2022年第4期。
② 柳丰华：《俄罗斯坚决抵制西方"升级版"制裁》，《当代世界》2022年第4期。

济利益同步并举的政策。俄罗斯与亚太传统友好国家巩固政治关系,加强信任;重视与东盟的多边合作;与美国盟友日韩发展不等距离外交关系。其与亚太国家的经贸关系平稳发展,虽然贸易额较小,但经贸合作潜力巨大。俄罗斯亚太外交的人文合作中抗疫合作突出。俄罗斯亚太外交对构建欧亚地区地缘政治新格局的谋划遭遇美国"印太战略"的挑战。当前俄罗斯亚太外交更加重要,更具战略性,是俄罗斯成为全球大国、变革国际秩序努力的重要组成部分,是未来构建欧亚地区新秩序的重要基础。2022年,俄罗斯仍会奉行务实外交,致力于多极化的国际格局,并主动塑造欧亚地区的新秩序。俄将坚决捍卫战略底线和国家安全利益。在俄罗斯与西方的对抗和对冲将交替进行、俄罗斯与美欧结构性矛盾无法解决的前提下,亚太外交对俄的重要性凸显,更具有对冲性、战略性和长远性。在双边关系方面,中国和印度将是俄罗斯外交的优先方向;在多边合作方面,欧亚经济联盟与东盟、上海合作组织和"金砖国家"将是俄罗斯外交的重点。①

李勇慧还撰文总结了俄罗斯独立30年以来俄日关系的特点,分析了俄罗斯在远东地区的战略安全利益,从安全观和大国互动的安全体系角度,探讨俄罗斯战略安全变化对俄日关系发展的影响。第二次世界大战已结束70多年,俄日尚未解决领土问题,未签订和平条约。第二次世界大战后俄日所确立的是非制度性安全关系,两国相互认同也建立在既非敌人,也非伙伴的关系上。美日同盟强化和机制不断加强的美国"印太战略",使俄日相互关系的构建受到巨大影响。俄罗斯独立30年来,俄日关系具有亲西方寻求领土问题突破、恢复大国地位寻求签署和约与日本"边谈边防"均衡发展关系,以及"印太战略"加强背景下俄关锁领土问题与日本政治关系僵持三个特点。鉴于日本协助美国实施"印太战略"以及追求有利于日本在亚太地区秩序中的权重,俄日关系将长期维持这种既非战争也非和平的关系。②

韩克敌对北约东扩与乌克兰危机之间的关系做了细致的研究。作者认为,1990年美国没有就北约停止东扩向苏联做过明确承诺或签署过相关协议,北约东扩与乌克兰危机的爆发和升级没有必然的联系。北约东扩是一个包含三重维度的问题:美国确实存在"冷战"思维,期望控制欧洲,巩固"冷战"成果,建立对俄包围圈,维持自己的霸权地位;广大的中东欧国家对俄罗斯的恐惧推动了北约不断东扩的进程;俄罗斯继承了沙皇俄国和苏联的传统思维,希望控制周边国家,建立自己的缓冲带和势力范围,重建大国地位。北约是美国控制欧洲、遏制俄罗斯的工具,俄罗斯对这一点的感知是准确的。但是不可否认,俄罗斯实际上也在利用和夸大北约的威胁,其近年对格鲁吉亚、乌克兰、白俄罗斯、摩尔多瓦、哈萨克斯坦的行为具有很强的关联性。乌克兰危机的爆发和不断升级,源于美国的"冷战"思维与俄罗斯的传统观念。③

关于俄中东政策及其调整,顾炜认为,2015年9月俄军事介入叙利亚,变观望为深度介入,是为防止地区形势进一步恶化的主动出击行为。俄重返中东并成为推动地区体系形成的主要力量之一,甚至从配角变成主角。在通过军事行动达成稳定叙局势的目标后,俄对其中

---

① 李勇慧:《2021年俄罗斯亚太外交:加强地缘政治影响力与扩展经济利益》,《西伯利亚研究》2022年第2期。
② 李勇慧:《俄日关系:基于俄罗斯独立三十年对日政策的战略安全考量》,《东北亚学刊》2022年第1期。
③ 韩克敌:《北约东扩与乌克兰危机》,《俄罗斯东欧中亚研究》2022年第5期。

东战略进行了调整。一方面，俄巩固在叙军事存在，与中东国家开展军事合作，提出多边安全倡议；另一方面，俄与伊朗、土耳其等地区大国深化合作，管控热点走势，试图影响地区权力结构的调整。百年变局之下，在坚持政策连贯性和延续性的同时，俄对中东认知有新变化：中东地区是俄美开展竞争合作的重点却非焦点，是拓展经贸合作的重要地区而非关键核心，与域内国家合作多元且有重点而非均衡单一。进而，俄在中东地区采取一种"精准存在"的政策，要求谨慎行事，谨防过度扩张并继续采取手段有限的战略。俄政策调整的影响有利于俄全球战略布局的调整，有利于与中东地区开展常态化合作，但俄维持现状的战略思路可能带来不进则退的后果。[1]

徐国庆通过分析俄罗斯对非洲国家的武器出口情况，指出军售是俄罗斯维护与非洲国家关系、深化双边合作、参与非洲事务的重要手段。为开发非洲军火市场潜力，俄罗斯在政策制定、经济扶持、装备供应等方面都采取了诸多针对性措施。尽管俄罗斯在对非军售上受到自身经济与技术能力不足、遭遇美欧大国质疑与竞争等因素掣肘，但凭借与非洲国家的传统友好关系及武器装备性价比高的优势，俄罗斯在巩固非洲传统市场与扩展新兴军火市场方面取得了较好的成效。俄非军火贸易的强化一方面有利于非洲国家增强和平与安全能力建设，深化双方外交与战略合作；另一方面有助于展示俄罗斯防务装备的可信度，提升俄罗斯在非洲安全等议题上的发言权，改善俄罗斯大国形象。[2]

二、2022 年国外俄罗斯外交研究进展

（一）俄罗斯与欧亚地区

1. 对乌克兰危机升级原因的分析以及后果的预测

俄罗斯专家 И. 季莫菲耶夫（Иван Тимофеев）认为，俄罗斯对乌克兰的军事行动是以先发制人方式解决潜在安全威胁，目的在于以武力改变乌克兰政治体制，同时西方经济制裁将对俄罗斯经济造成长期的巨大的影响。作者指出，应该在俄罗斯试图重新审视"冷战"后欧洲安全秩序大背景下分析这次乌克兰危机的升级。20 世纪 90 年代中期以来，欧洲安全秩序的转型引发了俄罗斯日益增长的担忧。关键问题是北约的东扩。俄罗斯认为美国和西方在一定程度上煽动了"颜色革命"，这一系列"颜色革命"是在火上浇油。如果说当时因为经济和军事状况不佳，俄罗斯勉强承认了原华约成员国和波罗的海国家加入北约，那么，现在俄罗斯将乌克兰和其他后苏联国家加入北约则视为红线。[3]

美国著名学者 J. J. 米尔斯海默（John J. Mearsheimer）认为，首先，美国对乌克兰危机负有主要责任。美国推动了对乌克兰的政策，执意要将乌克兰纳入北约，使其成为伫立于俄罗斯边境的西方堡垒，而普京和其他俄罗斯领导层成员认为这是一种生存威胁，多年来他们反

---

[1] 顾炜：《百年变局下俄罗斯中东战略的延续与调整》，《新疆社会科学》2022 年第 4 期。
[2] 徐国庆：《俄罗斯对非军售评估》，《俄罗斯东欧中亚研究》2022 年第 2 期。
[3] Иван Тимофеев. Цена вопроса: каким будет результат вводимых против России санкций. 26 февраля 2022. https://council.ru/analytics-and-comments/analytics/tsena-voprosa-kakim-budet-rezultat-vvodimykh-protiv-rossii-sanktsiy/.

复强调这一点。其次,美国政府对冲突爆发的反应是加倍打击俄罗斯。美国及其西方盟友致力于在乌克兰果断地击败俄罗斯,并采用全面制裁来大大削弱俄罗斯的力量。美国对冲突的外交解决方案不感兴趣,从本质上讲,美国正在将乌克兰引上一条通往灾难的道路。此外,危机还有升级的危险,因为北约可能被拖入战斗,而且可能使用核武器。从本质上讲,美国政府在引导乌克兰走向毁灭的道路上发挥了核心作用。历史将对美国及其盟友在乌克兰问题上明显的愚蠢政策作出严厉的审判。[1]

对于危机结果的预测,И. 季莫菲耶夫认为,在战争状态下,乌克兰军队可能很快就会被击败。同时,乌克兰有可能将该国分裂成东乌克兰和西乌克兰。一个在俄罗斯轨道上,另一个在西方的轨道上。除此之外,还有一种选择是在乌克兰进行强有力的政权更迭,预计乌克兰民众不会进行大规模抵抗。西方的制裁对俄罗斯来说将是一个痛苦的打击,但却不会是致命的,俄罗斯得到的军事安全利益大于经济损失。在这种情况下,应该预料到俄罗斯与西方关系会彻底破裂,以往的任何危机都无法与之相比,这将导致以下结果:大量的生命损失;西方制裁使俄罗斯遭受严重的和长期的经济危机;北约对东欧进行大规模军事化。[2]

关于"乌克兰危机能否通过外交途径结束""如果可以,将以何种方式结束""何时能够结束"等问题,许多知名专家发表了观点。他们认为,外交解决乌克兰危机有这样几种方式。(1)签订"乌克兰中立条约":这样的协议将包括乌克兰希望由联合国安理会成员国外加土耳其、以色列、加拿大、德国和波兰提供的安全保障。俄罗斯将不再反对乌克兰加入欧盟,而诸如克里米亚地位和分离的顿巴斯共和国等棘手问题的解决将不得不推迟。(2)乌克兰仍然保留武装力量:乌克兰的中立可能是解决方案的一部分,但中立并不意味着乌克兰会解除武装。A. K. 克罗宁(Audrey Kurth Cronin)认为乌克兰可以借鉴瑞士、瑞典和芬兰的方式,而G. 戈特莫勒(Graham Allison)则认为奥地利是一个可能的借鉴模式。(3)类韩国场景:哈佛大学的格雷厄姆·艾利森(Graham Allison)认为乌克兰在没有正式条约的情况下可以被划分为两部分,这样的划分可以让乌克兰与西方结盟的部分繁荣起来,类似于韩国。(4)经济加上势力范围:和平协议还必须伴随着对俄制裁的取消,还要承诺"重建"饱受战争蹂躏的乌克兰,并规定美国在很长一段时间内不得向"苏联范围"扩张。(5)第三方调停:如果谈判由第三方斡旋,成功的机会更大。很多专家认为中国可以扮演这个角色,中国可以效仿美国,后者在1905年成功促成日俄和平。[3]

2. 欧亚国家对俄乌冲突的反应

俄罗斯学者认为,在特别军事行动的大背景下,独联体地区出现了"不结盟运动"。这表现在,"独联体国家对俄罗斯在乌克兰的特别军事行动的立场模棱两可。在几乎所有后苏联国

---

[1] John J. Mearsheimer, The Causes and Consequences of the Ukraine Crisis, June 23, 2022, https://nationalinterest.org/feature/causes-and-consequences-ukraine-crisis-203182.

[2] Ivan Timofeev, Russia Now Has Just Three Options Left on Ukraine, Feb 1, 2022, https://www.rt.com/russia/547943-west-proposed-security-guarantees/.

[3] Experts Weigh In on Diplomatic Solutions in Ukraine, May 18, 2022, https://www.russiamatters.org/analysis/experts-weigh-diplomatic-solutions-ukraine.

家的反应中，即使是集体安全条约组织的成员和俄罗斯最亲密的军事和政治盟友也表现出了保持中立的愿望。唯一支持俄罗斯的国家是白俄罗斯"。在明确谴责俄罗斯行为的后苏联国家中，除乌克兰本身外，还有摩尔多瓦和格鲁吉亚。但是，两国拒绝加入对俄罗斯的制裁。独联体国家、欧亚经济联盟以及格鲁吉亚与俄罗斯保持着经贸等方面的联系。这一立场越来越让人联想到一种"不结盟运动"。显然，俄罗斯将不得不考虑这一点，以保护独联体和欧亚经济联盟。①

3. 俄乌冲突的影响

俄罗斯国际事务委员会成员 Д. В. 特列宁（Дмитрий В. Тренин）认为俄乌冲突的影响有以下几点。第一，俄罗斯与西方关系的破裂已无法"愈合"和无法挽回；俄罗斯与西方的艰难对抗将长期存在。第二，俄罗斯在这场斗争中的失败是一场民族灾难，顽固的妥协方案不太可能，平等妥协的可能实际上也被排除，现在只能向前走。第三，俄罗斯的主要外交政策资源是世界多数派国家的立场，这些国家力图在世界舞台上拥有更大的政治、经济和军事独立，并在世界文明的框架内拥有自己的身份。第四，在可预见的未来，发展与世界大多数国家的政治、经济、技术、军事、信息、文化和人道主义合作是俄罗斯外交政策的最重要方向。第五，俄罗斯的战略成功是现实的，其拥有必要的内部资源和外部资源，但仍需要领导层坚定的政治意志、精英无条件的爱国主义和民族团结。第六，通往成功的道路通常是显而易见的，但也是非常艰难的，损失和牺牲在所难免；胜利的关键是清醒评估形势和最重要的趋势、明确界定目标、合理分配资源和慎重提出国家战略。②

俄罗斯国际政治与经济战略研究所认为，俄罗斯与西方在乌克兰的较量，对世界的撕裂比以往任何时候都更严重。俄罗斯此次军事行动的成功将标志着近200年内最大规模的世界势力范围重新划分进程的开端。世界开始了一个新的进程，在这一进程中，俄罗斯、美国、印度和中国将发挥主要作用，欧盟将失去主体性。俄罗斯必须使权力控制在普京手里，为向新技术生活方式转变创造先决条件。在这一时期，关键国家领导人的更替并不合适，因为有可能对尚未完成的全部进程构成威胁。③

4. 俄乌冲突下的外高加索

卡内基欧洲中心资深研究员托马斯·德·瓦尔（Thomas de Waal）认为，随着俄乌冲突的涟漪向外扩散，南高加索地区格外不稳定。发生在乌克兰的冲突悖论性地提高了里海和黑海之间这一地区发生进一步冲突和通过谈判实现和平的可能性。俄罗斯因其在乌克兰的军事行动而陷入困境，它在解决这场发生在自认为是其后院的冲突过程中，其核心地位受到了质疑。由于俄罗斯军队在乌克兰作战，俄罗斯应该无限期地成为通往纳希切万新路安全保障者这一

---

① В СНГ на фоне спецоперации появилось "движение неприсоединения" // Независимая газета. 11 апреля 2022.
② Дмитрий В. Тренин. Специальная военная операция на Украине как переломная точка внешней политики современной России. 30 ноября 2022. https://globalaffairs.ru/articles/perelomnaya-tochka/.
③ Всемирно-историческое значение битвы за Украину. 27 марта 2022. https://russtrat.ru/reports/27-marta-2022-0010-9606.

前景的吸引力大大降低。①

(二) 俄罗斯与美国的关系

美国战争研究所 (Institute for the Study of War) 高级研究员、退役陆军中将 J. M. 杜比克 (James M. Dubik) 在《国会山报》刊文,认为俄乌冲突将持续整个冬天甚至更长时间,他要求美国保持对普京施加压力,乌克兰需要盟国全面的支持。尽管在战场上遭遇各种阻力,但普京将乌克兰变成俄罗斯附庸的目标没有改变,现在通过谈判结束俄罗斯与乌克兰的冲突是对普京侵略的鼓励。未来的谈判必须满足三个条件:一个自决的主权的乌克兰,拥有足够的领土来确保其经济繁荣和足够的安全保障,以防止未来的侵略;坚持互不侵犯的国际原则,战争罪行得到充分处理;防止战争扩大到乌克兰境外或升级到核水平。②

布鲁金斯研究所高级研究员 R. 埃因霍恩 (Robert Einhorn) 刊文指出,乌克兰理论上有发展核武器的可能,但实际上不会。俄罗斯 2022 年 2 月的特别军事行动、2014 年克里米亚危机以及支持乌克兰东部的亲俄分离主义都明显违反了 1994 年《布达佩斯备忘录》,根据该备忘录,当时乌克兰以放弃核武器换取俄、美、英三国的安全保障。在俄罗斯企图抹杀乌克兰作为独立国家的过程中,这种对核扩散的悲观情绪是可以理解的。一些受到敌对核大国威胁的无核武器国家可能会重新考虑它们是否需要自己的核威慑来保障其安全。此外,人们认为普京的核威胁成功地阻止了北约对冲突的直接干预,这可能会增强朝鲜等拥有核武器的国家保留核武器的决心。如果美国及其盟国兑现其宣布的加强乌克兰抵御俄罗斯未来侵略的防御能力,那么,乌克兰发展核武器的可能性就会更低。乌克兰知道,启动核武器发展计划将疏远其西方伙伴并危及这些利益。它可能会被切断安全援助并受到制裁,包括维持严重依赖核能来满足其能源需求的民用核合作。乌克兰还知道,处于萌芽状态的核武器计划如果被发现,很可能为俄罗斯先发制人的军事攻击提供借口。③

美国军控协会助理研究员 S. 布戈斯 (Shannon Bugos) 表示担心,由于乌克兰危机升级,美俄正常的战略核谈判进程受阻,2010 年签署的《新裁减战略武器条约》 (New START) 2026 年到期后如何处理是一个大问题。美国希望保持这个条约,维持谈判进程。但是普京不断发出核威胁,频繁进行核演习,俄方还中止了美俄相互检查。实际上,俄罗斯将战略武器谈判作为一个筹码,逼迫美国在乌克兰问题上让步。这有可能造成核灾难。④

新美国安全中心 (Center for a New American Security) 高级研究员 A. 泰勒 (Andrea Kendall-Taylor)、海军分析中心 (Center for Naval Analyses) 俄罗斯研究项目主任和新美国安全中心兼职高级研究员 M. 科夫曼 (Michael Kofman) 认为,俄罗斯对乌克兰的军事行动是一

---

① Thomas de Waal, Ukraine, NATO, and Putin's Self-Made Predicament, Nov. 2, 2022, https://carnegiemoscow.org/commentary/86422.

② James M. Dubik, "Keep the Pressure on Putin", *The Hill*, Dec 5, 2022.

③ Robert Einhorn, "Will Russia's War on Ukraine Spur Nuclear Proliferation?" *Arms Control Today*, Vol. 52, Iss. 8, 2022, pp.6-12.

④ Shannon Bugos, "Russian-U.S. Arms Dialogue Remains Uncertain", *Arms Control Today*, Vol. 52, Iss. 6, 2022, pp. 29-30.

个巨大的战略失误，俄罗斯在军事、经济和地缘政治上都变得更弱。普京对俄罗斯在乌克兰日益衰落的命运作出了反应，就像他对俄罗斯在世界舞台上日益萎缩的角色所作出的反应一样：输了一手，加倍下注。"令普京明显感到惊讶的是，俄乌冲突加速了长期以来推动其国家走向衰落的趋势。欧洲正在采取行动减少对俄罗斯的能源依赖，由此就减少了俄对欧洲大陆的影响力，也减少了俄严重依赖能源出口的政府收入。前所未有的国际制裁和出口管制正在限制俄罗斯获得资本和技术的机会，这将导致俄罗斯在创新方面进一步落后。""俄罗斯对乌克兰的军事行动凸显了无视俄罗斯威胁的危险，但也加速了俄罗斯的衰落。如今，俄罗斯的长期前景显然更加黯淡。"[1] 两人同时认为，不能低估俄罗斯的威胁，俄罗斯越衰弱，越会强烈挣扎。"在乌克兰和其他地方，俄罗斯认为自己越脆弱，就越会试图依靠包括核武器在内的非常规工具来抵消这些脆弱性。换句话说，俄罗斯的力量和影响力可能会减弱，但这并不意味着俄罗斯的威胁会大大降低。""美国及其盟友必须向乌克兰提供持续支持以确保俄罗斯遭受失败。但即使普京输了，俄罗斯带来的问题也不会得到解决。"俄罗斯受伤了，但依然危险，美国需要加强对乌克兰的支持，同时保持与俄罗斯的战略沟通。[2]

伦敦国王学院（King's College London）军事学教授 L. 弗里德曼（Lawrence Freedman）分析了俄乌冲突2022年上半年的进程。他认为，俄罗斯军队的表现低于预期，俄罗斯的军事行动已经失败。2月24日军事行动开始时，很少有人预料到乌克兰军队能够抵抗这么长的时间。俄罗斯的失败是领导人指挥的失败。"普京在乌克兰的军事行动首先是最高指挥失败的案例研究。总司令设定目标和发动军事行动的方式决定了接下来的事情。普京没有对自己能够轻松取得胜利的乐观假设进行测试。他相信他的武装部队能够达成目标。他没有意识到，乌克兰是一个与以前在车臣、格鲁吉亚和叙利亚的行动规模完全不同的挑战。他也依赖于一个僵化的、等级分明的指挥结构，无法吸收和适应来自当地的信息，而且至关重要的是，俄罗斯部队单元无法对不断变化的环境作出迅速反应。"[3]

美国军方承认自己低估了乌克兰军队的抵抗能力，高估了俄罗斯军队的战斗能力。美国陆军战争学院（US Army War College）战略研究与分析系主任 G. 沙则（George Shatzer）上校承认，2022年1—2月，他和很多美国军事专家都认为，如果俄罗斯发动军事行动，俄罗斯军队将迅速击败乌克兰军队。但是事实恰恰相反，俄军没有达成战役目标，反而遭到重大损失和伤亡。这导致了一系列的问题：为何俄罗斯如此严重地错判了乌克兰的军事实力；为什么俄罗斯军队在执行基本的战斗行动上似乎都存在挣扎；为什么俄罗斯对乌克兰实施军事行动；俄罗斯总统普京在想什么。沙则上校强调，作为战略家和军事专家，必须寻找这些问题的答

---

[1] Andrea Kendall-Taylor, Michael Kofman, "Russia's Dangerous Decline: The Kremlin Won't Go Down Without a Fight", *Foreign Affairs*, Vol. 101, Iss. 6, 2022, p.22.

[2] Andrea Kendall-Taylor, Michael Kofman, "Russia's Dangerous Decline: The Kremlin Won't Go Down Without a Fight", *Foreign Affairs*, Vol. 101, Iss. 6, 2022, p.35.

[3] Lawrence Freedman, "Why War Fails: Russia's Invasion of Ukraine and the Limits of Military Power", *Foreign Affairs*, Vol. 101, Iss. 4, 2022, p.20.

案。① "了解敌人是战略中的一个基本概念,这很容易被忘记。处理自身的问题和大量的战争准备工作可以耗尽你的精力,让你无法超脱。因为理解敌人是非常困难的,对客观环境的情报的准备工作则倾向于关注更容易测量的物质和技术因素,如战斗力。即使是战略评估也极度缺乏对敌人战略、思维和动机的考察。这些评估依赖于国防一体化管理工程(DIME)、目标、方式和手段等简单的标准。他们经常忘记仔细考虑历史、心理、道德和精神因素驱使人类选择发动战争。"②

M. 拉鲁勒(Marlene Laruelle)是乔治华盛顿大学欧洲、俄罗斯和欧亚研究所主任,他在《外交》杂志网站刊文,认为俄乌冲突对俄罗斯在欧亚大陆的主导地位造成伤害。"俄罗斯总统普京将乌克兰视为俄罗斯合法势力范围的一部分,但由于他采取的军事行动,这个势力范围正在缩小。俄罗斯正在其长期占据主导地位的地区失去优势。这一点在南高加索和中亚国家中最为明显。"中国、土耳其、欧盟可以从俄罗斯势力范围缩小中获益填补空白,南高加索和中亚国家由于俄罗斯经济下降和西方对俄经济制裁受到严重打击。"尽管俄罗斯影响力有所减少,但俄罗斯仍然是一个重要的地区大国。俄罗斯与该地区国家之间的军事、经济和民间联系将持续下去,不会突然消失。俄罗斯的主导地位可能正在崩溃,但尚未形成明确的秩序来取而代之。"③

俄罗斯科学院普里马科夫世界经济与国际关系研究所研究员 E. 斯捷潘诺娃(Ekaterina Stepanova)关注了美军撤出阿富汗之后中亚的新安全形势及俄罗斯面临的非传统安全问题。她指出,对于俄罗斯和更广泛的欧亚大陆来说,在塔利班的第二次统治下,来自阿富汗的实际和潜在的非传统安全威胁如恐怖主义和毒品贩运可能会持续存在。然而,以上这些都是可以管理的。虽然在阿富汗境内,这些问题的解决很大程度上取决于塔利班当局的表现,但中亚国家和作为欧亚安全盟友的俄罗斯都有责任防范潜在的情况。如果俄罗斯回应的安全支柱仅限于中亚和集体安全条约组织(CSTO)的话,那么,政治外交的范围应该扩大到更广泛的地区之外。总的来说,俄罗斯在阿富汗问题上吸取了自己的历史教训,即俄罗斯现在优先考虑与地区大国合作,利用延伸到中亚地区之外的多边框架和联合国来采取集体行动。④

(三) 俄罗斯与欧洲的关系

俄罗斯学者认为,俄罗斯与欧盟的关系在 2014 年乌克兰危机后降至冰点,双方断绝了所有的外交层面往来,但俄罗斯与欧盟成员国依然通过各种方式保持着双边关系,尤其是社会人文层面的往来。然而,2022 年俄罗斯对乌克兰发动特别军事行动后,欧盟无差别地从国家

---

① George Shatzer, "Russia's Strategy and Its War on Ukraine, Parameters", *Carlisle Barracks*, Vol. 52, Iss. 2, 2022, pp.35-36.

② George Shatzer, "Russia's Strategy and Its War on Ukraine, Parameters", *Carlisle Barracks*, Vol. 52, Iss. 2, 2022, p.36.

③ Marlene Laruelle, The End of the Post-Soviet Order: How Putin's War Has Hurt Russia in Central Asia and the Caucasus, https://www.foreignaffairs.com/central-asia/end-post-soviet-order.

④ Ekaterina Stepanova, "Russia, Central Asia and Non-traditional Security Threats from Afghanistan following the US Withdrawal", *Global Policy*, Iss. 13, 2022, pp.138-145.

与社会层面的关系对俄罗斯实施了严厉制裁，俄罗斯随即也实施了反制裁，结果是俄罗斯与大部分欧盟成员国之间的双边关系也遭受了毁灭性打击，人文合作也就此中断。①

俄罗斯学者认为，虽然2014年乌克兰危机后俄罗斯决定"向东转"，即转向亚洲，但实际上俄罗斯社会普遍关注的仍是欧洲和美国，对非西方的"友好"国家并不感兴趣。俄罗斯对乌克兰的特别军事行动对欧洲社会方方面面都产生了巨大影响，仍有人寄希望于通过此次行动"突击"进入欧洲。但是，欧洲将俄罗斯视为"异己"，俄罗斯不可能融入欧洲，对于欧洲，俄罗斯应当持"文明冷漠"态度，保持"文化距离"，彻底放弃对欧洲的向往。而如果特别军事行动失败，亲西方政权将上台，俄罗斯很可能被迫放弃自己的一切传统进行西化改革，最终沦为工业化欧洲的原材料供应国，因此，应当摆脱这场将俄罗斯拉回欧洲的军事冲突。②

俄罗斯国际事务委员会成员 Д. В. 特列宁（Д. В. Тренин）认为，苏联解体后俄罗斯为融入西方所做的所有努力都失败了，对乌克兰的特别军事行动宣告了俄罗斯与西方的彻底决裂，这也意味着俄罗斯要放弃坚持几百年的自我身份定位，即俄罗斯是欧洲国家，是欧洲大陆不可分割的平衡力量，是欧洲文明的一部分。与西方决裂后俄罗斯必须重新定位自己，将自己视为独立于欧洲的政治单位，其文明与欧洲相关但又独立于欧洲。俄罗斯是一个地域辽阔的多民族国家，拥有多样文明，确切地说是文明型大国。同时，像俄罗斯这样体量大、内部多样性程度高的大国也是独立的文明。③

俄罗斯高等经济研究大学教授 Е. Г. 恩季娜（Е. Г. Энтина）认为，由于俄罗斯与欧盟的价值观不同，在俄乌冲突背景下西方对俄罗斯实施了"文化删除"。由于传统上对欧洲文明的向往，部分俄罗斯人也因俄罗斯无法成为真正的欧洲国家而移民欧洲，但是这并不意味着他们就完全融入了欧洲，很多人在情感上依然与俄罗斯文明和文化联系在一起。由于西欧一体化理念吸引力下降和西方在价值观上的双标，多数国家对现有国际秩序感到不满。在这一背景下，俄罗斯应通过采取对应措施，改变科学、技术以及教育、艺术和体育等领域活动以欧洲为中心的状况，放眼西方以外的世界，逆"删除俄罗斯"而上，将俄罗斯变为一个拥有独特文明的文明型国家。④

俄罗斯学者认为，2014年乌克兰危机和2022年俄乌冲突后，俄罗斯在西方没有可求助的朋友。西方正在避开俄罗斯，孤立俄罗斯，俄罗斯别无选择只能转向西欧和北美以外的世界。"冷战"结束后，亚洲、中东、非洲和拉丁美洲的主要国家从政治、经济到军事技术等各个方面都迅速发展，尤其重要的是，俄罗斯发起对乌克兰的特别军事行动后，许多非西方国家不顾美国的强大压力而拒绝谴责俄罗斯，其中很多国家还继续与俄罗斯保持着合作。因此，在西方制裁俄罗斯的背景下，俄罗斯只有在非西方才能找到发展前景，俄罗斯的外交政策必须

---

① Т. А. Романова. Транснациональный разрыв Отношения России и ЕС: 2022 год и его последствия // Россия в глобальной политике. 2022. №5.

② Б. В. Межуев. Цивилизационное равнодушие // Россия в глобальной политике. 2022. №5.

③ Д. В. Тренин. Кто мы, где мы, за что мы-и почему // Россия в глобальной политике. 2022. №3.

④ Е. Г. Энтина. От «отменённой России» к стране-цивилизации // Россия в глобальной политике. 2022. №5.

提供合适的策略，优先考虑与非西方国家的关系。①

T. A. 罗曼诺娃（Т. А. Романова）认为，导致俄罗斯与欧盟多数成员国双边关系破裂的原因主要有五个：第一，官方当局的立场，欧盟对俄欧双边关系上传统的国家层面和社会人文层面均实施了打击，作为回应俄罗斯方面亦采取了对等报复措施；第二，欧盟认为俄罗斯的行为是对欧盟及其倡导的"基于规则的秩序"的挑战，因此改变了俄罗斯与欧盟关系之中的战争范式，使其具有了军事特性；第三，欧盟认为俄罗斯社会普遍支持对乌克兰的特别军事行动，因此在对俄关系中不再区分国家和民众；第四，对乌克兰特别军事行动之初俄罗斯政界和学者所谓的俄欧关系中"长期的、名誉上的实用主义"被更具现实意义的实用主义所替代；第五，俄罗斯与欧盟成员国之间的双边关系受到外部压力的影响，即受到美国制裁的影响。在这五个原因的影响下，俄罗斯与大多数欧盟成员国之间的双边关系中断。俄罗斯与欧盟成员国双边关系的破裂直接影响到俄罗斯普通人的日常生活和职业规划，俄欧双方之间敌意增强，绝大多数领域的联系中断。俄罗斯认为，欧盟增加军费和给予乌克兰军事支持表明它们已成为军事联盟。②

俄罗斯学者 Б. В. 梅茹耶夫（Б. В. Межуев）认为，俄罗斯在文明上并不属于欧洲文明，俄罗斯文明与欧洲文明并不同质，对于欧洲而言俄罗斯是"异己"，是"陌生人"，欧洲永远不会"发给俄罗斯进入'集体西方'的门票"。欧洲人惧怕俄罗斯亿万富豪更甚于惧怕来自第三世界的难民，欧洲的恐俄症导致其无法容忍俄罗斯的影响力介入欧洲。俄罗斯应认清这一点，停止以欧洲的视角看待自己，而与欧洲保持"不接近"立场，如此更有利于俄罗斯解决自身的政治和经济问题。③

俄罗斯外交与国防政策委员会主席团名誉主席 С. А. 卡拉甘诺夫（С. А. Караганов）认为，俄罗斯目前与欧洲的冲突是俄罗斯作为一个主权国家和一个独特文明为自己的未来而战，欧洲—大西洋文明给予了俄罗斯很多，但现代的欧洲文明却在迅速衰退，与俄罗斯的历史传统、文化和价值观相悖，俄罗斯正在远离欧洲—大西洋文明的现有形式。④

Д. В. 特列宁将俄罗斯定义为独立于欧洲文明的文明型大国，与西方的决裂使俄罗斯摆脱了欧洲追随者和模仿者的传统情结，有利于重新定义其在世界上的地位和角色以及目标。俄罗斯将在东方和西方之间寻找平衡，而在与西方对抗的现阶段向东方倾斜，在可预见的未来将依靠与非西方国家的合作以弥补与西方决裂后国家的发展。⑤

俄罗斯学者认为，西方扼杀俄罗斯的政策由来已久，目前俄罗斯与西方的激烈对峙不仅仅是因为俄罗斯不愿遵守旧规则和阻止世界力量的再分配，最主要的原因是西方需要俄罗斯这个敌人，以此把西方团结起来，并以此证明精英们在他们赖以成长却濒临崩溃的经济、社

---

① Д. В. Тренин. Решительно порвала с Западом. https://russiancouncil.ru/analytics-and-comments/comments/reshitelno-porvala-s-zapadom/? sphrase_id=94538632.

② Т. А. Романова. Транснациональный разрыв Отношения России и ЕС: 2022 год и его последствия // Россия в глобальной политике. 2022. №5.

③ Б. В. Межуев. Цивилизационное равнодушие // Россия в глобальной политике. 2022. №5.

④ С. А. Караганов. От не-Запада к Мировому большинству // Россия в глобальной политике. 2022. №5.

⑤ Дмитрий В. Тренин. Кто мы, где мы, за что мы-и почему // Россия в глобальной политике. 2022. №3.

会和政治组织模式的形势下保留自己权力的必要性。在危机加剧的情况下，个别西方的反俄"共识"也会动摇，但一些结构性问题还是会继续恶化以转移对无解问题的关注。在可预见的未来，西方将是一个充满敌意、完全无法合作的对手。①

Д. В. 特列宁认为，乌克兰危机和俄乌军事冲突后俄罗斯与西方已经在政治上完全决裂，双方之间任何新的关系规范只能以混合战争的结果出现。欧盟和美国、英国对俄罗斯的制裁即使俄乌军事冲突结束也不会解除。但是，传统上俄罗斯在文化方面认同欧洲，因此尽管俄欧双方在政治上关系破裂，但俄罗斯的文化基础仍然明显是欧洲的。②

俄罗斯学者分析了西方"仇俄"和"恐俄"的原因，认为西方对俄罗斯广袤的领土和丰富的自然资源的嫉妒和觊觎，以及俄罗斯凭借资源禀赋不断强大的国力和军力是俄罗斯令欧洲感到恐惧的原因之一。此外，俄罗斯与西欧在精神和社会发展所有原则上的差异，价值观不同导致的俄罗斯与西欧格格不入，以及俄罗斯坚持自己的价值观和独立政策、拒绝接受被西方同化、欧洲对俄罗斯的能源依赖也是主要原因。因此西方将俄罗斯视为"异类"，不断在各个领域煽动对俄罗斯的恐惧和反俄情绪。③ 进入21世纪后，俄罗斯国力和国际地位的恢复以及普京2007年在慕尼黑安全会议上对北约东扩的批评更令西方感到不安和恐惧。俄罗斯学者认为，当无法通过意识形态和信息战令俄罗斯就范时，西方便企图通过制裁和利用乌克兰发动代理人战争来摧毁俄罗斯，以维持其国际地位。④

（四）俄罗斯与亚太地区

Д. В. 特列宁认为，中国和印度在俄罗斯的亚洲战略中具有重大的意义。俄罗斯成为一个力量中心，或者说一个独立极，需要中国在经济、金融和技术上的支持。在俄美关系对抗、中美关系对抗，而中俄关系发展密切的背景下，随着中俄共同对抗美国，这种支持是可以实现的。俄罗斯与印度关系的基础是传统关系加上战略利益，印度和美国的关系不符合俄罗斯的利益，但是印度的强大符合俄罗斯的利益，技术上能够相互取长补短，但是美印关系的加强对俄印关系造成挑战，要将俄印关系提升到与中俄关系的水平，达到政治可以主导经济关系的目标。⑤

俄罗斯著名学者 С. А. 卡拉加诺夫（С. А. Караганов）认为，俄罗斯正在远离欧洲大西洋文明，非西方世界是世界的大多数。他指出，俄罗斯试图融入西方秩序的时期已经结束，这是以俄罗斯与西方发生冲突对抗的混合战的形式结束的。未来将是一个崭新的历史开端。他总结说，之前俄罗斯为了追求欧洲大西洋文明，甚至不惜背离自己的民族历史文化和价值观。西方主导的国际体系其实已经不占优势，包括军事和资本主义模式，环境恶化、流行病和社会不平等全球问题加剧，以及被视为多数派的非西方世界的崛起，暂且称为非西方，或

---

① С. А. Караганов. От не-Запада к Мировому большинству // Россия в глобальной политике. 2022. №5.
② Д. В. Тренин. Решительно порвала с Западом. https://russiancouncil.ru/analytics-and-comments/comments/reshitelno-porvala-s-zapadom/?sphrase_id=94538632.
③ Ю. Саямов. О причинах ненависти Запада к России // Международная жизнь. 2022. №11.
④ В. Дегоев. Краткий курс истории британской русофобии // Международная жизнь. 2022. №9.
⑤ Д. В. Тренин. «Переиздание» Российской Федерации // Россия в глобальной политике. 2022. Т. 20. № 2.

许称为大东方更合适。①

俄罗斯学者 A. 基列耶夫（А. Киреев）梳理了俄罗斯对中国投资远东的政策形成过程，以及从 20 世纪 80 年代后期至今的政策目标的演变。分析了中国在俄远东地区直接投资的流入动态和资本积累的情况，指出中国企业在俄远东投资地理和行业分布。该文的结论是俄对中国的投资政策不符合宏观区域经济加速增长的需要和实现经济结构现代化的目标。②

俄罗斯学者 A. 尼基京（А. Никитин）认为亚太地区尚无一个集体安全架构。当前美国试图通过拉拢盟友建立一个带有反华倾向的军事政治安全联盟，并且通过"印太战略"构建新的安全军事组织。美国在亚太地区的安全战略受到东盟的批评，因为东盟不仅要被迫选边站，同时还会削弱自己的影响力。俄罗斯担心亚太地区会形成两极格局，俄罗斯不会亲美也不会亲华，因此，俄不会在两极格局中发挥主导作用，俄在亚太地区是一个次要角色，而且，亚太地区大多数国家还未准备好形成以美国为首的反华联盟。③

俄罗斯与亚太国家的合作范围很广泛。俄罗斯学者 H. M. 波梁斯卡娅（Н. М. Полянская）指出，发展农业部门和组织有效的粮食供应系统是国家战略任务。同时，粮食供应水平高度分化，这是由自然气候、人口、经济、环境等因素的特殊性决定的。俄罗斯具有巨大的农业潜力，俄罗斯领土"集中了世界上约40%的黑钙土储量、约9%的耕地、2.6%的牧场和地球上仅约2%的人口"，但目前甚至无法为本国人口提供许多重要的食品。俄罗斯正经历着 20 世纪 90 年代以来农业部门发展的系统性危机，仅在过去 20 年里，农作物种植面积（减少 28%）、牛（减少 50%）、绵羊和山羊（减少 20%）的数量以及农业机械的供应量（减少 75%）显著减少；存在"长期投资不足"，流动资金短缺和高素质人才供应不足的问题。未来可以在粮食领域与日本、中国等国家进行合作，三国各有自己的优势，相互取长补短，促进国家安全和提高人民生活质量。④

俄罗斯学者 В. Б. 卡申（В. Б. Кашин）综述了近 30 年中俄边境合作的状况，梳理了两国经济制度变迁与对外贸易和投资活动的总体动态。他指出两国边境合作的现状是，双方兴趣逐渐在减弱，国家制订的计划经常被拖延，双方缺乏互信、缺乏协调，项目与预期背道而驰不能得到实现，俄远东地区市场容量小，基础设施不发达等。中国在评估地方合作利益和产业合作前景时越来越保守和谨慎。他在文章中分析了俄中跨境合作的主要维度和指标、当前法律和制度框架的特点，以及一些政府项目的实施结果和大型双边项目。以成功案例和失败案例为例，试图从不同层面找出阻碍区域合作发展的障碍，包括地方精英的抵制、区域实际

---

① С. А. Караганов. От не-Запада к Мировому большинству // Россия в глобальной политике. 2022. № 5.
② А. Киреев. Российская политика в отношении китайских прямых инвестиций на Дальнем Востоке. https://www.imemo.ru/publications/periodical/meimo/archive/2022/8-t-66/economy-economic-theory/russian-policy-towards-chinese-direct-investments-in-the-far-east.
③ А. Никитин. Перспективы военно-политической интеграции в Азии. Быть ли "Азиатской НАТО"? https://www.imemo.ru/publications/periodical/meimo/archive/2022/8-t-66/security-problems-in-contemporary-world/prospects-for-military-political-integration-in-asia-is-an-asian-nato-feasible.
④ Н. М. Полянская. Некоторые итоги продовольственной стратегии России, Китая и Японии // Проблемы Дальнего Востока. 2022. №5.

对外经济特征和对其能力的低估等潜在问题。①

俄罗斯学者 Д. В. 戈尔季延科（Д. В. Гордиенко）对中国在"十四五"期间的对外贸易关系以及与俄罗斯的合作进行了研究。论文总结了中国到 2021 年对外贸易状况，也分析了俄中经贸合作现状，指出中国与世界和俄罗斯的对外贸易增长是中国外交政策的优先方向，在支持全面战略协作伙伴俄罗斯反制美国的制裁措施时表现出务实和灵活的政策。②

在中俄地方合作中，俄罗斯学者 С. Б. 马克耶娃（С. Б. Макеева）关注到中国东北地区与俄远东地区的合作。面对中俄高水平的关系，双方试图挖掘地方合作的潜力和创新发展模式。中国辽宁省实施区域转型规划，旨在打造数字化智能制造中心、东北综合振兴区、东北亚国际航运中心、海洋经济发展合作区。特别注意与俄罗斯的区域间互动系统。辽宁省与世界区域合作的现代化发展是建立在实施新"丝绸之路"全球项目——"一带一路"倡议的基础上的。辽宁省具备区位优势，基础设施雄厚，港口众多（锦州、丹东、大连、营口），铁路网络发达——所有这些都为辽宁省创造了相对于中国其他地区的巨大优势。中方有意将与俄罗斯友好地区的对话从人道主义合作范畴转变为多方伙伴关系体系。新西伯利亚市和伊尔库茨克市被指定为辽宁省沈阳市的友好城市，自 20 世纪 90 年代初开始与辽宁省合作。双方的合作逐渐向各个方向发展。辽宁省与伊尔库茨克州、新西伯利亚州几十年积累的跨区域友城、伙伴合作经验，可以作为辽宁省与俄罗斯地区进一步合作的基础。辽宁省与俄罗斯的跨区域合作有前景的领域是：扩大对西伯利亚等能源产区的外国直接投资；改革完善中国（辽宁）自由贸易试验区，将对俄合作作为重点；在"一带一路"信息平台上定期与俄罗斯各州政府代表进行交流；加强辽宁省企业与俄罗斯地区企业的技术文化交流。③

俄罗斯学者 А. В. 卢金（А. В. Лукин）对俄的朝鲜半岛政策进行了全面的剖析。他认为，朝鲜半岛核问题和朝鲜与俄罗斯的地理位置是研究朝鲜半岛局势的主要动因。朝鲜的发展动向与朝鲜半岛的和平与发展，以及俄罗斯在朝鲜半岛的多边经济合作密切相关。朝鲜半岛的局势与大国息息相关，俄罗斯赞成在六方会谈框架内寻求东北亚安全框架，并解决朝鲜危机。但是俄罗斯的考虑不太会被朝鲜接受，因为朝鲜愿意直接与美国讨论其核问题，而美国加强与韩国的联盟以巩固双边的安全关系，因此，美国及其盟友构建的安全框架是朝鲜不能接受的。当前中美关系竞争加剧，俄美关系对抗，在此背景下，朝鲜半岛无核化的谈判不可能进行。该文作者认为，或许俄罗斯不直接参与协调朝鲜半岛核问题是有利的，当前的现状是朝鲜继续加速发展自己的核导弹，俄罗斯没有机会实现朝鲜半岛的经济合作项目。④

---

① В. Б. Кашин. Приграничное сотрудничество между Россией и Китаем: глубинные препятствия развития // Проблемы Дальнего Востока. 2022. №4.

② Д. В. Гордиенко. Торгово-экономическое сотрудничество Китая со странами мира и Россией в 14 й пятилетке (2021-2025 гг.) // Проблемы Дальнего Востока. 2022. №4.

③ С. Б. Макеева. Региональное развитие провинции Ляонин и партнерское сотрудничество с Россией (1990 е гг. — настоящее время) // Проблемы Дальнего Востока. 2022. №4.

④ А. В. Лукин. Российские приоритеты и подходы к решению проблем Корейского полуострова // Проблемы Дальнего Востока. 2022. №3.

（五）俄罗斯与中东地区

关于俄中东政策的新动向，К. 特鲁耶夫采夫（К. Труевцев）认为，外界普遍认为自 2015 年以来俄重返中东政策是成功的，因为在保持与众多阿拉伯国家良好关系的同时，俄罗斯还与以色列保持有效沟通，并与土耳其寻找利益共同点和维持与伊朗的合作。俄在中东地区安全问题的解决上发挥了重要作用。当前，俄中东政策有三大目标：一是保障国防和安全，二是推动大欧亚伙伴建设，三是为实现技术飞跃创造稳定的外部条件。①

关于俄罗斯与中东地区的军事技术合作，А. С. 谢金（А. С. Щёкин）在考察中东地区武器贸易状况后指出，俄是中东地区第二大武器和装备供应商，正在与叙利亚、伊拉克、土耳其、伊朗等国开展军事技术合作。正是俄向叙利亚提供的武器使其避免了国家崩溃，而向伊拉克提供的装备在伊对抗恐怖主义和恐怖组织"伊斯兰国"中发挥了重要作用。由于伊朗和土耳其的军队更强大和更现代化，因此俄与这两国的军事技术合作更有特点和针对性。总体来看，俄与中东地区国家的军事技术合作不仅符合俄利益，还有利于地区国家巩固国防和独立，并对地区稳定和安全发挥了建设性作用。不过，俄与中东地区国家的军事技术合作也存在问题。例如，伊朗与西方及地区国家沙特阿拉伯王国（以下简称"沙特"）、以色列等国的矛盾与对抗导致俄罗斯不得不小心应对。更为重要的是，中东地区头号武器装备供应者仍旧是美国，而中国的竞争力也在不断提高。未来，俄中在这一领域的竞争可能变得激烈。②

关于拜登担任美国总统时期的中东政策与俄罗斯的利益，А. 阿克谢涅诺克（А. Аксененок）和 В. 弗拉德科娃（В. Фрадкова）认为，尽管美国总统拜登上台之后需对前任总统特朗普的外交政策进行针对性调整，但在国内政治因素掣肘之下，中东方向政策是美国最难调整的区域。美国出于全球遏制中国和应对"俄罗斯挑战"需要，在中东地区进行"战略收缩"，导致其不再是美国外交的最优先方向。不过，美国将战略资源大量投入"印太"地区，且不愿意卷入中东地区任何冲突，但客观上中东地区仍是重要外交方向。2021 年美国与欧盟撤离阿富汗的做法让地区盟友失望，使得美方在地区建立带有对抗俄中性质的"民主国家联盟"不具备现实土壤。美国现政府已经不止一次宣称俄在中东地区的存在是必要的，显示了美国无法忽视俄罗斯的地区影响力。综合来看，俄美两国均无法撼动对方与地区国家构筑的稳定关系，双方在地区利益部分重合。为解决特朗普担任总统时期美国政府在地区留下的问题，以及地区"新现实"，俄美双方可克服信任危机，共同推动伊朗核问题、也门问题、叙利亚问题、利比亚问题、巴以问题的早日解决。同时，俄美也能在构建地区安全机制、军控与核不扩散、发展地区经济、解决难民和水资源争端等问题上进行合作，并在其中实现利益的动态平衡。③

---

① К. Труевцев. Новая стратегия России на Ближнем Востоке：страны и направления. https://ru.valdaiclub.com/files/41289/.

② А. С. Щёкин. Военно - техническое Сотрудничество россии со странами ближнего востока как фактор стабильности в регионе // Россия и современный мир. 2022. №2.

③ А. Аксененок, В. Фрадкова. Ближний Восток во внешней политике США после Трампа и интересы России // Мировая экономика и международные отношения. 2022. №1.

关于俄罗斯与土耳其的关系，А. А. 兹韦列夫（А. А. Зверев）认为，土耳其地缘位置重要，是俄欧交往的主要通道之一。土耳其对伊斯兰世界的号召力和影响力对俄十分重要。近20年来，双方相互投资增加，贸易往来增长，能源合作进展迅速，旅游合作扩大和人文交流稳步增加。俄自土进口的主要是农产品、鞋服等轻工产品、机电产品和交通工具。俄向土出口的主要是能源、矿产、金属等重工业产品。总体来说，扩大彼此经贸往来是两国对外经济政策的优先方向。土利用自身优越地缘位置建设能源枢纽和交通枢纽的设想符合俄需求和利益，未来双方在能源和交通领域的合作规模将进一步扩大。①

关于俄罗斯与伊朗在外高加索地区的互动，В. З. 阿科皮扬（В. З. Акопян）认为，不同于俄罗斯与土耳其的关系，除19世纪20年代两国在外高加索地区发生过两次战争外，历史上双方基本保持和平共处，而这种态势维持的根源是两国长期的主要敌人并不是彼此，而是奥斯曼土耳其。1917年十月革命和1921年巴列维王朝建立之后，两国关系进入新阶段。伊朗的目标是在苏联和英国之间维持战略平衡。第二次世界大战爆发后，苏英两国为防止伊朗倒向德国出兵接管了伊朗。第二次世界大战结束后，伊朗逐渐倒向美国，使得苏联失去对伊朗的政治外交影响力。1979年伊斯兰革命爆发之后，苏伊关系开始正常化。苏联解体后，双方关系维持稳定发展。近年来，俄伊双方在里海地位问题、伊朗核问题、中亚地区和平与稳定问题、阿富汗等问题上有合作也有分歧。外高加索是苏联和俄罗斯保持与伊朗和中东地区国家交往的通道，也是伊朗进入欧洲和黑海的路线之一，在地理上对两国均非常重要。2020年第二次纳卡冲突爆发使得俄伊在外高加索地区的合作成为新议题。伊朗尤其重视与俄罗斯和阿塞拜疆三方关系的构建，并对土耳其与阿塞拜疆的过度接近极为担忧。伊朗、亚美尼亚和俄罗斯三方也保持着密切联系。由于伊朗与格鲁吉亚并不交界，格的地区通道价值不明显。2018年《里海法律地位公约》的签署解决了长期困扰里海国家的分歧，使得俄伊关系向前再迈进一步。近年来，土耳其"泛突厥主义"兴起，组建"突厥国家组织"，威胁到了俄与伊朗在外高加索地区的安全和利益。俄伊双方战略伙伴关系是阻挡土"泛突厥主义"及"图兰主义"损害两国、中亚、中国等欧亚国家安全和利益的主要屏障。②

关于俄罗斯与以色列关系，А. П. 阿尼西莫娃（А. П. Анисимова）和 С. В. 托切诺夫（С. В. Точенов）以系统分析法为视角，在简短回顾历史之后，聚焦分析21世纪以来两国在文化和科教领域的合作。20年来，双方在教育、科技、旅游和朝觐、人文等领域交流的层级和规模逐步扩大。从官方层面来说，外交部是推动合作的主要部门。而自下而上的民间交往才是双方人文合作最重要的特征，即以色列的原苏联地区移民和俄相关组织在推动两国交往中发挥了重要作用。③

关于俄罗斯与沙特的关系，В. А. 阿瓦特科夫（В. А. Аватков）和 В. Д. 奥斯坦宁-霍洛

---

① А. А. Зверев. Внешнеэкономические связи России с Турцией: современное состояние и перспективы развития // Актуальные вопросы современной экономики. 2022. №5.

② В. З. Акопян. Российско-иранские отношения: от добрососедства к стратегическому партнерству в Кавказско-ближневосточном регионе // Проблемы российской цивилизации и методики преподавания истории. 2022. №14.

③ А. П. Анисимова, С. В. Точенов. Российско-израильские отношения в 2000 - 2021 гг.: сотрудничество в области культуры, науки и образования // Интеллигенция и мир. 2022. №1.

夫尼亚（В. Д. Останин-Головня）指出，沙特建国后苏沙关系并无发展，苏联解体后两国关系也未得到明显改善。进入21世纪，两国关系发展明显提速，如2015年俄出兵叙利亚以及俄与沙特时而在原油产量上的博弈，也未明显影响双方关系。宗教交往对双边关系的热络带动作用明显，即俄南部穆斯林往来沙特越来越频繁，俄及后苏联空间穆斯林群体大规模前往沙特朝觐。俄沙关系的发展对俄与伊斯兰世界关系的发展也有提升作用。两国的跨文明对话、跨宗教交流和双边关系的发展充分证明，21世纪以来宗教在国际政治中发挥的作用越来越大。①

关于俄罗斯与埃及的农业合作，穆罕默德·阿卜杜勒·艾哈麦提（Mohammed Abduljalil Al-Hamati）认为，埃及是世界上主要的粮食进口国，而俄罗斯则是主要的粮食出口国，双方在农业领域互补性极强，并在粮食和食品加工领域建立了战略合作伙伴关系。当前俄罗斯参加埃及工业区建设对深化双方在农业领域的合作亦有好处。②

关于俄乌冲突爆发后俄罗斯与中东地区的经贸合作前景，А. А. 久久金娜（А. А. Дюдюкина）认为，在西方不断制裁下，俄不得不寻求发展与非西方国家经贸关系。其中，俄正在通过各种方式和手段与中东国家巩固合作。海湾阿拉伯国家合作委员会（以下简称"海合会"）成员国是世界主要油气出口国、全球最大金融中心之一，与海合会成员国建立长期的地缘政治经济联盟是俄罗斯的优先任务。双方在经贸、能源、农业和投资领域有良好合作前景。与巴林的良好关系是俄加强与海合会合作的抓手。俄还可与产油国在"欧佩克+"框架内加强对世界原油市场调节，维护各方共同利益。海合会国家存在粮食产量不足问题，俄罗斯则在这一领域有巨大优势，双方合作潜力广阔。此外，俄有意吸引约旦等众多阿拉伯国家对俄工业、油气、农业、通信、卫生和旅游等部门进行投资。俄与土耳其合作也具有吸引力，能源是双边关系中的关键合作领域。跨黑海天然气管道"土耳其流"建成通气不仅有效满足了土能源需求，还增强了土耳其在中东和欧亚地区的地缘重要性。俄向土供应S-400防空导弹系统则是两国军事技术合作中的标志性事件。俄原子能公司在土建设阿库尤核电站提升了土在国际核电市场的形象，并为俄在中东地区继续获取类似项目创造了可能性。俄与伊朗的经贸合作同样具有前景。双方正在讨论伊朗热电站现代化、油气开发、铁道电气化改造等问题，继续建造布什尔核电站新机组。本币结算与自贸区建设是推动俄与中东地区国家经贸合作的主要工具。合作对双方都有利，亦能提升地区国家的经济活力和战略自主性，进而推动国际秩序多极化的发展。③

关于俄乌冲突对俄与中东地区国家关系的冲击，俄学者А. И. 舒米林（А. И. Шумилин）认为，中东地区国家正在高度关注俄乌冲突的走势。尽管部分地区国家出于利益考量或迫于外界压力，向乌克兰或俄罗斯提供了武器或装备，但它们基本秉承不干涉政策并保持政治中

---

① В. А. Аватков, В. Д. Останин-Головня. Религиозный фактор и мусульманское паломничество в Российско-саудовских отношениях // Россия и мусульманский мир. 2022. №2.

② Mohammed Abduljalil Al-Hamati, "Foreign Economic Relations between Russia and Egypt in the Agricultural Sphere: Problems and Prospects of Development", *RUDN Journal of Economics*, Vol. 30, No.1, 2022 pp.124-132.

③ А. А. Дюдюкина. Перспективные направления торгово-экономического сотрудничества России и ближнего востока // Экономика и бизнес: теория и практика. 2022 .№4.

立。根本原因在于中东地区长期是苏美"冷战"对抗的主要区域，当前俄美也将力量投射到该地区，导致该地区各行为体之间的关系错综复杂甚至紧张对立。当前中东地区各国执政精英更专注的是本国和地区安全议题，尤其担忧俄乌冲突可能会引发叙利亚、利比亚、也门和波斯湾地区新的冲突，并极力防范在全球政治经济进程中利益受损。"欧佩克+"为维护自身在能源市场上利益的举动被西方视为"协助俄罗斯"，这种压力迫使部分中东地区国家不得不在联合国等国际组织框架内展现政治中立。同时，土耳其、以色列、沙特等国在不同程度上试图调停俄罗斯与乌克兰之间的关系。[1]

关于俄罗斯、伊朗与土耳其三方解决叙利亚问题，Н. В. 波斯佩洛夫（Н. В. Поспелов）认为，"阿拉伯之春"的兴起，尤其是叙利亚内战的爆发，导致中东地缘政治环境恶化，恐怖组织"伊斯兰国"随之崛起，俄、土、伊及各方不得不努力保障各自在地区的政治经济利益。其中，土耳其在叙利亚扩大影响力的做法使俄不得不与土耳其发展关系，并寻求利益妥协。俄土两国克服了苏-24战机被击落事件的负面影响，并通过与伊朗建立"阿斯塔纳三方模式"来克服立场差异和利益分歧，共同维护叙利亚主权和领土的基本完整。当前叙利亚主要任务是政治重建和恢复经济社会正常关系，俄、土、伊就此可以继续展开合作。[2]

关于俄罗斯与巴以问题，巴拉卡特·凯斯·阿卜杜拉·马哈茂德（Баракат кайс абдулла махмуд）、赛菲·穆斯塔法·塞勒姆·穆斯塔法（Сеифи мустафа салеем мустафа）、阿巴拉·穆希尔·易卜拉欣·哈桑（Абахра мушир ибрагим хасан）认为，由于"冷战"对抗和苏以关系交恶，苏联选择支持巴勒斯坦作为与以色列和西方对抗的手段。苏联解体后，俄以关系正常化并没有让俄损害巴勒斯坦利益，俄巴双方仍旧保持合作。俄未像苏联时代一样，在巴以问题上表现出好恶，俄政策与执行政策的外交官始终保持公正公平的立场。巴以问题在俄中东政策中占据重要一环。与美国一样，俄罗斯仍然是巴以问题的关键调解人，并正在努力促使问题的解决，并借此复兴大国地位。但是，由于若干基本问题始终得不到解决，因此，俄当前紧迫任务是努力说服各方不要让暴力冲突升级。[3]

（六）俄罗斯与非洲

关于俄罗斯对非洲外交战略，荷兰国际关系研究所"柯林根达尔"（Clingendael Institute）出版的题为《俄罗斯来了！俄罗斯要来？——俄罗斯在非洲日益增长的影响力及对欧洲政策的影响》的报告评估了俄罗斯在非洲的存在度，分析了俄罗斯在非洲获得外交成果的驱动因素以及对非洲战略存在的不足。[4] 托尼·布莱尔全球变化研究所（TBI）报告《安全、软实力

---

[1] А. И. Шумилин. Ближневосточное эхо европейской войны. Часть 1. Посредники // Научно-аналитический вестник ИЕ РАН. 2022. №5.

[2] Н. В. Поспелов. Российско-турецкое дипломатическое взаимодействие по сохранению суверенитета и территориальной целостности Сирии // Вестник учёных-международников. 2022. №12.

[3] Баракат кайс абдулла махмуд, Сеифи мустафа салеем мустафа, Абахра мушир ибрагим хасан. Палестино-израильский конфликт в контексте внешней политики россии // Вопросы политологии. 2022. №1.

[4] Guido Lanfranchi, Kars de Bruijne, "The Russians Are Coming! The Russians Are Coming? Russia's Growing Presence in Africa and Its Implication for European Policy", CRU Report, *Clingendael*, 2022-06.

和政权支持：俄罗斯在非洲的影响范围》探讨了俄罗斯在非洲的战略利益、战略能力和战略目标，以及俄罗斯在这一地区不断扩大的势力范围。[1] 这些研究报告认为，通过军事合作、政治支持、能源投资以及软实力建设等，俄罗斯对非洲的外交政策取得了较大进展，但外交参与度仍落后于其他全球竞争者，尤其在经济领域，俄罗斯的介入程度迄今仍然有限。同时，俄罗斯当前的对非战略宽泛松散，且受到各类参与者的利益和意图的影响，并不总与俄罗斯国家利益完全一致。俄罗斯在非洲的参与度在很大程度上受到不同国家背景和非洲政府利益的影响。随着与西方国家关系的持续恶化，俄罗斯凭借其与非洲国家精英的紧密联系、联合国安理会常任理事国身份以及非洲国家与西方国家的矛盾，与西方国家在非洲展开战略竞争。布鲁金斯学会报告《展望非洲2022》探讨了俄非关系的未来。该报告认为非洲是俄罗斯地缘战略利益的"战场"，而不是目的地本身。与大多数国家不同，俄罗斯没有对非洲的传统治国方略进行大量投资，如经济投资、贸易和安全援助，而是依靠一系列不对称措施来施加影响——雇佣军、武器换资源交易、不透明合同、选举干预和虚假信息。[2]

关于俄罗斯增加对非洲地区影响力的方式，《重返非洲：如何使其成为俄罗斯的优先事项》通过分析非洲对俄罗斯的战略意义和经济价值，指出俄罗斯在非洲影响力的增加符合俄罗斯国家利益。俄罗斯与非洲联盟的合作水平不及中国、欧盟和美国，所以，经贸、科技、医疗和安全等问题上的务实合作对俄罗斯重返非洲具有现实意义。[3]《为什么俄罗斯在非洲进行魅力攻势?》认为俄罗斯试图在不投资的情况下获得对非洲大陆的影响力，俄在非洲不断扩大影响力主要是使用了非官方手段——部署雇佣军、虚假宣传、武器换资源交易和能源贸易。[4] 随着美国与整个非洲大陆逐渐脱离接触，俄罗斯的影响力逐渐增长。为了遏制俄罗斯在非洲的影响力，美西方国家应该充分利用中俄之间的分歧和矛盾——中国的"一带一路"倡议需要一个和平的非洲，而俄罗斯更愿意在非洲制造矛盾。[5] 为了对抗中俄在非洲日益增长的影响力，美国要与非洲建立真正的新伙伴关系，应该将经济外交置于其参与度的核心，利用美国在先进技术和私人资本方面的优势，同时简化美国的签证制度，允许美国与非洲的企业间建立更多的联系。[6]

---

[1] Emman El-Badawy, Sandun Munasinghe, Audu Bulama Bukarti and Beatrice Bianchi, "Security, Soft Power and Regime Support: Spheres of Russian Influence in Africa", *Tony Blair Institute for Global Change*, 2022-03-23.

[2] Joseph Siegle, The Future of Russia-Africa Relations, February 2, 2022, The Brookings Institution, https://www.brookings.edu/blog/africa-in-focus/2022/02/02/the-future-of-russia-africa-relations/.

[3] А. А. Маслов, Д. В. Суслов. Возвращение в Африку: как сделать его российским приоритетом // Россия в глобальной политике. 2022. Т. 20. № 1. С. 130-148.

[4] Joseph Siegle, Why Russia is on a Charm Offensive in Africa, 2022-07-26, Africa Center for Strategic Studies, https://africacenter.org/spotlight/lavrovs-trip-to-africa-posture-over-substance-when-posture-matters-most/.

[5] Samuel Ramani, Russia Has Big Plans for Africa: America Must Push Back—Without Getting Dragged In, 2022-02-17, Foreign Affairs, https://www.foreignaffairs.com/articles/africa/2022-02-17/russia-has-big-plans-africa?check_logged_in=1&utm_medium=promo_email&utm_source=lo_flows&utm_campaign=registered_user_welcome&utm_term=email_1&utm_content=20221024.

[6] Zainab Usman, How America Can Foster an African Boom: The Continent Needs Investment—Not Just Aid, 2000-08-11, Foreign Affairs, https://www.foreignaffairs.com/africa/how-america-can-foster-african-boom.

研究综述

关于俄乌冲突对俄非关系的影响，俄罗斯国际事务委员会专家列昂尼德·伊萨耶夫（Леонид Исаев）撰写的文章《俄罗斯"重返非洲"：惊喜还是模式？》① 关注了俄乌冲突将如何影响俄罗斯"重返非洲"的进程。俄罗斯对乌克兰的特别军事行动开始后，其与西方国家的公开对抗将延伸到非洲大陆。2022年7月，俄罗斯外交部部长拉夫罗夫的非洲之行将目的地选择在埃及和埃塞俄比亚，即阿拉伯国家联盟总部和非洲联盟总部所在地，拉夫罗夫将利用这两个平台传达俄罗斯对当前地缘政治局势的看法，同时向西方世界表明，尽管西方推行制裁和反俄政策，但世界上仍有一些国家愿意与俄罗斯开展合作。俄乌冲突中，俄罗斯利用信息战强化对非洲的影响力。美国《大西洋月刊》发表文章《俄罗斯的饥饿战争》② 提出，俄罗斯将粮食短缺归咎于西方，并自称是非洲国家的救世主。该文作者认为俄罗斯通过社交媒体向反西方情绪强烈的非洲国家散布虚假信息，宣传西方对俄罗斯的制裁是造成粮食短缺的罪魁祸首，指责俄罗斯试图破坏西方民主，为自己成为非洲国家更好的合作伙伴营造有利舆论。

在俄罗斯对乌克兰的特别军事行动开始之初，一些非洲国家拒绝对谴责俄罗斯的联合国决议表态，尽管西方施加压力，但一直没有采取反对俄罗斯的立场。产生这种现象的原因一方面是俄罗斯在非洲国家的宣传，塑造对俄乌冲突的看法；另一方面是非洲国家与西方国家对当代地缘政治的看法存在差异。选边站的灾难性后果提醒非洲国家要谨慎对待此次俄乌冲突，对非洲来说，战争及其结果具有不确定性，且不太可能给非洲带来多大好处，保持中立是生存的必要条件。③

关于俄罗斯与非洲战略支点国家的外交关系，俄学者认为，一直以来，俄罗斯与苏丹保持着良好关系，俄寻求在苏丹修建海军基地。在这片不稳定的领土上，俄罗斯与苏丹之间密集的军事和政治接触为扩大双边关系奠定了坚实基础，并提出了俄罗斯与苏丹关系发展的积极愿景。④ 在西方国家对津巴布韦实行严厉制裁时，俄罗斯始终站在津巴布韦一方，双方积极开展经贸合作。《2017年津巴布韦权力更迭》讨论了2017年11月津巴布韦权力更迭过程，分析了政变前的政治局势，以及权力转移的原因。津巴布韦的政变是军队代表和姆南加古瓦支持者行动的协调策略，不仅旨在进行权力转移，还旨在获得其他国家和国际组织的支持。⑤ 埃及是俄罗斯在非洲大陆的主要贸易伙伴，俄罗斯学者关注与埃及贸易合作关系的发展。《埃及争夺非洲经济领导地位》一文分析了埃及、尼日利亚和南非在1970—2020年的经济潜力和发

---

① Леонид Исаев. Российское «возвращение в Африку»: неожиданность или закономерность? 31 августа 2022. https://russiancouncil.ru/analytics-and-comments/analytics/rossiyskoe-vozvrashchenie-v-afriku-neozhidannost-ili-zakonomernost/.

② David Patrikarakos, Russia's Hunger War, *The Atlantic*, 2022-07-20, https://www.theatlantic.com/ideas/archive/2022/07/russian-disinformation-africa-food-crisis/670570/.

③ Nanjala Nyabola, Africa's Ukraine Dilemma: Why the Continent Is Caught Between Russia and the West, 2022-09-05, Foreign Affairs, https://www.foreignaffairs.com/africa/africa-ukraine-dilemma-between-russia-west.

④ Денисова Татьяна Сергеевна, Костелянец Сергей Валерьянович. Судан после Омара аль-Башира: территория нестабильности // Азия и Африка сегодня. 2022. Выпуск №9.

⑤ Карамаев Сергей Георгиевич. Смена власти в Зимбабве в 2017 году // Азия и Африка сегодня. 2022. №3.

展态势。该文作者认为，尽管埃及的发展势头强劲，甚至在许多方面已经超过南非，但南非仍然保持着非洲经济的领导地位，在科学技术、外国直接投资和与欧洲国家的商品贸易等领域处于领先地位。到21世纪30年代中期，非洲经济领导者极有可能发生改变。①

关于中、美、俄等大国在非洲的竞争与合作，俄罗斯学者强调俄乌冲突将推动大国在非洲地区的竞争加剧。俄罗斯国际事务委员会专家伊万·洛什卡列夫（Иван Лошкарёв）认为，非洲是西方国家打造的孤立俄罗斯"拼图"中的重要部分。俄罗斯外交部部长拉夫罗夫和美国国务卿布林肯分别在2022年7月和8月对非洲进行访问，足可见俄罗斯与美国在这一地区的争夺态势。非洲地区关系到俄罗斯多极世界的建造，也关乎俄罗斯海上强国地位的打造。而美国对这一地区的政策基本没有改变，即促进开放、提供民主和安全红利、推进新冠疫情后的经济复苏、支持保证气候适应和公正的能源转型。俄对乌发起特别军事行动后，俄罗斯对非洲国家关系的看法正在逐渐成熟起来，非洲地区在俄罗斯对外战略中的地位将越来越重要。② 而西方国家也开始对俄罗斯在非洲地区的"破坏性影响"，特别是其对非洲威权国家的政权支持表示了担忧。③

《美国—非洲：美国国务卿布林肯对肯尼亚、尼日利亚和塞内加尔的访问》一文研究了拜登政府对非洲地区政策的指导方针和战略方向。通过分析布林肯"美国与非洲：建立21世纪伙伴关系"的主旨演讲，明确了美国与非洲的共同利益以及与非洲国家发展伙伴关系的五个重点领域——全球健康、气候危机、包容性经济增长、民主、和平安全。而中国与非洲国家的经贸合作是俄罗斯学者关注的重点。④《中国与非洲的经济联系：问题与前景》⑤、《人民币国际化与中国与非洲国家之间的国际结算》⑥ 对中国与非洲的经济合作状况和人民币国际化对双边合作的影响以及"一带一路"倡议中中国参与非洲经济项目的成果进行了分析。尽管由于新冠疫情和国际局势急剧恶化，中国与非洲国家的经贸关系出现下滑，但中国与非洲的经济合作仍在继续发展。中国政府正在采取措施对这些问题进行调整，通过相互本币结算解决传统上因缺少外汇而产生的合作瓶颈，以及引入创新性的金融和外汇工具解决问题。《中国在非洲：从伙伴国到追随国》⑦ 从依存不均等发展理论的视角对中非关系进行了分析和研究。作

---

① Волков Сергей Николаевич. Египет в соревновании за экономическое лидерство в Африке // Азия и Африка сегодня. 2022. No.5.

② Иван Лошкарёв. От визитов к концепциям: как Россия и США видят место Африки в мире. https://russiancouncil.ru/analytics-and-comments/analytics/ot-vizitov-k-kontseptsiyam-kak-rossiya-i-ssha-vidyat-mesto-afriki-v-mire/.

③ Ton Dietz, Russia in Africa: A New Cold War?, ASCL, 2022-09-29, https://www.ascleiden.nl/content/ascl-blogs/ton-dietz/russia-africa-new-cold-war.

④ Урнов Андрей Юрьевич. США – Африка. Визит Государственного секретаря Э. Блинкена в Кению, Нигерию и Сенегал (ноябрь 2021 г.) Часть1 // Азия и Африка сегодня. 2022. No.3；Часть2 // Азия и Африка сегодня.2022.No.4.

⑤ Дейч Татьяна Лазаревна. Экономические связи Китая с Африкой: проблемы и перспективы // Азия и Африка сегодня. 2022. No.7.

⑥ Фитуни Ольга Леонидовна, Интернационализация юаня и международные расчеты между Китаем и странами Африки // Азия и Африка сегодня.2022.No.7.

⑦ Зеленев Евгений Ильич, Китай в Африке: от стран-партнеров к странам-последователям.Часть1 // Азия и Африка сегодня.2022.No.7.

者认为在非洲大陆已经形成了两种依赖发展模式：欧洲—北美模式和中国模式。中国对非洲外交政策的军事因素正在逐渐增加，软实力战略逐渐向话语实力战略转变。俄罗斯学者还关注中国和印度与非洲国家在国防和安全方面的合作。中国和印度是协助非洲国家加强武装和警察力量，以及打击极端主义和恐怖主义的重要国家，两国不增加军事援助政治条件和不干涉国家内政的原则，是非洲国家愿意与中国开展军事领域合作的重要原因。[1]

三、2022年国内外代表性学者的主要观点

柳丰华认为，1991—2021年俄罗斯外交政策可分为亲西方外交（1991—1995年）、"多极化"外交（1996—2000年）、大国务实外交（2001—2004年、2009—2013年）、新斯拉夫主义（2005—2008年）和大国权力外交（2014年至今）五个阶段。俄罗斯西方主义、斯拉夫主义、欧亚主义和强国主义等外交理论，对俄外交决策产生了重要的影响。俄罗斯外交政策既因势而变，又变中有承。[2]

李勇慧认为，二战后俄日所确立的是非制度性的安全关系，两国相互认同也建立在既非敌人，也非伙伴的关系上。美日同盟强化和机制不断加强的美国"印太战略"使俄日相互关系构建受到巨大影响。[3]

韩克敌认为，美苏之间对于停止北约东扩没有正式的协议或承诺。主权是一切国际法的基础，乌克兰的独立和主权需要得到尊重。乌克兰加入欧盟而不是北约可能是一个未来的政策选择。[4]

徐国庆认为，俄罗斯对非军售是俄罗斯维护与非洲国家关系、深化双边合作、参与非洲事务的重要手段。[5]

美国战争研究所高级研究员 J. M. 杜比克认为，未来的乌克兰问题谈判必须满足三个条件：一个自决的主权的乌克兰，拥有足够的领土来确保其经济繁荣和足够的安全保障；坚持互不侵犯的国际原则，战争罪行得到充分处理；防止战争扩大到乌克兰境外或升级到核水平。[6]

新美国安全中心研究员 A. 泰勒和海军分析中心研究员 M. 科夫曼认为，美国及其盟友必须向乌克兰提供持续支持，以确保俄罗斯遭受失败。但即使普京输了，俄罗斯带来的问题也不会得到解决。俄罗斯受伤了，但依然危险，美国需要加强对乌克兰的支持，同时保持与俄罗斯的战略沟通。[7]

伦敦国王学院军事学教授 L. 弗里德曼认为，俄罗斯军队的表现低于预期，乌克兰军队的

---

[1] Дейч Татьяна Лазаревна. Сотрудничество Китая и Индии со странами Африки в вопросах мира и безопасности // Азия и Африка сегодня. 2022. №9.

[2] 柳丰华：《当代俄罗斯外交：理论兴替与政策承变》，《俄罗斯东欧中亚研究》2022年第4期。

[3] 李勇慧：《俄日关系：基于俄罗斯独立三十年对日政策的战略安全考量》，《东北亚学刊》2022年第1期。

[4] 韩克敌：《北约东扩与乌克兰危机》，《俄罗斯东欧中亚研究》2022年第5期。

[5] 徐国庆：《俄罗斯对非军售评估》，《俄罗斯东欧中亚研究》2022年第2期。

[6] ames M. Dubik, "Keep the Pressure on Putin", *The Hill*, Dec 5, 2022.

[7] Andrea Kendall-Taylor, Michael Kofman, "Russia's Dangerous Decline: The Kremlin Won't Go Down Without a Fight", *Foreign Affairs*, Vol. 101, Iss. 6, 2022, p.35.

表现好于预期,俄罗斯的特别军事行动已经失败,俄罗斯的失败是领导人指挥的失败,是俄军指挥体系的失败。[1]

乔治华盛顿大学教授 M. 拉鲁勒认为,乌克兰危机升级导致俄罗斯在欧亚地区影响力衰弱,中国、土耳其、欧盟可以从俄罗斯势力范围缩小中获益而填补空白,南高加索和中亚国家由于俄罗斯经济下降和西方对俄经济制裁而受到严重打击。[2]

芝加哥大学教授 J. J. 米尔斯海默认为,西方国家,尤其是美国,应对始于 2014 年 2 月的乌克兰危机负有主要责任,北约鲁莽的扩张激怒了俄罗斯,拜登政府上台后不断加强与乌克兰的关系最终导致了 2022 年的乌克兰危机。西方应该尊重俄罗斯的势力范围。[3]

俄罗斯外交与国防政策委员会主席团名誉主席 С. А. 卡拉甘诺夫认为,俄罗斯目前与欧洲的冲突是俄罗斯作为一个主权国家和一个独特文明为自己的未来而战,欧洲—大西洋文明给予了俄罗斯很多,但现代的欧洲文明却在迅速衰退,与俄罗斯的历史传统、文化和价值观相悖,俄罗斯正在远离欧洲—大西洋文明的现有形式。[4]

Д. В. 特列宁认为,苏联解体后俄罗斯为融入西方所做的所有努力都失败了,对乌克兰的特别军事行动宣告了俄罗斯与西方的彻底决裂,这也意味着俄罗斯要放弃坚持几百年的自我身份定位,即俄罗斯是欧洲国家。俄罗斯必须重新定位自己,将自己视为独立于欧洲的政治单位,其文明与欧洲相关但又独立于欧洲。[5]

Т. А. 罗曼诺娃认为,导致俄罗斯与欧盟多数成员国双边关系破裂的主要原因包括:欧盟对俄欧之间双边关系上传统的国家层面和社会人文层面均实施了打击,作为回应俄罗斯方面亦采取了对等报复措施;欧盟认为俄罗斯的行为是对欧盟及其倡导的"基于规则的秩序"的挑战;俄罗斯与欧盟成员国之间的双边关系受到美国制裁的影响。[6]

俄罗斯国际问题专家、国际事务委员会执行主任安德烈·科尔图诺夫(Андрей Кортунов)认为,30 年实践证明,俄罗斯未能找到一种有效的值得邻国学习的社会和经济发展模式,俄无力承担欧亚地区经济发展的火车头作用。同时,与西方的竞争导致俄罗斯孤独感增强,认为自己不够安全。[7]

Д. В. 特列宁认为,俄罗斯与西方关系的破裂已无法挽回,艰难对抗将长期存在;发展与

---

[1] Lawrence Freedman, "Why War Fails: Russia's Invasion of Ukraine and the Limits of Military Power", *Foreign Affairs*, Vol. 101, Iss. 4, 2022, p.20.

[2] Marlene Laruelle, The End of the Post-Soviet Order: How Putin's War Has Hurt Russia in Central Asia and the Caucasus, October 13, 2022, https://www.foreignaffairs.com/central-asia/end-post-soviet-order.

[3] "John Mearsheimer on Why the West Is Principally Responsible for the Ukrainian Crisis: Russia and Ukraine", *The Economist*(online), 11 Mar, 2022.

[4] С. А. Караганов. От не-Запада к Мировому большинству // Россия в глобальной политике. 2022. №5.

[5] Дмитрий В. Тренин. Кто мы, где мы, за что мы – и почему // Россия в глобальной политике. 2022. № 3.

[6] Т. А. Романова. Транснациональный разрыв Отношения России и ЕС: 2022 год и его последствия // Россия в глобальной политике. 2022. №5.

[7] Андрей Кортунов. Три десятилетия болезненных корректировок: Россия на постсоветском пространстве. 1 апреля 2022. https://russiancouncil.ru/analytics-and-comments/analytics/tri-desyatiletiya-boleznennykh-korrektirovok-rossiya-na-postsovetskom-prostranstve/.

世界大多数国家的政治、经济、技术、军事、信息、文化和人道主义合作是俄罗斯外交政策的最重要方向；俄罗斯取得胜利的关键是清醒评估形势和最重要的趋势、明确界定目标、合理分配资源和慎重提出国家战略。[1]

美国著名学者 J. J. 米尔斯海默认为，美国对乌克兰危机负有主要责任，拜登政府对冲突爆发的反应是加倍打击俄罗斯。从本质上讲，美国正在帮助将乌克兰引上一条通往灾难的道路。[2]

俄罗斯学者 А. 尼基京认为，当前美国试图通过加强其盟友建立一个带有反华倾向的军事政治安全联盟，并且通过"印太战略"构建新的安全军事组织。俄罗斯担心亚太地区会形成两极格局，俄罗斯不会亲美也不会亲华，因此，俄不会在两极格局中发挥主导作用，俄在亚太地区是一个次要角色。[3]

俄罗斯学者 Д. В. 戈尔季延科（Д. В. Гордиенко）认为，中国与世界和俄罗斯的对外贸易增长是中国外交政策的优先方向，在支持战略伙伴俄罗斯反制美国的制裁措施时表现出支持和务实灵活的政策。[4]

А. А. 久久金娜认为，乌克兰危机升级未影响俄与中东国家的经贸合作水平，原因在于双方合作具有内在稳定性和利益共通处。[5]

А. С. 谢金认为，俄罗斯是中东第二大武器装备供应国，并正在与叙利亚、伊拉克、土耳其、伊朗等国开展军事技术合作，但来自美中等国的竞争压力也日趋激烈。[6]

伊万·洛什卡列夫认为，非洲不仅是西方国家打造孤立俄罗斯"拼图"中的重要部分，也将在俄罗斯的对外战略中具有越来越重要的地位。[7]

А. А. 马斯洛夫（А. А. Маслов）和 Д. В. 苏斯洛夫（Д. В. Суслов）认为，俄罗斯增加在非洲地区影响力符合俄罗斯国家利益，加强与非洲国家的经贸、科技、医疗和安全领域务

---

[1] Д. В. Тренин. Специальная военная операция на Украине как переломная точка внешней политики современной России. 30 ноября 2022. https://globalaffairs.ru/articles/perelomnaya-tochka/.

[2] John J. Mearsheimer, The Causes and Consequences of the Ukraine Crisis, June 23, 2022, https://nationalinterest.org/feature/causes-and-consequences-ukraine-crisis-203182.

[3] А. Никитин. Перспективы военно-политической интеграции в Азии. Быть ли "Азиатской НАТО"? https://www.imemo.ru/publications/periodical/meimo/archive/2022/8-t-66/security-problems-in-contemporary-world/prospects-for-military-political-integration-in-asia-is-an-asian-nato-feasible.

[4] Д. В. Гордиенко. Торгово-экономическое сотрудничество Китая со странами мира и Россией в 14 й пятилетке (2021-2025 гг.) // Проблемы Дальнего Востока. 2022. №.4.

[5] А .А. Дюдюкина. Перспективные направления торгово-экономического сотрудничества России и ближнего востока // Экономика и бизнес: теория и практика. 2022. №.4.

[6] А. С. Щёкин. Военно-техническое Сотрудничество россии со странами ближнего востока как фактор стабильности в регионе // Россия и современный мир. 2022.№2.

[7] Иван Лошкарёв. От визитов к концепциям: как Россия и США видят место Африки в мире. 16 августа 2022. https://russiancouncil.ru/analytics-and-comments/analytics/ot-vizitov-k-kontseptsiyam-kak-rossiya-i-ssha-vidyat-mesto-afriki-v-mire/.

实合作对俄罗斯重返非洲具有现实意义。①

约瑟夫·西格尔（Joseph Siegle）认为，俄罗斯在非洲不断扩大影响力主要是由于俄罗斯使用了非官方手段——部署雇佣军、虚假宣传、武器换资源交易和能源贸易。随着美国与整个非洲大陆逐渐脱离接触，俄罗斯在这一地区的影响力逐渐增长。②

四、2022年中国社会科学院俄罗斯东欧中亚研究所俄罗斯外交学科发展的具体状况

2022年，俄罗斯外交研究室共发表学术论文18篇，其中核心期刊论文6篇，一般论文12篇。

俄罗斯东欧中亚研究所俄罗斯外交学科的代表性研究成果包括：柳丰华的《当代俄罗斯外交：理论兴替与政策承变》（《俄罗斯东欧中亚研究》2022年第4期）、李勇慧的《俄日关系：基于俄罗斯独立三十年对日政策的战略安全考量》（《东北亚学刊》2022年第1期）、韩克敌的《北约东扩与乌克兰危机》（《俄罗斯东欧中亚研究》2022年第5期）。

2022年新冠疫情制约了俄罗斯外交研究室学术活动的开展。研究室科研人员参与了所内外多场线上学术会议。

2022年俄罗斯外交研究室引进1名年轻的博士，该博士承担起俄罗斯对非洲外交研究，有助于研究学科建设和梯队建设。

五、2022年中国社会科学院俄罗斯东欧中亚研究所俄罗斯外交学科发展评价

2022年，俄罗斯东欧中亚研究所俄罗斯外交学科继续发展，保持国内领先地位。由于2023年俄罗斯外交研究室有1名研究员退休，俄罗斯对拉美外交无人研究等，俄罗斯东欧中亚研究所仍需重视学科队伍建设。

---

① А. А. Маслов, Д. В. Суслов. Возвращение в Африку: как сделать его российским приоритетом // Россия в глобальной политике. 2022. Т. 20. №1.

② Joseph Siegle, Why Russia is on a Charm Offensive in Africa, 2022-07-26, Africa Center for Strategic Studies, https://africacenter.org/spotlight/lavrovs-trip-to-africa-posture-over-substance-when-posture-matters-most/.

2022 年俄罗斯历史与文化研究综述

周国长*

一、2022 年中国俄罗斯历史与文化学科

2022 年国内的俄国史研究人员积极响应时代号召，对一些热点问题予以关注，取得了较为丰硕的成果。

（一）2022 年中国俄罗斯历史与文化研究的重要学术著作及主要内容

2022 年国内出版的有关俄罗斯（苏联）历史的著作不多，主要有以下几本。白胜洁著《棉花、石油与钢铁：俄国工业垄断研究（1861—1917）》，该书以纺织、石油以及冶金工业为考察样本，从宏观上探讨了帝俄晚期俄国工业垄断的成因、发展过程以及影响，进而揭示了俄国工业垄断发展的规律。[1] 梁红刚著《俄国罗曼诺夫王朝税收史（1613—1917）》通过分析罗曼诺夫王朝税收制度演化的进程，分析了俄罗斯税收改革的动机以及税收制度特点。[2] 解国良著《斯托雷平与俄国贵族》以斯托雷平为引子，详细介绍了 20 世纪初期斯托雷平改革以及俄国贵族转型的历程。[3] 吴笛著《俄罗斯小说发展史》梳理了俄罗斯小说发展的过去和现在。[4] 郭响宏著《俄国 1864 年司法改革研究》，该书结合相关史料，探讨了沙皇亚历山大二世推行司法改革的动因、内容、实施以及影响。[5]

（二）2022 年中国俄罗斯历史研究的热点问题及主要观点

2022 年国内对俄国史的研究主要集中在俄罗斯现代化问题、美苏"冷战"史与苏联科学技术史、中俄关系史、苏联解体问题与国际共产主义运动史。

1. 俄罗斯现代化问题

俄罗斯现代化研究一直是国内俄国史学界长期追踪的热点问题，20 世纪 80 年代以来就对其进行了理论探讨与宏观对比研究，近年来则涉及俄罗斯现代化研究的中观层面和微观层面。2022 年国内学界对俄罗斯现代化问题的讨论也主要集中在对中观和微观层面的研究，以点、线代面，探讨俄罗斯现代化进程中的某一问题。经济方面，有邓沛勇、刘莲芬的《再论 19 世

---

* 周国长，博士，中国社会科学院俄罗斯东欧中亚研究所俄罗斯历史与文化研究室助理研究员。
[1] 白胜洁：《棉花、石油与钢铁：俄国工业垄断研究（1861—1917）》，社会科学文献出版社 2022 年版。
[2] 梁红刚：《俄国罗曼诺夫王朝税收史（1613—1917）》，社会科学文献出版社 2022 年版。
[3] 解国良：《斯托雷平与俄国贵族》，陕西人民出版社 2022 年版。
[4] 吴笛：《俄罗斯小说发展史》，浙江工商大学出版社 2022 年版。
[5] 郭响宏：《俄国 1864 年司法改革研究》，社会科学文献出版社 2022 年版。

纪俄国关税政策变迁与效用》[1]；军事方面，有张建华的《沙皇保罗一世军事改革评析》[2]；司法方面，有郭响宏的《近代早期俄国的犯罪及其治理》[3]；思想文化方面，有马龙闪的《从激进民粹派合流看俄国 19 世纪政治大潮走向——对民意党与特卡乔夫尝试联手的解析》、白晓红的《苏维埃文化的基本问题》[4]；医疗社会史方面，有梁红刚和徐晓凤的《18 世纪俄国医学改革研究》、邓沛勇和刘莲芬的《一战前俄国城市医疗体系建设及传染病防治》[5]；社会史方面，有李振文的《近代俄国贵族贫困问题》[6]。

此外，国内学界还关注俄罗斯现代化过程中的对外征服和扩张史，主要有施越的《俄帝国史与古今之变：以近代俄罗斯与中亚草原关系为中心的考察》[7]、石靖的《俄国学术史视角下的高加索研究：体现"边界"属性的特别案例》[8]、邢媛媛的《俄国"大北方探险"的帝国叙事》[9]、沈莉华的《"新俄罗斯"历史归属问题探源》[10]、娄益华和王晓菊合写的《从内地到边疆：19 世纪下半叶俄国农民向北高加索迁移运动》[11] 等论文。

2. 美苏"冷战"史与苏联科学技术史研究

在百年未有之大变局加速演进的大的国际背景下，大国竞争问题尤为引人关注。美苏"冷战"的经验教训无疑成为历史学家关注的重点，学者们力求从历史中为现实政治提供借鉴。国内学者主要是利用美国与俄罗斯等国的档案，重新解释美苏对抗的根源以及"冷战"初期美苏的政治"冷战"和科技"冷战"。2022 年，沈志华教授对美苏"冷战"起源的经济因素发表了两篇学术文章[12]。"冷战"期间美苏在科技领域尤其是原子能领域的合作冲突是 2022 年度国内苏联史研究的一个重点。刘京的《1945 年莫斯科外长会议与原子能国际管制机制的创设》，通过对 1945 年 12 月的莫斯科外长会议的缘起、经过和影响进行梳理和分析，认

---

[1] 邓沛勇、刘莲芬：《再论 19 世纪俄国关税政策变迁与效用》，《内蒙古民族大学学报（社会科学版）》2022 年第 1 期。

[2] 张建华：《沙皇保罗一世军事改革评析》，《俄罗斯学刊》2022 年第 6 期。

[3] 郭响宏：《近代早期俄国的犯罪及其治理》，《历史教学问题》2022 年第 2 期。

[4] 马龙闪：《从激进民粹派合流看俄国 19 世纪政治大潮走向——对民意党与特卡乔夫尝试联手的解析》，《中国浦东干部学院学报》2022 年第 1 期；白晓红：《苏维埃文化的基本问题》，《俄罗斯学刊》2022 年第 3 期。

[5] 梁红刚、徐晓凤：《18 世纪俄国医学改革研究》，《西伯利亚研究》2022 年第 2 期；邓沛勇、刘莲芬：《一战前俄国城市医疗体系建设及传染病防治》，《经济社会史评论》2022 年第 1 期。

[6] 李振文：《近代俄国贵族贫困问题》，《史学月刊》2022 年第 6 期。

[7] 施越：《俄帝国史与古今之变：以近代俄罗斯与中亚草原关系为中心的考察》，《俄罗斯研究》2022 年第 3 期。

[8] 石靖：《俄国学术史视角下的高加索研究：体现"边界"属性的特别案例》，《俄罗斯东欧中亚研究》2022 年第 6 期。

[9] 邢媛媛：《俄国"大北方探险"的帝国叙事》，《俄罗斯东欧中亚研究》2022 年第 3 期。

[10] 沈莉华：《"新俄罗斯"历史归属问题探源》，《俄罗斯东欧中亚研究》2022 年第 3 期。

[11] 娄益华、王晓菊：《从内地到边疆：19 世纪下半叶俄国农民向北高加索迁移运动》，《中国社会科学院大学学报》2022 年第 12 期。

[12] 沈志华：《冷战前奏：美国对苏联战略认知陷入误区——关于美苏冷战起源的经济因素（讨论之五）》，《史林》2022 年第 3 期；沈志华：《铁幕落下：马歇尔计划与欧洲共产党情报局——关于美苏冷战起源的经济因素（讨论之七）》，《俄罗斯研究》2022 年第 4 期。

为虽然此时美苏仍然就重要问题达成妥协，但也表现了关系恶化的趋向。[①] 赵万鑫、张广翔的《冷战、核军备竞赛与苏联核中心的活动——以核研究与核部署为中心》一文，分析了苏联核中心在"冷战"时期的活动，认为其在核研究与核部署等方面发挥了重要作用，并且在促进科技进步与成果转化、专业人才培养、带动地方经济社会发展等方面也发挥了独特作用。[②] 赵学功的《核武器、预防性战争与美国对苏联的政策（1950—1955）》从美国视角出发，分析了 1950—1955 年美国对苏联的预防性作战计划及其制约因素，揭示了这一时期美国对苏政策和"冷战"的复杂性，以及核武器在实现美国外交和军事意图方面作用的限度。[③] 乔笑斐、路昊明的《苏联和美国在粒子物理领域的交流、合作与竞争》探讨了"冷战"时期美苏两国在粒子物理领域的交流，并指出当时复杂多变的国际形势使得"冷战"时期的科学合作充满曲折。[④]

国内对于"冷战"时期的苏联科学技术史研究，其方向主要集中在苏联的核工业以及军事工业的发展上。吉林大学主办的《史学集刊》2022 年第 2 期专门针对苏联核计划研究，发表了 3 篇文章：张广翔、高腾的《粒子加速器建设与苏联核计划——核物理研究实验基础的构建（1932—1957）》[⑤]；梁红刚的《朗道团队与苏联核计划》[⑥]；张文华的《钚-239 的生产与苏联核计划》[⑦]。除此之外，王金玲的《德国专家 H. B. 里尔团队与苏联核计划》分析了德国专家 H. B. 里尔团队对苏联核武器研究的重要贡献。[⑧] 张广翔、金丹的《从齐头并进、循序渐进到全面开花——苏联核计划中的核装药研究》，分析了苏联核计划中的核装药问题，认为其始终遵循多方案并行的方针，是苏联核计划整个庞大过程的缩影。[⑨] 张广翔、赵万鑫的《核计划、冷战与苏联原子科学家——以哈里顿为中心的考察》以苏联第一颗原子弹的总设计师哈里顿为中心，考察了"冷战"时期原子科学家对苏联研制核武器与美苏军备竞赛的重要作用。[⑩] 张广翔的《苏联核计划：从模仿到创新》分析了苏联核计划成功的主要原因。[⑪] 此外，国内学界还关注到了苏联军事工业史。张广翔、齐石的《二战后苏联的军事工业转型与

[①] 刘京：《1945 年莫斯科外长会议与原子能国际管制机制的创设》，《首都师范大学学报（社会科学版）》2022 年第 6 期。

[②] 赵万鑫、张广翔：《冷战、核军备竞赛与苏联核中心的活动——以核研究与核部署为中心》，《华东师范大学学报（哲学社会科学版）》2022 年第 3 期。

[③] 赵学功：《核武器、预防性战争与美国对苏联的政策（1950—1955）》，《南开学报（哲学社会科学版）》2022 年第 4 期。

[④] 乔笑斐、路昊明：《苏联和美国在粒子物理领域的交流、合作与竞争》，《自然辩证法通讯》2022 年第 10 期。

[⑤] 张广翔、高腾：《粒子加速器建设与苏联核计划——核物理研究实验基础的构建（1932—1957）》，《史学集刊》2022 年第 2 期。

[⑥] 梁红刚：《朗道团队与苏联核计划》，《史学集刊》2022 年第 2 期。

[⑦] 张文华：《钚-239 的生产与苏联核计划》，《史学集刊》2022 年第 2 期。

[⑧] 王金玲：《德国专家 H. B. 里尔团队与苏联核计划》，《江汉论坛》2022 年第 4 期。

[⑨] 张广翔、金丹：《从齐头并进、循序渐进到全面开花——苏联核计划中的核装药研究》，《南开学报（哲学社会科学版）》2022 年第 6 期。

[⑩] 张广翔、赵万鑫：《核计划、冷战与苏联原子科学家——以哈里顿为中心的考察》，《史学月刊》2022 年第 10 期。

[⑪] 张广翔：《苏联核计划：从模仿到创新》，《社会科学战线》2022 年第 11 期。

军事工业综合体的形成》围绕二战后苏联军事工业的转型，探究了转型过程中苏联军事工业综合体的形成过程。①

3. 中俄关系史研究

2022年国内对于中俄关系史的研究囊括了从早期中俄关系史到近现代中俄关系史的研究，涉及面广、取得的研究成果也较为丰硕。

国内学界对早期中俄关系史的研究主要集中在对清朝前期中俄两国之间的交流。李暖的《"转向东方"：俄罗斯东方学视野中的广州航道与海洋空间建构》一文，以俄罗斯考察者撰写的东方旅行记为研究资料，从当代俄罗斯东方学视角审视俄船来粤始末，评析了俄罗斯"转向东方"的战略。② 青年学者孔源的遗作《17世纪蒙古高原巴尔虎蒙古族的迁徙及其历史意义》考证了17世纪蒙古高原游牧民族巴尔虎人东迁和内附的历史，肯定了其对于早期中俄东段边界稳定的意义。③ 陈文华的《清代中俄茶叶贸易路线变迁》探究了清代中俄茶叶贸易的缘起、路线变迁，认为贸易路线的选择与国家政策相关，其推动了茶路沿线市镇的发展。④ 刘彦的《"天下"比邻：19世纪东西方文明碰撞下俄国的中国形象建构》梳理了19世纪俄国的中国形象。⑤

近代中俄关系中的新疆因素是2022年国内学术界关注的一个热点问题，主要集中在对俄国在新疆扩张过程中某些微观问题的探讨。韩莉、李忠宝的《俄国驻中国喀什噶尔领事彼得罗夫斯基与近代英俄大博弈》一文，通过对时任俄国驻中国喀什噶尔领事彼得罗夫斯基在新疆地区的活动进行分析，认为在其苦心经营下，19世纪末20世纪初俄国在新疆地区的影响得到了极大的扩张，相对于英国占据了先机，给中国造成了巨大的伤害。⑥ 郑丽颖的《俄国外交官员在新疆的考古活动及影响——以19世纪末20世纪初为例》一文认为，19世纪末20世纪初俄国外交官员在新疆的考古活动，在掠夺中国资源的基础上，为俄罗斯带来了大量珍贵的历史文物，也为俄国大规模西域考古队提供了往来便利和协助，使其在英俄考古之争中保持明显优势。⑦ 沈雪晨的《〈十八世纪俄国炮兵大尉新疆见闻录〉所见准噶尔社会与文化》一文，借俄国炮兵大尉伊·温科夫斯出使准噶尔部后完成的报告，探讨了18世纪初准噶尔的社会文化情形。⑧ 韩莉的《晚清俄国驻新疆领事馆的阿克萨卡尔及其职能》一文，讨论了晚清时期俄国驻新疆领事选派的商人头目阿克萨卡尔的职能以及影响。⑨

---

① 张广翔、齐石：《二战后苏联的军事工业转型与军事工业综合体的形成》，《军事历史研究》2022年第1期。
② 李暖：《"转向东方"：俄罗斯东方学视野中的广州航道与海洋空间建构》，《俄罗斯研究》2022年第2期。
③ 孔源：《17世纪蒙古高原巴尔虎蒙古族的迁徙及其历史意义》，《俄罗斯东欧中亚研究》2022年第1期。
④ 陈文华：《清代中俄茶叶贸易路线变迁》，《江汉论坛》2022年第2期。
⑤ 刘彦：《"天下"比邻：19世纪东西方文明碰撞下俄国的中国形象建构》，《开放时代》2022年第5期。
⑥ 韩莉、李忠宝：《俄国驻中国喀什噶尔领事彼得罗夫斯基与近代英俄大博弈》，《俄罗斯学刊》2022年第1期。
⑦ 郑丽颖：《俄国外交官员在新疆的考古活动及影响——以19世纪末20世纪初为例》，《西域研究》2022年第4期。
⑧ 沈雪晨：《〈十八世纪俄国炮兵大尉新疆见闻录〉所见准噶尔社会与文化》，《中国社会科学院大学学报》2022年第8期。
⑨ 韩莉：《晚清俄国驻新疆领事馆的阿克萨卡尔及其职能》，《西伯利亚研究》2022年第4期。

对于新中国成立前中苏关系史研究，国内学界主要关注到了在俄国革命的影响下，马克思列宁主义在中国的传播过程。白冰的《中国知识界对1917年俄国革命的认知与反应》分析了在新文化运动时期，中国知识分子内部面对俄国革命这一历史事件的不同认知和反应。作者认为，随着对俄国革命认知的不断深化，中国知识界内部因对俄问题而逐渐显示群体分化的迹象。① 庄宇的《20世纪初留俄学生与社会主义在中国的传播》从20世纪初期留俄中国学生入手，通过分析其生活与学习经历，指出20世纪初期留俄学生为社会主义在中国的传播发挥了积极作用。②

对于新中国成立后中苏关系史的研究，国内学术界主要集中在苏联援华方面。马力的《20世纪50年代的苏联专家与华东师范大学的教学改革》以华东师范大学相关档案为主，考察了20世纪50年代苏联专家与华东师范大学的互动，探究了苏联专家在华东师范大学建设、人才培养中发挥的作用。③ 李华的《中国科学院代表团首次访问苏联的收获与影响》探究了中国科学院代表团1953年访苏的历史背景、经过和重大意义。④ 贺雪娇、贺怀锴的《苏联援助中国陆军建设述论（1949—1960）》对新中国成立初期苏联对中国陆军建设的历史进行了梳理，作者认为，中国陆军始终立足于自主发展，并寻求苏联援助，这为中国陆军得到独立发展奠定了基础。⑤

4. 苏联解体问题与国际共产主义运动史研究

对苏联解体问题的研究和国际共产主义运动史的研究始终是国内学术界的关注重点。

国内学界对苏联解体研究既有作为结果的苏联解体的宏观性描述，阐释其原因和后果，还有作为过程（史实阐释）的苏联解体研究。2022年李慎明团队发表了3篇学术文章，探讨了苏联亡党亡国的原因、教训与启示。其所著的《历史虚无主义与苏联解体》分析了历史虚无主义在苏联解体中的角色，认为历史虚无主义与反对历史虚无主义的斗争依旧是长期而艰巨的。⑥ 此外，作为结果的苏联解体的宏观性描述还有以下3篇文章：房宁的《失败的政治继承——苏联解体三十年祭》认为，最根本、最直接、排在第一位的，是政治继承问题⑦；吴恩远的《苏联解体主要原因是"不能与时俱进"吗？——兼与郑永年先生商榷》，通过与郑永年在苏联解体问题上的商榷，认为戈尔巴乔夫所奉行的"改革"及其制定的"人道的民主的社

---

① 白冰：《中国知识界对1917年俄国革命的认知与反应》，《湖北大学学报（哲学社会科学版）》2022年第2期。
② 庄宇：《20世纪初留俄学生与社会主义在中国的传播》，《上海师范大学学报（哲学社会科学版）》2022年第6期。
③ 马力：《20世纪50年代的苏联专家与华东师范大学的教学改革》，《历史教学问题》2022年第1期。
④ 李华：《中国科学院代表团首次访问苏联的收获与影响》，《西伯利亚研究》2022年第5期。
⑤ 贺雪娇、贺怀锴：《苏联援助中国陆军建设述论（1949—1960）》，《安徽史学》2022年第4期。
⑥ 李慎明等：《历史虚无主义与苏联解体》，《世界社会主义研究》2022年第1期；李慎明等：《苏联亡党亡国的根本原因、教训与启示（上）——写在苏维埃社会主义共和国联盟成立100周年之际》，《世界社会主义研究》2022年第9期；李慎明等：《苏联亡党亡国的根本原因、教训与启示（中）——写在苏维埃社会主义共和国联盟成立100周年之际》，《世界社会主义研究》2022年第10期。
⑦ 房宁：《失败的政治继承——苏联解体三十年祭》，《文化纵横》2022年第1期。

会主义"总路线是导致苏联解体最主要、最根本的原因,而不是苏联没有与时俱进[①];汪亭友和吴深林的《苏联剧变三十年来研究中的一些错误观点及思考》则梳理了国内学界在研究苏联解体问题上的一些错误观点[②]。

作为过程的苏联解体研究,主要有余伟民的《制度与人:苏联解体过程的演进逻辑》、庄仕琪的《苏联末期围绕农庄农场体制的方针较量》以及吕政的《苏联解体前后的考察与评论》。余伟民从制度变迁和政治博弈双重效应的角度,对戈尔巴乔夫的体制改革、苏联东欧集团"类帝国"统治体系的终结和联盟的解体进行了分析。[③]庄仕琪主要讨论了戈尔巴乔夫时期苏联集体农庄农场体制的改革问题,认为在局势动荡的背景下,苏联当局无力采取有效措施,最终随着苏联的瓦解,农村土地私有化方针完全确立。[④]吕政主要回忆了自己20世纪90年代初随代表团访问苏联的经历,认为苏联解体的本质原因是苏联共产党内部出现了问题,而苏联共产党却没有找到有效的纠错机制和途径。[⑤]

对于国际共产主义运动史的研究,主要关注苏俄(联)与世界革命,以及马克思主义在俄罗斯和苏联的传播。张盛发的《苏俄对1919年匈牙利苏维埃共和国的指导和帮助》结合相关史料,认为由于国内外政局的变动,苏俄除了帮助匈牙利建立国际支队等局部行动外,军事援助苏维埃匈牙利的规划没有得到实施。[⑥]马建标的《重新发现"东方":1920年代前期中苏交往的国际视域》认为,苏俄(联)既需要融入主要由资本主义国家奠定的世界体系之中,又有着与华盛顿体系列强相对抗的强烈愿望的双重诉求,使得苏俄(联)重新发现了东方的作用,并对中国国民革命运动产生了深刻影响。[⑦]谷继坤的《俄共(布)、共产国际与蒙古人民军的组建(1919—1921)》通过分析俄共(布)、共产国际在蒙古人民军组建过程中的作用,指出其创建过程不仅仅是军事问题,还是一个政治和外交问题,折射出了当时苏联对华乃至整个远东地区的外交参与。[⑧]邢广程的《中共百年历史进程中的苏联因素——以毛泽东和邓小平的基本认识为视角》从毛泽东和邓小平对苏联的基本认识出发,观察了中国共产党的百年历史。[⑨]

5. 其他方面的相关研究

首先,关注俄罗斯对外关系史尤其是俄罗斯与西方关系史。徐乐的《从地理形象的重塑

---

① 吴恩远:《苏联解体主要原因是"不能与时俱进"吗?——兼与郑永年先生商榷》,《世界社会主义研究》2022年第2期。
② 汪亭友、吴深林:《苏联剧变三十年来研究中的一些错误观点及思考》,《毛泽东邓小平理论研究》2022年第1期。
③ 余伟民:《制度与人:苏联解体过程的演进逻辑》,《俄罗斯研究》2022年第1期。
④ 庄仕琪:《苏联末期围绕农庄农场体制的方针较量》,《世界历史评论》2022年第1期。
⑤ 吕政:《苏联解体前后的考察与评论》,《海南大学学报(人文社会科学版)》2022年第6期。
⑥ 张盛发:《苏俄对1919年匈牙利苏维埃共和国的指导和帮助》,《俄罗斯学刊》2022年第6期。
⑦ 马建标:《重新发现"东方":1920年代前期中苏交往的国际视域》,《探索与争鸣》2022年第10期。
⑧ 谷继坤:《俄共(布)、共产国际与蒙古人民军的组建(1919—1921)》,《军事历史研究》2022年第3期。
⑨ 邢广程:《中共百年历史进程中的苏联因素——以毛泽东和邓小平的基本认识为视角》,载邢广程主编《中国边疆学》(第十五辑),社会科学文献出版社2022年版。

看俄国与西方的文化关系》通过梳理历史上俄国国家形象、意识形态与地理建构之间的互动关系，指出"通过地理形象的重塑，俄国也实现了文化上由莫斯科核心圈到欧洲帝国再到欧亚枢纽的整体认同"。[1] 孙芳的《反西方主义：俄罗斯对西方"恐俄症"的历史回应》梳理了俄罗斯西方主义以及反西方主义的发展历史，认为其已经由最初的思想文化争论转移到如今的政治博弈。[2] 邢媛媛的《大津事件与俄国对日外交危机应对——基于俄国外交档案文件的考察》从俄罗斯外交文献出发，以大津事件为切入点，探究了19世纪末俄罗斯的对日政策，认为这一时期俄罗斯对俄日关系的"重视"与对日本的"轻视"并存。[3] 张盛发的《苏联对"慕尼黑阴谋"的侦察和反击——对苏联签订苏德互不侵犯条约的历史考察》探究了苏联签订《苏德互不侵犯条约》的前因后果，认为这是苏联对十月革命后西方国家所有反苏行为的历史惩罚，也是苏联对外战略的国家安全和世界革命的必然选择。[4] 刘显忠的《古巴导弹危机：苏联的目标与结果》讨论了古巴导弹危机期间苏联的战略目的以及结果，认为就结果而言，苏联基本上达到了自己的目的。[5]

其次，关注俄罗斯的历史记忆与历史书写问题。郑永旺的《从三部古代俄罗斯文学作品看俄罗斯民族的政治思维》对俄罗斯古代文学的三个源文本——《古史纪年》《伊戈尔远征记》《伊万雷帝与库尔布斯基的通信集》进行梳理，分析了其中所反映的俄罗斯人的内在政治思维以及民族和国家意志。[6] 桂欣的《俄国末代沙皇的历史形象》从苏联和当代俄罗斯对末代沙皇尼古拉二世形象变迁入手，分析了俄罗斯对其历史记忆的转变，认为其由"刽子手"变为"圣徒"，反映出俄罗斯传统道德价值观在当代的回归和俄罗斯传统文化的复兴与保守主义的兴起。[7] 林精华的《俄罗斯文学研究的国际政治学：西方斯拉夫学视野下的俄国大众文学》主要梳理了20世纪以来在国际政治等因素的影响下，俄国大众文学在西方斯拉夫学视野下的变化过程。[8] 侯艾君的《互动与张力：中亚史学与俄罗斯史》，介绍了20世纪80年代末以来中亚地区史学和意识形态建构的过程。[9]

除此之外，杨素梅、娄娜的《苏联学者关于哥萨克研究成果的统计与分析（1917—1991）》梳理了1917—1991年苏联学者对哥萨克的研究成果。[10] 欧阳向英的《关于苏联解密

---

[1] 徐乐：《从地理形象的重塑看俄国与西方的文化关系》，《俄罗斯研究》2022年第2期。
[2] 孙芳：《反西方主义：俄罗斯对西方"恐俄症"的历史回应》，《俄罗斯东欧中亚研究》2022年第1期。
[3] 邢媛媛：《大津事件与俄国对日外交危机应对——基于俄国外交档案文件的考察》，《安徽师范大学学报（人文社会科学版）》2022年第6期。
[4] 张盛发：《苏联对"慕尼黑阴谋"的侦察和反击——对苏联签订苏德互不侵犯条约的历史考察》，《北方论丛》2022年第6期。
[5] 刘显忠：《古巴导弹危机：苏联的目标与结果》，《国家安全论坛》2022年第4期。
[6] 郑永旺：《从三部古代俄罗斯文学作品看俄罗斯民族的政治思维》，《俄罗斯研究》2022年第3期。
[7] 桂欣：《俄国末代沙皇的历史形象》，《西伯利亚研究》2022年第1期。
[8] 林精华：《俄罗斯文学研究的国际政治学：西方斯拉夫学视野下的俄国大众文学》，《俄罗斯东欧中亚研究》2022年第6期。
[9] 侯艾君：《互动与张力：中亚史学与俄罗斯史》，《史学理论研究》2022年第4期。
[10] 杨素梅、娄娜：《苏联学者关于哥萨克研究成果的统计与分析（1917—1991）》，《历史教学问题》2022年第5期。

档案的几个问题》梳理了苏联档案解密的法律依据、解密档案的史料价值、档案解密过程中的问题、中国学界对苏联档案的研究。①

二、2022年俄罗斯的历史学科

（一）档案的整理与出版

档案文献是历史研究的基础，是编史修志可靠史料的主要源泉。俄罗斯历史学界一直重视实证研究，也注重对档案的整理与出版。2022年是彼得一世诞辰350周年，俄罗斯科学院圣彼得堡分院档案馆的巴萨尔金娜（Е. Ю. Басаргина）等人编撰了《彼得大帝与彼得堡科学院的创建：文件与资料》的资料集，这些文件反映了彼得大帝创办彼得堡科学院的背景、基础以及与西方科学技术专家之间的关系。② 俄国扩张过程中对东方的渗透，始终是学术界关注的一个重点问题。2022年俄罗斯科学院东方学研究所雷任科夫（М. Р. Рыженков）主编了《19世纪末至20世纪初俄罗斯人在印度：档案文件与资料集》，这本资料集主要呈现了19世纪末至20世纪初俄罗斯在印度的情报活动，包括收集了印度的风土人情以及英国人在印度的报告等。③

（二）重要学术著作及内容

2022年2月，俄罗斯对乌克兰发起的特别军事行动导致俄罗斯与外部世界的关系发生了深刻的变化，俄罗斯历史学界的研究也深受这一变化的影响。

首先，俄罗斯历史学界对俄国历史上的民族问题、宗教问题和边疆问题展开了热烈讨论。2022年，俄罗斯科学院东方学研究所出版了卡德尔巴耶夫（А. Ш. Кадырбаев）的《金帐汗国：历史与历史编纂学概要》④、瑟兹拉诺夫（А. В. Сызранов）的《伏尔加河下游的伊斯兰：历史学和民族学简史》⑤、阿利科别罗夫（А. К. Аликберов）的《达吉斯坦南部地区犹太人墓志集》⑥ 以及阿萨杜林（Ф. А. Асадуллин）的《从一小撮到盖努丁：莫斯科的穆斯林世界》⑦ 等著作，探讨了俄国历史上的边疆民族问题。此外，尼基京（Н. И. Никитин）的《哥萨克人的历史：学术和政治的视角》则对俄罗斯历史上的哥萨克人的相关争议问题进行了厘清。⑧

其次，俄罗斯历史学界也对俄罗斯与周边国家关系开展了研究。2022年俄罗斯科学院斯拉夫研究所和巴尔干国家的相关学术机构召开了几次有关斯拉夫主义以及俄罗斯与巴尔干半岛国家之间关系史的学术会议，相继出版了《1876年塞尔维亚的俄国志愿者》《巴尔干民族

---

① 欧阳向英：《关于苏联解密档案的几个问题》，《俄罗斯学刊》2022年第4期。
② Е. Ю. Басаргина. Петр Великий и основание Петербургской Академии наук. Документы и материалы. СПб.: Нестор-История, 2022.
③ М. Р. Рыженков. Русские в Индии в конце XIX - первой половине XX в. Сборник архивных документов и материалов. М.: ФГБУН ИВ РАН, 2022.
④ А. Ш. Кадырбаев. Золотая Орда: очерки истории и историографии. М.: ИВ РАН, 2022.
⑤ А. В. Сызранов. Ислам на Нижней Волге. Очерки истории и этнографии. М.: ИВ РАН, 2022.
⑥ А. К. Аликберов. Корпус еврейских надгробных текстов Южного Дагестана. Симферополь: Н. Орiанда, 2022.
⑦ Ф. А. Асадуллин. От Кучки до Гайнутдина: Мусульманский мир Москвы. М.: Кучково поле, 2022.
⑧ Н. И. Никитин. История казачества: аспекты научные и политические. М.: Директ-Медиа, 2022.

历史上的1821年》《昨天和今天的俄罗斯波希米亚学》《20—21世纪塞尔维亚的俄罗斯移民》等学术著作①。这些著作旨在探讨俄罗斯与塞尔维亚、俄罗斯与波希米亚人、俄罗斯与1821年希腊革命之间的关系。

除此之外，还有学者专门对斯托雷平这个影响俄罗斯历史进程的重要人物进行研究，如达维多夫的《斯托雷平定理》②、海洛娃的《20世纪初俄国自由主义中的中派主义》③。

关于苏联史的著作，2022年的大部头主要是由叶尔绍夫和瑟雷赫（В. В. Ершов, В. М. Сырых）担任主编的《俄罗斯法院和司法史》中的第九卷《俄罗斯宪政司法史》，这套丛书系统梳理了俄罗斯司法发展的历史过程。④卫国战争史研究的著作有贝斯特罗娃（И. В. Быстрова）的《英国盟友：1941—1945年对苏联的军事和经济供应》，该书根据英国和俄罗斯档案，探讨了1941—1945年英国向苏联提供的经济和军事援助问题。⑤索罗金（А. К. Сорокин）的《胜利的总参谋部：1941—1945年伟大卫国战争时期苏联国家管理简史》，探讨了卫国战争时期苏联的国家管理这一未被充分研究且处于公众关注边缘的话题。⑥阿尔扎玛斯金（Ю. Н. Арзамаскин）等人编著的《伟大卫国战争时期希特勒的宣传和苏联的反宣传》对二战时期苏联的反宣传机制和效果进行了评估。⑦

（三）学术热点与研究的新进展

2022年俄罗斯历史学家对本国历史的研究不仅有宏观的把握，力图深化对俄罗斯历史发展有深远影响的热点问题研究，而且也强调了俄罗斯与外部世界之间的关系史，从中观和微观的角度出发，开辟了新的研究领域。

1. 彼得一世与俄罗斯现代化研究

2022年是彼得一世诞辰350周年，俄罗斯历史学界也撰写了相关的学术论文来纪念这位改革者。俄罗斯权威历史学杂志《俄罗斯历史》2022年第2期刊登了一组纪念彼得一世诞辰的学术论文。扎哈罗夫（В. Захаров）回顾了彼得一世同时代人对他的记载与描述，以及此后史学家对他的研究，诸如克柳切夫斯基和米留可夫展现了不同的彼得面相，认为俄国历史

---

① К. В. Никифоров. Русские добровольцы в Сербии 1876. М.: Институт славяноведения РАН, 2022; О. Е. Петрунина. 1821 год в истории балканских народов. М.: Институт славяноведения РАН, 2022; А. Ю. Пескова. Российская богемистика вчера и сегодня. М.: Институт славяноведения РАН, 2022; В. И. Косик. Русская эмиграция в Сербии XX–XXI вв. М.: Пробел-2000, 2022.

② М. А. Давыдов. Теорема Столыпина. СПб.: Алетейя, 2022.

③ Н. Б. Хайлова. Центризм в российском либерализме начала XX века. М.: ИРИ РАН. 2022.

④ В. В. Ершов, В. М. Сырых. История суда и правосудия в России: вТ. 9: История конституционного правосудия в России. М.: Норма. 2022.

⑤ И. В. Быстрова. Британский союзник: организация военно-экономических поставок в СССР в 1941-1945 гг. М.: Весь Мир. 2022.

⑥ А. К. Сорокин. В штабах Победы: Очерки истории государственного управления в СССР в годы Великой Отечественной войны 1941-1945 гг. М.: РОССПЭН. 2022.

⑦ Ю. Н. Арзамаскин. Гитлеровская пропаганда и советская контрпропаганда в годы Великой Отечественной войны (1941-1945 гг.). М.: Раритет. 2022.

学界对彼得大帝的研究在数百年的历史中呈现了自己的特色。① 纳基绍娃（М. Накишова）根据俄罗斯国家古代史档案馆的材料，对彼得大帝晚年在圣彼得堡创建政治警察的制度进行了研究。彼得大帝创建这一制度的初衷在于为首都提供更好的秩序，从实践来看，圣彼得堡政治警察制度的设置使政权当局能够控制人口，改善市民的生活条件，维护了公共安全和社会秩序。② 布什科维奇（П. Бушкович）则研究了彼得一世与西方文化之间的关系，认为俄罗斯选择西方文化是一个自主的过程，特别是对西方军事技术和组织制度的借鉴，使俄罗斯避免了大多数东方国家沦为殖民地和半殖民地的命运。③ 阿格耶娃（О. Агеева）则研究了彼得一世与俄罗斯东正教改革，认为彼得大帝根据自身的宗教观念对教会的改革符合当时列国竞争下的俄罗斯社会，动员了强大的力量与中东欧国家竞争，改革后的教会管理形式也符合绝对君主制的需要。④ 总之，彼得大帝这位俄罗斯历史上著名的改革者的诸多面相都在这一期杂志中得到了学术探讨。

俄罗斯现代化的进程不仅源自其内部的变革，同时也与外部世界紧密相关。1853—1856年的克里米亚战争中断了俄国与西方世界的密切联系，严重影响了俄国的国际地位，战争的失败又迫使俄国内部进行改革。此后俄罗斯也快速地向西方世界"解冻"，缓和了与欧洲列强的关系。这一历史事件在俄乌冲突的今天，对俄罗斯而言具有特别的意义。2022年的《俄罗斯历史》杂志第2期发表了一组学术论文，探讨克里米亚战争前后俄国的内部变革以及俄国与西方世界的关系。舍维廖夫（А. Шевырёв）根据19世纪50年代的舆情资料和王室档案，研究了1855—1857年俄国社会中出现的"解冻"这一术语。他认为随着俄国军队在克里米亚战争的失败，尼古拉一世的权力体系瓦解，俄国社会创造出"解冻"这一术语，此后亚历山大二世的改革更是赋予"解冻"更深的政治意味，被喻为改革的前夜。⑤ 梅连季耶夫（Ф. Мелентьев）则提出了不同的看法，他认为"解冻"不是大改革的前夕，是一个更长的时限，包括19世纪初期的俄国社会改革以及对皇位继承人的教育时期。⑥ 斯塔菲罗娃（Е. Стафёрова）则根据19世纪60年代俄国的报纸、杂志以及私人回忆录、日记等，挖掘了社会舆论中的斯佩兰斯基形象，认为斯佩兰斯基"伟大的改革者""天才的官僚"形象都是依据不同的观点、利益而塑造的。⑦

---

① В. Захаров. Пётр I и современная историография: размышления к 350 - летнему юбилею великого реформатора // Российская история. 2022. No 2.

② М. Накишова. Полицмейстерская канцелярия в системе управления Санкт-Петербургом в 1718–1727 гг. // Российская история. 2022. No 2.

③ П. Бушкович. Пётр Великий и западная культура // Российская история. 2022. No 2.

④ О. Агеева. Пётр I и реформа Русской Церкви // Российская история. 2022. No 2.

⑤ А. Шевырёв. Оттепель 1855–1857 гг.: от николаевского времени к эпохе Великих реформ // Российская история. 2022. No 4.

⑥ Ф. Мелентьев. Оттепель и воспитание наследника престола // Российская история. 2022. No 4.

⑦ Е. Стафёрова. Пролог Великих реформ—штрихи к портрету бюрократов - реформаторов 1860 - х гг.. // Российская история. 2022. No 4.

2. 战争与革命研究（1914—1922 年）

第一次世界大战、俄国大革命和苏俄内战的研究一直是俄罗斯历史学界长盛不衰的话题。布尔达科夫（В. Булдаков）从地缘政治和大众情绪的视角展开了对第一次世界大战的研究，认为 19 世纪末 20 世纪初的城市化、工业化和信息化提升了年轻人对社会不平等的怨恨情绪以及对美好社会的幻想，最终推动了战争的爆发。[1] 穆利塔图里（П. Мультатули）对第一次世界大战时期俄罗斯与西方盟国的关系提出了新看法，认为这次战争爆发之时，英国试图在军事和政治上孤立俄罗斯，此后随着战争的压力在领土等问题上与俄罗斯达成秘密协议，但是在 1916 年年底到 1917 年的俄国政变阴谋中，英国人参与其中并推翻了尼古拉二世的统治，这是俄罗斯需要吸取的历史教训。[2] 阿尔菲罗娃和布洛欣（И. В. Алферова, В. Ф. Блохин）从新文化史的角度出发，分析了第一次世界大战前欧洲社会的政治情感，认为恰恰是政治情绪的长期冲突与积累，最终导致了大战的爆发，为第一次世界大战的研究提供了情感史的视角。[3] 奥西金（М. В. Оськин）则以第一次世界大战后期法国在罗马尼亚的贝尔特洛将军使团为例，分析了俄法两国对争夺罗马尼亚最高领导层的动机、进程和结果。[4] 兹维列夫（В. О. Зверев）等人则对第一次世界大战东线俄国西部地区的叛国投敌行为进行了研究，认为政府为了防止西部地区少数民族的叛国和德奥的间谍活动而颁布的法律以及采取的相关措施是必要的，将"有敌意的少数群体"驱逐出西部地区是合理的。[5] 列伊别罗夫（А. И. Лейберов）则研究了第一次世界大战时期俄国矿业学院和圣彼得堡其他高等学校学生的日常生活，随着战争的持续和生活条件的恶化，学生的情绪变得日益激进，加入抗议者和革命者行列。[6]

俄国革命和内战时期的中亚在 2022 年受到特别关注，《近现代史》杂志 2022 年第 1 期刊发了一组学术论文，将中亚放到世界革命背景下来探讨。里亚古佐娃（А. В. Рягузова）根据俄罗斯国家社会政治史档案馆的档案，分析了 1920—1921 年共产国际以布哈拉为桥头堡向南亚输出革命的行为。[7] 马哈茂多夫（О. А. Махмудов）则依据英国外交部档案馆的档案资料，研究了战争与革命背景下的苏俄与英国对帕米尔地区的争夺。作者认为，布尔什维克之所以对英属帕米尔地区感兴趣，是因为其认为这是一条向英属印度输出革命的途径，也是其在亚

---

[1] В. Булдаков. Первая мировая война: геополитика и массы // Российская история. 2022. № 3.

[2] П. Мультатули. Российская империя и западные союзники в годы Первой мировой войны: от попыток военной изоляции до участия в Февральском перевороте 1917 года // Международная жизнь. 2022. № 2.

[3] И. В. Алферова, В. Ф. Блохин. Историографический аспект общественно-политических настроений и практик периода Первой мировой войны // Вопросы истории. 2022. № 5.

[4] М. В. Оськин. Румынская миссия генерала Бертело (1916 - 1917 годы): сотрудничество и разногласия с русским командованием румынского фронта // Новая и новейшая история. 2022. № 2.

[5] В. О. Зверев, О. Г. Половников Предательство и борьба с германским и австрийским шпионажем на Восточном фронте Первой мировой войны (1914-1916 гг.) // Вопросы истории. 2022. № 1.

[6] А. И. Лейберов. Студенты Горного института в годы Первой мировой войны // Вопросы истории. 2022. № 1.

[7] А. В. Рягузова. «Индусская работа» Коминтерна в Бухаре в 1920-1921 годы // Новая и новейшая история. 2022. № 1.

洲传播意识形态政策的一部分。① 谢尔盖耶夫（Е. Ю. Сергеев）分析了1918年英国和苏俄的中亚政策，认为中亚作为最重要的地缘政治区域，对它的控制使莫斯科和伦敦能够在第一次世界大战结束后确保其国家利益。② 吉霍诺夫（Ю. Н. Тихонов）则研究了1921年苏俄与阿富汗缔结友好条约中的布哈拉汗国问题。十月革命后，在苏俄与阿富汗的谈判中，双方对布哈拉汗国展开了激烈的争夺，因为对布尔什维克而言，布哈拉是苏俄对中亚和南亚进行世界革命的桥头堡，决不允许阿富汗对布拉哈的控制。反过来，阿富汗政府试图利用与苏俄的外交谈判来维护希瓦和布哈拉的独立，保持阿富汗中亚地区大国的影响力。最终，在1920年布哈拉革命之后，阿富汗作出妥协，于1921年2月28日在莫斯科与苏俄签订了《苏阿友好条约》。③ 科丘科娃（Т. В. Котюкова）则以突厥斯坦的记者和文学家戈佐夫斯基的两部回忆录为基本文献，描述了戈佐夫斯基对1917—1918年布尔什维克在突厥斯坦的革命行动有不同看法的原因。④ 阿曼若洛娃（Д. А. Аманжолова）将哈萨克草原地区放到世界革命的背景下，研究了20世纪初哈萨克社会精英在革命的条件下重新融入苏俄这一历史进程。⑤ 巴尔明（В. А. Бармин）研究了1918—1933年苏维埃突厥斯坦反布尔什维克运动中的巴斯马奇运动，注重其与外部世界的联系，诸如与阿富汗统治集团、布哈拉的埃米尔以及中国新疆的杨增新集团都有过接触。⑥ 乌鲁尼扬（А. А. Улунян）对1922年英国不承认布哈拉汗国独立的决策机制、根源进行了分析，认为英国在中亚和印度与苏俄的世界革命目标处于竞争关系，因此拒绝承认布哈拉独立。但同时英国对布哈拉的反布尔什维克势力也作出了审慎的反应，拒绝大规模地援助他们，而是将重心放在阿富汗。⑦

3. 苏联历史问题研究

2022年俄罗斯历史学界对苏联问题的关注点颇多，首先是对苏联社会史的重视。斯米尔诺娃（Т. Смирпова）发表了《1917—1929年苏联社会政策研究中的紧要问题》一文，她认为在"战争与革命"的百年之后，俄学界对1917—1929年的俄国社会政策需要关注社会政策

---

① О. А. Махмудов. «Крыша мира» на пересечении англо‐советских геополитических интересов（1917–1922 годы）// Новая и новейшая история. 2022. No 1.

② Е. Ю. Сергеев. Центральная Азия в советской и британской стратегии 1918 год // Новая и новейшая история. 2022. No 1.

③ Ю. Н. Тихонов. Роль «Бухарского вопроса» при заключении советско‐афганского «Договора о дружбе» 1921 года // Новая и новейшая история. 2022. No 1.

④ Т. В. Котюкова. Русская революция в Туркестане глазами очевидца： « красно» ‐«белые» воспоминания Александра Гзовского// Новая и новейшая история. 2022. No 1.

⑤ Д. А. Аманжолова. Казахская степь и ее политическая элита в условиях революционного транзита в Евразии начала XX века // Новая и новейшая история. 2022. No 1.

⑥ В. А. Бармин. Басмаческое движение советского Туркестана в планах некоторых анти‐большевистских сил (1918–1933г.годы) // Новая и новейшая история. 2022. No 1.

⑦ А. А. Улунян. Британское непризнание бухарской независимости в 1922 году： оценки, прогнозы и механизм // Новая и новейшая история. 2022. No 1.

理论和实践中的阶级原则、社会政策中的国家控制和责任等问题。①哈坦泽伊斯卡娅（Е. Хатанзейская）则根据阿尔汉格尔斯克档案馆的材料，重新审视了1929—1939年苏联的劳动系统是怎样清除"社会异己"因素，将不利于社会主义生产的习俗、传统进行改造和规训。正是通过国家对经济领域的强制干预，苏联清除了劳动生产中的资本主义精神，实现了工人阶级的平等塑造。②伊万诺夫（В. Иванов）关注到20世纪50年代下半期至60年代苏联对在苏外国人的限制与监控问题。他根据俄罗斯国家社会政治史档案馆和俄罗斯对外政策档案馆的档案资料，对这一时期苏联对外国人监控政策的背景、实施过程和效果进行了研究。③

此外，在疫情在全球蔓延的国际背景下，2022年《俄罗斯历史》杂志第2期还刊发了一组苏联医疗社会史的文章，包括霍洛舍娃（А. Хорошева）的《健康的精神、健康的体魄：谢玛什科的健康自然观念与文化革命》，扎特拉夫金和维斯连科娃（С., Затравкин, Е. Вишленкова）的《医学与革命：20世纪20年代苏联的药品保障》，格拉福娃（М. Графова）的《生命的真谛：1920年代苏联防治性病传播的官方宣传与大众传播》，谢尔盖耶夫和希甘（В. Сергеев, Е. Шиган）的《1920年代苏联关于医务工作者职业保险的辩论与立法》，以及皮沃瓦罗夫、波波夫与吉洪诺夫（Н. Пивоваров, А. Попов, В. Тихонов）的《20世纪60—70年代苏联医学、政府、社会与流行病的斗争》。④上述论文从国家和社会的角度阐释了苏联不同时期的健康观念以及对疾病的预防与治疗，为苏联史研究提供了较好的研究视角。

苏联时期的外交政策研究也颇受关注。马特维耶夫和科利霍娃（Г. Матвеев, К. Колихова）利用新材料，对1919—1920年苏俄与波兰的外交谈判过程进行了探讨。⑤佩列夫（А. И. Пылев）则研究了20世纪20年代土耳其的中亚政治移民的历史情况，认为中亚在土耳其的侨民旨在通过获得土耳其领导层的政治支持来实现组织和意识形态上的统一。尽管土耳其的一些政治领导人有"泛突厥主义"的信念，但其向中亚的政治侨民特别是反苏的侨民

---

① Т. Смирнова. Актуальные вопросы изучения советской социальной политики 1917–1929 гг. // Российская история. 2022. № 1.

② Е. Хатанзейская. «Социально–чуждые элементы» в советской системе труда по материалам Архангельска (1929–1939) // Российская история. 2022. № 1.

③ В. Иванов. Иностранцы в СССР: режимные ограничения и контроль от «венгерской осени» до «чехословацкой весны» (вторая половина 1950-х-1960-е гг.) // Российская история. 2022. № 1.

④ А. Хорошева. «В здоровом теле – здоровый дух!». Концепция естественного оздоровления населения Н. А. Семашко и культурная революция // Российская история. 2022. № 2; С. Затравкин, Е. Вишленкова. Медикаменты и революция: лекарственное обеспечение советских людей в 1920-е гг. // Российская история. 2022. № 2; М. Графова. «Правда жизни»: борьба с венерическими заболеваниями в СССР в 1920-е гг. в официальной пропаганде и массовых представлениях // Российская история. 2022. № 2; В. Сергеев, Е. Шиган. Пенсионное обеспечение медицинских работников по профессиональной инвалидности в СССР в 1920-е гг.: проекты, дискуссии, законодательство // Российская история. 2022. № 2; Н. Пивоваров, А. Попов, В. Тихонов. «Инфекции – надёжный заслон!»: советская медицина, власть и общество в борьбе с эпидемиями 1960-1970-х гг. // Российская история. 2022. № 2.

⑤ Г. Матвеев, К. Колихова. Ноябрьский кризис польско–советского мирного урегулирования 1920 г. // Российская история. 2022. № 5.

仍然只提供了有限的援助。① 奥西波夫（Е. А. Осипов）根据法国外交部的档案材料，重新梳理了1926—1927年苏法会议中的沙皇债务问题。法国将俄罗斯帝国的债务问题与向苏联重新发放贷款问题结合起来，但苏方反对这样做。此后随着国际形势的变化以及法国内部的政治变动，苏法谈判中的经济合作没有达成，债务问题也没有妥善解决。② 20世纪20—30年代苏联电影在拉丁美洲有特殊的文化影响力。罗斯托茨卡娅（Л. В. Ростоцкая）对这一主题进行了探讨，认为苏联电影技术的进步以及共产主义意识形态的传播，使苏联电影在拉丁美洲大众中受到欢迎。③

对卫国战争的研究是俄罗斯历史学界一直的热点和重点问题，这不仅关系到俄罗斯与西方国家关系，也涉及构建历史记忆、塑造民族认同等俄罗斯国内的国家建设问题。萨戈蒙尼扬（А. А. Сагомонян）研究了苏联卫国战争前线的西班牙人，认为西班牙志愿者不仅在他们国家的历史上，而且在伟大的卫国战争的历史上写下了生动的一页。④ 苏波尼茨卡娅（И. М. Супоницкая）则根据新解密档案对20世纪30—40年代苏联在美国的情报机构展开了研究，认为这一时期苏联对美国的情报工作是非常成功的，原因在于全世界对共产主义思想的热情和苏联在社会主义建设上取得的成就。大量美国共产主义者和同情者（特别是科学技术界的）主动加入苏联的情报网络，为苏联提供情报支持。⑤ 日丹诺娃（Е. С. Жданова）著有《第二次世界大战时期及战后梵蒂冈对苏联战俘的救援》一文，她根据梵蒂冈教廷档案馆最新解密的档案材料，首次研究了第二次世界大战期间梵蒂冈对苏联战俘进行救助的工作原则、制度和方法，以及救助战俘的情况和罗马教廷对遣返苏联战俘的态度。⑥ 别祖戈里内（А. Ю. Безугольный）根据一些档案材料分析了1943—1945年在苏联重建波兰军队的问题。苏联重建波兰军队不仅与反希特勒阵线的扩大有关，而且与苏波在军事政治合作的基础上重组波兰国家的更广泛战略有关。新的波兰军队是在不断变化的军事战略和外交政策条件下建立起来的，波兰军队在苏联的重建分为三个阶段进行。⑦ 此外，特里亚霍夫（И. Тряхов）根据弗拉基米尔州的材料，对卫国战争时期违反劳动纪律的原因以及苏联政府采取的措施进行了研

---

① А. И. Пылев. Туркестанская политическая эмиграция: ее влияние на внешнюю политику Турции и советско-турецкие отношения 20-х годов XX века // Новая и новейшая история. 2022. № 2.
② Е. А. Осипов. К вопросу о долгах царской России. Советско-французская конференция 1926-1927 годов по материалам архива МИД Франции // Новая и новейшая история. 2022. № 5.
③ Л. В. Ростоцкая. Советское кино 1920-1930-х годов и новое кино Латинской Америки: особенности влияния // Латинская Америка. 2022. № 9.
④ А. А. Сагомонян. Испанцы на фронтах великой отечественной войны// Новая и новейшая история. 2022. № 1.
⑤ И. М. Супоницкая. Шпионы или герой? Советская разведка в 1930-1940-е годы // Новая и новейшая история. 2022. № 3.
⑥ Е. С. Жданова. Помощь Ватикана советским военнопленным во время и после Второй мировой войны // Новая и новейшая история. 2022. № 5.
⑦ А. Ю. Безугольный. Комплектование польских войск в СССР и войска польского личным составом: проблемы этничности и гражданства(1943-1945 годы) // Новая и новейшая история. 2022. № 4.

究。① 赫列夫纽克（О. Хлевнюк）则对卫国战争时期苏联后方的动员体制及其特征进行了探讨，认为随着共青团、工会等档案材料的引入，为苏联的战时后方动员体制研究提供了更多的空间。② 克拉夫琴科（М. У. Кравченко）利用丘吉尔和罗斯福肯定第二次世界大战中苏联红军的相关言论，赞誉了苏联和苏联人民在第二次世界大战中的历史作用。③

对第二次世界大战以后的苏联历史问题也有不少的研究成果。斯特卡林（А. С. Стыкалин）利用多语种材料，探讨了以苏联为首的华约和以美国为首的北约在联合国对1956年秋季匈牙利危机的辩论。④ 谢尔奇科夫（А. А. Щелчков）则利用苏共中央委员会的解密档案，讨论了1970—1973年苏联政府与智利阿连德政府合作的历史。⑤ 安德烈耶夫（А. С. Андреев）分析了1945—1991年在拉美左翼运动背景下苏联与乌拉圭之间的双边关系。⑥ 戈尼娜（Н. В. Гонина）则对20世纪晚期西伯利亚地区城市人口的数量进行了史学史回顾，揭示了人口动态是苏联时期城市化进程的组成部分。⑦

4. 中俄关系史研究

中国作为俄罗斯的邻国与大国，一直受到俄罗斯学界的关注，对两国关系史研究可谓源远流长。2022年，《远东问题》杂志第1期刊发了《当代俄罗斯的中国学：发展前景与问题》的圆桌会议讨论，俄罗斯主要的中国问题专家都发表了对俄罗斯中国学研究的看法，如巴尔斯基秉承齐赫文斯基的观点，认为中国作为一个独立的文明和国家，应该成立一个专门的研究所。卢金针对俄罗斯的中国学研究现状，认为当代俄罗斯的中国学研究存在以下三个缺点：一是过于偏重现实的政治、经济和国际关系研究，对基础研究，诸如历史研究偏弱；二是俄罗斯现存的中国问题研究机构联系不紧密、不协调；三是资金匮乏。这是俄罗斯中国学研究亟待改变的现状。⑧

就俄中关系史具体的研究成果而言，萨姆丹（А. А. Самдан）利用图瓦共和国的档案，在《西伯利亚人文科学》2022年第3期上发表了《1907—1912年乌申斯克边防局局长恰季罗

---

① И. Тряхов. Нарушения трудовой дисциплины в годы Великой Отечественной войны: причины, правоприменение и динамика (на материалах городов Владимирской области) // Российская история. 2022. No 3.

② О. Хлевнюк. Советский тыл в годы Великой отечественной войны. Исследования о характере и эволюции мобилизационной системы // Российская история. 2022. No 3.

③ М. У. Кравченко. У. Черчилль и Ф. Рузвельт о роли Красной Армии в победе над нацистской Германией // Международная жизнь. 2022. No 5.

④ А. С. Стыкалин. Венгерский кризис осени 1956 г. и дискуссии в ООН // Славяноведение. 2022. No 3.

⑤ А. А. Щелчков. СССР и чилийская революция: помогать и как? // Латинская Америка. 2022. No 10.

⑥ А. С. Андреев. Уругвай и СССР в 1945–1991 гг.: двусторонние отношения в контексте левого движения // Латинская Америка. 2022. No 9.

⑦ Н. В. Гонина. Население сибирских городов во второй половине XX.. в.: вопросы историографии // Гуманитарные науки в Сибири. 2022. No 2.

⑧ Круглый стол «Китаеведение современной России: проблемы и перспективы развития» // Проблемы Дальнего Востока. 2022. No 1.

夫诺夫与"乌梁海"问题》一文，分析了乌申斯克边防局局长恰季罗夫与图瓦人的互动。①娜泽姆采娃（Е. Н. Наземцева）根据俄罗斯帝国对外政策档案馆的档案，探讨了1917—1920年杨增新治下的新疆处理旧俄领事的问题，认为杨最初采取了中立的立场，但是随着苏俄红军进入新疆围剿白军，最终迫使杨改变了自己的立场，与苏俄代表建立正式关系。②达齐申（В. Г. Дацышен）专门讨论了20世纪50年代以前苏联历史学家对"中东路事件"的看法。随着中苏在中东路问题上冲突的升级，苏联汉学家对"中东路事件"的关注度得到极大的提升，出版了不少研究成果。③卡尔卡耶夫（Е. Г. Калкаев）根据俄罗斯对外政策档案馆的档案，对1934—1937年苏联政府对远东地区的中国移民进行重新登记的历史进行了研究。④韦尔琴科（А. Л. Верченко）则根据《人民日报》和俄罗斯的档案文献，分析了1949年9—11月以法捷耶夫为首的苏联代表团在华访问情况。⑤此外，还有一些论文涉及1941—1945年伪满洲国的俄国侨民，苏联和1925年上海"五卅运动"以及"大跃进"时期陕西省苏联专家的中国翻译等。

三、2022年中国社会科学院俄罗斯东欧中亚研究所俄罗斯历史与文化研究室的研究

2022年研究室成员在防疫抗疫的同时，仍积极开展学术研究和学术交流，按时完成了该年度应完成的目标任务。根据统计，2022年室内人员一共发表中文学术论文10篇，其中核心期刊论文6篇，分别是刘显忠的《行稳致远、不断深化的中俄关系》（《旗帜》2022年第1期），许华的《大国混合战背景下俄罗斯软实力观的演进和展现》（《世界社会主义研究》2022年第10期）、《乌克兰危机中的美俄混合战：演化、场景与镜鉴》（《俄罗斯学刊》2022年第4期），梁强的《1940年中"大罗马尼亚"的肢解与苏德关系的转变》（《首都师范大学学报（社会科学版）》2022年第4期）、《吉尔吉斯斯坦混合制国家权力体制评析》（《俄罗斯东欧中亚研究》2022年第6期），白晓红的《苏维埃文化的基本问题》（《俄罗斯学刊》2022年第3期）；发表一般文章4篇，分别是刘显忠的《历史与认同碎片化：乌克兰国家建设的困境与镜鉴》（《统一战线学研究》2022年第5期）、《古巴导弹危机：苏联的目标与结果》（《国家安全论坛》2022年第4期），周国长的《1927年南京国民政府关闭苏联上海领事馆研究》（《青海师范大学学报（社会科学版）》2022年第6期，与孙熠智合作）、《2021年国内外俄罗斯历史学科研究综述》（《"俄罗斯学"在中国》第五辑）。另发表要报2篇，分别是许华的《国家形象、混合战和心智战：俄罗斯软实力观的演变》（《世界社会主义动态》2022年

---

① А. А. Самдан. Позиция усинского пограничного начальника А. Х. Чатирова по «Урянхайскому вопросу» в 1907-1912 гг. // Гуманитарные науки в Сибири. 2022. № 3.

② Е. Н. Наземцева. «Закат» имперской и «восход» советской политики в провинции Синьцзян: дипломаты бывшей Российской империи и «советские консулы» в 1917-1920 гг. // Проблемы Дальнего Востока. 2022. № 5.

③ В. Г. Дацышен. Проблемы конфликта на КВЖД в трудах советских ученых первой половины XX в. // Проблемы Дальнего Востока. 2022. № 1.

④ Е. Г. Калкаев. Китайские мигранты между двумя наркоматами: история перерегистрации китайского населения восточных регионов СССР в 1936-1937 годах // Проблемы Дальнего Востока. 2022. № 3.

⑤ А. Л. Верченко. Первая советская делегация в Китайскую Народную Республику (сентябрь - ноябрь 1949 г.) // Проблемы Дальнего Востока. 2022. № 3.

7月21日，总2453期）、《俄乌冲突中美国对俄罗斯的混合战术及对我启示》（《世界社会主义动态》2022年9月16日，第100期，总2473期）。

2022年，俄罗斯历史与文化研究室科研人员在各类学术会议上积极发言交流，扩大了研究室在国内外学术界的影响，传播了研究所的声音和中国声音。许华于2月25日在中宣部对外推广局举办的"中华文化走出去专题调研座谈会"上进行了主题发言。刘显忠3月25日参加统战部组织的"俄乌冲突中民族因素分析及对中国做好工作的启示"调研座谈会，就俄乌冲突中的民族因素发言；6月17日在团中央国际联络部与交流中心就"中俄关系历史与现实"作报告；10月13日到统战部就乌克兰历史文化特点等问题进行交流。12月10日刘显忠等参加中国中俄关系史年会并发言。

此外，2022年研究室还完成了两个项目，其中一个项目是统战部委托的横向课题，另一个项目是中国社会科学院创新工程重大规划项目的子项目。

2022年中亚与高加索研究综述

张宁　杨进　包毅　高焓迅　李睿思　刘畅*

一、2022年中国学者中亚研究综述

2022年中国学者分别对中亚政治社会转型30年进行了述评，对中亚地区的热点问题进行了动态跟踪，分析了大国在中亚的地缘政治博弈，进一步认识了中亚地区秩序与中亚国家政治的发展。

（一）对中亚政治社会转型30年的述评

国务院发展研究中心欧亚社会发展研究所副所长许涛认为，中国与中亚各国间存在着千丝万缕的联系，中亚地区是中国西北周边重要近邻，不仅有着漫长的共同边界，而且有着地缘文化的关联性。这决定了各国实现国家安全目标必要条件中"共同安全、合作安全和集体安全"的重要性，也决定了实现这些必要条件时政治互信与务实合作的必要性。1991年年底苏联解体后，中亚地区出现的五个独立民族国家亟须构建各自的国家安全模式。其中，与中国关系的定位成为重要的条件之一。同时，正在进入全面改革开放阶段的中国，出于稳定周边环境的需要，也必须与中亚国家建立互利、协作的睦邻关系。随着世界和地区形势的发展，中国与中亚国家之间的政治互信水平在应对共同的安全威胁因素挑战的过程中不断提高，安全合作成为发展新型国家关系的重要组成部分。中国与中亚各国建交30年来，首先取得的重大合作成就就是在安全领域。随着全球政治经济格局的变化和地区安全形势的演进，中国与中亚各国在维护自身稳定时，也把促进区域安全视为共同职责，同时逐渐形成了有效的协作模式。当世界进入百年未有之大变局之际，中国与中亚各国均遇到各种新挑战。在安全领域加强务实合作，形成彼此可以倚重的安全共同体，这种理念正在成为得到高度认同的地区共识。[①]

中国社会科学院俄罗斯东欧中亚研究所研究员李建民认为，中国与中亚国家建交30年来，经济合作在巩固双边关系和促进共同繁荣方面发挥了重要作用，已成为中国对中亚地区发挥影响力的重要途径和有效的外交资源，是地区稳定的基石之一。其以地缘政治与地缘经

---

* 张宁，中国社会科学院俄罗斯东欧中亚研究所中亚与高加索研究室主任，研究员；杨进，中国社会科学院俄罗斯东欧中亚研究所中亚与高加索研究室副主任，副研究员；包毅，博士，中国社会科学院俄罗斯东欧中亚研究所副研究员；高焓迅，中国社会科学院俄罗斯东欧中亚研究所副研究员；李睿思，中国社会科学院俄罗斯东欧中亚研究所助理研究员；刘畅，博士，中国社会科学院俄罗斯东欧中亚研究所助理研究员。

① 许涛：《从维护睦邻安邻关系到构建安全共同体——中国与中亚国家安全合作30年》，《俄罗斯研究》2022年第5期。

济间的逻辑关系为分析基础，深入系统地梳理了30年来中国对中亚外交的构建过程及其对双方经济合作的影响、经济合作机制和合作框架的不断充实完善、重点领域合作的进展情况，认为30年来，中国和中亚国家的互利合作正是将"共谋发展"这一理念携手转化为实际成果的努力过程。此外，其指出现阶段中国与中亚国家开展经济合作的时代背景和国际环境已发生重大变化，围绕中方在纪念中国同中亚五国建交30周年峰会上提出的"携手构建更加紧密的中国—中亚命运共同体"的倡议，提出了新时期需统筹安全与发展的关系，把握机遇，推进双方经济合作高质量发展的思路及主要路径。①

（二）对中亚地区热点动态的跟踪

中国社会科学院俄罗斯东欧中亚研究所所长孙壮志认为，乌克兰危机升级后，中亚五国承受了政治、经济和安全等多重压力，随着外部环境的恶化，地区的稳定和发展经受了更为严峻的考验，其影响是长期的，使中亚国家在新冠疫情缓解后快速实现经济复苏的目标难以实现。中亚国家在乌克兰危机中保持了相对中立的立场，继续与俄罗斯开展紧密的合作，在应对外来影响方面采取了较为积极有效的措施，没有出现社会的极度恐慌和动荡局面。中亚五国执政当局继续推进改革措施，坚持对外开放政策，重视遏制通胀、结构转型和改善民生等问题，争取发挥自己的优势，避免在国际舞台上被边缘化。大国博弈升级对中亚国家产生一系列负面效应，俄罗斯与美国等西方国家走向全面对抗及外部势力的全方位渗透，使中亚无论是在国家层面还是在地区层面都发生急剧分化，激化了内部的矛盾冲突。②

复旦大学国际问题研究院副院长冯玉军认为，2022年乌克兰危机是后"冷战"时代乃至第二次世界大战结束以来世界发展的一道分水岭，将引发欧洲、欧亚地区格局的深度演变，也将对世界秩序的未来发展产生深远影响。相持不下的战事给冲突双方造成巨大损失，乌克兰饱受战火摧残，俄罗斯受到多方孤立和制裁。无论最终战局如何，俄罗斯在政治、经济和外交上都已遭遇重挫，预计未来相当长一段时间，其在国际政治和世界经济体系中的影响力将呈下行趋势。2022年乌克兰危机也是后"冷战"时代欧洲安全体系所遭遇的最重大危机，将极大改变俄罗斯与欧洲之间的相互认知，导致俄欧关系的急剧变化，并引发欧洲安全格局与秩序的历史性重组。受2022年乌克兰危机刺激，后苏联空间国家的"离俄倾向"潜滋暗长，欧亚地区将呈现更加多元开放的发展态势。在全球层面，2022年乌克兰危机导致全球供应链与产业链的加速断裂与重组、全球贸易与投资规则的持续更新与再造、大国关系的进一步复杂化以及全球与地区安全架构的改革与重塑。③

华东师范大学俄罗斯研究中心孙超认为，中亚各国独立以来大多走向超级总统制，权力继承问题成为中亚政治稳定的关键。中亚建政初期通过制度设计与协调以及主权问题的解决，政治强人与精英逐渐形成默契。在经济转型、"去俄罗斯化"与民族国家建设中，中亚政治领袖形成长执政模式，国家精英集团完成了政权的合法性构建。各国政治精英配合中亚政治强

---

① 李建民：《中国与中亚经济合作30年——政策演进、重点领域进展及未来发展路径》，《俄罗斯研究》2022年第5期。
② 孙壮志：《阿富汗变局后的中亚安全：大国博弈与地区合作》，《俄罗斯东欧中亚研究》2022年第1期。
③ 冯玉军：《俄乌冲突的地区及全球影响》，《外交评论（外交学院学报）》2022年第6期。

人进行社会工程构建，在国家现代化、拓展行政权力、形成恩庇网络等问题上达成一致，加强了超级总统制的韧性。中亚国家精英在适应中亚政治演进过程中形成了与中亚政治强人良好的共生关系模式，新的国家精英在体制优势中不断获得市场和社会优势。中亚政权的平稳过渡并未改变政治强人的庇护网络与精英再生产，在疫情引发的不确定性下，政治安全风险更为凸显。①

（三）关于大国在中亚的地缘政治博弈

兰州大学政治与国际关系学院曾向红认为，自中亚国家独立以来，诸多大国介入中亚事务而未导致该地区出现明显动荡的事实引人深思。这与大国在中亚同时存在明确的合作与"无声的协调"等互动模式有关。明确的合作主要存在于欧盟与美国、俄罗斯与中国等行为体之间，"无声的协调"则普遍体现在诸多大国的日常互动中。迄今为止，"无声的协调"对于稳定中亚局势所具有的意义并未引起学界充分关注。事实上，"无声的协调"是大国在中亚经由长期摸索和互动，通过遵循"潜规则"而形成的具有一定默契的合作。域外大国在中亚开展"无声的协调"主要体现在四方面，即遵守四个"潜规则"：不约而同地承认中亚国家的主权、默认俄罗斯在中亚具有特殊地位、尊重中亚国家奉行的多元平衡外交政策以及力促中亚的和平与稳定。"无声的协调"互动模式的形成与中亚地理环境具有的多重二元性特征、大国在中亚形成了特定的权力结构和心态结构以及大国积极配合中亚国家追求其外交政策目标密切相关。鉴于以上因素具有较高稳定性，大国在中亚进行"无声的协调"有其延续性。②

北京大学国际关系学院王栋、王耀正认为，自苏联解体以来，美、俄等大国对后苏联空间国家的干预程度和外交政策各不相同。应用制度扩散的理论在解释美国的行动和态度时虽然具有一定说服力，但却难以准确解释俄罗斯的行为。因此，其在讨论俄罗斯是否真正有意推动制度扩散的同时，引入地缘政治利益变量，具体将制度扩散与地缘政治利益作为一对关键变量，选取俄罗斯和美国这两个在制度选择与地缘政治诉求方面均有较大差异的国家进行分析，对两国相关案例和行为生成机制进行验证。结果显示，当一个国家具有较强制度扩散意愿时，其倾向于强力干预目标国家的制度选择，而较少考虑自身的地缘政治利益；当制度扩散意愿弱而地缘政治利益诉求强时，则倾向于对有关目标国家进行强力干预；当制度扩散意愿弱而地缘政治利益诉求低时，该国则往往采取不进行某种干预的政策。③

（四）关于中亚地区秩序与国内政治发展

中国社会科学院俄罗斯东欧中亚研究所副研究员王晨星认为，新时代中国特色大国外交在应对百年未有之大变局加速演进时，表现出强大的国际影响力、感召力和塑造力，为回答"世界向何处去？和平还是战争？发展还是衰退？开放还是封闭？合作还是对抗？"的时代之问给出了"中国答案"。习近平外交思想明确了以构建人类命运共同体为总目标、以推动"一

---

① 孙超：《国家精英的再生产与中亚政治转型》，《俄罗斯东欧中亚研究》2022年第2期。
② 曾向红：《"无声的协调"：大国在中亚的互动模式新探》，《世界经济与政治》2022年第10期。
③ 王栋、王耀正：《美俄对后苏联空间国家制度变化的行动与态度——制度扩散还是地缘政治利益》，《国际展望》2022年第6期。

带一路"建设为重要合作平台的新时代中国外交的基本方略。欧亚地区是新时代中国外交诸多理念的首倡地，是命运共同体建设和"一带一路"建设的先行区和示范区。其深入分析了在欧亚地区推动"一带一路"建设的实践成就和特点以及面临的机遇与挑战，并且探讨了在欧亚地区推动"一带一路"高质量发展的路径选择。[1]

新疆社会科学院中亚研究所的刘赛、石岚认为，在中亚，美国非政府组织一方面"积极"参与当地的社会活动；另一方面通过支持、引导和融入地区发展进程，强化美国在中亚的存在。美国非政府组织在中亚的活动历经30年起伏，美国官方机构发挥着重要的幕后推手作用；美元经援为非政府组织活动提供了强大保障；在明确分工背后，"纯粹"非政府组织作用明显；对中亚国家非政府组织的拉拢和利用是美国非政府组织全方位深入活动的重要表现。中亚地区的美国非政府组织一方面以非政府行为体搭建起跨越不同部门、领域的联系纽带，充当"变革"的推手；另一方面则借力引导和干预，在当地形成一定的破坏力，影响各国的社会稳定、制度安全与经济发展。在世界百年未有之大变局之下，美国非政府组织在中亚的活动对中亚未来发展前景的影响也不容忽视。[2]

二、2022年中亚学者研究综述

2022年中亚学者在乌克兰危机的背景下重点关注了国际秩序受到的影响、俄罗斯与中亚的关系、中亚地区一体化进程以及中国与中亚的关系。

（一）2022年乌克兰危机及其对国际秩序的影响

2022年乌克兰危机全面升级给全球地缘政治与世界经济格局带来了深刻的变革，对中亚地区政治和经济均产生强烈冲击，并将中亚国家卷入大国的地缘政治新角逐。世界新秩序在重构之中，充满了固有的威胁、新的风险与挑战。而共同的历史记忆和政治传统使中亚国家在面对乌克兰危机升级时，不可避免地出现担忧和摇摆情绪。此外，受疫情、大国博弈、边境冲突和阿富汗问题等因素的叠加影响，中亚国家的形势出现多点新变化，具体包括如下几方面。

第一，中亚对领土和主权完整的担忧与恐惧加深。2022年乌克兰危机升级发生在后苏联空间成员之间，这使中亚国家看到，错综复杂的历史恩怨和现实纠葛极易被引爆，成为开启欧亚地区冲突和对抗的导火索。以哈萨克斯坦为例，俄族在人口中的高比重使执政当局恐惧与俄出现类似的对抗升级事件。第二，加剧域内地缘政治冲突两极分化。后苏联空间集中了当今世界主要大国的高度关注，欧亚经济联盟、集体安全条约组织、上海合作组织、亚洲相互协作与信任措施会议（简称"亚信"）等多边框架内的合作机制均汇集于此。在2022年乌克兰危机形势胶着的背景下，中亚国家被美国等西方国家定位为对俄战争的"第二战场"，域内地缘政治争夺加剧。第三，外部权力集团竞争加剧，务实平衡外交政策面临严峻挑战。中亚国家大多奉行务实平衡的外交政策，乌克兰危机升级后，中亚国家被迫就其性质表明立场。哈总统托卡耶夫就公开表态，反对俄对乌克兰的特别军事行动。中亚国家一方面碍于与俄的

---

[1] 王晨星：《构建更紧密的命运共同体："一带一路"建设的欧亚实践》，《俄罗斯东欧中亚研究》2022年第5期。
[2] 刘赛、石岚：《论美国非政府组织在中亚的活动与角色》，《俄罗斯东欧中亚研究》2022年第6期。

全方位联系，另一方面害怕可能引发的二级制裁，在大国力量间维系务实平衡外交政策的难度升高。第四，受2022年乌克兰危机和疫情的叠加效应影响，中亚国家经济遭受打击。疫情期间，大量中亚务工侨民从俄返乡，侨汇减少和失业成为引发经济下行和社会动荡的关键因素。乌克兰危机升级后，本国货币大幅度贬值，能源价格上涨，通货膨胀严重，中亚国家的经济发展承受较大压力。第五，社会中反俄情绪上升，中亚国家与俄罗斯的离心力增强。乌克兰危机升级后，中亚社会因担心二级制裁的连带影响，反俄和恐俄情绪上升。部分中亚国家出现限制使用俄语、将街道和地名重新命名等现象。

在学术界，中亚国家学者对2022年乌克兰危机有两种主要立场。一种是较为积极的立场，观点相对温和。他们认为，2022年乌克兰危机将在短期内结束，并且俄罗斯和非西方国家将取得胜利。在此观点下，一些学者指出，全球地缘政治与地缘经济结构正在发生巨变，某种划分西方与非西方阵营的新型国际秩序正在形成。制裁与对抗将逐渐降低，军事和政治竞争将以和平、政治和外交形式为主要手段，同时，对抗各方都将以国际法为准则。包括中亚国家在内的多数国家将保持不结盟的立场，在外交政策上也将获得更多的斡旋空间。塔吉克斯坦学者库巴·拉希莫夫就是乐观立场的支持者。他指出，疫情将有助于乌克兰危机的尽快结束。全球经济危机显而易见，美国需要利用这场冲突来缓和全球危机，因此要以某种方式让其他地区出现动荡。① 另一种是相对悲观的立场。有中亚学者认为，乌克兰危机具有长期性，对抗将持续较长时间，且进展甚微。哈萨克斯坦学者萨德巴耶夫认为，各国协调经济政策、就国际和地区问题建立共同立场还为时尚早。他指出："俄乌冲突使俄罗斯受到前所未有的制裁，美国和中国之间紧张局势加剧，全球面临经济衰退危险，这些因素都挑战着中亚地区所有国家的协调反应能力。"② 与此同时，西方国家的危机状态依然存在。持有这种观点的学者同样支持"全球地缘政治和地缘经济结构处于变动之中的观点"，但总体对抗不会呈现弱化趋势，全球两极分化将继续加剧，"新冷战"局势也在形成。

乌兹别克斯坦学者巴赫提尔·埃尔加舍夫认为，2022年乌克兰危机是一场真正的战争，并正以不同的方式改变世界，导致世界秩序的转变，"冷战"尚在进行。现有的全球权力中心，即由美国领导的西方权力中心，对中亚也很关注。因此，中亚地区将成为美国和俄罗斯及中国之间激烈对抗的战场。与此同时，其预测世界新格局的基本轮廓会到2026年显现出来，中亚周边的地区性大国将因世界格局的变化而崛起，伊朗、土耳其和巴基斯坦都有可能崛起，而"印度崛起的因素"将不仅仅是经济问题。③ 哈萨克斯坦学者萨钦斯卡娅也认为，中亚国家的多边平衡外交政策将在新的地缘政治变动中面临挑战。她指出，中亚在实现所有全球力量中心的关键目

---

① Катерина Клеменкова. Центральная Азия планирует стать мощным геополитическим игроком. Получится или нет? 23 августа 2022. https://informburo.kz/stati/centralnaya-aziya-planiruet-stat-moshnym-geopoliticheskim-igrokom-poluchitsya-ili-net.

② Катерина Клеменкова. Центральная Азия планирует стать мощным геополитическим игроком. Получится или нет? 23 августа 2022. https://informburo.kz/stati/centralnaya-aziya-planiruet-stat-moshnym-geopoliticheskim-igrokom-poluchitsya-ili-net.

③ «Южный пояс»: влияние на страны Центральной Азии. 21 декабря 2022. https://e-cis.info/news/566/105660/.

标方面具有关键意义，因此很有可能出现对抗。中亚可能与乌克兰一样，在俄罗斯周围成为"不稳定地带"，西方国家则将继续保持和塑造具有自由价值观的精英，同时为中俄合作制造障碍。因此，俄罗斯面临的主要挑战之一不仅仅是与该地区保持友好关系，而更多的是与之构建明确共同责任的伙伴关系。此外这种不稳定挑战也将不利于中国和伊朗的利益。[①]

哈萨克斯坦学者苏丹诺夫指出，西方和非西方阵营的全球对抗将会出现。西方针对俄罗斯的制裁不是迫使俄罗斯改变政策的工具，而是一种破坏俄罗斯经济和技术的手段。他认为，西方对俄的制裁对哈萨克斯坦来说并非益事，因为哈俄拥有最长的边界，哈愿意与一个中心的俄罗斯沟通，而不愿与分裂的俄罗斯地区打交道。同样，强大的中国对哈萨克斯坦也是有益的，因此，哈萨克斯坦不愿成为武装分子和激进分裂分子的避风港。[②]

（二）2022年乌克兰危机后俄罗斯同中亚国家关系的前景

哈萨克斯坦"一月事件"和2022年乌克兰危机发生后，中亚同俄罗斯关系发生了微妙变化。即便如此，一些中亚学者依旧希望中亚国家同俄罗斯继续维持经济合作与安全合作的关系。哈萨克斯坦总统战略研究所的图库莫夫强调，在考虑构建有效的区域安全体系时，不能脱离亚洲安全体系，中亚国家和俄罗斯同为这一坐标系的一部分，双方进行持续的安全对话具有必要性。[③]

塔吉克斯坦共和国总统战略研究中心主任尤苏曼佐达指出，发展经济合作符合俄罗斯和中亚国家的国家利益。他认为，中亚同俄罗斯加强合作对彼此发展相互助益。中亚国家的优势在于经济发展的能耗和石化资源需求并不高，且可以通过过境资源和俄罗斯的矿产供应满足增长需求。这不仅可以逐步促进中亚深层次的经济复苏，还可以促进中亚国家的政治稳定。[④]

乌兹别克斯坦中亚国际研究所所长安瓦尔·纳西尔罗夫也呼吁，在关键领域迫切需要加强中亚同俄罗斯的合作，一体化进程不是针对任何人的利益，而是推动深化区域合作的动力。他同时指出，乌俄两国的平等互利伙伴关系几乎在所有共同关心的领域迅速发展，并尚有发挥潜力。[⑤] 同时，也有一些中亚学者建议构建新型的对俄合作关系。吉尔吉斯共和国总统战略

---

① «Эпоха Перемен» для Центральной Азии：экспертный анализ. http://casp-geo.ru/epoha-peremen-dlya-tsentralnoj-azii-ekspertnyj-analiz/.

② «Эпоха Перемен» для Центральной Азии：экспертный анализ. http://casp-geo.ru/epoha-peremen-dlya-tsentralnoj-azii-ekspertnyj-analiz/.

③ Национальный исследовательский институт мировой экономики и международных отношений имени Е.М. Первый экспертный форум «Россия – Центральная Азия：повестка совместного развития». 24 октября 2022. https://www.imemo.ru/news/events/text/perviy-ekspertniy-forum-rossiya-tsentralynaya-aziya-povestka-sovmestnogo-razvitiya.

④ Национальный исследовательский институт мировой экономики и международных отношений имени Е.М. Первый экспертный форум «Россия – Центральная Азия：повестка совместного развития», 24 октября 2022. https://www.imemo.ru/news/events/text/perviy-ekspertniy-forum-rossiya-tsentralynaya-aziya-povestka-sovmestnogo-razvitiya.

⑤ Национальный исследовательский институт мировой экономики и международных отношений имени Е.М., Первый экспертный форум «Россия – Центральная Азия：повестка совместного развития».24 октября 2022. https://www.imemo.ru/news/events/text/perviy-ekspertniy-forum-rossiya-tsentralynaya-aziya-povestka-sovmestnogo-razvitiya.

研究所的埃尔梅克就呼吁，当前政治经济形势迫使中亚国家寻找与俄罗斯新的合作方式，而吉尔吉斯斯坦在加强民族性与国家认同的进程中，支持同一文明的民间科学研究、教育和文化项目合作，因此，需要与俄罗斯建立新型伙伴关系。①

哈萨克斯坦"一月事件"的发生再次证明了中亚国家政治稳定对俄罗斯的依赖性。哈萨克斯坦学者波塔耶夫指出，在俄罗斯—哈萨克斯坦伙伴关系中，哈有政治自主权，这一点得到了两国元首和其他国家领导人的明确，在此基础上发展密切的军事和政治合作，推动经济一体化发展。②

（三）中亚地区一体化进程的发展趋势

2022年是中亚国家元首峰会的第四年，中亚一体化问题再次成为焦点话题。这是中亚第二次尝试区域一体化，显示了中亚国家地缘政治的某种孤独感，甚至被认为是被迫的。中亚国家能否克服分歧，需要重新考虑各自的做法，并付出共同努力。

一些俄罗斯和中亚国家的学者认为，中亚五国联盟应该是一个经济联盟，同时解决金融、跨界水资源和生态问题。哈萨克斯坦金融自由基金会所长雷斯马别托夫指出，在全球政治中，大国处于失控状态，无法控制自己的行为，中亚国家被迫成为外国地缘政治利益国家。因此，中亚国家必须自己作出自我认定与评价，并努力改善彼此关系。③哈学者波利塔耶夫认为，在欧亚空间里，民族利己主义和冲突加剧。安全问题是中亚国家重要问题。外部因素的压力限制了中亚各国实施多边外交政策的能力。该地区还面临其他挑战，如有争议的边界、有效利用水资源、粮食安全、国内政治动荡的先例、阿富汗局势恶化。2020—2030年将是中亚各国外交政策调整的关键期。他认为，现在世界正在发生根本性的变化，是时候建立一个联盟，与其他不稳定和对抗好斗的外部世界隔离开来。他表示支持中亚五国内部形成某种形式的联合卡特尔合作模式，但并不是建立反全球化组织。他还指出，虽然疫情蔓延肆虐，但它摧毁了世界物流链，这样刚好为中亚发展新的物流体系提供了新路径。④

哈萨克斯坦学者凯瑟琳·克莱门科娃在《中亚国家打算成为地缘政治强大的参与者，是否可行？》中指出，2022年，在乌克兰危机持续发酵的背景下，全球地缘政治动荡不定，俄罗斯、美国、欧盟和中国等大国和国际组织无力关注中亚之际，中亚国家的外交活跃度开始增强，积极成为地缘政治的参与者，并在塑造中亚地缘政治板块进程中发挥作用。中亚国家元

---

① Национальный исследовательский институт мировой экономики и международных отношений имени Е. М., Первый экспертный форум «Россия – Центральная Азия: повестка совместного развития». 24 октября 2022., https://www.imemo.ru/news/events/text/perviy-ekspertniy-forum-rossiya-tsentralynaya-aziya-povestka-sovmestnogo-razvitiya.

② Национальный исследовательский институт мировой экономики и международных отношений имени Е.М., Первый экспертный форум «Россия – Центральная Азия: повестка совместного развития». 24 октября 2022. https://www.imemo.ru/news/events/text/perviy-ekspertniy-forum-rossiya-tsentralynaya-aziya-povestka-sovmestnogo-razvitiya.

③ Центральная Азия планирует стать мощным геополитическим игроком. Получится или нет? 23 августа 2022, https://informburo.kz/stati/centralnaya-aziya-planiruet-stat-moshnym-geopoliticheskim-igrokom-poluchitsya-ili-net.

④ Центральная Азия планирует стать мощным геополитическим игроком. Получится или нет? 23 августа 2022, https://informburo.kz/stati/centralnaya-aziya-planiruet-stat-moshnym-geopoliticheskim-igrokom-poluchitsya-ili-net.

首第四次磋商会议上，中亚五国中有三国签署了《二十一世纪中亚发展友好、睦邻合作条约》，明确了该地区各国向一体化的方向努力的意向与趋势。但她同时指出，由于中亚各国的国家利己主义加剧，国家间经济联盟很难形成集体利益。地缘政治与经济因素交织在一起，迫使中亚五国抱团取暖求生存。①

（四）中亚与中国关系

对于俄罗斯与中国在中亚地区的竞争与合作，塔吉克斯坦学者库巴特·拉希莫夫指出，"俄罗斯刺刀与中国人民币"在中亚地区配置的格局已很清晰，现在是俄罗斯及其盟友在中国问题上达成正确协议的最重要时刻，它不是由正面对抗决定的，而是由盟友之间的能力和权力重新分配决定的。对于中国在中亚经济中的影响力，塔吉克斯坦学者库巴特·拉希莫夫对人民币结算的区域影响力表示怀疑。他指出，中国经济是世界第二大经济体，但货币仅占总量的4%。因此，中国在中亚的金融结算体系下，尚不具备绝对的影响力。②

塔吉克斯坦学者布尔纳什耶夫在评价上海合作组织的政治作用时指出，为了巩固和扩大一个国家的作用，必须有一个明确的意识形态模式来满足中亚国家的需求。上海合作组织现在的形式就是如此，但它没有提供任何巩固意识形态理念。它虽然提供了"与三股势力作斗争"的构想，但由于过于抽象，而缺乏巩固合作基础的能力。③ 吉尔吉斯斯坦学者巴赫提尔·埃尔加谢夫认为，俄罗斯是该地区安全的主要维护者，而中国在未来作为安全保证的作用也将会增加。因此，中国在军事上的影响力只会越来越大，这与美国和英国在阿富汗的角色再次活跃有关。④ 上海合作组织前秘书长、吉尔吉斯斯坦学者伊玛纳利耶夫高度评价中国在中亚地区的作用，并回击了"中国威胁论"对中国的不利影响。他指出，"中国不会成为世界的霸主，不会宣称经济优越性，不会干涉内政，也不会帮助所有发展中国家"。伊玛纳利耶夫表示，中国高度重视中亚国家在"一带一路"倡议下的发展，致力于建设一个人类共同命运的社区。⑤

三、2022年欧美学者中亚研究综述

2022年，欧美地区涉及中亚学科研究领域的成果主要围绕以下几个问题展开。

（一）中亚与地区多边合作

布拉格查理大学俄罗斯和东欧研究系的斯拉瓦米尔·哈拉克发表了题为《土库曼斯坦欧

---

① Катерина Клеменкова, Центральная Азия планирует стать мощным геополитическим игроком. Получится или нет? https://informburo.kz/stati/centralnaya-aziya-planiruet-stat-moshnym-geopoliticheskim-igrokom-poluchitsya-ili-net.

② «Эпоха Перемен» для Центральной Азии: экспертный анализ. http://casp-geo.ru/epoha-peremen-dlya-tsentral-noj-azii-ekspertnyj-analiz/.

③ Иран, ШОС, БРИКС – второе дыхание для институтов «не-Запада»? , http://casp-geo.ru/epoha-peremen-dlya-tsentralnoj-azii-ekspertnyj-analiz/.

④ Обзор: Эксперты из стран Центральной Азии высоко оценивают итоги 30 – летия дипломатических отношений с Китаем, 26 января 2022, http://russian.news.cn/2022-01-26/c_1310442069.htm.

⑤ Обзор: Эксперты из стран Центральной Азии высоко оценивают итоги 30 – летия дипломатических отношений с Китаем, 26 января 2022, http://russian.news.cn/2022-01-26/c_1310442069.htm.

亚地区铁路在地缘政治中的地位》的文章，他认为，应在"一带一路"倡议的背景下讨论中亚铁路合作项目，大多数研究也都围绕这一宏伟项目展开。其中，土库曼斯坦的情况尤为特殊，因为该国对铁路建设项目进行了大量投资，近几十年来土国的铁路网长度几乎翻了一番。新铁路的建设旨在直接连通土国内的交通线路，摆脱对复杂跨境通道的依赖，并将土建设成为欧亚交通系统的枢纽。作者从内陆国家的概念内涵出发，通过对穿过土的两条主要铁路走廊（东西和南北）的统计数据和运输流量进行分析，研究合作项目的实施情况。①

（二）国别研究

德国国际安全事务研究所玛格丽特·克莱因和安德里亚·施密茨认为，2022年1月初，哈萨克斯坦西部爆发了抗议天然气价格上涨的活动，并迅速蔓延到该国其他地区。抗议活动越来越具有政治倾向，尤其是开始针对前总统努尔苏丹·纳扎尔巴耶夫。尽管纳扎尔巴耶夫已于2019年卸任，但保留了国家安全委员会主席的职位。当抗议活动演变成暴力冲突时，托卡耶夫最终解除了纳扎尔巴耶夫的职务，并向集体安全条约组织寻求支持。这一决定对哈萨克斯坦与俄罗斯的关系产生了深远的影响。②

俄罗斯与西方之间的紧张关系已经使哈政府一贯倡导的平衡外交政策难以维持，而且这种平衡现在可能会进一步转变。不排除俄罗斯会要求以军事支持作为回报，如减少哈萨克斯坦与美国的军事合作或承认吞并克里米亚。就国内政治而言，与俄罗斯建立更紧密的关系也是非常有争议的政治选择。在哈萨克斯坦独立的30年里，新一代青年人已经成长起来，并且越来越多地质疑俄罗斯对哈萨克斯坦政治立场的影响。

（三）阿富汗问题对中亚安全的影响

安德里亚·施密茨是位于柏林的德国国际与安全事务研究所科学与政治基金会（SWP）东欧欧亚分部的高级研究员，常年致力于研究中亚政治、欧盟、美国和俄罗斯的中亚政策等。她的研究专业领域涵盖广泛，内容包括权力结构、决策过程、伊斯兰教和伊斯兰主义、中亚地区和外交政策等。

2022年，安德里亚·施密茨在文章《中亚的穆斯林与塔利班》中提出，圣战组织威胁对中亚的世俗国家来说尤为重要，这些国家与伊斯兰教的关系十分紧张。该宗教被认为是地区民族文化的基本组成部分，是社会凝聚力的基础。在乌兹别克斯坦和塔吉克斯坦这两个阿富汗的近邻，伊斯兰组织和运动在过去曾为伊斯兰国家而战，部分通过和平手段，部分通过暴力。作者认为，乌塔两国都有可能将伊斯兰主义者驱逐出境，或者通过严格的控制和镇压使他们中立化，从而剥夺他们的立足之地。在此情况下，追随者通常选择加入国外的伊斯兰组织——塔利班的第一个伊斯兰酋长国（1996—2001年）或叙利亚和伊拉克的"伊斯兰国"（IS）（2013—2017年）。"伊斯兰国"队伍中来自中亚的战士人数估计至少有5000人，其中

---

① Slavomír Horák, Turkmenistan in Eurasian Railway Geopolitics, Central Asian Survey, 2023.Vol.42, No.1, Published online: 08 Jul. 2022, https://www.tandfonline.com/doi/full/10.1080/02634937.2022.2085663？src＝recsys.

② Margarete Klein, Andrea Schmitz, Precedent Kazakhstan, SWP, https://www.swp-berlin.org/en/publication/precedent-kazakhstan.

大部分来自塔吉克斯坦和乌兹别克斯坦。①

中亚国家计划通过开展军事行动、部署警力和教育等手段阻止激进组织在本国兴起，希望通过加强军事准备和确保国家边界安全，阻止伊斯兰教徒进入中亚领土。自塔利班掌权以来，中亚国家对宗教界的控制也变得更加严格。自2021年8月以来，吉尔吉斯斯坦和乌兹别克斯坦针对伊斯兰教徒突袭和逮捕的报道数量显著增多。吉乌两国当局还开始着手制订反极端主义和反恐行动计划。

艾丽卡·马拉特发表题为《中亚国家：学会与塔利班共存》的文章。美国从阿富汗撤军后，塔利班政府迅速接管该地区，大多数中亚国家政府承认塔利班的合法性。作者认为，中亚国家的选择是非常务实的，中亚国家冷静和克制地选择了与可能在未来很长一段时间掌管该地区的合法政权和平共处。但是，阿富汗的政局和人道主义灾难有可能助长独裁倾向，并进一步加深中亚社会的政治分歧。该文着重分析了中亚各国政府对塔利班治下的阿富汗持有的不同官方态度以及这些表态背后的立场和考虑，并指出该地区未来将面临哪些重要的问题和挑战。②

总体而言，欧美地区学者比较关注的首先是涉及中亚地区的安全形势和经济一体化发展进程，以及中俄两国在该地区的影响力和发展趋势；其次包括中亚国家的历史发展脉络、与自然条件相关的现实问题，如土壤、地质、气候变化、植被和农作物等。

四、中国社会科学院俄罗斯东欧中亚研究所中亚与高加索学科建设情况

2022年，国内中亚与高加索研究领域的期刊论文有300余篇。中国社会科学院俄罗斯东欧中亚研究所中亚与高加索研究室牢记使命，努力发挥国家级学术团体和智囊团作用，围绕中亚国情、中国与中亚国家建交30周年、"一带一路"倡议、上海合作组织、阿富汗局势影响、2022年乌克兰危机发展趋势等热点问题进行深入研究，形成了一批高质量研究成果，在学科建设上更进一步。

（一）中亚与高加索研究室基本情况

中亚与高加索研究室有研究人员6名，其中研究员1名，副研究员3名，助理研究员2名，形成"年龄梯队和职称结构不断优化"的新格局新气象。从专业素养看，研究室人员多是国际关系或外语专业；从掌握语言看，现有研究人员多以俄语为主，英语其次，尚没有应用中亚民族语言获取资料开展研究的人员。随着中亚国家独立后新生代崛起，民族语言应用越来越广泛，需要增加通晓中亚民族语言的研究人才，与研究对象国深入交流，掌握第一手研究资料，同时补充历史、经济、法律和社会学专门人才，对相关领域开展更为深入的研究。

---

① Andrea Schmitz, Central Asia's Muslims and the Taliban, https://www.swp-berlin.org/publications/products/comments/2022C17_CentralAsia_Muslims.pdf; Erica Marat, "Central Asian Countries: Learning to Live Next to the Taliban", *Orbis*, Vol.66, No.3, 2022, pp.391-401.

② Erica Marat, "Central Asian Countries: Learning to Live Next to the Taliban", *Orbis*, Vol.66, No.3, 2022, pp.391-401.

（二）中亚与高加索研究室学术成果

2022年，中亚与高加索研究室始终坚持理论与实践相结合、基础研究与应用研究相结合，对中亚与高加索地区的热点国际问题作出及时跟踪与研究，出版译著1部，发表学术论文18篇（其中核心期刊11篇），提交决策咨询报告42篇，参与部委委托课题3项，参与国家社会科学基金重大项目2项。全年共组织各类学术研讨会、讲座等12次。其中，张宁发表于《欧亚经济》2022年第3期的《哈萨克斯坦的天然气价格改革》，分析了引发哈萨克斯坦2022年"一月骚乱"的原因和天然气价格改革；杨进、胡朝阳发表于《俄罗斯学刊》2022年第5期的《中哈战略对接合作三十年：回顾与展望》，分析了中哈两国建交30年来关系稳步发展的历程与成就；高熔迅发表于《全球化》2022年第3期的《上海合作组织区域经济合作：驱动力、阻碍因素与路径选择》，分析了上海合作组织成立20多年来的区域经济合作的价值认知、制度化和地缘政治环境；李睿思发表于《俄罗斯中亚东欧研究》2022年第6期的《大国博弈视角下欧亚地区生物安全治理》，分析了欧亚地区生物安全危机的产生背景、具体表现、发展趋势和影响因素，以及中美俄在欧亚地区战略博弈中的价值维度差异对地区生物安全发展走势的影响。

（三）中亚与高加索研究室基础研究和数据库建设情况

中亚与高加索研究室始终关注基础研究和数据库建设。2022年乌克兰危机升级后，研究室坚持整理外部信息，发布《俄乌动态》，归纳俄、乌、西方、欧亚国家、其他国家信息和主张，梳理智库观点以及各界的评论，为相关部门决策提供参考，也为学界研究2022年乌克兰危机升级提供基础材料。研究室坚持每月发布《中亚要闻》，按照国别和政治、经济、安全、外交、智库观点等栏目，跟踪中亚地区和各个国家的重大事件和变化趋势，记载主要领导人讲话和政策内容，是学界公认的研究中亚国际问题的最佳背景参考资料之一。

（四）中亚与高加索研究室国际交流与合作情况

中亚与高加索研究室始终积极拓展国际合作，保持对外联系。举办了中哈智库论坛、中亚（美尼亚）论坛，以及与哈萨克斯坦、乌兹别克斯坦、吉尔吉斯斯坦、塔吉克斯坦驻华使馆的圆桌会议，参与组织了"中国+中亚五国"智库论坛。

2022 年中东欧转型和一体化研究综述

高歌 姜琍 徐刚 鞠豪 李丽娜 曲岩 贺婷 王效云*

2022 年，国内外学界继续研究中东欧和欧洲转型与发展、中东欧与欧洲一体化和中东欧国家对外关系问题。俄罗斯东欧中亚研究所转型和一体化理论研究室继续进行创新项目研究，顺利完成"登峰战略"重点学科结项工作，发表多篇科研成果，上报多篇要报，举办两次国内学术研讨会、一次新书发布会和一次国际论坛，组织中东欧问题研究者新年联谊会，发布电子刊物和公众号，学科建设取得较为明显的进步。

一、2022 年国内学科发展动态

（一）政治转型与发展研究

欧洲民粹主义和左翼政党是国内学界研究的重点。

《欧洲民粹主义兴起根源的四种解释范式与政党发展规律》[①]、《政党竞争与西方主流政党的民粹化转型》[②]、《当代欧洲右翼民粹主义政党的宗教话语与选举动员——基于大数据的话语分析》[③] 3 篇论文讨论了包括中东欧民粹主义在内的欧洲民粹主义问题。

伍慧萍在《欧洲民粹主义兴起根源的四种解释范式与政党发展规律》一文中指出，21 世纪以来，全球金融危机和欧债危机引发民族主义回潮，促使民粹主义逐渐深入欧洲政治心脏。左右翼民粹主义均通过排斥"他者"来建构"我们"，以"真正的人民代表"自居，将社会进行道德划分。民粹主义违背了民主的基本原则，直指西方民主体制的弊端，展现出精英建制、反政治和反智主义的普遍特征，但因所处社会环境和历史进程的特殊性又表现出独有特性。学界关于民粹主义兴起根源的研究可以归纳为文化、政治、经济和政治经济学四种解释范式，采取综合视角，全面考察四种解释范式，有助于在整体上准确把握欧洲民粹主义的勃兴原因与分布态势，并从本质上认识其给欧洲政治与社会带来的深层影响。

---

* 高歌，中国社会科学院俄罗斯东欧中亚研究所转型和一体化理论研究室主任、研究员；姜琍，中国社会科学院俄罗斯东欧中亚研究所转型和一体化理论研究室副主任、研究员；徐刚，中国社会科学院俄罗斯东欧中亚研究所研究员；鞠豪，博士，中国社会科学院俄罗斯东欧中亚研究所副研究员；李丽娜，中国社会科学院俄罗斯东欧中亚研究所助理研究员；曲岩，博士，中国社会科学院俄罗斯东欧中亚研究所助理研究员；贺婷，博士，中国社会科学院俄罗斯东欧中亚研究所助理研究员；王效云，中国社会科学院俄罗斯东欧中亚研究所博士后。

① 伍慧萍：《欧洲民粹主义兴起根源的四种解释范式与政党发展规律》，《当代世界与社会主义》2022 年第 3 期。
② 彭枭：《政党竞争与西方主流政党的民粹化转型》，《外交评论》2022 年第 3 期。
③ 张楚楚、肖超伟：《当代欧洲右翼民粹主义政党的宗教话语与选举动员——基于大数据的话语分析》，《欧洲研究》2022 年第 3 期。

彭枭在《政党竞争与西方主流政党的民粹化转型》一文中指出，随着当代西方民主运行越发依赖于民众，政党竞争的"盲动性"正在改变代议民主制度，推动民粹主义勃兴，政治动荡不定。主流政党遂也采取民粹手段或转型为民粹政党，加剧政党竞争的激烈程度。主流政党的民粹化转型对国家、地区和全球政治都产生了严峻的侵蚀作用。既有研究仅论及主流政党的"软民粹"竞选策略，没有讨论彻底的民粹化转型。从理性选择视角出发，考虑到选民市场的成本与收益以及民粹政党兴起的"供需逻辑"，选举波动性的强/弱与议题所有权的大/小为主流政党民粹化转型提供了四种机制动力，即联合、吸纳、精炼和赋魅。前两种机制分别为水平联合外部力量、吸收外部极端势力，民粹转型均需要在与外部的互动中得以实现；后两种机制分别为精炼所持议题中的民粹芯子、为民粹行动赋魅以增加正当性，属于主流政党的内部调整。实证研究表明，不同机制动力的发生在于所在国政党制度与主流政党所持议题等条件的差异。随着媒介技术等种种公民赋权方式的新发展，大众愈发属意于民粹政治，使其逐渐合理化、普遍化，"精英—大众"的权力关系边界随之被颠覆，主流政党的民粹化转型在全球加速形成趋势。

张楚楚、肖超伟撰写的《当代欧洲右翼民粹主义政党的宗教话语与选举动员——基于大数据的话语分析》一文，基于对欧洲各国右翼民粹主义政党近10年来竞选宣言的大数据话语分析发现，各党在对待特定宗教与世俗主义议题的态度上有所差异，但其宗教话语构建呈现较为相似的规律和逻辑。各党的宗教话语既非用于回应虔诚基督教选民的宗教诉求，也非宗教冲突加剧引起本土宗教神圣性反弹的结果。各党宗教元素的使用并不关乎宗教本身，而是呈现鲜明的政治目的和工具色彩。欧洲各国右翼民粹主义政党制造包括基督徒和世俗主义者在内的欧洲原住民同穆斯林移民之间的对立关系，是其区别于主流政党、彰显批判性与反叛性的"抗议式"选举动员的策略。

《民粹主义浪潮下中东欧国家俄裔的身份分析——以拉脱维亚和爱沙尼亚为例》[1] 和《匈牙利民粹主义政治极化》[2] 两篇论文则对拉脱维亚、爱沙尼亚和匈牙利的民粹主义问题进行了案例分析。

彭枭在《民粹主义浪潮下中东欧国家俄裔的身份分析——以拉脱维亚和爱沙尼亚为例》一文中指出，自难民危机以来，俄罗斯通过积极施展"政治捕获"这一隐性的外交手段，在保守主义繁荣的中东欧邻国弱化了右翼民粹—民族主义政党对俄裔的排斥和攻击。这一针对他国内部的"政治捕获"包括笼络右翼民粹政党、培植中左翼主流亲俄政党以及影响选民偏好等三个策略。由于这三个策略的实施，在拉脱维亚和爱沙尼亚两个与俄裔民族矛盾较为严重的国家，当前势头最盛的民粹政党对俄裔的排斥较之前有明显下降。而所在国选民主要的议题需求和政党政治系统的差异性是俄罗斯选择运用何种具体策略的决定性因素。在民粹浪潮下的中东欧，通过多种"政治捕获"策略化解俄裔遭受民族排斥的事实性难题，是俄罗斯实现国家利益和民族利益的重要途径。

黄丹琼撰写的《匈牙利民粹主义政治极化》一文，从历史渊源、国内结构、外部环境和

---

[1] 彭枭：《民粹主义浪潮下中东欧国家俄裔的身份分析——以拉脱维亚和爱沙尼亚为例》，《世界民族》2022年第2期。

[2] 黄丹琼：《匈牙利民粹主义政治极化》，《现代国际关系》2022年第4期。

现实冲突等方面探究匈牙利民粹主义政治极化的本质和动因。该文指出，社会中下层的极度不满是民粹主义政治极化的根本原因。民粹主义政党运用各种工具，包括极化的话语体系、意识形态，加之领导人独特的政治个性，推动选民走向极端化。难民问题促使民粹主义向狂热的极右翼势力转化，对西方民主和欧盟秩序构成挑战。

《欧洲政治转型背景下左翼政党发展新动向》[①]和《领导人代际差异与左翼政党的变化——基于波兰民主左翼联盟党的分析》[②]分别阐述了欧洲和波兰的左翼政党问题。

吴韵曦撰写的《欧洲政治转型背景下左翼政党发展新动向》一文指出，与中右翼政党相比，社会民主党的主流政党代表性危机、政策工具实效性问题和社会基础结构性矛盾更加严重，其政治空间和核心选民遭到左右翼阵营不同类型政党的持续侵蚀，执政机会减少，分化频次增加，在该国政党格局中的地位和影响明显下降。一些国家的社会民主党从短期衰弱沦为长期衰落。受政党格局碎片化和政党实力均衡化影响，社会民主党争取获胜上台日益依赖于左翼阵营的选举表现和政党合作的策略选择，执政之后既要受制于执政伙伴的配合和反对力量的掣肘，还要面对兑现竞选承诺和迎接周期选举的挑战。绿党和激进左翼政党则尚未展现价值替代和功能替代的潜力，未能成为左翼阵营的主流政党。

韦冲霄撰写的《领导人代际差异与左翼政党的变化——基于波兰民主左翼联盟党的分析》一文指出，自1991年成立开始，波兰民主左翼联盟党经历了三代领导人的变迁，他们出生于不同的历史时期，在青年时期的社会经历完全不同。因此，这些领导人在政党的管理理念和发展方向上存在明显分歧，导致民主左翼联盟党在不同时期呈现不同的形象。波兰民主左翼联盟党是中东欧左翼政党的一个缩影。东欧剧变至今已有30余年，中东欧国家左翼政党大多完成了领导人的代际更替。与从社会主义时期开始从政的第一代领导人相比，新一代领导人受传统左翼思想的影响较小，敢于改革，给左翼政党带来了全新的变化。观察领导人的代际更替是研究中东欧国家左翼政党的一个独特而重要的视角。

此外，国内学者还研究了中东欧国家民族文化制度[③]、南斯拉夫联邦解体原因[④]等问题。

（二）经济转型与发展研究

《欧亚经济》2022年第2期的一组论文集中讨论了中东欧国家经济转型与发展问题。

孔田平撰写的《增长、趋同与中东欧国家的第二次转型》[⑤]一文指出，欧盟的中东欧新成员国在与老成员国的经济趋同上有所进展，但尚未有任何一个中东欧国家的人均国内生产总值超过欧盟老成员国的平均水平。2008年国际金融危机之前，中东欧国家的趋同进程加速。2008年之后，中东欧国家经济增长放缓，趋同进程放慢。转轨30余年来，外资驱动的增长模式的潜力已丧失殆尽，中东欧国家需要经济增长模式的转变，亟待第二次经济转型。第二次

---

① 吴韵曦：《欧洲政治转型背景下左翼政党发展新动向》，《当代世界》2022年第6期。
② 韦冲霄：《领导人代际差异与左翼政党的变化——基于波兰民主左翼联盟党的分析》，《当代世界与社会主义》2022年第2期。
③ 杨友孙：《中东欧国家民族文化自治制度评析》，《世界民族》2022年第4期。
④ 马细谱：《南斯拉夫联邦解体原因再探析》，《世界社会主义研究》2022年第7期。
⑤ 孔田平：《增长、趋同与中东欧国家的第二次转型》，《欧亚经济》2022年第2期。

经济转型的主要任务是为可持续的经济增长形成适当的制度框架和政策环境。中东欧国家能否在下一个30年改变其外围地位，取决于它们能否成功完成第二次经济转型。

马骏驰在《中东欧新成员国绿色经济转型的优势、挑战与前景——以中欧四国为例》[①]一文中指出，波兰、捷克、匈牙利和斯洛伐克四个欧盟新成员国在绿色经济转型进程中兼具优势与挑战。该四国已摆脱能源密集型的粗放增长模式，取得了较为显著的减排成绩，优化了能源供给结构，降低了家庭部门和工业部门的能源强度，完善了与绿色经济转型相关的法律制度。但这些国家也面临来自经济、社会和政治层面的各类挑战：对煤炭的依赖度依旧较大，高耗能的工业和交通部门短期内难以减排，高耗能产业就业群体规模较大，利用天然气减排的方式不可持续，公共部门研发投入不足以及四国绿党十分羸弱。不过，在欧盟2021—2027年多年度财政框架和下一代基金的助力下，波兰、捷克、匈牙利和斯洛伐克的绿色经济转型前景可期。欧盟基金将一如既往地拉动中东欧国家的经济增长，为绿色经济的发展提供良好的转型环境。这四个国家复苏与韧性计划的绿色经济转型部分也普遍以促增量为目标而非改存量，以尽可能减少存量改革的阻力。另外，复苏与韧性计划也为这四国政府提供了新的财政政策空间，以便兼顾绿色经济转型和民生保障。

孙景宇、曲美辰撰写的《"国家的回归"：后疫情时代的国家能力建设——欧洲复兴开发银行2020—2021年〈转型报告〉评述》[②] 在对2020—2021年《转型报告》评介的基础上，进一步讨论了国家能力对经济发展的作用，认为中东欧国家若想充分发挥国家参与经济的优势，必须增强国家能力，这不仅要考虑资源汲取和配置能力，更要将安全能力纳入其中。后疫情时代，在全球市场萎缩和全球产业链本地化、碎片化的形势下，中东欧国家能否改变之前过于依赖西欧资本、市场和技术的情况，从而找到一条内外平衡的发展之路，是决定其国家能力建设成效的关键。

此外，国内学者还研究了塞尔维亚科技创新与技术转移激励政策[③]、利益相关者与中东欧国家社会保障制度[④]和罗马尼亚劳动关系发展[⑤]、波兰的可持续发展进程[⑥]等问题。

（三）中东欧与欧洲一体化和中东欧国家对外关系研究

国内学界的研究主要集中在以下四个方面。

[①] 马骏驰：《中东欧新成员国绿色经济转型的优势、挑战与前景——以中欧四国为例》，《欧亚经济》2022年第2期。

[②] 孙景宇、曲美辰：《"国家的回归"：后疫情时代的国家能力建设——欧洲复兴开发银行2020—2021年〈转型报告〉评述》，《欧亚经济》2022年第2期。

[③] 张怀印、陈锡旺：《塞尔维亚科技创新与技术转移激励政策评析》，《全球科技经济瞭望》2022年第1期。

[④] 代懋：《中东欧国家社会保障制度发展的利益相关者分析》，《北京航空航天大学学报（社会科学版）》2022年第5期。

[⑤] 代懋：《利益相关者视角下罗马尼亚劳动关系发展研究》，《北京航空航天大学学报（社会科学版）》网络首发论文，2022年5月23日。

[⑥] 龙静：《波兰的可持续发展进程及与中国的合作》，《欧亚经济》2022年第6期。

1. 欧盟和欧洲一体化的最新进展

金玲在《欧盟对外战略转型与中欧关系重塑》[①]一文中认为，在国际权势转移背景下，国际力量对比发生重大变化，国际秩序面临重塑。欧洲一体化和欧盟长期赖以发挥的自由主义秩序和国际框架面临结构性挑战，地缘政治冲突暴露了欧盟力量模式的脆弱性，欧盟对外战略加速转型。在实现战略自主和维护欧洲主权的战略目标下，欧盟对外战略表现出显著的地缘战略转向，其长期坚持和推动的全球化立场正日益被选择性全球化所取代，价值观被纳入地缘战略框架并完成全域链接，成为欧盟地缘政治博弈的重要领域。

于芳撰写的《法德联合领导下的欧盟战略自主——基于角色理论的分析》[②]一文从角色视角出发，分析该角色内部的不同角色观念、角色的内部期待和外部期待之间存在的不一致，认为战略自主最终会塑造欧盟的全球角色。该文指出，尽管政策文本是法德及欧盟成员国妥协一致的结果，但能看到法德两国在联合领导中分别推动欧盟朝自己偏好的角色方向转变，由此产生"全球领导者"和"建构力量"两种角色方案的分歧。在其他成员国对欧盟全球角色的看法中，不仅存在新老欧洲国家之间的分歧，精英和民众之间关于欧盟优先事项也存在分歧。欧盟角色的外部期待中，美国、俄罗斯、中国对欧盟战略自主、欧盟全球角色的看法及支持度都不尽相同。存在诸多角色冲突的情况下，欧盟全球角色的演进将需要更多的时间和努力。

郝亚明、孙月撰写的《新冠民族主义对欧盟一体化的影响分析》[③]一文认为，新冠疫情的肆虐给欧盟带来了严重的公共卫生危机，在此过程中滋生的新冠民族主义也对欧盟一体化造成某种程度的冲击。新冠民族主义不仅一度造成欧盟内部成员国之间在公共卫生领域的坚壁清野，也动摇了自由竞争的共同市场这一欧盟创始原则，更为严重的是再度引发了部分成员国及其民众对欧盟的信任危机。本质而言，新冠民族主义是欧盟内部长期存在的区域主义与民族主义之间张力在新冠疫情危机之下的最新反映。检视新冠民族主义对于我们思考欧盟一体化的前景、全球化与逆全球化的进程以及构建人类命运共同体的必要性等问题有着重要的启示意义。

王亚宁、孟立君撰写的《欧洲一体化进程中的再边界化研究》[④]一文从欧洲一体化进程中再边界化的概念入手，分析欧洲一体化进程中再边界化的原因和主要方式，并对再边界化的本质进行深入思考。该文认为，再边界化是通过临时恢复或加强边界管控方式以维护欧盟安全，是欧盟应对安全威胁的理性反应，再边界化与去边界化虽然在表象上看似矛盾，但在本质上却辩证统一于欧盟的安全发展。

2. 欧盟与中东欧国家的关系

程卫东撰写的《欧盟宪政秩序的挑战与危机——基于波兰法治危机案的考察》[⑤]一文认

[①] 金玲：《欧盟对外战略转型与中欧关系重塑》，《外交评论》2022年第4期。
[②] 于芳：《法德联合领导下的欧盟战略自主——基于角色理论的分析》，《法国研究》2022年第1期。
[③] 郝亚明、孙月：《新冠民族主义对欧盟一体化的影响分析》，《世界民族》2022年第1期。
[④] 王亚宁、孟立君：《欧洲一体化进程中的再边界化研究》，《中国人民警察大学学报》2022年第1期。
[⑤] 程卫东：《欧盟宪政秩序的挑战与危机——基于波兰法治危机案的考察》，《欧洲研究》2022年第1期。

为，自2015年年底开启的波兰司法改革引发了一场事关波兰国内法治并波及整个欧盟宪政秩序的深刻而持久的危机。从危机的形成和演变过程来看，这两个危机的形成与扩大大体可归为三方面的原因：第一，波兰与欧盟对波兰司法改革的不同认知与定性；第二，欧盟处理成员国国内法治危机的权威性与工具不足，未能及时有效解决波兰法治危机；第三，波兰在应对欧盟措施时，对欧盟宪政秩序的基础提出了质疑。波兰法治危机不仅代表波兰内部政治与法律变迁及波兰与欧盟对这一变迁的不同认知与定性，而且全面、深刻地揭示了欧盟宪政秩序内在的一些深层次、根本性的矛盾与冲突。波兰法治危机对欧盟宪政秩序形成了重大冲击，但从总体上看，欧洲一体化的逻辑仍然成立，只是由于欧盟宪政秩序中的根本问题短期内无法解决，其宪政秩序中的矛盾与冲突仍将不可避免。

李心航、严双伍在《欧盟西巴尔干扩大战略的调整及特点》[1]一文中指出，1999年科索沃战争之后，欧盟格外关注西巴尔干地区，迅速启动了"稳定与结盟进程"。但因为受到多种因素的制约，扩大进程一直不太顺利，甚至一度出现停滞。为尽快扭转这一不利局势，近年来欧盟不断对扩大政策进行调整和完善，相继推出2015年、2018年和2020年的扩大战略，使其扩大政策逐渐形成了更为可信的"入盟"前景、更为清晰的地缘战略目标以及更为务实的一体化举措等特点。总体而言，欧盟对西巴尔干国家的扩大战略正在朝着一个更积极、更务实的方向发展，毕竟一个和平、稳定和发展的西巴尔干才符合欧盟地缘战略投资的远期目标。

严少华撰写的《中国与欧盟的西巴尔干政策比较》[2]一文在比较中国与欧盟的西巴尔干政策目标、合作方式与内容的基础上，认为中国与欧盟在西巴尔干尽管存在竞争，但两者并非全面与零和的竞争关系。就政策目标而言，欧盟的西巴尔干政策体现了鲜明的结构性外交特征，追求全面的转型和一体化目标。中国则追求有限的经贸合作与互联互通目标，与欧盟有所差异但并没有根本冲突。在合作方式上，欧盟的西巴尔干政策具有明显的制度化和等级化特征，是一种"强加的合作"。中国与西巴尔干的合作则是一种"明确的合作"，双方通过平等的谈判和协商获得合作安排，体现了平等和开放性的特征。在合作领域上，欧盟的西巴尔干政策本质上以国家构建为核心，但在实践中政治与安全是欧盟最为关注的领域。中国的西巴尔干政策则主要是关注经济发展与互联互通，反映了中国作为发展型国家的地缘经济逻辑。此外，在西巴尔干经济发展、互联互通与地区一体化方面，中国和欧盟存在共同的利益，也面临西巴尔干地区性问题的共同挑战。作为西巴尔干地区的两个主要外部力量，中国和欧盟在西巴尔干需要更好的政策协调而非排他性的博弈和竞争。

3. 中东欧与大国关系

王弘毅在《中东欧地区大国博弈新态势——兼论中国—中东欧国家合作面临的挑战与机遇》[3]一文中指出，在地缘安全、能源、价值观等方面，美国、以德国为主要代表的欧盟国家以

---

[1] 李心航、严双伍：《欧盟西巴尔干扩大战略的调整及特点》，《湖北师范大学学报（哲学社会科学版）》2022年第1期。

[2] 严少华：《中国与欧盟的西巴尔干政策比较》，《战略决策研究》2022年第4期。

[3] 王弘毅：《中东欧地区大国博弈新态势——兼论中国—中东欧国家合作面临的挑战与机遇》，《国际展望》2022年第2期。

及俄罗斯在中东欧地区有着广泛而重要的利益。三者的互动关系呈现三个特征：美俄博弈主导中东欧安全形势、美德（欧）联合制俄但共识有限、美德（欧）对中国在中东欧的经济介入保持警惕但难以形成合力。随着中美竞争的持续，美德（欧）与以波兰、匈牙利为代表的中东欧国家在价值观上的分歧扩大，美德（欧）对俄罗斯的地缘政治攻势升级，中东欧地区的大国力量格局发生了新的变化。美国对中国的战略围堵力度持续加大，以德国为代表的欧盟国家对中东欧国家的控制力不断降低，俄罗斯反"守"为"攻"回应西方威胁，而德国新政府和新一届欧盟委员会对华政策更加突出价值观因素，导致中国—中东欧国家合作面临的地缘政治压力总体上有增无减。但是，美欧内部也并非铁板一块，以德国为代表的欧盟国家在中东欧控制力的弱化以及美欧与波兰、匈牙利等国关系的恶化，也为持续推进中国—中东欧国家合作带来了潜在机遇。以上因素作为影响中东欧国家对华政策的重要变量，需要密切关注。

朱晓中在《浅谈俄罗斯跨国公司的兴起与发展——兼论俄跨国公司对维谢格拉德集团国家的直接投资》[①]一文中指出，中东欧国家转型30余年来，影响其经济转型质量的一个突出因素是外国直接投资的介入，而外国直接投资更多的是通过跨国公司来实现。尽管西方跨国公司是中东欧地区跨国公司的主要成分，但作为新兴市场的俄罗斯，其跨国公司同样发挥了不容忽视的作用，尤其是在能源、冶金和金融等领域。外国直接投资和跨国公司不仅对中东欧国家经济转型的质量产生作用，而且对塑造其经济增长模式以及这一地区资本主义变体产生了重大影响。

马腾、李一杰、潘娴和胡志丁撰写的《中、美、俄与中东欧国家地缘经济关系的时空演变》[②]一文基于引力模型构建指标体系，分析了中、美、俄三国与中东欧地缘经济关系的时空演变特征，并运用多元回归模型探讨地缘经济关系间的相互影响。该文指出，第一，国别对比上，中国与中东欧国家的地缘经济关系呈现总体稳定、局部变化、稳步增长的特征，美国与中东欧国家地缘经济关系整体保持稳定，无显著的改善或恶化趋势，俄罗斯与中东欧国家的地缘经济关系具有显著的阶段性特征，且具有显著差异性；第二，空间格局上，中国与中东欧国家地缘经济关系呈现均匀分布的格局，美俄两国与中东欧国家地缘经济关系均在不同程度上出现了"中心—外围"格局；第三，主体间相互影响上，中—中东欧与美—中东欧相互之间呈现负相关，中美两国在中东欧地区一定程度上呈现竞争态势，中—中东欧与俄—中东欧、美—中东欧与俄—中东欧之间不存在显著的相互影响。

4. 中东欧国家对外政策

罗如娟在《波兰对乌克兰友好政策的特点》[③]一文中认为，"冷战"结束以来，波兰对乌克兰政策以友好为主线，这是基于利用波兰与乌克兰友好关系以制衡俄罗斯的战略考虑。在这一战略考虑下，波兰对乌友好政策突出表现为支持乌克兰主权国家地位、支持乌克兰民主化改革、支持乌克兰欧洲—大西洋抱负的主要特点。拥有独立完整主权的乌克兰能够从地理

---

① 朱晓中：《浅谈俄罗斯跨国公司的兴起与发展——兼论俄跨国公司对维谢格拉德集团国家的直接投资》，《欧亚经济》2022年第3期。
② 马腾、李一杰、潘娴、胡志丁：《中、美、俄与中东欧国家地缘经济关系的时空演变》，《经济地理》2022年第6期。
③ 罗如娟：《波兰对乌克兰友好政策的特点》，《战略决策研究》2022年第1期。

位置上将俄罗斯与波兰隔开，改善波兰的地缘政治环境。乌克兰进行民主化改革，学习西方自由民主发展模式，能增加波乌之间的认同感，减弱乌克兰对俄罗斯的认同，同时增加乌克兰加入欧盟和北约的可能性。如果乌克兰选择在外交上亲西方且最后成为欧盟和北约成员国，有利于进一步改善波兰的地缘位置，不仅可以使乌克兰成为波兰制衡俄罗斯的盟友，而且有利于减弱其作为欧盟和北约东部边界的不安全感。

宋黎磊在《匈牙利"向东开放"外交政策评析》[1]一文中指出，匈牙利政府自2010年起推出的"向东开放"外交政策是该国多元化务实性外交的重要一环，该政策不是欧尔班政府短期内的投机性政策，而是对全球"东升西降"发展态势的判断与行动选择。"向东开放"外交政策动因具有普遍性和特殊性，其中前者与其他中东欧国家寻求新的市场和投资务实性考虑类似，后者则是因为"向东开放"政策具有东方民族性与"非自由民主"政治诉求背景。匈牙利积极开展与东亚、中亚、土耳其、外高加索和东南亚部分国家和地区的对外贸易和文化交流，并与中国建立了全面战略伙伴关系。鉴于"向东开放"外交政策同时具有政治和经济意义，匈牙利反对党将该政策作为欧尔班政府反对欧盟的代表性政策加以批评。虽然2022年匈牙利大选欧尔班政府取得压倒性优势，但是在乌克兰危机升级的影响和以美国为首的西方国家价值观同盟压力增强的态势下，匈牙利政府外交的有限自主性势必将进一步被压缩，"向东开放"外交政策可能会出现稍许波动与调整。

（四）热点问题研究

乌克兰危机升级对欧洲的影响是国内学界关注的热点问题。

孙艳在《俄乌冲突对欧洲安全和国际秩序的影响》[2]一文中认为，乌克兰危机升级源于俄与美欧之间的结构性矛盾，欧盟被动卷入冲突凸显其缺乏安全自保能力。乌克兰危机升级将重塑欧洲安全格局，第一，俄欧能源合作陷入停滞；第二，欧洲战略自主意识将大幅上升；第三，欧洲内部恐将长期陷入地缘政治冲突，波兰、捷克、波罗的海三国等中东欧国家冲在反俄一线，芬兰、瑞典放弃中立国地位急切加入北约，欧俄边界地带这些地区很可能成为日后欧洲地缘政治的"断裂带"和欧洲安全的隐患。此外，乌克兰危机升级产生的数百万难民将是欧盟的巨大负担，并可能激化欧洲既有的错综复杂的社会矛盾，导致民粹主义进一步抬头。

周学智在《俄乌冲突对欧洲经济的冲击》[3]一文中指出，乌克兰危机升级对欧洲经济的影响是多方面和多领域的，而能源是诸多领域中的"突出部"。俄罗斯是全球能源供给大国，危机升级直接引发了全球对能源供给的忧虑，石油和天然气价格显著上涨，对俄罗斯能源格外依赖的欧洲国家首当其冲，欧洲对俄实施一系列制裁的同时，叠加俄罗斯的反制措施，欧洲自身经济也受到严重冲击。危机爆发前，欧洲经济复苏就已显疲态，危机升级扰乱了其经济复苏步伐，给通胀火上浇油。欧洲货币政策和财政政策本已处在扩张周期，在经济下行和高通胀的状况下，其货币政策转向面临困境，财政政策继续发力的空间被压缩。在未来，俄欧经济将面临彼此"脱钩"的境地，而相互依存度降低将减弱它们彼此牵制的效果，但双方

---

[1] 宋黎磊：《匈牙利"向东开放"外交政策评析》，《俄罗斯学刊》2022年第4期。
[2] 孙艳：《俄乌冲突对欧洲安全和国际秩序的影响》，《当代世界》2022年第10期。
[3] 周学智：《俄乌冲突对欧洲经济的冲击》，《俄罗斯学刊》2022年第5期。

发生政治经济冲突的风险却在加大。

王树春、陈梓源和林尚沅在《俄乌冲突视角下的俄欧天然气博弈》[①] 一文中指出，俄罗斯与欧盟之间的天然气博弈集中在交易机制、输气管道和企业运营管理三个领域，双方在上述领域的分歧经常酿成争端，引发危机。2022年乌克兰危机的升级进一步加剧了欧盟天然气危机，俄欧在天然气领域中的相互依赖关系也发生了一定程度的变化，俄罗斯占据上风的局面有所改变，其优势地位有所下降。从短期来看，俄欧在天然气领域相互依赖的敏感性和脆弱性程度依旧较高，中断天然气贸易的冲击过大以及双方政策工具箱中缺乏短期可行的低成本替代措施，使得双方暂时不会完全中断贸易关系。从长期来看，随着"脱钩"政策逐步落实，双方之间的相互依赖程度将不断下降。但是危机和战争都不能从根本上改变俄欧天然气合作的互利性，只是由于双方对能源安全的内涵有不同的理解，且美国不断干扰双方之间的天然气合作，俄欧在天然气领域将更多呈现竞争性和不确定性。

陈新、杨成玉在《欧洲能源转型的动因、实施路径和前景》[②] 一文中分析了欧洲能源转型的动因，尤其是新的地缘政治变化对欧洲能源转型的影响，在此基础上对欧洲能源转型的路径、进展以及部分欧洲国家的应对进行探讨，并分析了欧洲能源转型的前景与挑战。该文指出，应对气候变化、发展绿色经济是欧洲能源转型的直接动力。乌克兰危机升级加快了欧洲能源转型的步伐，地缘政治因素的介入促使欧洲调整了能源转型的路径与节奏。

周伊敏在《欧盟能源安全及其战略调整》[③] 一文中指出，乌克兰危机升级迫使欧盟重新思考其对俄罗斯的能源依赖问题。在此背景下，欧盟提出"能源独立计划"，对能源战略进行快速调整，内容聚焦于增加气体能源进口多样性、加快绿色能源转型和提高能源效率。欧盟成员国正在积极增加非俄能源进口、扩大可再生能源规模，并急推节能措施，以应对2023年冬季的能源供应问题，同时采取价格监管、政府援助以及税收优惠等政策减轻能源价格上涨对民生和经济的影响。从短期和中期来看，欧盟寻求非俄来源的天然气供应主要面临两个挑战：存储能力有限和国家间运输基础设施不足。因此，未来几年欧盟仍将继续依赖俄罗斯天然气。从长期来看，欧盟致力于摆脱对俄罗斯化石能源依赖的趋势不会改变，其能源供应链将会出现较大转变，这将带动现有国际能源供应格局的调整。

吴文成在《从科索沃战争到乌克兰危机：北约东扩与俄罗斯的"战略觉醒"》[④] 一文中指出，北约不断东扩以及俄罗斯对其态度的趋势性变化是乌克兰危机缘起的重要解释因素，其中俄罗斯的"战略觉醒"发挥了关键性作用。作为一项重要战略行为，北约东扩有意识地采取了"双轨战略"，在渐进式接纳新成员国的同时，还构建各种伙伴关系制度，对俄罗斯进行"战略安抚"，导致俄罗斯在自身安全不断受到损害的情况下一再默认北约东扩的既成事实。只是当北约试图吸纳乌克兰和格鲁吉亚这些原苏联加盟共和国后，俄罗斯才开始醒悟，动用尚有局部优

---

① 王树春、陈梓源、林尚沅：《俄乌冲突视角下的俄欧天然气博弈》，《俄罗斯东欧中亚研究》2022年第5期。
② 陈新、杨成玉：《欧洲能源转型的动因、实施路径和前景》，《欧亚经济》2022年第4期。
③ 周伊敏：《欧盟能源安全及其战略调整》，《欧亚经济》2022年第4期。
④ 吴文成：《从科索沃战争到乌克兰危机：北约东扩与俄罗斯的"战略觉醒"》，《俄罗斯东欧中亚研究》2022年第3期。

势的军事手段加以反击。在北约持续东扩的压力以及俄罗斯觉醒后对动用武力的积极评估的共同作用下，俄罗斯对北约东扩的态度发生逆转，预示着军事冲突将时有发生。2008年的俄格战争是俄罗斯冻结格鲁吉亚加入北约的强硬举措，而2014年的乌克兰危机以及2022年的新一轮危机则是俄罗斯与北约关系演进过程中的重大转折点。只有北约及其主导国美国与俄罗斯在欧亚大陆重建一种新的安全结构，欧亚大陆的持久和平才能够得到保证。

《世界知识》2022年第10期在封面话题"乌克兰危机之后，欧盟向何处去"之下发表了一组文章[1]，讨论了欧洲安全格局、欧美关系、欧盟"战略自主"、中东欧安全环境和欧洲能源格局等一系列问题。

值得一提的是，国内学界出版了《中东欧国家发展报告（2021）》[2]，为中东欧转型和一体化研究提供了重要参考。

二、2022年国外学科发展动态

（一）政治转型与发展研究

国外学界主要研究了以下三个问题。

1. 中东欧国家社会主义时期的历史

《东欧政治、社会与文化》期刊第3期推出特别栏目，从史学视角讨论一个在中东欧研究中无法回避的重要问题——如何书写中欧国家社会主义时期的历史。该栏目的导论[3]指出，20世纪90年代及之后的中欧历史研究在方法论上存在一定的瑕疵，许多研究回避批判性检验，并在没有充分反思的情况下对中欧国家社会主义时期的历史进行简单的定性，以致以中欧国家为对象的历史写作有被政治工具化的明显倾向。《历史学家如何介入记忆政治：1989年前后波兰人民共和国的史学模式》[4]一文指出，20世纪80年代的政治分歧以及后来的剧变推动了波兰历史研究的复兴。但许多研究这一问题的学者来自当初的反社会主义阵营。他们将研究与其过去的政治立场和行动联系在一起，戴着"有色眼镜"看待波兰社会主义时期的历史。与此同时，在政治转型过程中，处理旧政权的遗留影响成为一个重要的政治问题。过往的历史被要求作为民主转型服务的政策工具，也因此更多地被负面定性。因此，历史与历史研究从未远离政治，只是在以新的方式被政治化。此

---

[1] 冯仲平：《乌克兰危机改变了欧洲安全格局》，《世界知识》2022年第10期；赵晨：《欧美关系被安全议题重新"绑定"》，《世界知识》2022年第10期；黄颖：《欧盟的"战略自主"困境更加凸显》，《世界知识》2022年第10期；孔田平：《中东欧安全环境受到巨大冲击》，《世界知识》2022年第10期；曹慧：《欧洲能源格局被重塑》，《世界知识》2022年第10期。

[2] 赵刚主编：《中东欧国家发展报告（2021）》，社会科学文献出版社2022年版。

[3] Muriel Blaive, "Writing on Communist History in Central Europe: Introduction," *East European Politics and Societies and Cultures*, Vol.36, No.3, 2022.

[4] Valentin Behr, "How Historians Got Involved in Memory Politics: Patterns of the Historiography of the Polish People's Republic before and after 1989", *East European Politics and Societies and Cultures*, Vol.36, No.3, 2022.

外，还有论文探讨了捷克社会主义时期的改革[①]和性别问题[②]、哥穆尔卡的历史评价[③]、特里亚农历史问题[④]等。

2. 中东欧国家的极端主义和民粹主义

《斯洛伐克右翼极端主义：对民主与欧洲价值观的呼吁》[⑤] 一书从政党政治和公众舆论的角度讨论斯洛伐克的右翼极端主义现象。该书分析了种族民族主义、人口的社会剥夺和民主质量的恶化在右翼极端主义崛起中所起的支持作用，考察了"我们斯洛伐克人民党"及其领导人在2017—2020年举行的所有选举中的表现以及2020年议会选举前后的活动，介绍了最高法院对该党的决定、与该党领导人有关的司法诉讼，以及新冠疫情期间右翼极端分子的活动，特别关注了斯洛伐克"主流"政客增强右翼极端主义者社会合法性的做法及其可能的后果。该书考察了为右翼极端主义创造生存空间的公共舆论，分析了斯洛伐克公众如何评估包括主要政治机构及其代表的关系在内的民主状况和最尖锐的社会问题，描述了各社会政治阶层对反腐败、大流行病和乌克兰危机的反应，介绍了有关对极端主义政党认知的最新调查结果。

《工作、家庭与祖国：中东欧国家民粹主义的政治经济》[⑥] 一文指出，对国外资本的过度依赖使中东欧国家难以真正执行新自由主义的经济政策。2008年国际金融危机后，波兰、匈牙利和塞尔维亚的政府打破新自由主义的共识，转而采取带有强烈民粹主义色彩的经济计划，这一做法随后逐渐扩展到其他中东欧国家。保守国家主义的经济计划与向东方转向、吸引欧洲之外的外国投资相结合，成为这些国家新的经济发展方向。

还有学者研究了西巴尔干地区的暴力极端主义问题[⑦]。

3. 东南欧国家的政治转型

《后南斯拉夫国家1991年后的30年：五重转型的未竟事业》[⑧] 一文深入讨论了后南斯拉夫国

[①] Muriel Blaive, "The Reform Communist Interpretation of the Stalinist Period in Czech Historiography and Its Legacy", *East European Politics and Societies and Cultures*, Vol.36, No.3, 2022.

[②] Libora Oates-Indruchova, "Blind Spots in Post-1989 Czech Historiography of State Socialism: Gender as a Category of Analysis", *East European Politics and Societies and Cultures*, Vol.36, No.3, 2022.

[③] Anna Muller, "Writing Władysław Gomułka's Life: Historiography of Władysław Gomułka's Biographies", *East European Politics and Societies and Cultures*, Vol.36, No.3, 2022.

[④] Réka Krizmanics, "Trianon in Popular History in Late-Socialist and Post-Transition Hungary: A Case Study", *East European Politics and Societies and Cultures*, Vol.36, No.3, 2022.

[⑤] Zora Bútorová, Grigorij Mesežnikov, *Pravicový extrémizmus na Slovensku/Výzva pre demokraciu a európske hodnoty*, Inštitút pre verejné otázky, Bratislava 2022.

[⑥] Mitchell A. Orenstein, Bojan Bugarič, "Work, Family, Fatherland: The Political Economy of Populism in Central and Eastern Europe", *Journal of European Public Policy*, Vol.29, No.2, 2022.

[⑦] Michele Brunelli, *Violent Extremism in the Western Balkans: Islam, Identity and Measures Countering Radicalisation: Perspectives from Kosovo and Bosnia and Herzegovina Studies*, Paris: Editions L'Harmattan, 2022; Alessandra Russo, Ervjola Selenica, "Radicalisation, Counter-radicalisation and Countering Violent Extremism in the Western Balkans and the South Caucasus: The Cases of Kosovo and Georgia", *Critical Studies on Terrorism*, Vol.15, No.4, 2022.

[⑧] Dejan Jović, "Post-Yugoslav States Thirty Years after 1991: Unfinished Businesses of a Fivefold Transition", *Journal of Balkan and Near Eastern Studies*, Vol. 24, No. 2, 2022.

家 30 年来政治、经济、国家性、身份认同以及和平建构五重转型，提出南斯拉夫解体是否终结、后南斯拉夫国家的再一体化是否结束以及融入欧洲一体化是否仍然是西巴尔干地区的可行选择等三个问题。

《波黑和平构建工具的民族化》[①] 一文指出，波黑和平框架协议的构想旨在为其所有公民创造一个稳定、民主和安全的多民族波黑。这个目标至今未能实现的原因在于和平构建工具及其实施方式。波黑战后的政府结构、选举过程、难民返回和公民社会发展等和平构建工具执行效率低下，进一步放大而非缓和民族矛盾。

还有学者研究了波黑战争与和平[②]、黑山政权变化中的宗教与世俗之争[③]、1918—1990 年黑山政治模式对经济发展的影响[④]和西巴尔干地区民族关系[⑤]等问题。

（二）经济转型与发展研究

国外学界研究了中东欧国家创新制度与活动、劳动力短缺、影子经济和电力贸易等问题。

《中东欧国家的创新体系：经济转型路径与制度差异》[⑥] 一文使用面板回归法评估了创新、制度和政治实践等因素对 2000—2020 年 37 个欧洲国家经济发展的影响。结果表明，制度至关重要，对非欧盟成员国的中东欧国家尤其如此。稳定的制度，如新闻自由、言论自由和高水平的人类发展指数，有助于各国随着时间的推移实现更高的收入发展。创新能力也是推动积极发展的决定性因素。

《从转型之初至今马其顿商业部门的发展及其创新活动（1991—2021）》[⑦] 一文总结了马其顿（2019 年更改国名为北马其顿共和国）商业部门在过去 30 年中的弱点和成就，认为与欧盟平均水平相比，马其顿商业部门在创新和生产力方面显著滞后，并指出应采取特别行动予以改善的领域。

---

① Costel Gabriel Munteanu, "The Ethnicization of Peace Building Instruments in Bosnia and Herzegovina", *Studia Europaea*, Issue No.1, 2022.

② Jovana Jeremic, Shyamika Jayasundara-Smits, "Long after Dayton: A Journey through Visual Representations of War and Peace in Bosnia and Herzegovina", *Southeast European and Black Sea Studies*, Vol.22, No.4, 2022.

③ Milena Dževerdanović Pejović, "Religious vs. Secular Discourse and the Change of Political Power in Montenegro", *Journal of Balkan and Near Eastern Studies*, Vol. 24, No.6, 2022.

④ Zivko Andrijasevic, Maja Bacovic, "Economic Development of Montenegro from 1918 to 1990: The Impact of Political Status and Economic Development Model", Southeast European and Black Sea Studies, Vol.22, No.2, 2022.

⑤ Agon Demjaha, Inter-Ethnic Relations in the Western Balkans: Causality between Inter-Ethnic and Inter-State Relations, Chișinău: Eliva Press, 2022.

⑥ Mariia Shkolnykova, Lasse Steffens and Jan Wedemeier, "Systems of Innovation in Central and Eastern European Countries: Path of Economic Transition and Differences in Institutions", *Bremen Papers on Economics & Innovation 2209*, University of Bremen, Faculty of Business Studies and Economics, 2022.

⑦ Marica Antovska-Mitev, Tatjana Drangovska, "Development of the Macedonian Business Sector and Its Innovation Activities from the Early Transition Years until Today (1991-2021)", Икономически изследвания (*Economic Studies*), Vol.29, No.6, 2022.

《欧盟—中东欧经济体如何应对劳动力短缺?》① 一文指出，中东欧的欧盟成员国面临日益严重的劳动力短缺问题。新冠疫情暴发后，这一问题得到短暂缓解。劳动力短缺本身并不是快速结构变化和收入增长的障碍。然而，要使这种经济模式可持续发展，就需要更积极的政府政策，如加大教育和培训的公共投资、提高最低工资以鼓励自动化以及建立更广泛的福利网络以应对自动化可能产生的短期负面作用。

《2006—2019年保加利亚的"影子经济"》② 一文评估了保加利亚"影子经济"的规模和趋势，发现保加利亚2006—2019年的"影子经济"占GDP的比重从31.7%降至21.1%。下降的主要原因是与加入欧盟进程相关的国内立法的协调、更严格的程序和几届政府遏制"影子经济"的措施。"影子经济"的份额尽管呈下降趋势，但仍居高位，成为经济和社会发展的障碍，需要采取进一步措施加以限制，使其降到更低的水平。

《东南欧的区域电力贸易——来自面板结构重力模型的发现》③ 一文研究了1990—2019年东南欧的电力净出口、发电和消费之间的依赖关系以及出口电力领域的法规。研究发现，在考虑电力对外贸易时，国内电力消费比发电量的影响要大得多。所考察国家的电力容量建设更多地面向国内市场，导致国与国之间的互联互通不发达，这是该区域电力市场自由化及其融入泛欧市场结构的严重阻碍。它还为维持较高和不稳定的电价创造了条件，从而对经济发展产生负面影响。

（三）中东欧与欧洲一体化和中东欧国家对外关系研究

国外学界的研究较为广泛，涉及以下五大问题。

1. 欧洲一体化对中东欧国家经济发展的影响

《中东欧非欧元区国家的能源转型：来自面板向量误差修正模型的证据》④ 一文基于1990—2018年特定变量之间的因果关系，分析中东欧国家的能源转型过程。该文认为，随着"入盟"进程的推进，这些国家通过并执行严格的条例，外国资本也推动它们向低碳经济转型，从而促进了这些国家的经济发展，对环境保护也产生了积极影响。

《中东欧国家产业内贸易动态：贸易协定的作用》⑤ 一文调查了1997—2019年8个中东欧国家的区域贸易协定（RTA）对产业内贸易发展的影响，发现与其他区域贸易协定相比，《中

---

① Vasily Astrov, Richard Grieveson, Doris Hanzl-Weiss, Sebastian Leitner, Isilda Mara, Hermine Vidovic and Zuzana Zavarská, "How do Economies in EU-CEE Cope with Labour Shortages?" *WIIW Research Report No.463*, The Vienna Institute for International Economic Studies, WIIW, 2022.

② Stefan Petranov, Dimitar Zlatinov and Ilia Atanasov, "The Shadow Economy in Bulgaria during the Period 2006-2019", Икономически изследвания (*Economic Studies*), Vol.28, No.5, 2022.

③ Dimitar Zlatinov, Nedko Kosev and Stoyan Shalamanov, "Regional Electricity Trade in South East Europe- Findings from a Panel Structural Gravity Model", Икономически изследвания (*Economic Studies*), Vol.31, No.8, 2022.

④ Simona Andreea Apostu, Mirela Panait, Daniel Balsalobre-Lorente, Diogo Ferraz and Irina Gabriela Rădulescu, "Energy Transition in Non-Euro Countries from Central and Eastern Europe: Evidence from Panel Vector Error Correction Model", *Energies*, MDPI, Vol. 15, Iss. 23, 2022.

⑤ Vinko Zaninoviæ, "The Intra-industry Trade Dynamics in CEE Countries: The Role of Trade Agreements", Proceedings of Rijeka Faculty of Economics, University of Rijeka, Faculty of Economics and Business, Vol. 40, No.1, 2022.

欧自由贸易协定》和欧盟一体化协定对产业内贸易具有特别积极的影响，但影响范围因国家而异。一体化成员之间经济发展水平越来越不对称对产业内贸易具有负面影响。当前和未来，欧盟应致力于缩小成员国之间的经济发展差距。

2. 欧盟的中东欧成员国与老成员国的趋同

《用比较优势的二分网络法理解欧洲一体化》[①] 一文指出，欧洲一体化的核心目标是趋同和经济增长，这些目标受到冗余和价值链不对称的阻碍，挑战是如何协调劳动分工实现全球竞争力，同时弥合整个欧盟的生产率差异。该文开发了一种二分网络方法，在欧盟 15 国和中东欧国家内部及它们之间追踪成对的共同专业化。该文发现中东欧国家之间存在显著的共同专业化，而欧盟 15 国和中东欧国家之间的生产分工则更为深入。那些在加入欧盟之前专业化没有显著重叠、在加入欧盟后与其他中东欧国家共同专业化程度提高的中东欧国家，其生产率有所提高，而中东欧国家和欧盟 15 国的共同专业化与生产率增长的相关性较小。这些结果表明，部门专业化分工可以导致欧盟 15 国和中东欧国家之间的生产力趋同。

《中东欧与欧洲大陆核心地区城市化差异的要素》[②] 一文指出，关于中东欧 10 国是否与欧盟核心地区趋同的问题仍有争论，但城市化的差异不可否认。该文分析了造成这种差异的两个经济过程——外国直接投资和移民，并将其与城市化相联系，得出如下结论："前沿"地区的差异略有收敛，但这些"前沿"地区通常只存在于中东欧的城市化地区。此外，由于所分析过程的自我增强性质，中东欧国家的农村与城市二元分化正在加深。

《欧盟价值链的功能专业化：确定欧盟国家在国际生产网络中的角色的方法》[③] 一文指出，地理上分散的生产网络使各国能够专注于价值链的不同功能。该文使用基于贸易流和基于外国直接投资流两种方法来量化功能专业化的规模，以获得欧盟成员国功能专业化程度的详细情况。该文发现，在欧盟，中东欧国家主要从事制造阶段的活动，即"工厂经济"，而西欧国家主要从事知识密集型的制造阶段前的活动，即"总部经济"。虽然功能专业化模式持续存在，特别是在制造阶段，但近年来中东欧国家也出现了一些功能多样化的迹象。尽管如此，这些功能变化仍然局限于少数行业。在区域层面，"工厂经济"和"总部经济"的二分法也清晰可见。研究结果表明，中东欧国家和地区在制造阶段以外的功能多样化方面存在重大困难，但也存在一些有希望的因素和趋势，特别是在行业和区域层面。

《对 2008 年危机的反应：意大利南部和中东欧地区的竞争力表现》[④] 一文指出，2008 年国际金融危机影响了欧盟的地缘经济动态，导致欠发达地区的重新定位。该文在 NUTS 2 水平

---

① Riccardo Di Clemente, Balázs Lengyel, Lars F. Andersson and Rikard Eriksson, "Understanding European Integration with Bipartite Networks of Comparative Advantage", *PNAS Nexus*, Vol.1, No.5, 2022.

② Péter Faragó, Krisztina Gálos and Dávid Fekete, "Elements of Divergence in Urbanization between Central and Eastern Europe (CEE) and the Core of the Continent", *Sustainability*, MDPI, Vol.14, No.19, 2022.

③ Aleksandra Kordalska, Magdalena Olczyk, Roman Stöllinger and Zuzana Zavarská, "Functional Specialisation in EU Value Chains: Methods for Identifying EU Countries' Roles in International Production Networks", *WIIW Research Reports 461*, The Vienna Institute for International Economic Studies, WIIW, 2022.

④ Paola De Vivo, Caterina Rinaldi, "Reacting to the 2008 Crisis: Competitiveness Performances of Southern Italy and CEE Regions", *Cambridge Journal of Regions, Economy and Society*, Vol.15, Iss.1, 2022.

上比较了欧盟落后地区，发现中东欧地区对危机的反应要好于意大利南部地区。该文认为，竞争力路径的差异取决于其财政资源的规模以及体制禀赋和遗产，而这反过来又直接影响到区域政策的实施。

《空气污染和健康的限制："老"和"新"欧盟经济负担的不平等》① 一文评估空气污染对新老欧盟成员国不同程度的影响，发现空气污染对欧盟 27 国造成的健康影响程度不同，在新老欧盟成员国之间呈现不平等态势，表明空气污染对中东欧居民的健康影响更严重。

3. 欧元问题和欧盟数字化建设

《向多极货币秩序的过渡？美元、欧元和人民币的货币集中和国际化趋势》② 一文使用模糊逻辑模型包括经济和政治因素评估三种主要货币——美元、欧元和人民币的货币国际化的衡量潜力，分析了它们的货币集中度和货币国际化的潜力，以及向多极货币体系转变的前景。结论认为，当前国际货币体系存在向多极货币安排转变的趋势。

《责任还是团结？欧洲货币联盟改革的关键问题》③ 一文讨论了有关货币联盟的问题，认为 2008 年的经济衰退以及随之而来的主权债务危机表明欧洲货币联盟的最初设计无法持续。除了最紧迫的调试，对体制进行深刻改革的需求提上议程已经过去了 10 多年。然而，尽管采取了重大步骤，但全面改革尚未实现。该文回顾了欧洲货币联盟改革的背景和重点，认为有必要在常见的减震工具即风险分担之间建立更好的平衡，并让市场发挥更大的作用，以激励财政和金融纪律即降低风险。因此，创建可持续的弹性系统即响应和适应能力的需求可能成为决定性因素。货币联盟改革的核心应是更深层次的经济和金融联盟、弹性结构、增加风险分担和减少继承风险。

《巨人的影子：欧元区溢出效应和中东欧的货币政策》④ 一文研究了 2005—2018 年欧元区经济活动和货币条件受到的冲击对 10 个中东欧国家产出、价格、货币和利率的影响。该文对比了来自欧元区的冲击与国内冲击的影响，发现来自欧元区冲击的影响随着时间的推移而增加并持续，而国内冲击则迅速消失。该文认为大多数中东欧国家没有真正意义上的货币独立，这可能会对中东欧国家货币政策的有效性造成不利影响。

《欧洲一体化视角下的统一货币》⑤ 一文认为 2010 年匈牙利政府更迭后，考虑到当时仍处于经济危机状态下，匈牙利政府明确表示不想引入欧元的意愿。即使后来宏观经济环境和经济表现均有改善，匈牙利政府也将欧元的引入视为经济主权问题，没有积极引入欧元。该文

---

① Agnieszka Jakubowska, Marcin Rabe, "Air Pollution and Limitations in Health: Identification of Inequalities in the Burdens of the Economies of the 'Old' and 'New' EU", *Energies*, MDPI, Vol.15, Iss.17, 2022.

② Vojtěch Sadil, "Přechod k multipolárnímu měnovému uspořádání? Trendy v měnové koncentraci a internacionalizaci dolaru, eura a renminbi", *Mezinárodní vztahy*, Vol.57, No.1, Ústav mezinárodních vztahů, březen 2022.

③ Peter Halmai, "Responsibility Versus Solidarity? Key Issues for the EMU Reform", *Romanian Journal of European Affairs*, Vol.22, No.1, 2022.

④ Makram El-Shagi, Kiril Tochkov, "Shadow of the Colossus: Euro Area Spillovers and Monetary Policy in Central and Eastern Europe", *Journal of International Money and Finance*, Vol.120, Iss.C, 2022.

⑤ Benczes István, Kollai István, Palánkai Tibor, "Egységes valuta az európai integráció perspektívájában", *Journal of Economic Literature*, LXIX. évf., március 2022.

认为欧元的引入不仅是政治决定，也是经济决定。鉴于统一货币是欧洲一体化进程的重要组成部分，如果匈牙利希望在未来继续成为欧盟的积极成员，就不应当排斥欧元。

《对数字欧元项目的初步评估》[①] 一文讨论了有关欧元数字化的问题。该文认为，实物现金使用量减少、大型科技公司的市场支配力过大、对金融稳定构成风险的加密资产市场基本上不受监管，以及需要更多的金融普惠和低成本的跨境支付，都是支持中央银行数字货币（CBDC）的论据。尽管如此，对待货币数字化仍需要谨慎。该文分析了作为国际支付架构一部分的数字欧元的可能特征，讨论了各种可能出现的情况，这些情况包括从数字货币零售价格的一般原则、数字欧元的公众意见，到专家关于数字欧元的隐私、安全、可用性、成本、离线使用、接受度、潜在的非中介化、标准和国际影响的意见等。该文还概述了主要参与者之间的关系，同时确定了以数字欧元为核心的欧元区支付系统迅速运作的先决条件。

《在欧洲数字社会中重新定义智慧城市》[②] 一文讨论了欧盟数字化社会和智慧城市的问题。该文基于对欧盟正在建设一个以价值为基础的数字社会的理解，介绍了作为欧盟数字政策参与者的智慧城市。该文认为，智慧城市已沦为纯粹的商业主导战略，缺乏能够为城市景观带来价值的基层直接参与。此外，该文还解构了当前欧委会提出的数字社会的主要支柱，并寻找智慧城市与数字社会模型之间的一致性领域。为了说明这种一致性，该文分析了欧洲和地方层面的政策文件，并以2019年被指定为德国数字城市的达姆施塔特为例进行了案例研究。

《欧洲数字主权：权力下放分析》[③] 一文探讨了欧盟有关数字主权的政策，指出，欧盟委员会把欧洲数字主权的概念定义为进行"自主技术选择"的能力以及在国际层面制定规则和标准的雄心。"数字主权"的理念响应了欧洲公共和私营部门进一步使用本土技术的需求。然而，无论是官方政策和话语还是学术文献，都没有分析这一过程中涉及的参与者和权力分配。该文探讨了什么是数字主权，谁是这种新型主权的"所有者"，以及这种言论对欧洲一体化的影响。该文通过采用委托—代理框架的理论视角，借鉴欧洲从20世纪80年代至今技术领域决策的发展路径进行讨论。该文的结论是，成员国的不同偏好创造了将权力下放给欧盟委员会的动力。此外，数字主权言论有助于通过建立联盟和共识来克服授权政治的问题。

4. 维谢格拉德集团研究

《维谢格拉德集团合作的政治理论解释》[④] 一文认为，过去30年，维谢格拉德集团的合作经历了三个阶段：1991—1999/2004年的积极合作、2004—2010年的停滞、2010年以来再次走向积极合作。学界对维谢格拉德集团合作有多种不同的解释，有人将其定义为非正式外交平台，也有学者称其为新区域一体化，或是小型谈判机制。功能主义国际关系理论和结构主

[①] Iulia Monica Oehler-Șincai, "The Digital Euro Project. A Preliminary Assessment", *Romanian Journal of European Affairs*, Vol.22, No.1, 2022.

[②] Mirela Mărcuț, "Redefining the Smart City within the European Digital Society", *Romanian Journal of European Affairs*, Vol.22, No.1, 2022.

[③] Cosmina Moghior, "European Digital Sovereignty: An Analysis of Authority Delegation", *Romanian Journal of European Affairs*, Vol.22, No.1, 2022.

[④] Stepper Péter, "A V4-együttműködés politikaelméleti magyarázata(i). A funkcionalista integrációelmélet strukturalista alternatívája", Külügyi és Külgazdasági Intézet, *Külügyi Szemle*, Huszonegyedik évfolyam 1. szám – 2022. tavasz.

义（新现实主义和新自由主义）理论都能用来分析维谢格拉德集团合作。其中，外部因素和关注国际关系的新现实主义理论能更好地解释其阶段性特点。未来几年，国际体系的不稳定性和不可预测性会促使维谢格拉德集团加强合作。

《人寿保险需求分析：以维谢格拉德集团为例》[①] 一文试图厘清居民收入、教育、预期寿命、就业和人寿保险需求等重要变量在维谢格拉德四国的复杂关系。该文以经合组织的数据为基础，通过线性回归和面板数据回顾对这一问题进行深入分析，发现随着收入的增加和受教育程度的提高，人们对养老基金的投资需求会增加，但对人寿保险的投资需求减少。此外，失业会遏制人们的人寿保险需求。而预期寿命的增长则意味着人们需要更多的人寿保险产品和更少的养老基金资产。

5. 西巴尔干与欧洲一体化和巴尔干地区的国际关系

《欧盟扩大及其对欧洲一体化的影响》[②] 一文审议了欧盟对西巴尔干国家的扩大政策，分析了欧盟扩大政策和实践与欧洲一体化进程的相互作用，特别关注扩大进程的性质、法律规定和迄今取得的进展，并描述了西巴尔干地区民众对欧洲一体化的态度。

《巴尔干的安全和一体化是否出现了分歧？》[③] 一文指出，安全和一体化应该相辅相成，而不是相互矛盾。然而，就巴尔干而言，安全已将一体化降格为次优先事项。导致这种状态的因素有：关于欧盟未来的辩论，包括一体化的扩大和深化；与俄罗斯不断升级的对抗以及对新势力范围的竞争；中国对全球领导地位的雄心；欧盟与美国关系的动荡。所有这一切导致欧洲大陆统一的重心转向威慑，从而再次将巴尔干地区转变为大国对抗的对象，而不是欧盟等更大国际主体的组成部分。

《匈牙利在西巴尔干的投资：经验和建议》[④] 一文认为，西巴尔干地区尤其塞尔维亚是匈牙利最重要的目标投资区域之一。应当将对西巴尔干投资作为匈牙利外交和对外投资的重点，支持对西巴尔干有竞争力的行业进行投资。

《大国在东南欧的能源政策动向》[⑤] 一文认为，东南欧国家的能源结构历来是由外部因素决定。由此，该文基于对来自这些国家、欧盟机构和国际组织的利益相关者的多次采访，评估了欧盟如何影响9个东南欧国家的燃料选择，以及可能产生的地缘政治后果。该文认为，欧盟的气候政策显著改变了这些国家的基础设施结构，通过运用其支持这种能源转型的权力，欧盟已经将按照单一地缘政治规则的"欧盟/美国对俄罗斯"两极体系转变为根据供应安全和

[①] Tomas Kabrt, "Life Insurance Demand Analysis: Evidence from Visegrad Group Countries", *Eastern European Economics*, Vol.60, No.1, 2022.

[②] Rumiana Jeleva, "EU Enlargement and its Impact on European Integration", *Sociological Problems*, Vol.54, No.1, 2022.

[③] Любомир Кючуков, Разминаха ли се сигурността и интеграцията на Балканите? Международни отношения, Брой 1, 2022.

[④] Ármás Julianna, Németh Ferenc, "Magyar kifektetések a Nyugat-Balkánon: tapasztalatok és ajánlások", A Külügyi és Külgazdasági Intézet, *KKI-elemzések*, KE-2022/24.

[⑤] András Deák, John Szabó and Csaba Weiner, "New Dynamics of Great-power Energy Politics in South-Eastern Europe: The EU versus the US and Russia?", *Czech Journal of Political Science/Politologický časopis*, Vol.29, No.1, 2022.

气候政策定义的"欧盟—俄罗斯—美国"三极能源体系。此外,中国也参与其中。因此,各国将不得不在新的地缘政治背景下做出关键的能源政策决定。

学者们还研究了有关西巴尔干与欧洲一体化的诸多问题,如西巴尔干地区一体化与分化的走向[①]、西巴尔干地区一体化与欧洲一体化的关系[②]、新的地缘政治背景下西巴尔干的欧洲一体化进程[③]、难民危机背景下欧盟与西巴尔干的关系[④]、西巴尔干渐进融入欧洲一体化[⑤]、西巴尔干融入欧洲一体化进程中的安全部门改革与安全治理[⑥]、东南欧国家的欧洲化与能源共同体之间的关系[⑦]、黑山的欧洲化[⑧]、"入盟"对北马其顿司法改革的影响[⑨]、"入盟"对波黑企业改制的要求及其对波黑经济发展的影响[⑩]等。

《东南欧与黑海研究》2022年第1期对土耳其与巴尔干的关系进行了专题研讨,包括土耳其对巴尔干地区的新冠疫情外交、土耳其与巴尔干关系中的欧洲化争论、土耳其与保加利亚的关系、土耳其与希腊的关系、土耳其与塞尔维亚的关系、土耳其与罗马尼亚的关系、土耳其在波

---

① Marco Zoppi, Futures of the Western Balkans: *Fragmentation and Integration in the Region and Beyond*, London: Springer, 2022.

② Matteo Bonomi and Zoran Nechev, Regional and EU Integration of the Western Balkans: Beyond a Two-Track Approach, March 09, 2022, https://iai.it/en/pubblicazioni/regional-and-eu-integration-western-balkans-beyond-two-track-approach.

③ Stefan Vladisavljev, Balkan Dialogues: Re-Thinking the Western Balkans EU Integration in the New Geopolitical Context, May 11, 2022, https://en.bfpe.org/in-focus/balkan-dialogues-re-thinking-the-western-balkans-eu-integration/.

④ Jonathan Webb, "The 'Refugee Crisis' and Its Transformative Impact on EU-Western Balkans Relations", *Journal of Ethnic and Migration Studies*, Vol.48, No.6, 2022.

⑤ Is "Gradual Integration" of the Western Balkans into the EU possible? June 06, 2022, https://sarajevotimes.com/is-gradual-integration-of-the-western-balkans-into-the-eu-possible/.

⑥ Anastasiia Kudlenko, Elena Korosteleva, *Security Governance in Times of Complexity: The EU and Security Sector Reform in the Western Balkans, 1991-2013*, Stuttgart: Ibidem Press, 2022.

⑦ Burak Tangör, Ömer Faruk Sari, "The Energy Community and Europeanization of South East Europe and Beyond: A Rational Choice-Historical Institutionalist Explanation", *Journal of Contemporary European Studies*, Vol.30, No.4, 2022.

⑧ Adam Bence Balazs, *The Europeanization of Montenegro: A Western Balkan Country and its Neighbourhood in Europe and the Global World*, Baden-Baden: Nomos Verlagsgesellschaft Mbh & Co, 2022.

⑨ Islam Jusufi, "How the EU-induced Institutional Changes Facilitated Patronage over and Capture of Judiciary in North Macedonia", *Journal of Balkan and Near Eastern Studies*, Vol.24, No.1, 2022.

⑩ Dragan Milovanović, "The Influence of Corporate Restructuring on the Economic Development of Bosnia and Herzegovina", *Journal of Balkan and Near Eastern Studies*, Vol.24, No.4, 2022.

黑的影响力、土耳其与科索沃的关系以及土耳其与西方国家在巴尔干地区的博弈等议题①。还有学者对土耳其的西巴尔干政策的连续性与变化作了系统的分析②。

（四）热点问题研究

俄乌冲突和新冠疫情背景下的中东欧乃至欧洲是国外学界关注的热点问题。

《欧盟正在形成的地缘政治力量：乌克兰战争问题》③ 一文探讨了欧盟如何改变其决策过程以适应乌克兰危机局势、这种改变又如何有助于欧盟提高其地缘政治实力的问题。该文认为欧盟通过对侵略者采取一致的政策，提升了地缘政治姿态，并通过密切关注欧盟工作会议和新闻报道，结合对相关专家进行的有关欧盟未来的采访，针对俄罗斯对乌克兰局势采取的不同选择，提出欧盟未来可能的前景。

美国国际战略研究中心、华沙研究所、意大利泛欧研究所、土耳其安卡拉危机与政策研究中心及"德尔斐倡议"等智库和研究机构发布报告④。《今日政治》《欧洲动态》《进步邮报》

---

① Birgül Demirtaş, "Reconstruction of the 'Regional Power' Role during the Pandemic: Turkey's COVID-19 Diplomacy towards the Balkans"; Başak Alpan, Ahmet Erdi Öztürk, "Turkey and the Balkans: Bringing the Europeanisation/ De-Europeanisation Nexus into Question"; Başak Alpan, Ahmet Erdi Öztürk, "Turkish Foreign Policy in the Balkans amidst 'Soft Power' and 'De-Europeanisation'"; Emilia Zankina, "A Delicate Balancing Act: Turkish-Bulgarian Relations within the Context of Foreign and Domestic Politics"; Sabina Pacariz, "Foreign Direct Investment (FDI) as Indicator of Regime Type: Contemporary Serbian-Turkish Relations"; Nikos Christofis, "Securitizing the Aegean: De-Europeanizing Greek-Turkish Relations"; Aurel Lazăr, Miruna Butnaru-Troncotă, "Assessing a Decade of Romania-Turkey Strategic Partnership in an Era of Ambivalence and 'De-Europeanisation'"; Adnan Huskić, Hamdi Fırat Büyük, "Measuring Turkey's Contemporary Influence in Bosnia And Herzegovina: Myth and Reality"; Afrim Hoti, Bardhok Bashota, Bekim Sejdiu, "Relations between Turkey and Kosovo: Factors and Dynamics; Dimitar Bechev, A Rival or an Awkward Partner? Turkey's Relationship with the West in the Balkans", *Southeast European and Black Sea Studies*, Vol.22, No.1, 2022.

② Branislav Radeljić, Mustafa Cüneyt Özşahin, *Turkey's Return to the Western Balkans: Policies of Continuity and Transformation*, London: Springer, 2022.

③ Oana-Antonia Colibășanu, "The Geopolitical Power of EU in the Making (?): A Question of the War in Ukraine", *Romanian Journal of European Affairs*, Vol.22, No.1, 2022.

④ The War in Ukraine: Aftershocks in the Balkans, April 15, 2022, https://www.csis.org/analysis/war-ukraine-aftershocks-balkans; Jakub Lachert, Western Balkans and the War in Ukraine, July 04, 2022, https://warsawinstitute.org/western-balkans-war-ukraine/; War in Ukraine, the Balkans hold their breath, March 01, 2022, https://www.balcanicaucaso.org/eng/Areas/Balkans/War-in-Ukraine-the-Balkans-hold-their-breath-216258; Sibel Mazrek, Possible Reflections of the Russia-Ukraine War on the Balkans, March 22, 2022, https://www.ankasam.org/possible-reflections-of-the-russia-ukraine-war-on-the-balkans/?lang=en; James Carden, Ukraine War Driving US back into the Balkans, September 24, 2022, http://www.defenddemocracy.press/ukraine-war-driving-us-back-into-the-balkans/.

《巴尔干观察》《维谢格拉德观察》等媒体也持续推出分析评论①。这些讨论主要集中于俄乌冲突对巴尔干地区安全、国内政治、社会生活以及外交走向等方面的影响。也有学者对西巴尔干国家对俄乌冲突的立场以及对俄关系的差异、欧洲安全框架内俄乌冲突对西巴尔干地区的影响等进行讨论②。

《东欧政治》2022年第4期推出主题为"疫情危机中的中东欧"的特刊，将中东欧国家的疫情应对定义为"先赢后输"。相比于西欧国家，中东欧国家在第一波疫情中做了很好的应对。但在后续一波接一波的疫情中，中东欧国家更多展现了其相对脆弱的一面。其脆弱性主要体现在四个方面：公共卫生系统脆弱、社会共识不足与歧视性行为增加、民主制度退步、依附型经济的弊端。③

《欧盟的"流行病"——信任、领导和价值观危机》④一文指出，在面对危机、尖锐对立的政治反对派、假新闻、民粹主义以及寻求统一的欧洲方法来解决当今的问题和挑战时，选民希望他们授予权力的人表现出常识、进行对话和达成妥协的能力，最重要的是有明确的结果。

《新冠疫情后西巴尔干的欧洲一体化》⑤审视了阿尔巴尼亚、波黑、北马其顿、塞尔维亚、科索沃和黑山申请加入欧盟的进程，分析了欧盟候选国的官方机构与欧盟机构之间的沟通，并根据各地的具体情况及其在与欧盟谈判中的相对进展，比较它们的不同，进而解析新冠疫情对西巴尔干一体化进程的影响。

《大流行期间保加利亚的经济》⑥一文分析了新冠疫情影响下的保加利亚经济状况和新趋势，概述了经济发展的潜在风险，并对中长期前景进行了分析。该文认为，劳动力资源正在不可逆转地减少，对劳动力的质量要求凸显。劳动力供应的灵活性在很大程度上取决于年龄较大的群体，这是一个不利的趋势。无论是在提交经济复苏计划的时间方面，还是在个别标

---

① Nikola Mikovic, How Will the Russia-Ukraine War Affect the Balkans? March 9, 2022, https://politicstoday.org/how-will-the-russia-ukraine-war-affect-the-balkans/; Krassen Nikolov, The Ukraine War and the Balkans: When Autocrats Pose as Stability Guarantors, April 12, 2022, https://www.euractiv.com/section/enlargement/news/the-ukraine-war-and-the-balkans-when-autocrats-pose-as-stability-guarantors/; Dejan Jovic, The Western Balkans: Divided over the War in Ukraine, June 21, 2022, https://progressivepost.eu/the-western-balkans-divided-over-the-war-in-ukraine/; Ukraine War Threatens Food Security in Western Balkans, April 05, 2022, https://balkaninsight.com/2022/04/05/ukraine-war-threatens-food-security-in-western-balkans/; Alba Cela, The War in Ukraine and the Western Balkans, April 08, 2022, https://visegradinsight.eu/the-war-in-ukraine-and-the-western-balkans/.

② The Effects of the War in Ukraine on the Western Balkans", *Strategic Comments*, Vol.20, No.4, 2022; Sheqir Kutllovci, Fatmir Halili, *NATO's Role, Policy-Making, Security and the Effects of the War in Ukraine in the Balkan Region*, Chişinău: Eliva Press, 2022.

③ Dorothee Bohlea, Edgars Eihmanis: "East Central Europe in the COVID-19 Crisis", *East European Politics*, Vol.38, No.4, 2022.

④ Гергана Радойкова. Пандемиите на Европейския съюз – криза на доверието, лидерството и ценностите, ЕС след Ковид-19: ефекти, поуки, перспективи. М.: Университет за национално и световно стопанство, София, 2022.

⑤ Милен Желев., Европейската интеграция на Западните Балкани след Ковид-19, ЕС след Ковид-19: ефекти, поуки, перспективи. М.: Университет за национално и световно стопанство, София, 2022.

⑥ Виктор Йоцов, Гарабед Минасян, Победа Луканова, Димитър Златинов, Григор Сарийски, Българската икономика по време на пандемията, Икономическа мисъл, Брой 2, 2022.

准的覆盖程度和获得财政资源方面,保加利亚在欧盟内仍然落后。

学者们还研究了新冠疫情对西巴尔干国家金融市场的影响①、疫情下西巴尔干地区国家与社会的关系②和西巴尔干地区经济包容性③、塞尔维亚疫苗接种以及疫情下克罗地亚的机构信任④等问题。世界卫生组织也对后疫情时代西巴尔干国家卫生改革议题进行了讨论。⑤

除此之外,国外学界还研讨了欧洲难民问题⑥、德国外交政策⑦、土耳其库尔德和伊斯兰政党的转型⑧等相关问题。

三、2022年中国社会科学院俄罗斯东欧中亚研究所转型和一体化理论研究室的研究状况

2022年,转型和一体化理论研究室主要做了以下六项工作。

(一)结合创新项目,推进转型和一体化研究

转型和一体化理论研究室创新项目成果——专著《中东欧转型30年:新格局、新治理与新合作》⑨由社会科学文献出版社出版。该专著力图突破国际政治研究中的西方视角和大国视角,从深入剖析和深刻理解中东欧入手,厘清中东欧国家在欧洲一体化和国际政治新发展中的作用。主要讨论了以下问题:东欧剧变与"冷战"结束的关系及其带来的国际格局变化;巴尔干地区战争与和平进程中的国际干预和治理;中欧地区合作与欧洲一体化;跨境民族问

---

① LuanVardari, "The Effects of COVID-19 Pandemic on Western Balkan Financial Markets", in Utku Kose et al., *Data Science for COVID-19*, Vol.2: Societal and Medical Perspectives Presents, Waltham: Academic Press, 2022.

② Neven Andjelic, *COVID-19, State-Power and Society in Europe: Focus on Western Balkans*, London: Springer, 2022.

③ William Bartlett, Milica Uvalić, *Towards Economic Inclusion in the Western Balkans*, London: Palgrave Macmillan, 2022.

④ Adela Ljajić et al., " Uncovering the Reasons Behind COVID-19 Vaccine Hesitancy in Serbia: Sentiment-Based Topic Modeling", *Journal of Medical Internet Research*, Vol.24, No.11, 2022; Kosta Bovan, Nikola Baketa, Marko Kovačić and Dinka Čorkalo Biruški, "Trust Us, We Know What We Are Doing: Institutional Trust in Croatia during the COVID-19 Crisis", Southeast European and Black Sea Studies, Vol.22, No.3, 2022.

⑤ Revitalizing Mental Health Reforms in the Western Balkans after COVID-19, November 09, 2022, https://www.who.int/europe/news/item/09-11-2022-revitalizing-mental-health-reforms-in-the-western-balkans-after-covid-19.

⑥ Bohumil Doboš, Martin Riegl, Mezinárodní migrace pohledem politických věd: historie, teorie a současné otázky, Ústav mezinárodních vztahů,Praha 2022; Stefano degli Uberti, Roberta Altin, "Entangled Temporalities of Migration in the Western Balkans, Ethnographic Perspectives on (Im)-mobilities and Reception Governance"; Roberta Altin, Stefano degli Uberti, "Placed in Time. Migration Policies and Temporalities of (Im)Mobility Across the Eastern European Borders"; Sarah Bittel, Alessandro Monsutti, "Waiting Games: Taming Chance among Afghans in Greece"; Ilir Gëdeshi, Russell King, " Albanian Returned Asylum-Seekers: Failures, Successes and What Can Be Achieved in a Short Time"; Maja Savić-Bojanić, Jana Jevtić, "Solidarity or Crisis? How Personal Migration Experiences Shape Popular Perception on Forced Migrants in Bosnia and Herzegovina?"; Danica Santic, Nermin Oruc and Simona DEgiorgi, "Transitional Shelters on a Policy Landslide – Experiencing Displacement on the Frontline in Bosnia and Herzegovina"; Jelena Tošić, "Populist Variations on Migration: Floating Signifiers of Mobility in the Context of the 'Balkan Route' and the COVID-19 Pandemic"; Danica Šantić, Milica Todorović and Natalija Perišić, "The 'New Normal' in Migration Management in Serbia in Times of the COVID-19 Crisis"; Marco Zoppi, Marco Puleri, "The Balkan Route (and Its Afterlife): The New Normal in the European Politics of Migration", *Journal of Balkan and Near Eastern Studies*, Vol. 24, No.3, 2022.

⑦ JJakub Eberle, Alister Miskimmon, *International Theory and German Foreign Policy*, Routledge 2022.

⑧ Pelin Ayan Musil, *The Transformation of Kurdish and Islamist Parties in Turkey*, Palgrave Macmillan, 2022.

⑨ 高歌主编:《中东欧转型30年:新格局、新治理与新合作》,社会科学文献出版社2022年版。

题的形成、发展及其解决途径；中东欧"回归欧洲"与欧盟边界的扩大和欧洲观念的变化。该专著凸显了中东欧研究在国际政治研究中的地位和学科价值，也有助于更为准确地理解和把握国际政治发展的新趋势，为中国发展与中东欧国家、欧盟乃至世界其他大国关系，推进"一带一路"建设和中国—中东欧国家合作服务。

转型和一体化理论研究室在研创新项目"一体化若干问题研究"按计划进行。项目拟从国别和次区域的角度探讨欧洲一体化与中东欧国家和维谢格拉德集团的关系，细化一体化研究的内容；在研究欧洲一体化对中东欧国家转型和国家治理的影响之外，注重分析欧盟的中东欧成员国和维谢格拉德集团对欧洲一体化的作用，拓宽一体化研究的视野；对欧洲一体化和欧亚一体化进行比较，提高一体化研究的水平。

（二）"登峰战略"重点学科达到学科建设总体发展目标，顺利结项

中东欧学科有40余年的历史，学术积淀较为深厚。在长期的发展中，该学科研究人员始终坚持正确的政治方向和学术导向，坚持基础理论研究和应用对策研究融合发展，在对中东欧国家长期跟踪研究的基础上，敏锐发现既能提升学科价值、引领学科发展方向，又能服务国家建设的重大理论和现实问题，并对这些问题进行深入研究。入选"登峰战略"重点学科以来，中东欧学科研究人员主持并完成多项课题，推出一批有重要影响的学术成果。同时，该学科重视人才培养和引进，加强科研队伍建设；开展多项学术活动，扩大学术影响力；发挥学科平台作用，拓展社会影响力；与国外学者和相关学术机构建立和加强联系，开展合作研究，提升国际影响力。中东欧学科达到巩固在国内中东欧学界的前沿地位，提升在国际中东欧学界的学术影响力的总体发展目标，为中东欧学科的进一步繁荣发展及转型和一体化理论学科的建立奠定了扎实的基础。

（三）发表多篇科研成果，提升研究室的总体研究水平

除专著《中东欧转型30年：新格局、新治理与新合作》外，转型和一体化理论研究室研究人员出版专著1部[1]，发表核心期刊论文9篇[2]、外文论文1篇[3]和其他各类文章11篇，展现了研究室在转型和一体化研究领域的最新进展。

《政党权力转换与政党制度变迁——基于中东欧国家政党制度变迁的案例分析》一文立足

---

[1] 徐刚：《巴尔干联合思想与实践研究：1797—1948》，社会科学文献出版社2022年版。

[2] 高歌：《政党权力转换与政党制度变迁——基于中东欧国家政党制度变迁的案例分析》，《俄罗斯东欧中亚研究》2022年第4期；姜琍：《中东欧政党政治发展变化的特点及根源》，《当代世界》2022年第3期；姜琍、张海燕：《欧盟绿色和数字化转型与捷克第二次经济转型构想》，《欧亚经济》2022年第2期；鞠豪：《俄乌冲突后欧盟政治的新变化》，《俄罗斯学刊》2022年第5期；徐刚、杨博文：《中国—中东欧国家合作10年：评估与思考》，《欧亚经济》2022年第5期；王效云：《拉美土地改革的延误与经济增长困境：演化发展经济学的视角》，《拉丁美洲研究》2022年第1期；王效云：《双边自由贸易协定对双边外商直接投资的影响机制——基于知识资本模型的分析》，《首都经济贸易大学学报》2022年第2期；王效云：《新冠肺炎疫情冲击下中东欧国家的经济韧性：表现、原因和启示》，《俄罗斯东欧中亚研究》2022年第5期；王效云：《中国与欧亚经济联盟贸易便利化水平评价及贸易潜力研究》，《欧亚经济》2022年第6期。

[3] Jiang Li, "Development of Relations between China and Czechoslovakia and its Successor States, Czechia and Slovakia", *Chinese Journal of Slavic Studies*, 2022.2.

有关政党制度及其变迁的既有理论,结合中东欧国家的实际,围绕政党权力转换这一核心概念建构研究框架,从政党制度性质的变化、政党制度类型的变化、主流竞争结构的变化和政党制度的制度化四个方面阐释中东欧国家政党制度的变迁。该文指出,20世纪80年代末90年代初,中东欧国家几乎同时放弃共产党领导,改行多党制,完成了政党制度性质的转变。其后约30年间,中东欧国家的政党制度类型及其变化呈现多样化态势,多数国家的主流竞争结构发生程度不同的变化,政党制度的制度化水平不高,且没有出现明显的由弱到强的转变。总体来看,多数中东欧国家的多党制虽已建立,但尚未形成稳定模式,发展前景不够确定。

《中东欧政党政治发展变化的特点及根源》一文指出,自2008年国际金融危机以来,欧盟经历了多重内外危机,其在利益分配、决策机制、行动能力和内部团结等方面的弊端日益凸显。与此同时,中东欧国家在向资本主义转型过程中出现的不平等加剧、寡头集团崛起和腐败现象严重等问题,已成为阻碍社会治理的顽疾。在此背景下,民族主义、保守主义、民粹主义和右翼极端主义在中东欧地区崛起,致使中东欧政党政治发展表现出一些新特点:多数国家政治危机常态化,地区左翼政党总体呈式微态势,一些国家的执政党在欧盟内谋求自主发展。

《俄乌冲突后欧盟政治的新变化》一文指出,冲突爆发后,欧盟及其成员国保持了基本一致的立场,一方面发起多轮对俄制裁,积极援助乌克兰;另一方面强化国防建设,增加与美国和北约的军事合作,以巩固自身安全。受此影响,欧盟政治出现了许多明显的变化。面对重大的安全威胁,欧盟及其成员国展现了前所未有的一致性,其政治选择愈发受到军事安全因素的影响,并展现出强烈的地缘政治色彩。此外,欧盟内部的领导力量与反对力量也随之发生了微妙的变化。变化的原因既来源于冲突本身的性质与规模,也与冲突的时间节点和特征密切相关。面对一场社交媒体时代的"混合型冲突",欧盟试图从过去的一系列危机中汲取经验教训,并在政治领域做出相应的调整。

《欧盟绿色和数字化转型与捷克第二次经济转型构想》一文指出,1989年政局剧变后不久,捷克开始从中央计划经济向市场经济的第一次经济转型。这次经济转型使捷克在过去32年中保持了相对稳定的经济增长,成为西方民主国家和自由市场经济体的组成部分,而且缩小了与西方发达国家的差距。时隔32年后,随着欧盟大力推进绿色和数字化转型,捷克商界人士呼吁进行第二次经济转型。该文回顾了捷克第一次经济转型的历程,总结了捷克经济的特点,分析了第二次经济转型倡议提出的背景,梳理了第二次经济转型构想的目标和具体内容,探析该构想所面临的机遇和挑战。

《新冠肺炎疫情冲击下中东欧国家的经济韧性:表现、原因和启示》一文指出,塑造经济韧性的路径是多样化的,但任何一条路径都离不开结构性因素。对于新冠疫情冲击下中东欧国家的经济韧性来说,存在四条强化路径,其中不过多依赖旅游业是各条路径共同的前提条件。此外,较高的数字经济竞争力、多样化的经济结构、较高的技术水平以及不过度融入全球产业链,都是塑造经济韧性的关键因素。较高的财政缓冲也有助于降低疫情对经济的冲击,提高经济的韧性。该文采用核心变量法,从抵抗力和恢复力两个维度对中东欧16个国家面对新冠疫情冲击的经济韧性进行测度和衡量,根据测度结果,将这些国家划分为7组情景。在此基础上,结合现有经济韧性相关问题研究成果,以及新冠疫情冲击中东欧国家经济的机制和渠道，选取6个可能的经济韧性的前因条件变量，采用模糊集定性比较分析方法（fsQCA）对塑造中东欧国家经济韧性的条件组态进行分析。

（四）加强对策研究，提供政策咨询

俄乌冲突爆发后，转型和一体化理论研究室受研究所委托，第一时间组织俄罗斯东欧中亚研究所与欧洲研究所专家共同研讨乌克兰局势与俄欧关系的走向，提出政策建议。此外，转型和一体化理论研究室研究人员还结合各自的研究领域，及时撰写要报。转型和一体化理论研究室研究人员撰写的要报被采用共计19篇。

（五）举办学术研讨会，促进国内外学术交流

1. 3月23日，转型和一体化理论研究室以线下线上相结合的方式举办"新冠疫情和俄乌冲突下的中东欧华侨华人"研讨会。

2. 4月12日，转型和一体化理论研究室以线下线上相结合的方式举办"塞尔维亚大选及其内政外交走向"学术研讨会。

3. 11月16—17日，转型和一体化理论研究室代表俄罗斯东欧中亚研究所以线下线上相结合的方式举办第五届中国—中东欧论坛。

4. 11月17日，转型和一体化理论研究室以线下线上相结合的方式举办《中东欧转型30年：新格局、新治理与新合作》与列国志《捷克》发布会。

（六）举办新年联谊会，办好电子刊物和公众号，拓展研究室的社会影响力

转型和一体化理论研究室以线下线上相结合的方式举办"中东欧2021：回望与展望"座谈会暨第十一届中东欧问题研究者新年联谊会。此次联谊会创下历次参会人数和参会机构之最。会上，研究者们回望和展望中东欧区域和国别形势、大国博弈背景下的中东欧发展、中国—中东欧国家合作，对中东欧的区域特点和区域国别学视域下的中东欧研究等问题展开讨论。转型和一体化理论研究室编辑出版电子刊物《中东欧研究简讯》6期，刊物的原创性和学术性进一步加强，其中对2021年中东欧十件大事的盘点和对匈牙利、塞尔维亚和斯洛文尼亚选举的分析受到读者好评。公众号"中东欧观察"发刊83期，关注者达4800多人，大大提升了研究室的社会知名度。

2022年乌克兰、白俄罗斯、摩尔多瓦研究综述

赵会荣　龙希　王超[*]

2022年，随着乌克兰危机全面升级，学界对于乌克兰、白俄罗斯和摩尔多瓦的研究进入全新的发展阶段，在研究视角、理论方法和关注的问题等方面都出现了新的变化。

一、国内乌克兰、白俄罗斯、摩尔多瓦学科研究状况

（一）中国社会科学院俄罗斯东欧中亚研究所乌克兰、白俄罗斯和摩尔多瓦研究团队的学术特色

中国社会科学院俄罗斯东欧中亚研究所是国内乌克兰、白俄罗斯和摩尔多瓦研究的重要学术基地，共有超过10位学者从事相关研究工作。其中，7位学者来自乌克兰研究室，从事乌克兰、白俄罗斯和摩尔多瓦等国别和地区研究工作。乌克兰研究室成立于1992年，2022年共有科研人员7位，其中1位从驻外使馆借调。在岗7位科研人员中，有2位研究员，2位副研究员，3位助理研究员。乌克兰研究室的学术特色主要体现在以下几方面。

1. 学术积淀深厚。俄罗斯东欧中亚研究所是国内最早也是迄今唯一设立专门研究室致力于乌克兰、白俄罗斯和摩尔多瓦学科建设的科研单位。研究基础较扎实，学术传承性较好，研究队伍较齐整，研究人员外语能力强，研究成果丰硕。

2. 注重综合性研究和跨学科研究。不仅研究乌克兰、白俄罗斯和摩尔多瓦等国别问题，而且研究重要邻国和所在区域的关联性问题，力求在全球政治变迁中准确把握国别和区域问题，实现"点"与"面"的有机结合。强调跨学科和交叉学科研究，研究涉及政治、经济、外交、历史、社会、文化等多个专业和学科。

3. 注重基础研究与应用研究融合发展。既着力于重大战略性问题的长期跟踪研究，也紧跟现实热点问题和前沿性问题研究。在基础研究方面，注重理论创新，强调运用新视角和建立适合国别与区域情况的分析框架开展研究；注重资料来源的多元性和可靠性。在应用研究方面，突出准确性、前瞻性和时效性。

4. 与乌克兰及国内外的科研院所保持密切的学术交流与合作关系，打造了乌克兰战略论坛、中乌关系研讨会、中白人文合作论坛、白俄罗斯形势和中白关系研讨会等国际和全国性学术会议机制，创设了微信学术公众号"乌克兰与白俄罗斯观察"。2022年"乌克兰与白俄罗斯观察"共刊登文章36篇。

5. 近5年来，乌克兰研究室共承担16项国家和省部级课题，发表学术成果200余项（包

---

[*] 赵会荣，中国社会科学院俄罗斯东欧中亚研究所乌克兰研究室主任，研究员；龙希，博士，中国社会科学院俄罗斯东欧中亚研究所助理研究员；王超，博士，中国社会科学院俄罗斯东欧中亚研究所助理研究员。

括专著3部），其中16项科研成果获得中国社科院不同类别科研成果奖，2项成果获中央领导批示，2篇研究报告、1部著作（参与）和近20篇研究报告分获院优秀对策信息一等奖、二等奖、三等奖以及院优秀科研成果二等奖和三等奖，1部著作获得所优秀科研成果二等奖，多篇论文获转载。

今后，乌克兰研究室将围绕学科建设的发展目标，对与乌克兰、白俄罗斯和摩尔多瓦及其所在区域相关的具有较高学术价值的重大理论和实践问题，以及对中国社会主义建设有一定借鉴意义的问题进行深入系统的研究，围绕学科的核心概念和核心议题开展科学研究，争取在理论、方法、视角等方面有所突破和创新，加强研究的前瞻性、系统性、科学性、学理性和规范性，并推出一批扎实的研究成果，巩固俄罗斯东欧中亚研究所在上述对象国研究领域一流学术基地的前沿地位，发挥引领国内相关问题研究方向的作用，并有效提升俄罗斯东欧中亚研究所乌克兰、白俄罗斯和摩尔多瓦研究在国际学界的影响力。

近期主要研究的问题包括：乌克兰危机的进展与前景分析；乌克兰重建；乌克兰历史文化以及乌克兰国内政治、经济、外交和安全；乌克兰的国家建构、国家认同、转型和现代化进程；区域一体化视野下的乌克兰、白俄罗斯和摩尔多瓦；地缘政治变迁下的乌克兰、白俄罗斯和摩尔多瓦；俄白联盟；乌克兰、白俄罗斯和摩尔多瓦与"一带一路"倡议；中国与乌克兰、白俄罗斯及摩尔多瓦的关系。

（二）国内乌克兰研究状况

1. 俄乌冲突

研究的问题主要包括俄乌冲突的原因、过程、前景和影响。研究成果主要包括：《乌克兰危机的多维探源》《从危机到战争：俄罗斯本体安全与俄乌冲突》《冷战后美西方是如何对俄步步紧逼的》《国际秩序转型视野下的乌克兰危机——基于演进过程、深层结构、解决方案的分析》《乌克兰："欧洲之门"的困境》《俄乌冲突对国际经贸格局的影响》《走向"滞胀"：乌克兰危机后的世界经济（上、下）》《乌克兰危机改变了欧洲安全格局》《俄乌冲突对欧洲安全和国际秩序的影响》《俄乌冲突的地区及全球影响》《俄乌冲突对国际政治格局的影响》等。主要观点如下。

第一，对俄乌冲突爆发原因的剖析。庞大鹏认为，从俄罗斯国家观念的本质化、在地化和系统化思考内政外交的联动性，可以理解俄罗斯国家观念与俄乌冲突之间多元互联的密切关系。在国家构建、国家认同和国家与国际社会的关系三个层面，俄罗斯重视"文化主权"，倡导"理性保守主义"，抵御西方价值观对于俄罗斯传统的侵蚀，加强俄罗斯主流政治价值观建设，巩固俄罗斯国家认同，维护俄罗斯国家安全，而俄罗斯回归治理传统的同时，与西方产生认识差异和结构性矛盾，这是导致乌克兰危机难以调和并最终兵戎相见的重要原因。[①]

赵会荣通过运用层次分析法，从国际体系、地区体系、国家层面和个体层面探究俄乌冲突的根源，并指出俄乌冲突是不同国际关系行为体在互动过程中彼此之间的矛盾不断累积直

---

① 庞大鹏：《俄罗斯国家观念对俄乌冲突的影响》，《俄罗斯研究》2022年第4期；庞大鹏：《乌克兰危机折射俄罗斯与西方关系结构性困境》，《当代世界》2022年第2期。

至激化的结果。俄罗斯追求巩固欧亚地区事务主导权与美国追求巩固全球霸权以及乌克兰通过加入西方阵营谋求独立权之间的矛盾是俄乌冲突中的主要矛盾，内外因素推动俄罗斯与西方及乌克兰的矛盾升级为军事冲突。① 其中，美俄在乌克兰的博弈可分为美进俄退、角力纠缠、矛盾激化等三个阶段。② 在俄乌冲突中，乌克兰境内的扎波罗热核电站面临严峻的安全形势，核设施的安全和安保问题没有试错余地，要从根本上消除扎波罗热核电站的核安全风险，国际社会必须以负责任的方式推动局势缓和降温。③

张弘认为，"冷战"结束之初，俄罗斯在外交上彻底放弃对抗和对立，实现了与西方国家的和解与合作，但西方国家始终不愿意接纳俄罗斯。2012年普京重回克里姆林宫以后，俄罗斯与西方国家渐行渐远，双方在后苏联空间的地缘政治竞争加剧。导致俄罗斯与西方从合作走向对抗的因素很多，既有双方的主观因素，也有国际体系变迁带来的客观因素。主观因素主要是俄罗斯与西方的价值观、安全观和国际观的矛盾，客观因素主要是"冷战"后国际格局变迁带来的冲击。④ 此外，俄罗斯与乌克兰走向兵戎相见既有其文化根源，又有其经济根源，更有其安全矛盾的现实因素。⑤

李勇慧指出，当前的俄乌冲突既是俄罗斯与西方关系危机的总爆发，也是俄罗斯与美国、欧洲之间地缘政治矛盾和利益冲突的总爆发，意味着俄罗斯在苏联解体30年间融入西方的努力宣告失败，俄罗斯的"欧洲梦"破灭。⑥

韩克敌认为，美国的"冷战"思维和俄罗斯的传统观念是乌克兰危机爆发和不断升级的两个重要因素，而乌克兰对北约东扩的态度则经历了从摇摆到不再谋求加入北约，再到以宪法和法律形式确定争取加入北约的变化。⑦

毕洪业认为，俄罗斯把乌克兰看作自己身份叙事的组成部分，俄乌关系不断恶化引发了本体安全威胁。几个世纪以来，俄罗斯试图通过不断的领土扩张来抵消落后所带来的本体安全威胁。后"冷战"时代，俄罗斯认为其本体安全威胁依然来自同西方的关系，突出表现为其大国身份连续受到欧盟及北约东扩对其周边原苏联国家势力范围的挑战。⑧

王鹏认为，俄曾极度歆羡西方、亲近美国，渴望融入欧洲大家庭，不仅要成为欧盟成员国，甚至还要加入北约，可等待他们的却是西方对俄境内分离主义、恐怖主义和极端主义的资助，以及对东欧后苏联地缘空间的步步蚕食，被逼入死角的国家最终只能选择反击。⑨

第二，对俄乌冲突过程及前景的研究。李永全提出，俄乌冲突表面上是俄乌两个斯拉夫兄弟骨肉相残，实际上是美俄战略博弈，是美国利用俄乌冲突遏制和打压俄罗斯，也是俄罗

---

① 赵会荣：《乌克兰危机的多维探源》，《俄罗斯东欧中亚研究》2022年第4期。
② 赵会荣：《美俄博弈与乌克兰之痛》，《当代世界》2022年第3期。
③ 赵会荣：《乌克兰扎波罗热核电站缘何危情涌动》，《世界知识》2022年第18期。
④ 张弘：《俄罗斯与西方：从对话到对抗》，《当代世界》2022年第3期。
⑤ 张弘：《俄罗斯与乌克兰：从同根同源到兵戎相见》，《世界知识》2022年第6期。
⑥ 倪峰等：《俄乌冲突对国际政治格局的影响》，《国际经济评论》2022年第3期。
⑦ 韩克敌：《北约东扩与乌克兰危机》，《俄罗斯东欧中亚研究》2022年第5期。
⑧ 毕洪业：《从危机到战争：俄罗斯本体安全与俄乌冲突》，《外交评论（外交学院学报）》2022年第2期。
⑨ 王鹏：《冷战后美西方是如何对俄步步紧逼的》，《世界知识》2022年第6期。

斯对美国和西方遏制俄政策的大反攻。乌克兰走什么样的道路本是乌克兰自己的事情，由主权国家独立决定，但是特殊的历史经纬和独立后乌克兰在俄罗斯与美国地缘政治博弈中的处境，使乌克兰最终成为大国博弈的棋子。这个历史结局由内部和外部两个原因造成。内部原因是乌克兰出现寡头政治。外部原因是美俄对乌克兰的争夺。在这场冲突中，美国通过策动各种冲突维护霸主地位的战略特点更加清晰，俄罗斯通过混合战争维护自身利益和势力范围的决心更加坚定，欧洲在冲突中的尴尬处境将促使其进一步实现战略自主，乌克兰沦为大国博弈的棋子，已经分崩离析。①

冯绍雷认为，俄乌冲突是一场在国际权力转移敏感时期发生的多方力量之间复杂而深刻的国际冲突，同时还是21世纪以来牵动全球秩序重构、欧亚地区地缘政治格局重塑，以及人们对世界事务中关键问题重新认知的一项重大事件，其前景可能出现"大交易""大悬空""大陷阱""大转型"等情况。冲突需要一个包含各方利益与意愿、统摄各个领域复杂需求与可能的总体性解决方案才可能找到出路。②

孔田平认为，独特的地理位置使乌克兰成为影响欧亚大陆地缘政治格局的重要国家。乌克兰能否保持独立，不仅直接影响俄罗斯，也会影响波兰等中欧国家。当前俄罗斯与乌克兰关系紧张的升级，源于"冷战"后欧洲安全结构未能考虑俄罗斯的安全关切，未能建立一个公平、包容的和平秩序。此次乌俄关系紧张升级后，俄方提出了"欧洲安全条约"方案，没有获得美西方的积极回应。乌克兰已选择"脱俄入欧"之路，想要叩开"欧洲之门"，但这扇门的钥匙掌握在包括俄罗斯在内的大国手中，乌克兰无法掌控自身命运。③

第三，对俄乌冲突可能产生的影响的研究。俄乌冲突使世界经济面临再度陷入滞胀的风险。全球经济治理将走向分裂，全球储备货币多元化进程将有所加快。俄乌冲突将大体终结经济全球化进程，西方的跨国公司将不得不在价值观贸易、供应链安全、保持企业竞争力之间艰难寻求平衡。俄乌冲突还将刺激世界各国强化能源安全意识，构建以提高就地平衡能力为特征的现代能源体系，并带来国际粮食生产和贸易格局的适应性调整。中国应谨慎应对复杂形势，同时吸取俄乌冲突后俄罗斯在多边机构中被孤立、被挤压的教训，坚持发展中国家定位，为多边机构提供尽可能多的公共产品，以此团结大多数成员，共同推进开放包容和互利共赢的多边议程。中国还应当坚持开放政策不动摇，以开放对冲少数西方国家与中国脱钩的不良企图。④

冯仲平指出，俄乌冲突显著影响了欧洲的安全格局和世界秩序。双方军事冲突导致欧洲安全格局发生三大变化：一是欧盟和俄罗斯这两支欧洲最大力量之间的关系走向严重对立；二是北约走出法国总统马克龙在2019年所说的"脑死亡"状态，重新被激活了；三是欧洲国家一方面不得不继续接受在安全上离不开美国和北约的事实，但另一方面发展欧盟防务的意

---

① 李永全：《俄乌冲突主要利益攸关方之博弈及其影响》，《俄罗斯学刊》2022年第4期。
② 冯绍雷：《国际秩序转型视野下的乌克兰危机——基于演进过程、深层结构、解决方案的分析》，《人民论坛·学术前沿》2022年第2期。
③ 孔田平：《乌克兰："欧洲之门"的困境》，《世界知识》2022年第5期。
④ 易小准等：《俄乌冲突对国际经贸格局的影响》，《国际经济评论》2022年第3期；朱民等：《走向"滞胀"：乌克兰危机后的世界经济（上、下）》，《清华金融评论》2022年第7、9期。

志更加坚定。①

孙艳指出，俄欧能源合作陷入停滞，欧洲战略自主意识将大幅上升，欧洲内部恐将长期陷入地缘政治冲突。除了使欧洲安全格局发生重大变化外，俄乌冲突也给既有的国际秩序和规则带来不少挑战，世界进入多极化复杂演变阶段，全球治理体系遭到破坏，经济全球化可能发生断裂。②

冯玉军指出，相持不下的战事给冲突双方造成巨大损失，乌克兰饱受战火摧残，俄罗斯受到多方孤立和制裁。无论最终战局如何，俄罗斯在政治、经济和外交上都已遭受重挫，预计未来相当长一段时间，其在国际政治和世界经济体系中的影响力将呈下行趋势。俄乌冲突也是后"冷战"时代欧洲安全体系所遭遇的最重大危机，将极大改变俄罗斯与欧洲之间的相互认知，导致俄欧关系的急剧变化，并引发欧洲安全格局与秩序的历史性重组。受俄乌冲突刺激，原苏联国家的"离俄倾向"潜滋暗长，欧亚地区将呈现更加多元开放的发展态势。在全球层面，俄乌冲突导致全球供应链与产业链的加速断裂与重组、全球贸易与投资规则的持续更新与再造、大国关系的进一步复杂化以及全球与地区安全架构的改革与重塑。③

倪峰等认为，当前的俄乌冲突既是俄罗斯与西方关系危机的总爆发，也是俄罗斯与美国、欧洲之间地缘政治矛盾和利益冲突的总爆发，它加快了大国关系的调整，各大国将竞相增强军备或加强联盟，世界多极化趋势将加速，"冷战"后的国际秩序终结，世界其他大国的选择与行为将在很大程度上决定正在浮现的国际新秩序的模样。但美国的战略重心仍在中国，俄乌冲突激活了美国及其联盟，美国正在制定同时应对中俄挑战的战略。尽管美国作了自我调适，但俄乌冲突清楚地表明，世界日益多极化，美国无法自行其是。俄乌冲突可能提升了美国在西方的形象与地位，但人口超过全球半数的非西方世界却质疑美国的任性、虚伪与自私。美国鲁莽地推动"北约东扩"而招致地缘政治威胁，还拒绝承担造成地区不稳定和人道主义灾难的责任。美国一方面批评印度、波兰、匈牙利、土耳其等国不符合"西方民主标准"，另一方面不得不依赖它们来应对"威权国家"的挑战。美国迷恋自己表面上的经济实力和金融霸权，但其对俄罗斯的制裁警醒了许多国家。未来各国必将竞相增强本国金融和贸易系统的独立性，减少对美元体系以及美国市场、企业、技术、供应链、传播渠道的依赖。随着各国纷纷加设经济壁垒，全球化和自由贸易将进一步受限，世界经济增长和科技创新将减速。美国拒绝考虑他国的安全与利益，要求各国选边站队，但中国、印度等重要新兴国家坚持独立自主的外交路线。后乌克兰危机时代，各大国将竞相增强军备或加强联盟，世界多极化趋势将加速，美国主导的国际秩序将萎缩甚至崩溃，全球治理将遭遇更大的困难。④

杨洁勉提出，俄乌冲突深刻影响国际格局，推动国际秩序和国际体系加速演进，发展中国家群体正逐步从被动接受冲击走向主动发挥作用。世界力量在乌克兰危机中的分化组合表明当代国际格局变化的长期性、曲折性和复杂性。从短期看，西方和发展中国家群体的力量

---

① 冯仲平：《乌克兰危机改变了欧洲安全格局》，《世界知识》2022年第10期。
② 孙艳：《俄乌冲突对欧洲安全和国际秩序的影响》，《当代世界》2022年第10期。
③ 冯玉军：《俄乌冲突的地区及全球影响》，《外交评论》2022年第6期。
④ 倪峰等：《俄乌冲突对国际政治格局的影响》，《国际经济评论》2022年第3期。

对比正出现某种阶段性和局部性逆转；但从中长期看，世界多极化在经历曲折后将继续深化发展。国际体系的行为体、组织机制、规则规范、主要议题等因乌克兰危机受到不同程度冲击，对发展中国家群体利弊兼具，但从近期来看弊大于利。发展中国家群体应加强国际体系观整合，增强内部磋商协调，加大在国际主要平台的发声发力，以危机为契机推进国际体系的建设和改革。①

俄乌冲突使得本已危机四伏的全球粮食安全雪上加霜。俄罗斯和乌克兰被誉为"欧洲粮仓"，是全球小麦、玉米、大麦、葵花籽油等粮食产品的重要生产国和出口国，同时还是农产品肥料的主要生产国和出口国。李春顶、李娟认为，俄乌冲突的爆发和持续将给全球粮食安全带来难以预计的影响。在俄乌冲突加剧全球农产品价格上涨的形势下，中国农产品进口成本将会增加，输入型通膨压力也会加大。②

俄罗斯和乌克兰是世界重要的粮食出口国，俄乌冲突关系国际粮食市场的稳定。张帅认为，随着乌克兰危机的升级，全球粮食供应趋紧，粮食价格攀升，使得全球多个地区陷入了粮食恐慌。此次乌克兰危机所造成的粮食体系震荡，是地缘政治对抗引发的地缘经济问题，波及范围广，影响程度深，并引起了国际社会对粮食运输安全和化肥等关键性资源安全的关注。由于危机意识的增强，各国已采取了风险管控措施，以保障国内粮食安全。但俄乌两国占全球粮食贸易的份额难以被其他粮食出口国所替代，加之受乌克兰危机的影响，受粮食不安全影响的人数持续增加，国家参与全球粮食安全治理的意愿和能力下降，粮食政治化日益严重，全球粮食体系转型将变得更加困难。中国作为农业大国和全球粮食安全治理的重要参与者和引领者，既要从此次粮食市场的变动中汲取经验，保障中国粮食安全，也要积极贡献智慧和方案，助力世界粮食体系韧性的提升。③

司文等撰文指出，俄乌冲突重创俄罗斯、乌克兰两国粮食生产、出口，削弱俄乌在全球粮食格局中的优势地位。冲突也导致化肥短缺和价格飙涨，引发全球粮食减产、价格突破历史高点、布局生变，致使全球粮食安全形势不断恶化。同时，俄乌冲突叠加多种因素令全球粮食不安全形势长期化，全球粮食不安全问题正成为全球治理的主要议题。脆弱国家粮价暴涨、政局动荡，改变了发达国家和发展中国家的实力对比，加剧了两者之间现有的不平衡。各主要粮食生产国借助"粮食武器"扩大影响力，展开新一轮的战略博弈，使世界百年未有之大变局再添变数。④

张梦颖、刘江鸿和陈晓倩分别撰文分析了俄乌冲突对非洲粮食安全的困扰。非洲长期面临粮食安全问题的普遍性与严重性、粮食供不应求的短缺性、粮食系统的脆弱性、粮食供给的对外依赖性等诸多困境。近年，极端天气和自然灾害频发、新冠疫情的持续冲击、部分地区暴力冲突等情况，已使非洲国家在解决粮食不足问题时步履维艰，而2022年2月爆发的俄乌冲突则加剧了非洲地区的粮食安全困境。俄乌两国是非洲众多国家粮食进口的主要供给方，

---

① 杨洁勉：《乌克兰危机下的世界秩序变局和发展中国家的使命担当》，《国际问题研究》2022年第4期。
② 李春顶、李娟：《全球粮食安全挑战更加突出》，《世界知识》2022年第9期。
③ 张帅：《乌克兰危机下的全球粮食安全》，《当代世界与社会主义》2022年第4期。
④ 司文、郑仪、梁建武：《俄乌冲突对全球粮食安全的影响》，《现代国际关系》2022年第5期。

俄乌冲突局势给非洲粮食安全走势带来了巨大的不确定性，不仅造成了非洲国家粮食供应链受损、粮食购买力下降，也给国际社会对非粮食援助增加了供需风险，进而加剧非洲国家的政治和社会不稳定。基于粮食安全方面的结构性和突发性风险，非洲国家亟待从治标与治本维度提升自身粮食安全保障能力，即采取加大支持农业的政策倾斜力度、发展智慧农业、优化粮食供需产业链、深度参与南南合作等举措，以期改善粮食安全状况。[①]

俄罗斯和乌克兰是包括中国在内的全球谷物和植物油的主要供给国。俄乌冲突背景下，乌克兰粮食出口港口被封，生产面临减产风险，加上一些国家出台粮食出口限制措施，加剧了全球粮食市场的波动。白雪冰等分析认为，俄乌出口中国的主要农产品小麦、玉米和葵花籽油具有较强的国别和品种替代性，对中国农产品贸易的直接冲击较小且可控，但是间接影响波及范围较大，集中体现在国际价格上涨的传导效应以及中国在俄乌的农业企业投资风险上升。随着俄乌冲突的变化，未来中俄农产品贸易量可能呈扩大趋势，而中乌农产品贸易则出现了不确定性。中国需要密切关注俄乌局势走向，加强农产品贸易监测预警风险管控，及时出台进口替代解决方案，促进农产品进口市场多元化。同时需要继续深化中俄、中乌农业合作，加大对在乌克兰的中国农企的支持力度，重构中俄农业贸易合作的条件保障，提升中国在国际农产品贸易市场的调控能力。[②]

全球农资和能源价格上涨，将引发全球农业生产成本大幅上升；受运输中断和出口限制措施的影响，全球农产品贸易规模下降、全球农产品供应趋紧；国际农产品价格飙升，将影响全球农产品消费的稳定性。多重因素叠加导致全球贫困和饥饿人口增加，加剧粮食安全问题。面对乌克兰危机造成的复杂形势，中国粮食安全受到的负面影响总体可控，但部分农产品面临进口风险和保供稳价压力，并波及中国农产品贸易对外布局。因此，中国应在确保主粮绝对安全的基础上，建立保障"大食物"安全的农业供给体系；完善国内价格"防火墙"机制；坚持国际农产品进口多元化，并积极推动多边农业合作。[③]

俄罗斯和乌克兰是重要的小麦、大麦、玉米和油料的生产国和出口国，俄罗斯还是化肥主要提供国。乌克兰危机升级主要从供给侧影响全球粮食市场，如春播面积下降、出口限制或禁令、港口关闭、制裁运输船队和化肥出口受限等，导致粮食供应短缺加剧、价格快速上涨，甚至可能在非洲国家引发大规模人道主义危机。乌克兰危机对中国粮食安全的影响主要表现在黑海贸易通道不畅，葵花籽油、小麦、大麦、玉米进口受阻，钾肥、油料进口成本压力增大，以及中国与欧亚经济联盟农业经贸合作受到干扰。为保障中国粮食安全，应着力增加粮食特别是大豆和油料的产量、推动粮食进口多元化、提高化肥使用效率、加强国际沟通和南南合作。[④]

---

① 张梦颖：《俄乌冲突背景下非洲粮食安全的困境》，《西亚非洲》2022年第4期；刘江鸿：《乌克兰危机令非洲粮食安全雪上加霜》，《世界知识》2022年第21期；陈晓倩：《乌克兰危机背景下非洲、中东粮食安全问题与前景》，《欧亚经济》2022年第6期。
② 白雪冰、王萍、周应恒：《俄乌冲突对中国农产品贸易的影响及中国的应对》，《俄罗斯研究》2022年第4期。
③ 赵玉菡、李先德：《乌克兰危机对全球粮食安全的影响与中国应对策略》，《华南农业大学学报（社会科学版）》2022年第6期。
④ 魏蔚、王永中、林屾：《欧亚地缘政治变局下全球和中国粮食安全形势》，《欧亚经济》2022年第4期。

俄乌冲突在能源领域的外溢影响。乌克兰危机搅动全球地缘政治格局，影响国际供应链、贸易链、金融链，重塑以液化天然气贸易为关键变量的全球油气市场。乌克兰危机以来，俄罗斯管道气运能骤降，欧洲天然气缺口陡增，美国液化天然气出口大幅提高，亚欧市场资源竞争日益加剧，全球天然气价格急速上涨。中国作为世界最大的液化天然气进口国，全球液化天然气贸易格局重塑对中国保障国家能源安全和市场供需稳定、保持国民经济稳定增长产生较大影响，需要进一步加快拓展资源进口渠道、促进资源结构优化、深化天然气市场体制机制改革，推动打造独立、基于中国市场规则、反映国内用户需求的天然气基准价格，以应对全球液化天然气贸易结构性变局。①

俄罗斯向欧盟出口的煤炭量占其出口总量的1/3以上。乌克兰危机、美欧对俄罗斯的金融制裁和能源制裁以及俄罗斯的反制造成欧盟能源价格飞涨，欧洲国家加大自非洲和中东的天然气进口量；美国石油公司大量向欧洲出口油气，会降低美国国内供应量，加大进口转出口的份额，甚至将原计划出口至其他地区的油气转向利润更高的欧洲，引发了全球能源贸易格局变化。乌克兰危机结束后，俄罗斯向欧盟出口的油气量会大幅下降，并加大向以中国为首的东亚和南亚的出口。中国在近中期油气需求将会持续增长，大力发展中俄之间的油气贸易是双赢互利的选择。中国应与俄罗斯一起完成三条南北向输气管线的建设，以保障向亚洲的天然气出口。中国的能源转型必须立足于实际，采取"稳中求进、多元互补、因时因地制宜"的路线。②

俄乌冲突外溢下的台海局势问题。俄乌冲突极大地震撼了国际社会，并对台海局势造成重大冲击。俄乌冲突的关键症结在于俄罗斯与美西方之间长期积淀的对抗性矛盾，美国更是这场冲突的最主要推手。美国借势俄乌冲突更加积极推行针对中国的"印太战略"，蓄意制造台海紧张局势，试图谋求对华制衡并遏制中国崛起。推动台湾问题"国际化"已成为美国既定战略，其重要策略就是纠集区域内外盟国合力介入台海。俄乌冲突长期化与俄国力骤降完全符合美国的战略意图，美还试图将俄乌冲突模式复制到台海地区，以便对中国实施如同对俄的全面制裁，从而将中国拖入发展"陷阱"。当下，日本与美西方加大对台海的干预与介入，诱发民进党当局加快"谋独"进程，台海危机的概率与风险急剧上升。③

美国介入俄乌冲突的策略主要有提前介入、联合盟友、全面制裁、强调价值观、谨慎拿捏等，而美国很可能把介入俄乌冲突的策略运用到台海事务上，用于阻碍中国的统一大业，进一步加剧中美之间本就存在的战略互疑，恶化本就紧张的台海局势。④

民进党当局将乌克兰局势和台海问题联动炒作，让台湾处于更大不安之中。对美国抱有顽固幻想、剃头挑子一头热的民进党当局，迎来的却是冰冷但真实的政治现实——美国并未出兵乌东战事。因此，乌克兰局势越是恶化，民进党"附美反中"的路线也就愈发战战兢

---

① 王一鸣、张译之：《乌克兰危机背景下全球液化天然气贸易格局重塑研究》，《国际经济合作》2022年第6期。
② 张抗、张立勤：《乌克兰危机对世界油气贸易格局的影响及中国的对策》，《国际石油经济》2022年第10期。
③ 王键：《俄乌冲突危机外溢下的台海局势》，《台海研究》2022年第3期。
④ 何柳、王伟男：《美国介入俄乌战争的策略及其对美国台海政策的影响》，《台海研究》2022年第3期。

兢。①广大台湾同胞需要从俄乌冲突中深刻认识两岸关系发展的大势,看清大势所趋、大道所归、大义所在,与我们一道坚持一个中国原则和"九二共识",坚决反对"台独"分裂,坚定站在历史正确的一边,为促进祖国统一贡献心力。②

2. 乌克兰政治、经贸、外交、历史和社会文化

主要学术论文包括：《政治国家有效性缺失：乌克兰国家建设的教训与镜鉴》《基于主要经济体贸易结合度的乌克兰经济分析》《"一带一路"倡议下中国与乌克兰的贸易探究》《乌克兰等国"入盟"之路不平坦》《"欧亚现象"的时间与空间——兼对乌克兰战争一种超越地缘政治思维的思考》《乌克兰难民危机研究》《乌克兰中文教育发展现状分析》。主要观点如下。

第一,乌克兰政治问题。乌克兰国家建设存在政治制度多变、国家寡头化、国家认同缺失、民族冲突对立等诸多不足,导致民主无序化、国家寡头化、认同碎片化、族群对立化,极大影响了国家有效性。乌克兰未能处理好秩序与民主、自主发展与外部影响、历史与现实、民族多元与一体之间的关系,未完成获得独立性、人民性、主体性和共同性的历史任务。乌克兰国家建设教训提出警示：国家建设不能盲目接受、照搬某种思潮或模式,而应以独立性为基础,以人民性为遵循,以自主性为保障,以建设性为追求,探索确保国家有效性的特色路径。③《乌克兰民法典》于2003年1月16日由乌克兰最高拉达通过,自2004年1月1日起生效。该法典分为总则、自然人的人身非财产权、所有权和其他物权、智力所有权、债权、继承权等六卷,体现了乌克兰在民法法典化和体系化方面的最高成就。其最明显的立法创新是增设人身非财产权卷,反映了民法典的人文关怀。④

第二,乌克兰经济贸易问题。学者们关注更多的是乌克兰自身经济的发展状况和这种状况形成的原因,从贸易结合度的角度来分析乌克兰国内经济发展以及产业发展现状的研究则较少。有学者以乌克兰与俄罗斯、美国、欧盟和中国等之间的贸易结合度为研究对象,可以发现,乌克兰与俄美中欧四个主要经济体的贸易都是逆差,而且除了俄罗斯,乌克兰同其他三方的贸易结合度普遍都较低,乌克兰的产业结构不完整且仍存在着较大弊端,曾经的产业结构没有实现升级换代。在风云突变的国际局势中,乌克兰需要依靠自身的力量来完成蜕变,充分做好国内改革,尤其是注重实体行业的发展,积极吸收他国的投资。

中乌合作拓展战略存在三方面价值。一是中方可以利用乌克兰优越的地理位置,建立商品集散中心,在一定程度上为中方在欧洲的商品贸易带来便利。二是两国在高端技术领域进行有效合作,能够为乌克兰抗衡外部压力提供有力的支持。三是乌克兰经济处于慢性危机之中,有融资和投资的长期需要,而中国能够在给予帮助的同时,不会附加任何政治条件,加之中国和乌克兰各自的贸易结合度,即贸易依赖程度都较好,且呈现逐年上升的趋势,"一带一路"倡议的提出为中国和乌克兰搭建了良好的发展平台。加强中乌合作是双方利益的必然

---

① 刘匡宇：《民进党当局借乌东局势"加戏"为哪般?》,《两岸关系》2022年第3期。
② 吴为：《俄乌局势对台海问题的启示》,《统一论坛》2022年第2期。
③ 文龙杰：《政治国家有效性缺失：乌克兰国家建设的教训与镜鉴》,《统一战线学研究》2022年第3期。
④ 《乌克兰民法典》,刘鹏译,商务印书馆2022年版。

选择，也有可能成为乌克兰实现经济发展、产业结构优化升级的关键之路。① 而另有学者在分析乌克兰外贸和经济发展状况的基础上指出，通过对乌克兰的贸易与GDP进行关联性研究，可以发现"一带一路"倡议对相关国家的重要意义，中乌双方应充分发挥各自的比较优势，扩大贸易规模、调整贸易结构、增强双方贸易产品的互补性、培育中乌合作人才、改善投资营商环境、加强双方互信、努力化解投资风险，使乌克兰真正成为连接欧亚的桥梁。②

陈爱茹认为，从1991年宣布独立开始，乌克兰执政阶层主动开启并持续推动资本主义化进程。在政治层面上，乌克兰不断谋求"向西"，体现为不断地"向右转"。在经济层面上，乌克兰抛弃社会主义发展道路，选择资本主义发展道路，但这不仅没有带来发展、繁荣和富强，反而不断地去工业化，国家深陷经济发展危机。在社会层面上，乌克兰不断地"向右转"在一定程度上也撕裂了社会，成为克里米亚公投入俄和顿巴斯地区内战的根源，并把国家拖入俄乌冲突。30年的资本主义化使乌克兰从一个欧洲工业强国变为欧洲最贫穷的国家。③

第三，乌克兰外交问题。在乌克兰加入欧盟问题上，欧盟正式授予乌克兰、摩尔多瓦"入盟"候选国资格，这是在俄乌冲突陷入胶着、欧洲地缘政治剧烈变化背景下各方博弈的结果，将对欧俄关系及地区局势产生复杂且深远的影响。但欧盟给予乌摩两国候选国地位与对格鲁吉亚"欧盟前景"的承诺，更多的是为展现其对三国的政治支持。鉴于欧盟冗繁的"入盟"程序、较为苛刻的"入盟"标准以及当前乌克兰危机的态势，乌摩两国从成为候选国到正式"入盟"仍有很长的路要走。在俄乌矛盾难解、各方地缘争夺持续的背景下，乌摩两国被纳入欧洲一体化轨道不仅正改变地缘政治格局，也将对地区经济结构与安全架构产生深远影响。④

第四，乌克兰历史问题。"欧亚现象"是指在欧亚大陆接合地带发生的不同民族和国家之间的一种因战争而引发的文化交融与民族融合现象，以及后来又因经济目的而展开的地缘和资源争夺现象。"欧亚现象"可以追溯到古希腊时期的希波战争。随着亚历山大对古印度的征服失败，"欧亚现象"有一段寂静期，并持续到张骞出使西域而打通东西方文化交流和贸易往来的古"丝绸之路"。在大航海时代，"海上丝绸之路"虽然取代了"陆上丝绸之路"，但内陆奥斯曼土耳其帝国与基督教世界的宗教和地缘冲突依然演绎着"欧亚现象"，且延续到第一次世界大战时期。帝国本是一种秩序，但后来成了一种"利维坦"，总是以地缘政治为目的进行霸权扩张，从而产生了诸多"帝国后遗症"现象。不过，乌克兰危机演绎了欧亚"帝国"借用地缘政治进行霸权争夺的最后一抹余晖。不管这场战争的性质和胜败如何，从战争艺术看，俄乌冲突具有元宇宙特性，因而具有划时代意义。⑤

刘显忠指出，乌克兰作为一个独立国家的历史只有30年。当今的乌克兰地区曾因地缘政治变化经历了极为复杂和极为矛盾的政治整合进程。实际上，当今的乌克兰历史是彼此很少

---

① 杨帆：《基于主要经济体贸易结合度的乌克兰经济分析》，《吉林省教育学院学报》2022年第5期。
② 章艺乘、周星宇：《"一带一路"倡议下中国与乌克兰的贸易探究》，《中国商论》2022年第5期。
③ 陈爱茹：《乌克兰资本主义化30年评析》，《马克思主义研究》2022年第6期。
④ 杨博文、崔洪建：《乌克兰等国"入盟"之路不平坦》，《世界知识》2022年第16期。
⑤ 胡键：《"欧亚现象"的时间与空间——兼对乌克兰战争一种超越地缘政治思维的思考》，《四川大学学报（哲学社会科学版）》2022年第4期。

联系的一些地方历史的总和。复杂的历史进程导致了当今乌克兰复杂的民族、文化、语言特点，而其民族、文化、语言特点的复杂性又导致了乌克兰国家建设的深度困境。乌克兰国家建设的深度困境及复杂成因，对多民族国家建设提供了现实镜鉴：坚持立足国情，不能简单移植既有模式；坚持统筹兼顾，采取"多样一体"思路；坚持稳妥有序，实施科学合理的国家语言政策。多民族国家推进现代国家建设，要正确处理一致性与多样性关系，朝着塑造共同历史与整体认同的方向深入。①

第五，乌克兰的社会文化。俄乌冲突造成了欧洲自二战结束以来最严重的难民危机，乌克兰难民是以白色人种、信仰基督教的妇女和儿童为主，因此，以欧盟为首的西方国家表现出空前的团结，纷纷出台一系列积极政策来迎接。对于接收难民的动机，西方民众基于人道主义对大量乌克兰难民施以援手，而部分国家的政客则表现出明显的种族主义倾向，只接收乌克兰白人难民，却将有色人种排除在外，甚至试图通过最大限度地接纳乌克兰白人，来对冲当前及今后有色人种难民对本国社会的"威胁"。然而，所谓福祸相依，乌克兰难民客观上有助于缓解西方国家的老龄化压力，还可能带来劳工红利，但规模巨大的难民远远超出了乌克兰西部邻国的承载限度，不可避免地加剧了欧洲国家的经济与社会负担。与此同时，"亲欧"的乌克兰民众借特别军事行动之机以难民身份前往欧盟（北约）国家，而"亲俄"民众则通过俄罗斯推出的简化程序加入俄罗斯国籍，造成了乌克兰民众"入盟（约）"或入俄的既成事实。此外，短期内中青年及儿童人口的大量流失，或将导致乌克兰国家建构陷入长期的动荡和衰落。② 乌克兰近70%的人自我认定为穷人。世界银行和乌克兰国家统计局估计该国的贫困率约为30%。

王东营通过分析乌克兰中等教育、高等教育阶段与乌克兰孔子学院的中文教育发展现状认为，乌克兰中文教育发展可能面临开设中文专业高校数量增长放缓、各地区中文教育发展失衡与人才培养模式亟待升级等问题。③ 张翼等聚焦中等收入群体与中产阶层这一重要研究对象，其既是中乌两国各自经济社会发展重点培养的群体，也是世界各国现代化转型必经的社会结构变化。中等收入群体或中产阶层的生成，对于促进经济发展、实现包容增长、推动社会可持续发展具有重要意义。该专著是在中国社会科学院—乌克兰基辅格里琴科大学中国研究中心框架内、由中国社会科学院与乌克兰基辅格里琴科大学专家团队共同合作完成的研究成果。④

（三）国内白俄罗斯研究状况

2022年关于白俄罗斯的研究主要聚焦于中白关系和加入上海合作组织等重要问题。主要成果包括《白俄罗斯钾盐资源禀赋与投资环境分析》《"一带一路"背景下中国与白俄罗斯贸易强度及互补性研究》《从白俄罗斯申请加入看上合组织新一轮扩员》《俄白联盟情报合作分析》。主要观点如下。

---

① 刘显忠：《历史与认同碎片化：乌克兰国家建设的困境与镜鉴》，《统一战线学研究》2022年第6期。
② 苟利武、张君荣：《乌克兰难民危机研究》，《俄罗斯研究》2022年第4期。
③ 王东营：《乌克兰中文教育发展现状分析》，《文学教育（下）》2022年第7期。
④ 张翼等：《中国与乌克兰：中等收入群体与中产阶层研究》，中国社会科学出版社2022年版。

第一，中白关系。鉴于中国和白俄罗斯经济体制及思维观念的差异，中国需要不断坚持与白俄罗斯进行良好的沟通，以期改善其投资环境。随着国际形势的不断变化和保障钾肥资源供应安全、构建多元化的钾肥国际合作格局的需求，未来中国从白俄罗斯钾肥进口占比有可能进一步增大。[1] 尽管白俄罗斯在农业、资源类产品、化工产业方面比较优势明显，但其贸易产品竞争力较弱，无法实现进口替代和扩大出口，长期以来对外贸易一直处于逆差状态，也无法扩展对中国的出口。加上白俄罗斯经济结构落后的情况没有改善以及白俄罗斯科研成果的研发与转化存在阻碍，不利于两国高科技产品的合作与研发，阻碍了两国产品创新与国际竞争力的形成。[2]

第二，白俄罗斯加入上海合作组织。白加紧向上海合作组织靠拢，意在缓解来自美西方的战略压力。成为上海合作组织成员国有利于白摆脱不利的国际处境，扩大战略回旋空间。从经济上看，白意图通过加入上海合作组织打破西方对其经济的封锁，摆脱发展困局。上海合作组织拓宽了白进入亚太地区的通道，在欧亚经济联盟的辅助下，将增加白的出口市场和进口来源。在当前形势下，吸收白加入有助于俄以上海合作组织为依托对抗西方，也有利于俄拉紧与欧亚经济联盟和集体安全条约组织成员国的关系。[3]

第三，俄白联盟。2020年白俄罗斯政治危机发生后，导致俄白联盟强化情报合作的动因包括两国对安全威胁认知趋同、"情报外交"思想影响、两国情报工作互补等。俄白两国情报安全机构都大体继承了苏联克格勃的工作方法与情报文化。一方面，这为两国开展高效率情报合作奠定了最重要的基础。结合双方建立并完善的情报合作综合体系和相关成功案例来看，俄白联盟情报合作总体效果显著，为两国维护自身核心安全利益提供了不可或缺的情报保障。但另一方面，双方情报安全机构具有"重侦察轻分析""重人力轻技术"的工作特点，情报合作的保障机制亟须调整，导致情报合作所伴随的失误风险和泄露风险仍客观存在。[4]

（四）国内摩尔多瓦研究状况

自2009年摩尔多瓦议会选举后，摩尔多瓦共产党人党从执政党变为反对党，此后又从议会党沦为议会外政党。共产党人党支持率持续下降，一方面是因为政党建设不力导致党内分裂、精英出走、党员流失；另一方面是因为美西方通过培植代理人对摩政治进行干涉，其支持的中右翼政党不断挤压共产党人党的生存空间。在不利形势下，共产党人党对党的发展战略进行反思与调整，通过与左翼政党结成联盟、制定更贴近民生的竞选纲领等方式得以重回议会。当前，共产党人党继续深化与左翼政党的合作；聚焦民生，推动社会改革；客观分析新的地区局势，积极为摩尔多瓦国家和人民利益发声；不断加强与各国共产党的联系与合作。今后，共产党人党的发展前景依然充满各种挑战与不确定性，走出低迷状态任重而道远。[5]

---

[1] 张宇轩、李旭拓、刘明义、高永伟、张丹丹：《白俄罗斯钾盐资源禀赋与投资环境分析》，《西北地质》2022年第3期。

[2] 孙艳艳、吴舒钰：《"一带一路"背景下中国与白俄罗斯贸易强度及互补性研究》，《价格月刊》2022年第7期。

[3] 李天毅、邓浩：《从白俄罗斯申请加入看上合组织新一轮扩员》，《世界知识》2022年第16期。

[4] 刘江韵、吴小鹏：《俄白联盟情报合作分析》，《情报杂志》2022年第5期。

[5] 曲岩：《近年来摩尔多瓦共产党人党的发展状况与政策主张》，《世界社会主义研究》2022年第12期。

二、国外乌克兰、白俄罗斯、摩尔多瓦学科研究状况

(一) 乌克兰研究

1. 俄乌冲突

马季娜·胡代库洛娃（Madina Khudaykulova）等分析认为，俄乌冲突及其导致的对俄严厉制裁加剧了跨境金融和业务脆弱性所带来的危险感。加上军事投资的机会成本、金融系统的人道主义损失，以及修复战后损失的负担等给全球经济造成重大损失。① 亚娜·利亚泽（Iana Liadze）等学者指出，俄乌冲突可能会使2023年全球GDP水平下降1%，也就是全球GDP减少约1万亿美元，2023年全球的通胀率增加约2个百分点。②

此外，俄乌冲突大大增加了农产品、金属和能源市场的波动性，通过经济和金融两个渠道影响这些市场：一方面，在冲突升级后，俄罗斯出口的某种商品的全球市场份额越高，该商品的波动风险就越大；另一方面，投资者的恐慌和央行的货币政策放大了危机的影响。③

俄乌冲突对国际粮食市场局势发展的深度影响不容忽视，加剧全球粮食供应紧张、刺激粮食价格强势上涨、影响局部贸易活动，进一步激化粮食供求矛盾，推高农业生产成本，改变全球粮食贸易格局。④

梅迪亚·本杰明（Medea Benjamin）等认为，俄乌冲突不能被描述为邪恶帝国和无辜受害者之间的简单对立，情况更为复杂。西方在苏联解体后违背了停止北约东扩的承诺，在导致普京采取行动方面发挥了重要作用。美国参与2014年的乌克兰危机和乌克兰未能执行明斯克和平协议也是如此。该专著将历史记录和当前分析结合起来，审视了导致冲突的事件，调查了参与冲突的各方，并权衡了冲突升级的风险与和平的机会。⑤ 在严重的危机中，将能源重新描述为地缘政治安全问题，往往会掩盖或淡化其他能源政策目标，给寻求持久的、可持续和公平的以及过渡的政策制定者提出了难题。⑥

马尔尼·豪莱特（Marnie Howlett）认为，自俄乌冲突开始以来，乌克兰公民的生活发生了深刻的变化。虽然有数百万人作为难民和流离失所者逃离乌克兰，但还有一些人留在自己的城市，拿起武器或做志愿者。尽管俄罗斯的持续攻击对社会各阶层造成了破坏，但乌克兰

---

① Madina Khudaykulova, "Economic Consequences and Implications of the Ukraine-Russia War", *International Journal of Management Science and Business Administration*, Vol.8, Iss.4, 2022, pp. 44-52.

② Iana Liadze, The Economic Costs of the Russia-Ukraine Conflict, National Institute of Economic and Social Research, March 2022, https://www.niesr.ac.uk/wp-content/uploads/2022/03/PP32-Economic-Costs-Russia-Ukraine.pdf.

③ Yi Fang, Zhiquan Shao, "The Russia-Ukraine Conflict and Volatility Risk of Commodity Markets", *Finance Research Letters*, Vol.50, Iss.C, 2022.

④ Petra Berkhout, "The Impact of the War in Ukraine on Food Security", *Euro Choices*, Vol.21, Iss.2, 2022, pp. 50-51; Sandeep Jagtap et al., "The Russia-Ukraine Conflict: Its Implications for the Global Food Supply Chains", *Foods*, Vol.11, Iss.14, 2022.

⑤ Medea Benjamin, Nicolas Davies, *War in Ukraine: Making Sense of a Senseless Conflict*, OR Books, November 2022.

⑥ Caroline Kuzemko, Mathieu Blondeel, Claire Dupont and Marie Claire Brisbois, "Russia's War on Ukraine, European Energy Policy Responses & Implications for Sustainable Transformations", *Energy Research & Social Science*, Vol.93, 2022.

人对民族性的表达和实践一直在持续，甚至在国家饱受战争蹂躏的现实中不断发展，这在该国的防空洞中尤为明显。由于民族主义研究中的霸权理论往往以领土国家及其机构为中心，该文反而考虑了普通人的经验。具体来说，文章研究了乌克兰人在切尔尼戈夫、基辅和哈尔科夫等被严重攻击的城市的防空洞里的日常生活，以揭示乌克兰民族主义是如何在冲突中表现出来。研究结果表明，民族主义既是一种情感，也是一种自我表达，它是当前冲突中在乌克兰人日常生活中的一种激励和团结力量。①

2. 乌克兰内政外交

泽连斯基授权出版其演说稿②，通过乌克兰总统的话语讲述乌克兰故事。该专著共分为"我们的价值""我们的战斗""我们的声音""我们的民族"四个部分，为乌克兰研究提供了重要参考资料。

基于对乌克兰在欧盟—乌克兰协定下履行其运输和基础设施相关义务的案例研究可以发现，乌克兰的低合规率是由一系列因素造成的，这些因素可归因于执法和管理两个视角，而委员会需要将"胡萝卜加大棒"的方法与协商和能力建设相结合，以加强东部邻国对协定规范的遵守。③

奥尔哈·霍蒙丘克（Olha Homonchuk）的研究认为，主观贫困与收入和物质环境没有直接关系，因为主观贫困的主要驱动因素影响分层曲线上的每个人，但程度不同。访谈数据显示，贫穷的感觉源于经历长期的经济波动、由于易受冲击而对未来的担忧、缺乏有意义和安全的工作以及相对于西欧和乌克兰小经济精英的贫困感。这些因素的结合导致了共同的深刻的无力感、怨恨和由于不被政府重视而受到的误解。对主观贫困人口的承认要求在医疗保健和养老金领域对他们提供社会保护，在社会机构内提供程序正义，以及纳入欧盟国家特有的物质生活水平。④

（二）白俄罗斯研究

1. 应对西方制裁

白俄罗斯的政治危机引发了金融安全危机，使得白俄罗斯国际结算变得复杂进而影响到其履行外部债权人义务的能力，增加了国家的金融风险。欧亚经济联盟的实践经验表明，白俄罗斯可以通过建立多边相互结算来缓解禁用支付系统导致的结算困难，此外，增加第三国货币结算也是积极提升国家金融安全的方式，如加强与人民币的合作，但是必须考虑到的是，

---

① Marnie Howlett, "Nation-building from (below) the Grassroots: Everyday Nationalism in Ukraine's Bomb Shelters", *Nations and Nationalism*, First Published: 26 September 2022.

② Volodymyr Zelensky, *A Message from Ukraine: Speeches, 2019-2022*, Crown, November 2022.

③ Maryna Rabinovych, Oleksandra Egert, "Explaining Non-compliance in the EU Differentiated Integration: The Case of Transport and Infrastructure Obligations under the EU-Ukraine Association Agreement", *Journal of Common Market Studies*, First Published: 23 June 2022.

④ Olha Homonchuk, "Ukraine's Poor Majority: Exploring the Driving Factors of Subjective Poverty", *International Journal of Social Welfare*, First Published: 08 December 2022.

白俄罗斯市场上美元和欧元的市场份额依然很大。① 白俄罗斯应该积极建设国家支付结算体系，增加白俄罗斯银行卡的发行量，并提升该系统的移动支付功能，拓展其应用范围和客户群体。②

2. 加入上海合作组织

白俄罗斯加入上海合作组织将大大有利于白俄罗斯从中国获得物流和数字化技术上的支持和合作，这对于目前处于欧盟贸易禁运制裁下的白俄罗斯是十分重要的。③

（三）摩尔多瓦研究

2022年关于摩尔多瓦研究成果主要聚焦于应对俄乌冲突的影响和推进加入欧盟进程两个方面。

1. 俄乌冲突对摩尔多瓦的影响

作为乌克兰的邻国，摩尔多瓦受到了俄乌冲突的显著冲击。在能源方面，摩尔多瓦高度依赖俄罗斯能源供应，而俄乌冲突则会对本就脆弱的摩尔多瓦能源供应雪上加霜。④ 不仅能源问题，摩尔多瓦的脆弱性还因其内部纷争而更加凸显，这就是德涅斯特河分离地区（Transnistria）和加告兹（Gagauzia）自治区。荷兰国际关系研究所的报告指出，由于摩尔多瓦继续依赖俄罗斯天然气供暖和从德涅斯特河地区进口廉价电力，俄罗斯可以进一步利用其对摩尔多瓦能源供应的控制。此外，俄罗斯有可能将摩尔多瓦排除在欧盟的地缘政治轨道之外，而摩尔多瓦内部的各种政治和寡头派别也有可能勾结在一起，他们的地位受到了现政府反腐改革的威胁。⑤ 对于摩尔多瓦面临的各类挑战，欧盟可以在协助其应对中发挥重要的作用。⑥

2. 推进加入欧盟进程

2022年6月23日，欧洲理事会主席米歇尔宣布，当天的欧盟峰会同意批准乌克兰和摩尔多瓦为欧盟候选国，摩尔多瓦加入欧盟迎来关键历史时刻。洛列达娜·M.西米奥诺夫（Loredana Maria Simionov）指出，冲突距离是评估安全风险的重要考虑因素，而摩尔多瓦不仅

---

① Надежда Годес. Национальная финансовая безопасность: теория и практика в условиях текущих вызовов и угроз. Банкаўскі веснік. 6/707 чэрвень 2022 г., с.30-39.

② Д.Л. Мурина. Итоги работы Национального банка за январь – июнь 2022 г. по обеспечению макроэкономической стабильности. Банкаўскі веснік. 7/708 ліпень 2022 г., с.3-10.

③ Екатерина Господарик. Экономические возможности Беларуси в ШОС. Банкаўскі веснік. 9/710 верасень 2022г, с.13-24.

④ Alexander St. Leger, Russia's Ukraine Invasion Is Fueling an Energy Crisis in Neighboring Moldova, December 5, 2022, https://www.atlanticcouncil.org/blogs/ukrainealert/russias-ukraine-invasion-is-fueling-an-energy-crisis-in-neighboring-moldova.

⑤ Walking the Tightrope towards the EU Moldova's Vulnerabilities amid War in Ukraine Bob, Deen Wouter Zweers, Clingendael Report, September 2022, https://www.clingendael.org/sites/default/files/2022-10/walking-the-tightrope-towards-the-eu.pdf.

⑥ Andrew Wilson, Cold Winter: How the EU Can Help Moldova Survive Russian Pressure and Protect Its Dmocracy, November 15, 2022, https://ecfr.eu/publication/cold-winter-how-the-eu-can-help-moldova-survive-russian-pressure-and-protect-its-democracy/.

位于乌克兰的边境，而且其最近的历史（特别是德涅斯特河地区的僵持和冲突）和与俄罗斯的复杂关系更加剧了人们的恐惧和不确定性。摩尔多瓦人的态度明显转向与欧洲一体化更紧密的结合，这也反映了他们对国家未来地缘政治道路的偏好。①

欧洲智库欧洲政策研究中心（Centre for European Policy Studies）呼吁欧盟应给予摩尔多瓦候选国地位，因为摩尔多瓦在执行欧盟与摩尔多瓦之间的联系国协定以及深度和全面自由贸易区方面取得进展，意味着已经为其加入进程做好了相当程度的准备。虽然摩尔多瓦有一个重要的改革议程需要维持，特别是在司法和法治方面，但自 2020 年以来，其民主选举进程的质量一直令人印象深刻。摩尔多瓦与欧盟成员国的罗马尼亚有着共同的历史、边界和部分重叠的公民身份，这一点也很重要。随着俄乌冲突的发生，摩尔多瓦在政治、经济和安全方面的脆弱性使其面临下一个风险。②

意大利国际事务研究所的文章认为，拒绝给予候选国资格对乌克兰和欧盟来说都是一个象征性的失败，对普京来说则是一个惊人的象征性胜利。在承认完全候选资格的同时，同样重要的是需要在短期内以具体的利益来配合加入进程。俄乌冲突提供了重振扩大的机会。在战略上和规范上，都有必要抓住这个机会。对乌克兰来说是这样，它对军事行动的抵抗与欧盟赖以建立的价值观密不可分，在乌克兰之外也是如此。③

此外，杰尼查·马尔切夫斯克（Denitsa Marchevsk）等实证检验了由曼瓦林（Manwaring）2018 年文中提出的理论框架，该理论框架将政策影响解释为内容、情境、需求和供应因素相互作用的结果。作者认为该框架作为一种超越西方民主制度的理论工具是有用的，但需要对概念进行改进，以解释国际化、个性化、非正式性、政治化以及政治极化在混合制度（如乌克兰和摩尔多瓦的混合制度）的咨询动态中发挥的重要作用，以期使学术克服西方偏见。④

---

① Loredana M. Simionov, "Shifting Attitudes towards Identity, Borders and Geopolitical Choices: The Case of Moldova," *Regional Science Policy & Practice*, First Published: 13 December 2022.

② Michael Emerson, Denis Cenusa, Steven Blockmans and Tinatin Akhvlediani, Opinion on Moldova's Application for Membership of the European Union, CEPS Policy Insights No 2022 – 18 / May 2022, https://www.ceps.eu/wp-content/uploads/2022/05/CEPS-PI2022-18-Moldova-EU-membership.pdf.

③ Nathalie Tocci, Why Ukraine (and Moldova) Must Become EU Candidates IAI PAPERS 22, 15 JUNE 2022, https://www.iai.it/sites/default/files/iaip2215.pdf.

④ Denitsa Marchevska, Trui Steen, "Understanding Policy Influence in Hybrid Regimes: Insights from a Qualitative Study of Policy Advice in Ukraine and Moldova", *Policy Studies Journal*, Vol.50, Iss.4, 2022.

2022年欧亚战略研究综述

薛福岐*

一、2022年中国学者欧亚战略研究综述

欧亚战略学科是战略科学的分支之一，研究对象涵盖整个欧亚地区，研究的具体问题包括该地区在全球格局中的地位与作用、地区整体安全态势、区域一体化进程、大国在该地区的博弈等重大问题，落脚点是中国在该地区的利益、共建"一带一路"与推动构建人类命运共同体等。2022年俄罗斯针对乌克兰发动特别军事行动是俄与西方在欧亚地区的尖锐矛盾和利益冲突的总爆发，是百年未有之大变局背景下地区与全球格局变迁的重要面向之一。

（一）马克思主义的国际战略观

兰洋基于中西对比的视角分析了马克思主义国际战略的唯物史观。[1] 兰洋认为，马克思从核心主轴、基本要素、辩证关系和价值指向等方面实现了对西方传统话语的变革，开创了国际战略研究的唯物史观范式。站在唯物史观的高度，中西国际战略的本质差别在于：西方国际战略的核心主轴是资本逻辑，主要目的是维持霸权，思维方式是零和博弈，价值取向是唯我独尊；而中国的国际战略则是坚持人民至上的发展理念，坚持领导型而非霸权型的权力逻辑，坚持普惠性的辩证思维，坚持以文明新秩序为核心的价值取向。总览今日世界，西方正日益丧失主宰世界历史的能力，而中华民族伟大复兴则构成了人类文明历史性变革的"关键变量"。

唯物史观认为追逐经济利益是一国国际战略的核心。与西方国际战略理论通常聚焦于权力政治、国家安全等主题不同，唯物史观认为，经济利益是国家制定国际战略的依据。马克思指出："各民族之间的相互关系取决于每一个民族的生产力、分工和内部交往的发展程度。"据此，对于一国国际战略的解析，首先要从其经济基础入手，即在主导性的生产方式所建构的时空延伸结构（Space-Time Extension Structure）之中探寻国家战略制定与变革的逻辑根源。在马克思看来，资本逻辑是近代资本主义国家制定国际战略的主导逻辑。正如其在《共产党宣言》中所表明的：那些民族国家一旦被纳入由资本增殖所塑造的世界市场之中，其战略利益的界定和实现目标的能力必然受到资本所特有的脱域机制和周期性波动规律的制约。因此，经济基础构成了唯物史观考察主权国家国际战略的演进逻辑和分析具体事态的起点。在近代

---

* 薛福岐，中国社会科学院俄罗斯东欧中亚研究所欧亚战略研究室主任，研究员。
[1] 兰洋：《国际战略的唯物史观阐释与"世界之问"的中国答案》，《中南大学学报（社会科学版）》2022年第6期。

历史中，被纳入资本主义世界的各民族国家之间的战略关系（现实主义抽象化为永恒的"丛林状态"）实际上反映了"以资本为枢轴的综合权力——较大权力对于较小权力——的支配和统治"的国际战略逻辑。

在马克思和恩格斯的视域中，一个国家国际战略的制定不仅要考虑经济因素，还要顾及安全、政治、文化等方面的影响。所以，一国的政治诉求（参与管理区域乃至全球政治事务等）、国防和军事（维护国家独立、领土完整和战略安全）、文化和意识形态（维持本民族文化或传播特定意识形态）等也是其对外战略制定时必须考察的关键因素。最典型的例子是马克思对沙皇俄国国际战略变化的分析。作为一个拥有封建专制的政制、资本化的经济基础和东正教文化特色的国家，沙皇俄国的国际战略始终处于"军事—领土扩张"和"资本—市场扩张"的变换之中。

正是因为国际战略涉及比较复杂的利益构成，所以只有通过全面、具体地剖析一国的各种利益构成，正确辨别其国际战略中的核心因素和关键内容，才能科学预测其未来的走势。

（二）"全球转型"与欧亚新博弈

冯绍雷认为，"全球转型"是近年来国际问题研究界为探究当代世界变迁所提出的概念。[①]全球转型的基本思想之一是19世纪形成的全球转型，深刻、持续而全面地改变了国际关系。起初，以工业化、观念与制度重构为背景的全球转型，造成了一个高度不平等、中心与边缘分化的国际秩序。随着全球层面现代性的不断加强，中心与边缘的差距越来越快地缩小。变化的趋向是从19世纪和20世纪"有中心的全球化"逐步转向今天的"去中心或者多中心的全球化过程"。18世纪末到1945年"西方殖民式"的全球转型是其第一阶段。1945年到21世纪头十年"西方全球化"的全球转型是其第二阶段。21世纪第二个十年左右"去中心化或多中心化"的全球转型则是其第三个阶段。提出这一理论的学者倾向于认为，2008年的全球金融危机，是从"中心化"转向"非中心化"全球转型的转折点。

全球转型的基本思想之二是指全球转型是一个涵盖三个向度主要内容的宏大进程。一是指关键国家（主要是指世界大国，也包括若干起重要作用的地区国家）的国内转型；二是指同步发生的世界秩序的改革与演进；三是指在国内转型与世界秩序重构这两大过程之间各国的对外关系与对外战略。这三个组成部分互相影响、互相激荡，又互相紧密关联，使全球转型成为一个密不可分的整体性过程。

全球转型的基本思想之三是指若干长时段因素浮出水面，这些因素势将深刻作用于全球转型发展走向。一是文明、地理、气候、人口等因素的回归。例如，文明因素的重现，不光成为新兴国家成长的强劲支柱，也显现出当前东西方博弈并不仅仅是制度之争，甚至涉及文明的兴衰。因此，既要自主自信，又要互学互鉴，避免文明冲突，探索人类文明新形态的构建。又如地理因素，地缘政治的激化与抬升，重新参与了大国间的博弈。如何运筹帷幄，发挥地缘空间的优势，以及如何因势利导，加强周边合作团结的聚合力，都成为战略运筹的重大内容。二是"冷战"后的全球经济高速增长过去之后，一个相对低增长的长周期将会长期

---

① 冯绍雷：《欧洲对抗与亚洲突围——全球转型中的欧亚新博弈》，《俄罗斯研究》2022年第1期。

延续。这一背景之下的国际竞争,毫无疑问将变得残酷无情和十分严峻。三是世界政治经济不平衡规律之下,西方不亮东方亮,亚洲的成长与发展有望成为长期趋势。想当年,西方列强是通过在东方的扩张与掠夺,以此作为在西方博弈的资源与基础;但是今天,不断强劲发展的东方如何通过自己的努力,避免西方危机对于东方的扰动,积极有为地影响西方,为东方以及全球发展创造有利的国际环境,这是从全球转型的视角来看待当代危机局势的一个重要问题。

(三) 欧亚大陆空间的利益重组与治理挑战

罗仪馥、徐秀军认为,政治意义上的欧亚大陆是指苏联加盟共和国以及后来的独联体成员国所覆盖的地区,它实际上是一个以俄罗斯为中心的地理区域,其空间范围、利益格局与治理形势都伴随着俄罗斯在该地区领导力的变化而变化。[①] 自"冷战"结束以来,随着俄罗斯地区领导力的相对下降,欧亚大陆空间逐渐分裂与缩减,国家间利益格局总体上也趋于分化且日益复杂,在此基础上的欧亚地区治理也面临诸多挑战。由于难以形成有效的治理,欧亚大陆空间上的诸多问题正逐渐演变成为影响甚至威胁周边地区乃至全球稳定的因素。例如,能否稳定地向世界输出能源、恐怖主义等安全威胁会否外溢至其他地区,等等。如何克服现阶段欧亚治理的挑战,进而改善该地区的治理现状已经不再只是欧亚地区内部的事务,而成为世界各国共同关心的问题。从根源上看,克服欧亚治理的挑战有赖于俄罗斯地区领导力的复原,但国家实力变迁并非朝夕之事,扭转欧亚地区利益格局也并非易事,因此可能需要在大国合作上寻求破解之道。而自2014年乌克兰危机以来,美欧国家与俄罗斯之间的矛盾高度激化,美国、欧盟(包括欧洲强国)与俄罗斯在欧亚地区治理上展开合作的可能性较低,而中俄合作是目前欧亚地区治理困境中的一个可行性较高的突破口。

基于当前欧亚地区治理机制的特征,中俄合作的路径可以包含以下两个方面。一是加强两国所主导的相关合作机制的对接。"丝绸之路经济带"与欧亚经济联盟两大发展规划或合作机制之间存在较多的契合之处:二者都致力于促进欧亚经济融合,两个主导国在加强"丝绸之路经济带"与欧亚经济联盟的对接方面也具有一定的共识基础,二者都具有较强的包容性,等等。这些都可以成为二者强化对接的有利条件。二是加强两国在共同参与的地区合作机制中的协调与合作。例如,上海合作组织是中国和俄罗斯共同推进的地区安全治理机制,但后来由于新成员的扩张与所涉议题的扩大,该合作机制的治理效能反而受到限制。在此情况下,中俄可以进一步联合起来,共同发挥创始成员国的领导力,推动上海合作组织进行必要且有效的改革,使其在欧亚安全治理上持续发挥实质性作用。

(四) 欧亚地区国家的政治发展研究

欧亚地区国家独立建国已经30多年,但这些国家的政治发展和国家现代化依然呈现十分复杂的局面,发展缺失是一个具有共性的现象。如何理解这些国家的政治发展和国家构建中的特点,也是学术界持续关心的一个重要理论和现实问题。

[①] 罗仪馥、徐秀军:《"后冷战"时代欧亚大陆空间:利益重组与治理挑战》,《区域与全球发展》2022年第6期。

费海汀注意到俄罗斯政治发展中的"权力再集中"现象。[①] 他认为"权力再集中"包括政治权力的再集中与政治行动的再集中。前者是指不再强调分权与赋权，转而强调集中性的权力与排他性的规则，在国际政治中体现为全球化进程向"逆全球化"进程转变，在国内政治中体现为科层式机构向替代性制度集中以及地方自治向联邦管辖集中。后者是指不再强调竞争与协商，而是强调统一目标、统一行动。从国际政治的面向看，政治行动再集中主要体现为大国博弈向大国对抗演变、区域合作向大国主导演变；从国内政治的面向看，政治行动再集中则主要体现为路径选择的集中、发展步调的统一和政策的激进化。

孙超则从国家精英的再生产这一维度对中亚国家的政治发展进行了考察。[②] 他认为，中亚政治精英在适应中亚政治发展过程中形成了与政治强人良好的共生关系模式，新的国家精英在体制优势中不断获得市场和社会优势。中亚政权的平稳过渡并未改变政治强人的庇护网络与精英再生产，在疫情引发的不确定性下，政治发展前景面临着突出的安全风险。

（五）乌克兰危机升级的欧亚战略影响

2022年2月，俄罗斯针对乌克兰发动的特别军事行动标志着2007年以来俄罗斯与西方关系的嬗变终于进入以长期对抗为主线的新阶段。这个重大转折对欧亚地区的安全与稳定产生深远影响，同时也不可避免地外溢到俄罗斯与地区国家之间的关系乃至俄罗斯主导的区域一体化进程。

冯玉军认为，俄乌冲突是后"冷战"时代乃至二战结束以来世界发展的一道分水岭，将引发欧洲、欧亚地区格局的深度演变，也将对世界秩序未来发展产生深远影响。[③]

杜德斌等的研究表明，俄乌冲突被广泛认为是"冷战"后欧洲最严重的地缘政治危机之一，不仅造成两国大量人员伤亡，也牵动整个世界，引起中国、美国、欧盟和俄罗斯之间的复杂博弈，推动世界政治经济分裂和去全球化加速，因而可能成为"冷战"后全球势力格局演变的一道分水岭。[④] 他们运用经典地缘政治理论——麦金德的"心脏地带"理论来分析这场冲突的地理动力机制及时空规律，力图认清复杂变局中中国面临的地缘安全风险和挑战。在回顾"心脏地带"理论核心要义的基础上，分别考察了该理论对俄罗斯和美国地缘政治思想和地缘战略实践的影响，分析了乌克兰在"心脏地带"中地理位置的特殊性及其在东西方力量博弈中的遭遇和处境。他们认为，从表面上看，俄乌冲突发生于因历史问题分歧严重的两个东斯拉夫国家之间，但它的实质却是俄罗斯与北约长期对峙形成的结构性矛盾的总爆发，是"心脏地带"陆权力量与"边缘地带"海权力量两大板块相互挤压和对撞的结果，位于"心脏地带"与"边缘地带"接合部的乌克兰因此沦为大国地缘争斗的牺牲品。

俄乌冲突只是欧亚大陆这个世界政治经济大舞台上21世纪大国地缘博弈的一场序幕，它可能是未来中美两强在西太平洋地区终极冲突的预演。从特朗普到拜登，在东亚及整个印太

[①] 费海汀：《"权力再集中"：俄罗斯政治趋势分析》，《俄罗斯研究》2022年第5期。
[②] 孙超：《国家精英的再生产与中亚政治转型》，《俄罗斯东欧中亚研究》2022年第2期。
[③] 冯玉军：《俄乌冲突的地区及全球影响》，《外交评论》2022年第6期。
[④] 杜德斌、易鑫磊、马亚华、曹宛鹏、夏启繁、李希雅：《"心脏地带"理论与俄乌冲突》，《世界地理研究》2022年第4期。

地区，美国正在形成以美英澳三边安全伙伴关系（AUKUS）为核心、以美日印澳"四边机制"（QUAD）为支点、以"印太经济框架"（IPEF）为依托的，涵盖政治、军事、经济、文化、意识形态在内的对中国全面围堵和遏制的"印太战略"。俄乌冲突促成了西方的空前团结和广泛动员，这为我们敲响了一记警钟：中国安全环境将几乎无可避免地走向复杂化。由此，我们可以合乎逻辑地认为，与俄罗斯（可能还有伊朗）结成某种形式的"权宜联盟"（alliance of convenience）或许应成为中国一个值得考虑的战略选项。

叶帅等人撰文认为，地缘环境研究是当前国内政治地理研究的重点和热点，在概念、内涵、分析框架、空间分异、系统模拟等领域已取得较大进展，但对于地缘战略交汇区这一特殊地缘政治区域的地缘环境研究鲜有涉及。论文基于地缘战略的空间和权力属性，融合政治地理学的地缘环境、地缘位势，国际关系学的现实主义、自由主义和建构主义等理论，兼顾主体间性的哲学思想，构建了地缘战略交汇区地缘环境的评价模型，并以乌克兰为例进行了实证研究以验证模型的可靠性。结果表明：整体上，乌克兰的地缘环境演变态势趋好但波动剧烈，未来其地缘环境还会出现间歇式动荡；受历史文化渊源、军事物质权力、战略投入意愿、经济相互依赖、地理空间距离等因素的影响，俄罗斯在乌克兰一直保持较大的地缘位势优势；德国在乌克兰的地缘位势年际起伏较大，近年来主要受地缘经济因素的影响呈升高的趋势；法国和美国在乌克兰的地缘位势一直低于俄罗斯和德国，未来法国地缘位势会小幅升高，美国将会降低。论文提出的地缘战略交汇区地缘环境评价模型，经历史验证，评估结果与乌克兰国内政局演变态势拟合度较高，模型可靠性好，可为其他地缘战略交汇区的地缘环境评价提供参考。[①]

米军、王昊认为，苏联解体导致俄罗斯地缘政治环境的剧变以及身份认同的缺失，从而造成不同地缘政治思想重新兴起。从俄罗斯的身份认同出发，可以将俄罗斯地缘政治思想分为欧洲—大西洋主义和新欧亚主义，这两种主流的地缘政治思想影响着普京对俄罗斯地缘政治环境变化的看法。自2000年就任俄罗斯联邦总统以来，普京的地缘政治观经历了从"大欧洲"到"大欧亚"的变化。在普京的地缘政治实践中，地缘经济占有重要的地位。在当前世界大变局大调整尤其是大国地缘政治博弈加剧的形势下，深入挖掘普京地缘政治观的内涵及变化对我国的战略布局具有重大现实意义。[②]

崔守军、杨宇认为，俄乌冲突是典型的大国影响下的主权国家地缘战略选择所引发的地缘政治冲突问题。他们借鉴"战略三角"理论建立对俄乌冲突的理论分析框架，从地缘政治学和国际关系学融合互鉴的视角阐述俄乌冲突的地缘政治生成逻辑。[③] 从理论上看，乌克兰与俄罗斯、北约及欧盟构成一个"战略三角"关系，理想的战略选择应为"罗曼蒂克型"三角关系。从尤先科政府之后，显然乌克兰在"战略三角"上的失衡导致了其地缘政治的被动局面。对于乌克兰未来地缘政治形势，若能通过与美国和欧盟的周旋、与俄罗斯的谈判，重新

[①] 叶帅、胡志丁、葛岳静、胡伟、黄宇：《地缘战略交汇区环境演变评估模型构建及其应用——以乌克兰为例》，《地理科学进展》2021年第6期。
[②] 米军、王昊：《俄罗斯地缘政治思想与普京地缘政治观的转变》，《国外社会科学》2022年第3期。
[③] 崔守军、杨宇：《俄罗斯与乌克兰冲突的地缘政治渊源与地缘政治逻辑》，《地理研究》2022年第8期。

回到"罗曼蒂克型"的"战略三角",是乌克兰理性的战略选择,既为自身发展谋求更多的战略空间,同时对于平衡俄、欧、美之间的地缘政治博弈也将起到重要作用。

在当今世界地缘政治关系中,位处全球战略要冲的小国,在大国地缘政治博弈中往往具有重要的战略价值。域外大国地缘政治博弈不仅体现在俄乌冲突中,同时在东南亚、中亚、中东、非洲等地区也广泛存在,尤其是阿富汗战争、中亚"颜色革命"、中国南海问题、印巴冲突、中东数次战争、马六甲海峡安全问题等,都是大国与小国地缘政治关系塑造的典型案例。通过"战略三角"的理论,将地缘政治和国际关系理论纳入域外大国博弈和小国地缘战略选择中,阐述小国的历史渊源、地缘环境变化、小国和主导性大国的关系塑造导致的地缘政治冲突的生成逻辑,剖析大国战略博弈下的小国地缘安全问题,能够为理解和认识区域冲突提供新的理论认知,为小国地缘安全和地缘战略提供借鉴。

胡伟星认为,俄乌冲突战场在乌克兰,背后是大国地缘政治竞争,这场冲突将深刻影响未来世界地缘政治格局。俄乌两国兵戎相见,实质上是俄罗斯与北约的地缘政治对抗,是俄罗斯与西方过去30年矛盾的总爆发。[①] 俄乌冲突背后有着深刻的地缘政治背景和历史渊源,需要从乌克兰内部情况、俄乌关系以及俄罗斯与西方关系多层次加以解读,是历史文化、族群矛盾、地缘政治、大国博弈等多重因素共同作用的结果。西方在乌克兰煽动"颜色革命"和内部分裂,使乌克兰逐步倒入西方怀抱。以美国为首的北约违反承诺、五次东扩,不断挤压俄罗斯战略生存空间,等于把一个大国逼到墙角,这是俄乌冲突爆发的深层原因。

放在一个更长历史时空来看,这场俄乌冲突也是百年未有之大变局的一部分。俄乌冲突不仅是一场地区冲突,也是"冷战"时期东西方对峙的延续。它使地缘政治和世界秩序发生突变,加速了世界地缘政治力量的分化与重组。俄乌冲突开始之后,西方空前团结一致,发动一轮轮对俄严厉制裁,北约已经用不同形式介入俄乌冲突,这场冲突有扩大化和长期化趋势。除了军事斗争,西方发动了对俄经济战和外交战,在全球范围围剿俄罗斯。美欧不惜违反一系列基本国际准则打压俄罗斯,企图通过经贸、金融和技术制裁来扼杀俄罗斯经济,以压垮俄罗斯政权。西方对俄制裁的力度、广度都是史无前例的,国际金融市场、能源供应和全球产业链出现剧烈动荡,当今国际关系体系、全球治理体系和全球经贸体系都面临重大调整。目前,俄乌冲突的最终结局(endgame)尚不明朗,将取决于俄乌双方角力和大国地缘政治竞争的结果。如果从地缘政治学视角分析,这场俄乌冲突必将对欧亚大陆地缘政治、大国竞争与世界地缘政治格局产生深远影响。俄乌冲突也告诉人们,传统地缘政治逻辑并未远去,大国竞争仍是对战略空间的争夺,战略空间影响世界地缘政治格局和大国之间的权力平衡。

(六)帝国研究

帝国既是人类历史上最重要的政治现象之一,也是政治学研究的基本范畴之一。帝国研究的回归,乃是20世纪末和21世纪初世界政治学研究领域的一个令人注目的发展。俄罗斯对乌克兰的特别军事行动引起学界对帝国问题的兴趣。这是因为,作为历史上传统的殖民帝国,俄罗

[①] 胡伟星:《俄乌冲突、大国竞争与世界地缘政治格局的演变——以地缘政治学为研究视角》,《亚太与海洋研究》2022年第4期。

斯对疆域扩展、控制以及由此而来的所谓不安全感、对战略缓冲区和势力范围的追求，在21世纪的今天依然是影响欧亚地区安全问题的深层次因素，因而学界对帝国问题的研究往往集中在理解俄罗斯帝国历史上的扩张进程以及当代俄罗斯国家建构中的"帝国性"等问题上。

俞可平从帝国的概念入手，全面梳理西方文献对该问题的研究，其基本结论是：在21世纪的今天，帝国已经不复存在，但帝国主义依然存在。[①] 这在一定程度上可以看作对近年来学界帝国研究这个热点问题的回应。其研究的核心是对帝国特性的辨析。通过从多个维度对人类历史上存在过的帝国进行分析，并将帝国与其他国家形态，帝国与国家、帝国与民族国家、帝国与霸权等逐一做了对比研究，对帝国和帝国主义的区别进行了探究，认为帝国与帝国主义有着内在的联系，但两者又属于不同的范畴，并得到基本结论：帝国的时代已经一去不复返，但帝国主义作为一种思潮、政策和战略还将长期存在。同时，从制度结构、扩展能力和国际环境三个角度分析后判断：现在的美国不是、将来也不可能成为新的世界帝国。

胡键认为，帝国最初是一种秩序，是一个地区的人们在人类"理性"的驱使下，从分散化、碎片化走向集中并谋求一种理想秩序的状态。然而，理想主义地理解帝国，那这种帝国只是"上帝之城"而非尘世的帝国。尘世的帝国从"按照正义的原则治理国家"的状态，演变为一个"人造的人"的"利维坦"，这种"变异"必然促使"帝国"争夺更大的生存与发展空间。[②] 因此，从共时性视角来看，传统帝国的争夺往往是以地缘安全作为最重要、最常见的外衣，以掩盖帝国对外扩张的真实目的。也就是说，地缘政治不是维护国家安全的手段，而是帝国扩张的手段。不过，这种手段在当今新技术条件下显得捉襟见肘，相反技术以自己的方式模糊了地缘政治的所谓前沿、后方和战略纵深，开创了"元宇宙"时代的战略对决艺术。因此，地缘政治在乌克兰危机中所揭示的正是欧亚帝国的最后一抹余晖。在历史与空间的经纬之中来探讨"欧亚现象"，尤其是乌克兰危机所揭示的新现象，我们不得不重新思考战略安全和相关的理论问题。第一，乌克兰问题及其这场战争所揭示的不是一种地缘安全问题，而是一种"帝国后遗症"现象，即俄罗斯所怀有的欧亚帝国情结是挥之不去的；乌克兰则试图摆脱民族内心中对"帝国后遗症"的恐惧心理。两个国家在这一问题上的目标对冲，势必引发战争冲突，这也是两国之间长期以来的心病。第二，传统的国际关系理论、战争理论等，都是以权力和利益为分析的支点，但这场战争是"新人类"在压力之下进行的一次在"元宇宙"时代的实战。战争过程表明，利益虽然依然是一个分析支点，但权力似乎正在被挤出关于国际关系、战争的分析场域。这也意味着传统国际关系理论、传统战争理论都将过时，代之而起的是新技术条件下"元宇宙"时代的全新理论，我们也期待这场战争所引发的革命性理论的催生。第三，虽然传统战争理论过时了，但战争艺术的理论没有过时。从这场战争尤其是乌克兰的表现和举措来看，我们似乎看到了中国春秋时期晋国军事家先轸的战争艺术在21世纪第三个十年中的升级。

除了纯理论的帝国研究外，2022年还出现了一批运用帝国范式理解欧亚区域秩序的学术

[①] 俞可平：《帝国新论》，《清华大学学报（哲学社会科学版）》2022年第2期。
[②] 胡键：《"欧亚现象"的时间与空间——兼对乌克兰战争一种超越地缘政治思维的思考》，《四川大学学报（哲学社会科学版）》2022年第4期。

作品。一些学者直接使用帝国范式对俄乌冲突进行了解读。张昕认为，俄乌冲突可以被理解为两套帝国体系之间的纠缠和竞争：即以华盛顿为中心的安全治理模式加上以布鲁塞尔为中心的经济治理模式，或曰"跨大西洋体系"和俄罗斯试图重建的以莫斯科为中心的欧亚体系。① 而俄罗斯的内外政策则表现出鲜明的 19 世纪帝国的时空特征：空间上高扬以民族族群为基础的领土性诉求，甚至开始带上越来越浓重的"领土收复主义"特征；时间上高度选择性地使用苏联遗产，以文明论为基础构建历史统一的"俄罗斯世界"来构筑自己的反击攻势。

（七）欧亚区域研究

欧亚区域研究依然是学术界关注的重点领域之一。一方面，俄罗斯主导的区域一体化进程在乌克兰危机背景下遇到一系列新的挑战；另一方面，域外"中等强国"土耳其对高加索事务的介入，地区部分国家对土耳其的迎合，试图借助土耳其的力量对冲中俄两个大国在该地区的影响力，在一定程度上使得地区力量格局变得复杂，给共建"一带一路"构成新的挑战。

薛福岐认为，"中心—边缘结构"是在全球和地区层面以及各国内部普遍存在的不对称、不平衡的政治、经济和社会关系。② 罗仪馥和徐秀军则讨论了"后冷战"时代欧亚大陆空间的利益重组及面临的治理挑战。③ 他们认为，在"后冷战"时代，由于俄罗斯地区领导力的相对下降，欧亚大陆空间地理范围的演变呈现缩减或分化的趋势。在此基础上，欧亚地区的利益格局逐步重组，欧亚各国在政治、经济与安全三大议题上出现与俄罗斯"利益一致"、"利益相悖"与"利益疏远"等情况的分化。而欧亚地区治理则总体呈现制度效率低下和制度代表性不足等特征。

（八）欧亚经济联盟的得与失

李自国认为，欧亚经济联盟是一个有明显地缘政治色彩的区域经济一体化组织。④ 自成立以来，欧亚经济联盟在制度建设、消除内部障碍、拓展与外部合作等方面取得不错成果。俄对乌开展特别军事行动后，西方不断升级对俄白两国的制裁，欧亚经济联盟面临前所未有的挑战，经济发展受阻，通胀高企，固有的问题更加突出。成员国关系出现明显变化，俄白关系走近，俄哈关系裂痕扩大。欧亚经济联盟发展上限取决于俄罗斯的经济前景，一体化的深度和广度取决于俄哈关系走向。

宫艳华认为，在西方全方位制裁下，俄罗斯与欧盟之间从能源贸易到金融投资彻底割裂的风险骤升，导致欧亚经济联盟未来发展可能走向封闭，前景不乐观。⑤ 欧亚地区是俄美欧争夺的战略要地，与中国"丝绸之路经济带"建设密切相关。欧亚经济联盟是目前欧亚地区最活跃的一体化组织。它是由俄罗斯主导的经济合作组织，却被普遍认为具有浓厚的政治色彩。欧亚经济联盟自成立以来取得了一些成绩，对其成果进行经济学测度发现，成员国选择"入

---

① 张昕：《作为帝国间冲突的俄乌战争》，《文化纵横》2022 年第 3 期。
② 薛福岐：《欧亚地区的"中心—边缘结构"：区域研究的新视角》，《俄罗斯东欧中亚研究》2022 年第 6 期。
③ 罗仪馥、徐秀军：《"后冷战"时代欧亚大陆空间：利益重组与治理挑战》，《区域与全球发展》2022 年第 6 期。
④ 李自国：《欧亚地缘政治变局下的欧亚经济联盟：走势与前景》，《欧亚经济》2022 年第 6 期。
⑤ 宫艳华：《欧亚经济联盟经济一体化效果测度及评价》，《俄罗斯东欧中亚研究》2022 年第 5 期。

盟"确有贸易和投资方面的实际需要,同时联盟规则也完全有利于俄谋求强国地位的战略意图。未来,欧亚经济联盟将长期存在,但可能将始终维持低效运转,即经济一体化深度发展局限性较强,空间扩展有限,且发展进度和节奏将明显低于预期水平。俄乌冲突给欧亚经济联盟成员国带来的经济冲击将使得未受制裁国家不断衡量自身的收益和风险,而俄罗斯将比以往更加需要联盟的支持。在西方全方位制裁下,俄罗斯与欧盟之间从能源贸易到金融投资彻底割裂的风险骤升,导致欧亚经济联盟未来发展可能走向封闭,前景不乐观。

郑猛认为,面对未来内部问题和外部合作的双重挑战,欧亚经济联盟应在强调经济合作核心作用的同时,进一步通过深度一体化来实现国际市场和合作领域的多元化。[①] 欧亚经济联盟成立至今已7年有余,其间通过建立共同市场和加强对外合作,使联盟内外经贸实现恢复性增长。联盟内部发展稳中有进,但成员国由于利益分歧而缺乏有效的政府间合作机制,经济政策执行上存在较大差异;联盟对外通过签订自由贸易协定和非特惠贸易协定、与第三国或国际组织签订合作备忘录等形式,加强多边合作,积极融入世界经济,但实效有限。通过对欧亚经济联盟深度一体化评估后发现,该联盟对外合作文本总体上涵盖内容较少。相比货物贸易和贸易便利化,投资和服务贸易基本没有出现在与合作伙伴国的协定条款中,一体化深度有待增强。面对未来内部问题和外部合作的双重挑战,联盟应在强调经济合作核心作用的同时,进一步通过深度一体化来实现国际市场和合作领域的多元化。

(九)对区域国别研究的相关理论思考

张蕴岭指出,现代意义上的区域合作,主要起源于二战后,并从20世纪80年代至今加速发展。当前,区域合作出现了许多新的趋势和特点,深刻影响国际合作的未来发展方向和区域国家的政策选择。[②] 一是经济合作不断向深度和广度拓展。自贸区的构建逐渐由"浅层协议"(shallow agreement)转向"深层安排"(deep agreement)。二是安全因素越来越受到重视。传统上,区域经济合作更加看重开放水平和效率。如今,受到发展不平衡、新冠疫情大流行以及世界经济下行等影响,区域合作中的安全因素增强。安全因素涉及很多方面,在微观层面,包括个人就业、生活安全、公司经营安全特别是供应链安全等;在宏观层面,包括国家总体安全、发展安全、社会安全等。三是"价值观政治"嵌入合作议程。现代区域经济合作的一个突出特点是政治包容性,即把有不同价值观、政治制度的成员纳入共同参与的合作机制中,共同制定规则与合作议程,实现共同利益。当前世界百年未有之大变局加速演进,不确定、不安定因素和冲突发生的风险增大。中国经济的长期稳定发展有赖于稳定的供应链体系,因此,要把维护和保证供应链安全平稳运行作为重中之重。总之,在全力支持多边体系发挥效能的同时,面对区域化的新形势和新特点,中国应该把参与和推动区域经济合作作为对外经济战略的重点,根据不同地区的形势、特点和利益,制定不同的规划和行动议程,积极应对国际政治经济形势变化。

王志立足于西方和非西方的理论与实践,解读比较地区主义的生成逻辑,通过对比地区

[①] 郑猛:《欧亚经济联盟一体化:特征事实与深度评估》,《太平洋学报》2022年第3期。
[②] 张蕴岭:《区域合作新趋势与政治战略博弈》,《当代世界》2022年第11期。

和区域概念,明确比较地区主义的研究对象,介绍比较地区主义的研究方法,指出定量和定性比较具有广泛的应用前景,认为比较地区主义是地区主义理论新进展、国际关系学者参与区域国别研究新途径、构建中国学派的地区主义理论新机遇。[1] 其梳理了基于中国文化提炼出的关系思维解读东盟和上海合作组织的文献,主张立足比较地区主义,对比"一带一路"倡议秉承理念与西方地区主义的差异,理论化中国的地区实践,达到将中国的视角植入地区主义的目的。比较地区主义倡导理论与方法、理论与实践相结合,将为区域国别研究提供新思路。

曾向红认为,自中亚国家独立以来,诸多大国介入中亚事务而未导致该地区出现明显动荡的事实引人深思。这与大国在中亚同时存在明确的合作与"无声的协调"等互动模式有关。[2] 明确的合作主要存在于欧盟与美国、俄罗斯与中国等行为体之间,"无声的协调"则普遍体现在诸多大国的日常互动中。迄今为止,"无声的协调"对于稳定中亚局势所具有的意义并未引起学界充分关注。事实上,"无声的协调"是大国在中亚经由长期摸索和互动,通过遵循"潜规则"而形成的具有一定默契的合作。域外大国在中亚开展"无声的协调"主要体现在四个方面,即遵守四个"潜规则":不约而同地承认中亚国家的主权、默认俄罗斯在中亚具有特殊地位、尊重中亚国家奉行的多元平衡外交政策以及力促中亚的和平与稳定。"无声的协调"互动模式的形成与中亚地理环境具有的多重二元性特征、大国在中亚形成了特定的权力结构和心态结构与大国积极配合中亚国家追求其外交政策目标密切相关。鉴于以上因素具有较高稳定性,大国在中亚进行"无声的协调"有其延续性。

二、2022年国外学者欧亚战略研究综述

尤利娅·尤尔琴科(Yuliya Yurchenko)认为,整个后苏联空间,尤其是身处其中的乌克兰,正处于"资本帝国"内部竞争和不断变化的空间和社会边界的交叉点。乌克兰成为"资本帝国"无情扩张的受害者,俄罗斯和西方资本主义的地缘政治帝国主义正是在这里迎头相撞。[3]

杰弗里·曼科夫(Jeffrey Mankof)对俄罗斯徘徊于帝国和民族国家之间的身份认同、俄罗斯"领土化"的国家身份,以及作为帝国的俄罗斯的地缘政治政策进行了详细讨论。他认为,21世纪初的欧亚大陆正在进入一个新的帝国时代。这个新帝国时代的特点是,该地区的主要大国——俄罗斯、土耳其、伊朗等——愿意利用军事力量、当地代理人、经济依赖和其他手段干预较小邻国的事务。俄罗斯政府努力将权力和影响力投射到边界以外的地区,这些地区因历史、文化、语言和宗教的纽带而与俄罗斯联系在一起。[4]

三、中国的欧亚战略学科建设情况

从国内研究状况而言,欧亚战略学科的研究范式、研究内容与研究方法等尚处在形成阶

---

[1] 王志:《比较地区主义:区域国别研究新思路——兼论中国学者的视角和贡献》,《教学与研究》2022年第2期。
[2] 曾向红:《"无声的协调":大国在中亚的互动模式新探》,《世界经济与政治》2022年第10期。
[3] Yuliya Yurchenko, "Ukraine and the (Dis)integrating 'Empire of Capital'", in Agnes Gagyi, Ondřej Slačálek ed., *The Political Economy of Eastern Europe 30 years into the "Transition": New Left Perspectives from the Region*, Palgrave Macmillan, 2022.
[4] Jeffrey Mankoff, *Empires of Eurasia: How Imperial Legacies Shape International Security*, Yale University Press, 2022.

段，从事该领域研究的人员大多分布在国内各个高校，研究成果分散在多个交叉领域。作为国内唯一成建制的欧亚战略学科研究团队，中国社会科学院俄罗斯东欧中亚研究所欧亚战略研究室2022年有6位研究人员，其中研究员4人，副研究员1人，助理研究员1人，研究领域涵盖俄罗斯政治与欧亚区域、国际战略、国际能源问题、中亚安全、俄罗斯外交及俄罗斯经济社会等问题。在学科体系建设方面，研究团队结合国际关系和国际政治、区域研究等学科的研究方法，从基础概念、研究方法、理论与实践问题等多个方面进行了积极探索，2022年发表了7篇学术论文，撰写了一批内部研究报告，多次参加有关部门的政策咨询。

2022年多边与区域合作研究综述

郭晓琼　牛义臣　林莹[*]

一、2022年中国的欧亚地区多边与区域合作问题研究综述

多边与区域合作学科是一个交叉学科，在学科划分上属于国际问题研究，在研究过程中会运用国际政治理论、世界经济理论、区域经济合作理论等进行综合性研究。2022年国内欧亚地区多边与区域合作学科建设取得较大进展，学科队伍更成体系，学科平台建设更进一步，公开发表的研究成果很多，但相关研究主要围绕"一带一路"建设和上海合作组织两个主题展开。

（一）"一带一路"建设研究

国内关于"一带一路"建设的文章很多，在中国知网以"一带一路"为关键词搜索出2022年发表的文章有1224篇，以"'一带一路'背景"为关键词搜索出的文章为525篇，以"'一带一路'倡议"为关键词搜索出的文章为451篇，以"'一带一路'沿线国家"为关键词搜索出的文章为205篇，以"'一带一路'建设"为关键词搜索出的文章为131篇。主要研究成果涉及以下几个方面。

1. "一带一路"理论研究

2022年，国内涉及"一带一路"理论研究的主要成果包括：《高质量共建"一带一路"》《"一带一路"高质量发展的内核、挑战及启示》《"一带一路"国际话语体系建设须双轮驱动》《"一带一路"建设引领全球共同发展新实践》《构建更紧密的命运共同体："一带一路"建设的欧亚实践》《马克思交往理论对"一带一路"倡议的启示》《人类命运共同体文化认同的建构研究》《推动共建"一带一路"高质量发展的路径》《习近平关于构建人类命运共同体重要论述的理论逻辑研究》《习近平关于全球治理重要论述研究》《习近平关于文明交流互鉴重要论述四重维度研究》《新形势下推进"一带一路"高质量发展的思考和对策》《以"一带

---

[*] 郭晓琼，中国社会科学院俄罗斯东欧中亚研究所多边与区域合作研究室副主任，研究员；牛义臣，博士，中国社会科学院俄罗斯东欧中亚研究所助理研究员；林莹，博士，中国社会科学院俄罗斯东欧中亚研究所助理研究员。

一路"高质量发展支撑新发展格局构建》等①。主要观点包括以下几方面。

第一，习近平外交思想引领"一带一路"理论研究走向纵深。在当前这样一个国家间交流不断增多、共同利益日益增强、安全和发展相互依存的国际形势背后，一系列全球性问题接踵而至，严重扰乱了全球的和谐与稳定。面对前所未有的全球性挑战，传统的治理理念和措施已经不能完全满足现实需要，当前的全球发展急需新的理论指导。2022年，在习近平外交思想的研究范畴中，中国学者对习近平关于全球治理的重要论述进行了深入阐释，将"一带一路"理论研究引入纵深。

中国国家主席习近平着眼于全人类的整体利益，创造性地提出了共商共建共享、文明交流互鉴等全球治理重要论述，这些重要论述为解决新时代全球性问题贡献了中国智慧。习近平关于全球治理重要论述对于丰富和发展中国特色社会主义理论，有效解决当今人类面临的诸多全球性问题，促进世界的和平与发展，推动实现全球善治，具有深远的历史意义和重要的时代价值。在此基础上，2022年习近平关于文明交流互鉴重要论述受到学术界的广泛关注，并取得了一系列研究成果。有关研究对这一重要理念在四个维度上具体展开，即思想溯源维度、问题探索维度、价值指引维度和实践路径维度。相关研究认为，思想渊源维度的研究使得该重要论述的形成具有来自古今中外的源头活水；问题探索维度的研究使得该论述的内涵不断丰富和深化，为其发展和与时俱进的开放性奠定了厚实基础；而价值指引维度和实践路径维度实质上属于理论与现实的联系、贯通问题，价值来源于内容，实践则是对内容的现实转化。综合来看，四个维度之间环环相扣，历史与现实相交织，价值与手段相统一，理论与实践相联系，在研究的广度和深度上都能有力推进习近平关于文明交流互鉴重要论述的纵深发展。

上述理论均能够在"一带一路"理论研究上加以拓展。习近平主席提出的"一带一路"倡议在满足中国和共建国家之间发展需求的同时，也是对马克思交往理论的继承与创新，是中国在新时代背景下推动对外开放的新举措。这一倡议的提出，有助于推动世界经济发展，有助于改变世界交往模式，有助于促进社会文明发展。落实"一带一路"倡议，则应加强政治互信建设，完善政策沟通渠道；促进经济发展，推动基础设施建设；坚持文化包容，促进文化互信。

第二，"一带一路"理论指导实践取得重大成果。党的十八大以来，以共建"一带一路"

---

① 孙壮志、郭晓琼：《高质量共建"一带一路"》，《经济日报》2022年10月13日；王罗汉、许竹青：《"一带一路"高质量发展的内核、挑战及启示》，《全球科技经济瞭望》2022年第9期；于运全：《"一带一路"国际话语体系建设须双轮驱动》，《中国外资》2022年第21期；林永亮：《"一带一路"建设引领全球共同发展新实践》，《当代世界》2022年第11期；王晨星：《构建更紧密的命运共同体："一带一路"建设的欧亚实践》，《俄罗斯东欧中亚研究》2022年第5期；吕靖：《马克思交往理论对"一带一路"倡议的启示》，《现代商贸工业》2022年第21期；刘灵潇：《人类命运共同体文化认同的建构研究》，山东大学2022年硕士学位论文；何悦：《推动共建"一带一路"高质量发展的路径》，《经济研究导刊》2022年第30期；朱东旭：《习近平关于构建人类命运共同体重要论述的理论逻辑研究》，武汉科技大学2022年硕士学位论文；谭聪：《习近平关于全球治理重要论述研究》，重庆邮电大学2022年硕士学位论文；姚礼巧：《习近平关于文明交流互鉴重要论述四重维度研究》，南京信息工程大学2022年硕士学位论文；李婷婷：《新形势下推进"一带一路"高质量发展的思考和对策》，《江南论坛》2022年第11期；罗雨泽：《以"一带一路"高质量发展支撑新发展格局构建》，《中国外资》2022年第21期。

国际合作平台推动中国与欧亚地区全方位合作是新时代中国特色大国外交的战略抉择。自2013年以来，在习近平外交思想指引下，在中国与各合作伙伴的共同努力下，各领域合作成果丰硕，不仅开辟了世界经济增长新空间，搭建了国际贸易和投资新平台，拓展了完善全球经济治理新实践，还为增进各国民生福祉作出了新贡献。中国与欧亚国家利益融合程度逐渐加深，政治互信、务实合作、民心相通水平进一步提升。目前，"一带一路"高质量建设已经从传统的贸易互联互通向"三个共同体"转变，从以传统贸易投资来增进相互信任，向以科技创新合作为特征的高质量发展转变。在世界百年未有之大变局的背景下，"一带一路"也越发成为中国在处理国际问题上的重要舞台。

第三，"一带一路"理论发展面临着新的机遇和挑战。在世界之变、时代之变和历史之变的背景下，欧亚地区既是中国对外战略的进取方向，也是大国博弈的重要地区。但研究发现，当前"一带一路"沿线关系复杂，乌克兰危机升级，"一带一路"的高质量发展，尤其是在顶层设计、科技创新赋能供给侧和外交层面，仍有诸多短板亟待调整。对于综合实力和国际影响力日益提升的中国来说，稳步推进共建"一带一路"高质量发展十分重要，有序做好"一带一路"高质量传播同样重要，两者应双轮驱动，相得益彰。在加强中国国际传播能力和国际话语权建设的历史进程中，巧讲、妙讲、精讲"一带一路"故事，使其成为推进"一带一路"高质量发展的重要助力更为紧迫。

因此，中国与欧亚各国更要高举和平合作、开放包容、互学互鉴、合作共赢的丝路精神旗帜，持续打造欧亚地区"一带一路"国际合作平台，求同存异，积极构建命运共同体、利益共同体、发展共同体。为此，需要夯实文化认同的基础。构建人类命运共同体文化认同需要立足于其现实境遇，随着中国共产党的不懈努力，推动构建人类命运共同体的文化认同已经初有成效，其文化形式更加丰富。不少国际组织、国家和政党等群体也已经对中国所提倡的人类命运共同体理念赋予高度的热情和赞同。此外，中国推动构建人类命运共同体的实践示范也有助于带动其他国家的价值认同。然而，仍有一些不和谐的声音出现。现在国际社会上仍存在对人类命运共同体认知模糊的问题，构建文化认同的工作还须负重致远。对此，推动构建人类命运共同体文化认同需要坚定文化自信与兼收并蓄相统一，坚持思想引领与交流对话相统一，坚持民族情怀与世界情怀相统一。并通过凝练核心表达，细化人类命运共同体的文化认知；通过发挥文化效力，深化人类命运共同体的文化情感；通过凝聚价值共识，强化人类命运共同体的文化信念。在理论与实践的双向互动中构建人类命运共同体的文化认同。

综上所述，在世界百年未有之大变局深度演化之际，"一带一路"理论和实践均面临着新的机遇与挑战。在理论上，要从谋篇布局的"大写意"转入精谨细腻的"工笔画"；在实践上，通过建设畅通高效的基础设施，提升投融资合作效益，构建多元化共建格局，推动"一带一路"建设沿着高质量发展方向不断前进。

2. "一带一路"在欧亚地区建设进展及风险研究

2022年国内涉及此类研究的成果包括：《"一带一路"倡议背景下的国际政治经济形势分析》《"一带一路"倡议实施与沿线国家债务违约风险——基于双重差分模型的实证分析》《"一带一路"倡议下区域经济面临的发展机遇与挑战》《"一带一路"建设的地缘政治风险及应对探析》《"一带一路"九周年：形势、进展与展望》《"一带一路"实施中的经济安全风险及其管控路径》《全球疫情反复对"一带一路"能源合作的影响与应对》《中国对"一带一路"沿线国家直接投资风险研究》等①。主要观点如下。

第一，须认识"一带一路"在欧亚地区建设的具体进展。"一带一路"倡议是"冷战"以来中国独自提供的首款全球性公共产品，是中国经济成功参与全球化进程的产物。世界经济大变局之际，现有经济体系无法有效克服世界市场失灵，"一带一路"倡议对于缓解世界市场失灵具有独特功能。随着欧亚地区的"一带一路"进入新阶段，已有以下四个方面的具体进展。一是以统筹模式推动高质量发展，"五个统筹"是其最新实践。二是金融合作呈现高标准趋势，将进一步聚焦绿色和民生领域，形成开放多元的国际融资机制。三是对外援助在"一带一路"建设中具有独特作用，承担的任务、作用及工作着力点须与时俱进地调整、优化和完善。四是有效降低共建国家主权债务风险。特别是在降低共建国家主权债务风险方面，有专题研究基于双重差分模型，运用2008—2019年"一带一路"共建国家的宏观经济数据，分析"一带一路"倡议实施对共建国家主权债务违约风险的影响。研究结果表明："一带一路"倡议实施显著降低了共建国家的主权债务违约风险；对于收入水平和金融发展水平较低的共建国家而言，"一带一路"倡议实施对其主权债务违约风险的抑制作用更为显著；机制结果检验表明，"一带一路"倡议通过扩大共建国家出口规模，降低其发生主权债务违约风险的概率。

第二，须警惕"一带一路"在欧亚地区建设的地缘政治风险。"一带一路"倡议是中国为推动全球化进程所采取的区域合作模式新创举。虽然该倡议的制定未必立足于地缘政治的考量，但难掩地缘政治色彩，其地缘政治蕴涵也是卓殊显著的。因此，在全面推进"一带一路"倡议过程中，不仅要看到"一带一路"的地理空间蕴涵给中国带来巨大的地缘政治收益，同时也要关注其中存在的风险与挑战。在全面认识"一带一路"所面临的地缘政治风险基础上，对"一带一路"地缘政治风险进行评估，进而制定规避地缘政治风险管控机制，才能有助于"一带一路"倡议的稳步推进，最终实现地缘政治利益最大化。

第三，须警惕"一带一路"在欧亚地区建设的经济风险。"一带一路"倡议是紧密结合经济全球化和区域经济一体化深入发展的新形势，为更好统筹国内国际两个大局，更好统筹国内发展和对外开放两个着力点，促进全球共同繁荣，构建人类命运共同体所作出的重大战略决策。随着"一带一路"建设从启动布局阶段走向高质量发展阶段，其经济安全风险溢出效应日益凸显。为实现"一带一路"的高质量发展，维护"一带一路"建设中的国家经济安全，促进更高水平的对外开放和经济发展，推动人类命运共同体的有序构建，中国需要深入贯彻

---

① 季志业、秦百川、翟崑、李一君、王泺：《"一带一路"九周年：形势、进展与展望》，《国际经济合作》2022年第5期；艾依努·那扎别克：《"一带一路"倡议背景下的国际政治经济形势分析》，《国际公关》2022年第24期；邓道才、牛淼：《"一带一路"倡议实施与沿线国家债务违约风险——基于双重差分模型的实证分析》，《武汉金融》2022年第12期；秦娜：《"一带一路"倡议下区域经济面临的发展机遇与挑战》，《科技经济市场》2022年第12期；张强：《"一带一路"建设的地缘政治风险及应对探析》，《国际公关》2022年第23期；韦欣：《"一带一路"实施中的经济安全风险及其管控路径》，《国家现代化研究》2022年第4期；聂新伟：《全球疫情反复对"一带一路"能源合作的影响与应对》，《海外投资与出口信贷》2022年第6期；任娜：《中国对"一带一路"沿线国家直接投资风险研究》，江西理工大学2022年硕士学位论文。

总体国家安全观，加强对全球贸易壁垒风险、国家投资风险、国内产业空心化风险、东道国营商环境风险和财政不可持续风险等经济安全风险的提前预估、精准识别与有力防范，完善"一带一路"经济安全与经济发展治理体系，为完善全球经济安全治理体系贡献中国智慧。

第四，须认识推进"一带一路"在欧亚地区建设的着力点。一是加强能源合作。新冠变异毒株引发全球疫情呈现多点散发、局部暴发的态势，使全球能源供求形势更加充满不确定性，对"一带一路"能源合作可持续性产生冲击。从短期来看，须加强"健康丝绸之路"建设，统筹疫情防控和能源深化合作，推进双多边贸易投资便利化，增强全球"带疫解封"开放条件下的油气保障能力建设。长期而言，须在增强国内能源生产保障能力的同时，构建国内国际双循环相互促进的新发展格局，继续以"一带一路"能源合作为重点，深化重大项目合作。二是促进海关手续精简改革。"一带一路"倡议环境下的国际政治经济一定要顺应长远发展方针需要，消除安全与环境标准对"一带一路"经济文化交流产生阻碍作用，促进检验检疫手续的精简改革。三是以"一带一路"共建国家为中心向区域进行产业转移。同时要加强与其他地区的合作关系，实现互利共赢的局面，并促进中国对外贸易不断向前发展。具体包括：加大基础设施建设力度；优化产业结构；完善人才制度；增强创新能力；健全法律法规体系；重视环保工作。对传统贸易结构进行彻底性改革，选择价格更合理和市场竞争力更强的政府采购方法以保护知识产权，防止假冒伪劣商品的浸淫，打破产业垄断并在双方中间建立非歧视性的投资结构。

3."一带一路"框架内共建国家的双边与多边合作研究

2022年国内涉及此类研究的成果包括：《"一带一路"背景下中巴人文交流的进展、挑战及前瞻》《"一带一路"背景下中国与中亚五国农产品贸易现状分析》《"一带一路"倡议下中俄贸易竞争性与互补性研究》《"一带一路"倡议下中国对哈萨克斯坦直接投资面临的风险与机遇研究》《"一带一路"倡议下中国对乌兹别克斯坦水果进口贸易研究》《"一带一路"互联互通对中国跨境电商的影响研究——以吉尔吉斯斯坦为例》《"一带一路"视域下中国与中亚五国教育交流合作30年审思》《中国对塔吉克斯坦直接投资的贸易效应实证分析》《中国与南高加索国家共建"一带一路"的风险与应对》《"草原之路"对接"一带一路"：优势与机遇》等[①]。主要观点如下。

第一，2022年"一带一路"多边合作研究涉及中国与中亚地区、中国与南高加索地区合

[①] 李火秀：《"一带一路"背景下中巴人文交流的进展、挑战及前瞻》，《江西理工大学学报》2022年第5期；段凯：《"一带一路"背景下中国与中亚五国农产品贸易现状分析》，《湖北农业科学》2022年第23期；刘西增：《"一带一路"倡议下中俄贸易竞争性与互补性研究》，吉林大学2022年硕士学位论文；Idrissov Dilmurad：《"一带一路"倡议下中国对哈萨克斯坦直接投资面临的风险与机遇研究》，山东财经大学2022年硕士学位论文；刘阳：《"一带一路"倡议下中国对乌兹别克斯坦水果进口贸易研究》，《对外经贸》2022年第10期；温馨：《"一带一路"互联互通对中国跨境电商的影响研究——以吉尔吉斯斯坦为例》，《老字号品牌营销》2022年第18期；肖甦、时月芹：《"一带一路"视域下中国与中亚五国教育交流合作30年审思》，《比较教育研究》2022年第12期；Nazarshoeva Nilufar：《中国对塔吉克斯坦直接投资的贸易效应实证分析》，华东师范大学2022年硕士学位论文；丁鹏：《中国与南高加索国家共建"一带一路"的风险与应对》，《西伯利亚研究》2022年第5期；孙晨阳：《"草原之路"对接"一带一路"：优势与机遇》，《中国外资》2022年第24期。

作。在中国与中亚地区多边合作方面，主要聚焦农产品贸易和教育领域的合作。在农产品贸易方面，研究表明，中国与中亚五国农产品进出口贸易市场不均衡、结构单一，中国农产品经济发展对中亚五国依存度较高，因此，需要深化中国与中亚五国农产品贸易交流与合作，促进中国与中亚五国在农产品贸易上建立了长期稳定的经济发展新空间，践行"一带一路"宗旨和目标。为此，一方面，须提高中国与中亚五国农产品贸易便利化水平；另一方面，须提升农产品品质，形成差异化的农产品。在教育合作方面，加强在教育领域的交流与合作是增进中国与中亚国家政治互信、提升经济合作水平、实现民心相通的重要机制。双方30年的教育交流与合作走过从缓慢到迅速、从单一到多元的发展进程。在"一带一路"倡议框架内，中国与中亚五国之间教育交流合作的路径不断丰富，成效日益显著。但由于中亚地区复杂的民族历史文化因素和多变的地缘政治环境，双方交流与合作的可持续性和务实性发展尚面临缺乏中长期战略规划、中国教育品牌意识不强、复合型人才培养不足等诸多挑战。对此，应基于高阶思维，注重对接中亚各国发展战略，致力于区域教育一体化的协同推进，着力打造区域教育高地，创新语言文化的传播策略，从而实现中国与中亚五国教育交流合作的高质量发展与共赢。

在中国与南高加索地区多边合作方面，研究表明，作为"一带一路"建设的重要合作伙伴，南高加索地区欧亚大陆"十字路口"的地位举足轻重。自"一带一路"倡议提出以来，中国与南高加索三国围绕推动发展战略对接这一主线，将"五通"作为共建"一带一路"的重点领域和优先方向，取得了令人注目的成绩。但是，随着"一带一路"建设向纵深推进，在多重因素的影响下，南高加索地区越来越受到域外国家的重视，各国在此展开激烈博弈，带来了政治、安全、经济等方面的风险和挑战。中国和南高加索三国应该把握机遇、正视挑战、规避风险，不断提升互联互通水平，打造通往欧洲的南高加索走廊，共同推动"一带一路"建设行稳致远。

第二，2022年"一带一路"双边合作研究涉及中俄、中巴、中吉、中塔合作。

在中俄合作方面，研究表明，两国贸易发展态势良好，贸易量稳步增长，贸易合作潜力巨大，但仍存在结构单一、投资规模较小、产品附加值较低和区域贸易摩擦等问题。相关研究以中俄两国2007—2019年的贸易数据为样本，以"一带一路"倡议的提出为分界线，动态研究了中俄贸易的竞争性和互补性。通过建立随机前沿贸易引力模型，实证分析了中俄两国间的贸易效率问题，得出了中国对俄罗斯出口的贸易效率值始终处于低水平并始终处于33个贸易国底部的结论；进口的贸易效率值整体要高于出口的贸易效率值，预示着两国间的贸易潜力巨大。

在中巴合作方面，研究表明，中国与巴基斯坦两国的人文交流历史悠久，在中巴长期保持"全天候战略合作伙伴关系"中扮演举足轻重的角色。伴随"一带一路"倡议与中巴经济走廊建设的推进，中巴人文交流在政策沟通、项目合作、交流领域、多元主体参与等方面有新进展。同时，中巴人文交流也受到巴基斯坦安全风险、交流领域、机制和平台联动效能等制约。未来中巴两国人文交流需要畅通交流机制，强化友好城市建设；对接巴基斯坦对专业技术人才的需求，加大职业教育合作力度；在卫生、医疗、青年交流、安全领域持续发力，为新时代构建更加紧密的中巴命运共同体增添新动能。

在中吉合作方面，研究表明，"一带一路"倡议的实施为中国与吉尔吉斯斯坦的跨境电商带来制度、市场和产业方面的明显优势，为跨境电商发展提供更加有利的条件。但值得注意的是，目前，在中国与吉尔吉斯斯坦的跨境电商发展中也存在较多的困难，主要是因为吉尔吉斯斯坦电商人才不足，技术建设不足，人民参与程度较低，同时跨境电商所需的物流体系以及支付、信誉和通关等机制和体系，均有待完善。我们需要明确"一带一路"为中吉跨境电商发展带来的便利与优势，同时也要正视相关问题，针对性地进行优化，从而促进两国跨境电商的健康发展。

在中塔合作方面，研究表明，内战结束以后，凭借良好的外部条件，塔吉克斯坦经济过去20年实现快速发展，贫困率大幅下降。塔吉克斯坦之所以能够取得这样的发展，外国直接投资发挥了很大的作用。外国直接投资能够缓解塔吉克斯坦国内资本的匮乏、增加就业、提升生产水平、促进出口，对塔吉克斯坦经济发展意义重大。然而，近年来，俄罗斯作为塔吉克斯坦的重要投资伙伴，因受到西方的严厉制裁，对塔吉克斯坦的直接投资大幅下降。面对新形势，塔吉克斯坦选择加强与中国的经贸合作，努力吸引更多中国的直接投资，以弥补国内资本的不足。在持续努力之下，中国已经成为塔吉克斯坦最大的投资伙伴，对塔年均直接投资占塔吸引外资的40%以上。未来，如何进一步加强与中国的经贸合作，吸引更多的直接投资，成为塔吉克斯坦经济发展的优先事项。

4."一带一路"框架内的分领域合作研究

"一带一路"合作涉及能源、金融、贸易、投资、数字经济、绿色、旅游等各个领域，2022年国内相关成果包括：《中国与"一带一路"国家能源贸易合作对能源安全的影响》《"一带一路"沿线国家绿色能源投资风险的情景模式研究》《"一带一路"倡议下绿色金融的可持续发展探析》《我国与"一带一路"国家金融合作历史、现状及对策研究》《"一带一路"经贸合作的机遇及挑战》《"一带一路"贸易网络是否促进各国全球价值链地位提升》《中国对"一带一路"沿线国家直接投资的经济效应研究》《"一带一路"数字经济：挑战与路径》《发展"一带一路"数字贸易：机遇、挑战与未来方向》《数字经济推动共建"一带一路"高质量发展的效应研究》《"一带一路"背景下跨境旅游合作区高质量发展研究》等[1]。主要观点如下。

在能源合作方面，研究表明，中国与"一带一路"国家开展能源贸易合作对于推动参与

---

[1] 周靖、韩纪琴：《中国与"一带一路"国家能源贸易合作对能源安全的影响》，《资源与产业》2022年第6期；薛俭、刘杰玉、李德强：《"一带一路"沿线国家绿色能源投资风险的情景模式研究》，《经济界》2022年第6期；严慧羚：《"一带一路"倡议下绿色金融的可持续发展探析》，《商展经济》2022年第22期；马艳：《我国与"一带一路"国家金融合作历史、现状及对策研究》，《金融经济》2022年第12期；张亚：《"一带一路"经贸合作的机遇及挑战》，《青海金融》2022年第9期；刘敏、薛伟贤、陈莎：《"一带一路"贸易网络是否促进各国全球价值链地位提升》，《管理评论》2022年第12；任德孝：《中国对"一带一路"沿线国家直接投资的经济效应研究》，《科技资讯》2022年第24期；文建军：《"一带一路"数字经济：挑战与路径》，《中国外资》2022年第20期；高疆：《发展"一带一路"数字贸易：机遇、挑战与未来方向》，《国际贸易》2022年第11期；刘莉君、张静静、曾一恬：《数字经济推动共建"一带一路"高质量发展的效应研究》，《中南大学学报（社会科学版）》2022年第5期；焦爱丽、黄彩虹、朱圣卉：《"一带一路"背景下跨境旅游合作区高质量发展研究》，《经济纵横》2022年第12期。

各国经济可持续发展、维护能源安全、实现"一带一路"沿线共同繁荣具有正向的影响作用；为了维护中国与"一带一路"国家的能源安全，应当不断扩大、深化"一带一路"国家之间的能源合作，推进能源贸易多元化，并持续优化国际合作环境，为国际能源贸易创造良好的外部条件；为了抵御外部各种不利因素对中国参与的国际能源贸易构成的安全威胁，应不断提升中国综合实力，以保障国际能源运输通道的安全和顺畅；为了保障"一带一路"参与各国能源的可持续发展，应大力推动中国与"一带一路"国家间清洁能源和新能源的国际合作，促进参与各国变革能源生产方式和能源消费方式。

需要强调的是，学者专门研究了绿色能源合作。结合国际形势和国家政策，识别并评估"一带一路"共建国家绿色能源投资风险因素，考察不同情景中国对"一带一路"共建国家的绿色能源投资风险，针对不同情景提出了对应的建议，得出以下结论。第一，双边关系、战争风险、税收协议、传统能源产量以及汇率稳定是重要性较高的几个指标。第二，伊朗、蒙古国、柬埔寨等国家排名变化较小，风险始终较高。第三，马来西亚、新加坡、巴基斯坦、匈牙利、波兰等国家在各情景下风险都很低，可以考虑实施长远投资，建立友好合作的关系。总体来看，伊朗、塞尔维亚、缅甸、马尔代夫、阿富汗及蒙古国等国家在各情景下风险均较高。其中，伊朗在五个情景下风险均排名第一，其余几个国家排名前十。企业应谨慎投资，在进行境外投资前，企业应做好前期对当地投资能源项目的深入调查，评估企业面临的潜在风险。对伊朗、阿富汗等风险始终较高的国家，企业在谨慎投资之余，应建立境外风险预警机制，及时关注东道国社会各方面变化情况，做好相应应对措施；对马来西亚、新加坡、巴基斯坦等各情景下风险都很低的国家，企业要根据东道国的资源优势，制定相关的绿色能源投资规划，加大海外资产使用效率，建立友好合作关系；对于其他处于中等风险的国家，企业应审时度势进行精心谋划和布局，发展海外投资平台，分散投资风险，力争主动做好企业对外投资经营顶层设计。

在金融合作方面，学者重点关注绿色金融合作。研究表明，在社会经济飞速发展、科学技术不断进步的同时，全球环境污染越来越严重，对人类的可持续发展产生一定的影响。环境是人类赖以生存的基础和根基，世界各国必须重视环境污染问题，不断加强生态文明建设，以促进经济的绿色发展。绿色金融合作对"一带一路"共建国家的经济发展意义重大，而在推动绿色金融合作发展中，健全的法规制度、完善的金融基础设施、绿色金融激励机制及不断创新的绿色金融产品必不可少。应基于"一带一路"倡议下，不断提高绿色金融合作能力，实现绿色金融合作的可持续和健康发展。

在贸易和投资合作方面，研究表明，受新冠疫情冲击，叠加俄乌冲突、通货膨胀、金融收紧等因素影响，世界经济复苏充满变数，"一带一路"经贸合作机遇与挑战并存。中国应进一步完善政策配套措施，充分发挥政策协同效应，扩大合作领域，加大金融支持力度，推动"一带一路"高质量发展。在此过程中，可运用网络分析技术，充分掌握"一带一路"贸易网络的整体布局及各国在贸易网络中的特征。研究表明，在"一带一路"贸易网络中，各国间的联系广度和联系强度提升显著，中国取代意大利成为网络中心地位最高的国家。从中可得到如下启示。第一，中国应积极提升在"一带一路"贸易网络的联系广度与联系强度，强化在"一带一路"贸易网络的中心地位。第二，"一带一路"国家多数处于全球价值链（GVC）

底端，中国应利用在"一带一路"贸易网络的中心优势，积极构造"一带一路"贸易网络价值环流。第三，基础设施、金融服务等因素也能显著提升各国全球价值链地位，应持续改善"一带一路"贸易网络的配套环境。此外，研究表明，中国对"一带一路"共建国家的直接投资对共建国家经济发展的影响主要体现在空间溢出方面，即周边地区吸引的中国投资越高，该地区经济增长受到的促进作用越显著，并且这种刺激作用具有长期效应。这也是因为"一带一路"共建国家经济增长具有空间联动性，并且具有一定程度的路径依赖特征。

在数字经济合作方面，研究表明，"一带一路"数字经济合作是"一带一路"倡议落地的重要路径支撑，"数字丝绸之路"则是中国打造人类命运共同体的新方案，承载着"一带一路"沿线各国及地区民众的时代诉求和共同愿景。实践证明，在世界百年未有之大变局下，以和平开放为基础、以互助共赢为特点、以文明互鉴为保障、以协同发展为路径的"一带一路"数字经济，可以为各国经济转型升级、现代化治理模式构建、国家资源互动共享等带来核心驱动力量。但客观来讲，"一带一路"数字经济合作发展还面临着诸多挑战与困境，包括"数字鸿沟"的存在、数字保护主义的阻碍及国内企业参与意识淡薄。如何立足实际，加强现状审视，针对实际问题采取有效措施加以改进，以积极寻求"一带一路"数字经济合作发展的突破路径，无疑是新时代中国政府、沿线各国政府以及各类市场主体需要深入思考、探索的重要命题。研究表明，近年来随着数字技术的成熟发展，以及数字经济应用场景的丰富延展，数字外交正在成为全新的外交模式，并发挥了越来越重要的作用。在虚拟与现实的话语叠合下，"一带一路"亟待通过打造共享共建平台、创设数据安全防护机制、构建数字现代化治理体系等，推动"一带一路"数字经济高质量发展，助力人类命运共同体愿景达成。还需要看到，数字贸易是激发"一带一路"沿线经济增长的新引擎，是推进数字"一带一路"的重要抓手。数字技术创造了国际贸易新的增长点，中国数字贸易的产业优势、非政府组织的主导模式，以及沿线经济体的数字发展战略，为中国推动"一带一路"数字贸易发展创造了良好基础。然而，推动"一带一路"数字贸易发展所面临的数字贸易规则碎片化、数字基础设施发展不平衡、数字安全等问题也不容忽视。为此，中国推进"一带一路"数字贸易发展应坚持"发展坐标"，针对不同发展水平的"一带一路"沿线经济体，采取差异化数字贸易规则推进策略，深入推进货物贸易的数字化转型，扩大物流、电子支付等"数字赋能型"服务的市场准入，同时加大数字基础设施投资力度，加强网络安全产业链整合，构建国家和企业联动机制，加强中国与"一带一路"沿线经济体的网络安全合作。

在跨境旅游合作方面，研究表明，"一带一路"倡议的提出引发了跨境旅游合作发展与治理的热潮。跨境旅游合作区作为"一带一路"倡议实施的重要依托，其高质量发展需要理论支撑，因而不断创新发展理念、合作方式与合作路径有重要意义。然而，当前跨境旅游合作区发展存在国家配套政策措施不够完善、旅游合作机制尚不健全、旅游产业发展基础较为薄弱、旅游安全保障措施不足等问题。应凝聚一体化的跨境旅游合作区建设理念，并转化为各主体的实际行动：中央政府要发展共谋、政策共用、环境共建，地方政府要规划共领、平台共享、人才共育，旅游企业要线路共建、品牌共塑、营销共行，旅游行业协会要信息共享、服务共抓、监督共行。

5. "一带一路"背景下人民币国际化研究

2022年国内涉及此类问题的研究成果包括：《"一带一路"背景下人民币国际化高质量发展路径》《"一带一路"背景下人民币国际化面临的问题与对策》《"一带一路"促进人民币国际化的路径》《"一带一路"高质量发展与数字人民币跨境使用》《人民币在"一带一路"区域的货币锚效应的实证研究》等①。主要观点如下。

第一，人民币国际化不仅有利于中国应对国际环境的变化，也满足了国际货币体系改革的需要。应结合"一带一路"的"五通"倡议来提高人民币在国外的受欢迎程度和在国际市场上的作用，逐步建成以点带面、由线到块、从片到全的人民币国际化的发展路径。

第二，"一带一路"倡议推动中国企业进入全球市场，增加了人民币资本输出的机会。但同时，人民币国际化进程中仍然存在着跨境使用与贸易投资需求不匹配、区域合作不够深入、难以抵御金融风险、资本项目下人民币不可完全自由兑换、中国在岸市场和离岸市场发达程度较低等问题。在此情况下，可通过提高人民币在外贸结算中所占比重、发展数字人民币、加强区域合作、促进资本开放、进一步开放在岸市场、加强离岸市场建设等手段，助推人民币国际化迈入新阶段。

第三，人民币国际化是在美元霸权的世界格局中寻求中华民族伟大复兴的最好出路，"一带一路"倡议为人民币国际化提供了一条新的路径。但人民币国际化之路决不能走美元霸权之路，因此，"一带一路"倡议所蕴含的构建人类命运共同体的理念理所应当要成为人民币国际化的价值追求。在推进"一带一路"倡议的过程中，要以区域经济圈建设为载体，重点布局亚洲，以人民币联合亚洲其他货币如日币、韩币等，推动构建泛亚共同体货币。

第四，"一带一路"建设已进入高质量发展的新阶段，这为数字人民币跨境使用带来了新契机，数字人民币跨境使用也具有助力"一带一路"高质量发展的潜力。数字人民币在符合"一带一路"共建国家市场需求的基础上，已具备了跨境使用的技术条件并正迎来重大政策利好。但数字人民币在"一带一路"共建国家跨境使用中也面临着可能带来冲击效应、遭受外部威胁、缺乏统一的标准和规则等诸多挑战。因此，须结合"一带一路"高质量发展来推进数字人民币跨境使用，主要思路包括遵循无损要求，加强数字人民币跨境使用的国际交流；遵循合规要求，构建数字人民币跨境使用的治理机制；遵循互通要求，实现数字人民币跨境使用的互操作性。

第五，国家间的贸易联系程度、通货膨胀水平相似性以及金融市场开放度将有助于加强人民币的锚效应，而中国同沿线国家的出口竞争力之间的差额不利于人民币锚效应的加强。应扩大内需，改善出口企业贸易结构；创新产品技术，调整市场营销策略；调整工资结构，防范通货膨胀；有序推进资本项目开放，加速中国金融自由化改革。

---

① 关蕴珈：《"一带一路"高质量发展与数字人民币跨境使用》，《福建金融》2022年第10期；任彤庆：《"一带一路"背景下人民币国际化高质量发展路径》，《中国外资》2022年第23期；胡梦萱：《"一带一路"背景下人民币国际化面临的问题与对策》，《投资与创业》2022年第33期；高玉亮、张瑞宇：《"一带一路"促进人民币国际化的路径》，《国际商务财会》2022年第17期；张彬、黄晓英：《人民币在"一带一路"区域的货币锚效应的实证研究》，《上海市经济管理干部学院学报》2022年第6期。

（二）上海合作组织研究

2022年关于上海合作组织的研究成果主要分为两大类，一类探讨上海合作组织自身发展；另一类探讨上海合作组织框架内各领域合作。

1. 关于上海合作组织自身发展的研究

2022年研究上海合作组织自身发展的成果有：《"多轨上合"：上海合作组织发展状态初探》《大变局下上海合作组织的新使命》《后疫情时代上海合作组织发展的机遇、挑战与路径选择》《人类命运共同体语境下的上海合作组织发展问题研究》《上海合作组织的发展模式研究》《上海合作组织的区域特色与发展前景》《上海合作组织的全球治理观研究》《上海合作组织对维护中亚安全的作用》《制度认同：扩员后上海合作组织的发展动力》等[1]。主要观点如下。

第一，上海合作组织长期处于多轨状态。这给上海合作组织带来诸多消极影响：首先，在议程制定上面临成员国更加复杂的利益诉求，对公共产品的兼容度和多元化提出了更高的要求；其次，在推进议程和协议落实方面，上海合作组织面临成员国合作方式、合作平台的差异化，执行效率有待提高；最后，为上海合作组织凝聚共识、实现持续发展增加了难度。扩员后，上海合作组织成员内部异质性提高，成员国利益分布差异化趋势更加明显，各方政策取向也有明显差异，未来上海合作组织有可能长期处于多轨状态。为了实现组织的稳固发展，需要从上海合作组织处于多轨状态的原因入手，采取有针对性的措施予以应对。需要强调的是，对上海合作组织处于多轨状态的判断，绝非否定该组织所取得的重大成效及其作出的突出贡献。恰恰相反，明晰上海合作组织的发展状态，目的在于通过合理把握该组织的优势和不足，进而为保障和促进其走上更为稳妥的发展道路奠定必要基础。

第二，上海合作组织模式形成。上海合作组织模式包括以下几个方面的内容：安全外溢的地区合作方式、基于承认的地区合作理念、相互牵制的权力分布格局、窝状的制度架构、网状的层级联系。其中，安全外溢的地区合作方式是上海合作组织模式的发展动力；基于承认的地区合作理念构成了上海合作组织模式的运行原则；大国权力的牵制是上海合作组织模式的发展保障；窝状的制度架构在一定程度上保证了上海合作组织模式的灵活性与舒适性；网状的层级联系则有助于上海合作组织模式影响力的拓展。此外，上海合作组织模式的形成，对成员国自身发展有着重要的价值与意义，特别是对中国而言，既为中国参与地区多边主义合作提振了信心，也为中国参与国际组织建设积累了经验。

---

[1] 曾向红、赵柳希：《"多轨上合"：上海合作组织发展状态初探》，《南亚东南亚研究》2022年第3期；邓浩：《大变局下上海合作组织的新使命》，《当代世界》2022年第10期；史旭潇：《后疫情时代上海合作组织发展的机遇、挑战与路径选择》，兰州大学2022年硕士学位论文；严双伍、毛鉴明：《人类命运共同体语境下的上海合作组织发展问题研究》，《学术探索》2022年第7期；罗金：《上海合作组织的发展模式研究》，兰州大学2022年硕士学位论文；陈亚州：《上海合作组织的区域特色与发展前景》，《区域与全球发展》2022年第4期；谢宝刚：《上海合作组织的全球治理观研究》，新疆师范大学2022年硕士学位论文；Aitmamatova Zhanara：《上海合作组织对维护中亚安全的作用》，华东师范大学2022年硕士学位论文；陈小鼎、李珊：《制度认同：扩员后上海合作组织的发展动力》，《当代亚太》2022年第3期。

第三，上海合作组织形成了颇具区域特色的发展路径。过去二十余年，上海合作组织经历了初步合作、全面合作和扩大合作的发展阶段，现已成为"冷战"后发展中国家独立自主探索地区合作的典范。在此进程中，上海合作组织形成了颇具区域特色的发展路径，集中体现为：以多边互动实现价值与规范的社会化，以集体共识凝聚组织发展的合力，以安全合作引领地区合作向多领域拓展，以渐进主义推动地区经济合作深入发展，以包容性多边主义实现区域治理方案兼容共存。在新的起点上，上海合作组织发展面临的不确定性因素增多，成员国之间的差异性继续扩大，成员国围绕上海合作组织形成了比较微妙的心理结构。因此，需要充分发掘大国的主观能动性，调动中小成员国的集体能动性，提升上海合作组织发展的政治领导力，增强组织可持续发展的动能。

第四，上海合作组织全球治理观发生历史性变迁。这既与世界宏观大格局的演变有关，又与地区治理形势和各成员国参与全球治理的意愿和能力的上升相联系。从努力融入国际社会的有限参与观到深度参与全球治理的积极参与观，再到建设为具有实质影响力组织的全面参与观，上海合作组织逐步形成了内涵丰富、体系完善，初具科学理论特质的代表成员国共识的全球治理观，涵盖了以恢宏"上海精神"为核心价值、坚持共商共建共享的基本原则、以构建上海合作组织命运共同体为目标指向的现实意涵，共同回答了是什么、为什么和怎么办的问题，实现了对传统全球治理观的战略超越，为探索全球治理新模式提供了新观念。

第五，上海合作组织的制度认同水平需要进一步提升。正在迈向第三个十年的上海合作组织进入了新的发展周期，如何提升内部认同、强化竞争力至关重要。由于成员国文化异质性和发展阶段差异，上海合作组织难以构建欧盟模式的集体认同，强化制度认同的"东盟方式"更具借鉴意义。就政治、经济、社会和国际认同四个分析维度而言，上海合作组织在构建制度认同上已经取得一定进展，形成了以中南亚为地理依托、以"上海精神"为价值规范、以地区问题和区域合作为基本议题、以协商一致为决策机制的"上合模式"，为其他异质性突出的地区组织建设提供了有益借鉴。但从整体来看，上海合作组织的制度认同构建仍然处于初步阶段，不足以弥合扩员后新老成员国之间的分歧，以应对世界政治极化与地缘政治冲突加剧的严峻挑战，支撑上海合作组织的长期良性发展。基于此，深化上海合作组织构建制度认同的关键在于，提升现有机制的制度回报率，提供稳定的可预期收益。当前，上海合作组织应从提升治理效率、利益对接能力与价值规范的吸引力三个方面培育比较优势，提升制度认同水平。

第六，构建上海合作组织命运共同体的重要性提升。上海合作组织青岛峰会将"构建人类命运共同体的共同理念"纳入峰会通过的青岛宣言之中。这反映了上海合作组织成员国对于构建人类命运共同体形成了政治共识，并为其未来的行动提供了努力目标，而该组织在人类命运共同体的指引下也为自身发展带来新的思路。扩员之后的上海合作组织一方面需要继续整合自身实力，另一方面也表现出提升国际影响力的雄心。这一雄心的实现需要对内处理好国家关系，增强凝聚力，推进合作深化；对外需要不断深化同国际组织、国家的交往合作。人类命运共同体为上海合作组织对内和对外关系的处理提供了理念指引和原则遵循。上海合作组织可从成员国团结协作、安全合作、经济合作、人文合作、绿色发展五个领域推动构建人类命运共同体，促进该组织的完善发展。

第七，全面提升上海合作组织对全球治理的参与度。当前，世界百年未有之大变局加速演进，国际和地区局势变幻莫测，不稳定、不确定因素急剧增加。在此重要关口，上海合作组织撒马尔罕峰会强调要进一步高擎"上海精神"大旗，坚决维护以联合国为核心的国际体系和以公认的国际法为基础的国际秩序，明确反对通过集团化、意识形态化和对抗性思维解决国际和地区问题，大力倡导国际关系民主化，积极推动构建相互尊重、公平正义、合作共赢的新型国际关系和人类命运共同体，展现了维护国际公平正义的坚定决心和强大意愿，给变乱交织的世界带来信心和希望。加大参与全球治理力度，着力推动建立公正合理的国际和地区新秩序，将为迈入第三个十年的上海合作组织发展提供强大动力，给处于"多事之秋"的全球和地区局势增添积极的正能量和稳定性。

第八，推进后疫情时代上海合作组织的持续平稳发展。自成立以来，上海合作组织一直专注于应对该地区安全面临的各种威胁，特别是解决边界问题，合作打击整个地区的恐怖主义、民族分裂主义和伊斯兰极端主义。上海合作组织已成为促进整个中亚地区政治、经济、军事和安全合作的重要参与者。为推进后疫情时代上海合作组织的持续平稳发展，应从以下三方面着手：首先，针对后疫情时代来自国际秩序层面的挑战，上海合作组织应弘扬"上海精神"，明确组织定位，着力完善公共安全产品供给；其次，为改善区域政治经济环境，满足后疫情时代成员国在经济领域的需求，上海合作组织应主动供给经济安全公共产品，加快域内新产业布局；最后，为化解后疫情时代上海合作组织成员国间的矛盾，应坚持"求同存异"原则，培育组织认同，扩大专项投资。

2. 上海合作组织框架内各领域合作

2022年国内探讨上海合作组织框架内各领域合作和发展的成果有：《对优化中国—上海合作组织地方经贸合作示范区建设的思考》《上海合作组织框架下的教育领域合作研究》《上海合作组织职业教育合作现状与前景》《以数字经济提升上海合作组织区域经济合作新空间》《中国对上合主要国家OFDI的投资环境及贸易效应》《中国与上海合作组织国家农业合作（2001—2020年）》等①。主要观点如下。

第一，关于中国—上海合作组织地方经贸合作示范区。自2019年9月国务院批复《中国—上海合作组织地方经贸合作示范区建设总体方案》，示范区启动建设以来，恰逢世界百年未有之大变局和世纪疫情交织叠加，亟待创新思维、推动建设、提质增效。基于近两年推动上海合作组织地方经贸合作示范区建设实践，可从认识、发挥、保障三个维度探讨该示范区的国际示范平台作用：一是聚焦拓展经贸合作，通过提高获得感、增加依存度，提高成就感、增加共享度，提高认同感、增加融合度，发挥影响力和辐射作用；二是明确"地方为要、经

---

① 孟庆胜：《对优化中国—上海合作组织地方经贸合作示范区建设的思考》，《欧亚经济》2022年第3期；陈永红：《上海合作组织框架下的教育领域合作研究》，北京外国语大学2022年硕士学位论文；李睿思、桑田梓：《上海合作组织职业教育合作现状与前景》，《继续教育研究》2023年第1期；刘华芹：《以数字经济提升上海合作组织区域经济合作新空间》，《俄罗斯学刊》2022年第3期；宋超越：《中国对上合主要国家OFDI的投资环境及贸易效应》，《中国外资》2022年第12期；张庆萍、汪晶晶、王瑾：《中国与上海合作组织国家农业合作（2001—2020年）》，《欧亚经济》2022年第1期。

贸为主、项目为上、物流为纽、平台为能"的实施路径以及"源自上合、服务上合、融入上合"的合作原则；三是出台"放大区域、政策支撑、务实推进"的保障措施。

第二，关于上海合作组织教育合作。自上海合作组织开始进行教育合作以来，该合作领域得到了快速发展，已经完成了法律基础和机制构建（官方机制＋民间机制），并且独创了非实体的教育平台——上海合作组织大学（主要合作载体），成为该组织框架内一个活跃的合作领域。尽管受历史、现实等因素的影响仍然面临诸如教育体系标准不一、资金问题、市场吸引力不足、语言障碍、疫情等问题和挑战，但是总的来看，上海合作组织教育合作潜力巨大，前景看好，上海合作组织统一教育空间的建构会不断发展，为深化上海合作组织各领域合作提供人才保障。在该组织教育合作中，职业教育合作理应受到更多关注。中国的"十四五"规划和2035年远景目标纲要提出，应增强职业教育的适应性。在中国构建国际和国内双循环发展模式的背景下，职业教育在培养符合时代发展的专业复合型人才方面扮演着重要角色。上海合作组织是中国在欧亚地区开展国际交流与合作的多边平台。多年来，中国在上海合作组织教育领域合作的框架内，在与成员国积极开展职业教育合作并取得丰硕成果的同时，也面临诸多问题和挑战。为解决问题、应对挑战，须聚焦中国与上海合作组织国家开展职业教育的发展现实，通过梳理合作成果，分析存在的弊端与困境，探索中国下一阶段实现职业教育提质升级发展的实现路径。

第三，关于上海合作组织数字经济合作。上海合作组织数字经济合作仍处于起步阶段，主要合作形式包括跨境电商、远程医疗、远程会展、远程教育、无线支付、智慧物流和智能制造等，各领域合作进程不同，规模差异较大，其中跨境电商是迄今上海合作组织成员国之间在数字经济领域起步最早、成效最为显著的合作领域。今后一段时间成员国应该集中精力就数字经济合作原则尽快达成共识，形成多层级交流与合作机制，大力拓展数字经济合作领域并创新合作模式，主要包括积极搭建区域跨境电商平台，推动智慧交通运输走廊建设，搭建中国—上海合作组织国家远程医疗平台，推广智能制造，拓展远程培训。

第四，关于上海合作组织经贸合作。从上海合作组织国家的投资环境来看，该组织国家的投资环境差异较大，投资环境的好坏对对外直接投资的影响较大。直接投资对出口贸易的影响效应也与投资环境有着密切关系，投资环境好，出口贸易促进效果就明显；投资环境差，对外直接投资对出口贸易的效果就不明显。无论是长期还是短期，中国对上海合作组织国家的直接投资对出口的影响明显。从长期来看，中国对上海合作组织国家直接投资是出口促进型的；从短期来看，中国对该组织国家直接投资具有出口抑制效应。中国对该组织主要国家的直接投资确实在一定程度上能带来促进效应，但对外直接投资的总体规模较小。另外，中国对上海合作组织国家的对外投资是资源寻求型，这种投资类型对出口的滞后作用很强。

第五，关于上海合作组织农业合作。农业是上海合作组织国家国民经济的重要组成部分，"一带一路"倡议与上海合作组织国家发展战略有效对接，为各国实施多边农业合作提供重要平台，使中国与上海合作组织国家在农业领域的合作不断深入。

二、欧亚地区学者对多边与区域问题的研究

2022年欧亚地区学者对"一带一路"建设、上海合作组织、集体安全条约组织、欧亚经

济联盟及"金砖国家"组织等国际组织都有所研究。

（一）"一带一路"建设研究

俄罗斯科学院世界经济与国际关系学院副研究员加姆扎·列奥尼德·安纳托利耶维奇（Гамза Леонид Анатольевич）在《远东问题》2022年第2期上发表文章《中国"数字丝绸之路"》①，分析指出中国技术发展是改革的主要战略组成部分，并在此基础上形成了新的国家发展模式。以全球跨国公司先进信息通信技术领域的世界领导者华为技术有限公司为例，展示了中国技术在世界上以建设"数字丝绸之路"项目的形式发展的现状、动态和前景。以个别国家和地区为例，考察了"数字丝绸之路"形成的现状和特点。他强调，在疫情大流行、美国加大制裁力度和美国市场实际封锁的背景下，中国数字经济已成为中国经济的核心和基础。靠近中国的东南亚地区正朝着这个方向蓬勃发展。中东和拉丁美洲国家具有巨大的合作潜力。尽管受到制裁，欧洲仍存在一些机遇和前景。非洲正在成为建设中小型企业中心的重要战略地区。他还分析了西方制裁条件下中俄在信息通信技术领域的合作状况，并分析在此基础上形成俄中统一数字共同体（ECS）的可能性，及其发展成为欧亚统一数字空间（EACS）进行展望。结论是，中国将在实现"十四五"目标和指标的基础上，继续积极建设全球中小企业。

（二）上海合作组织研究

2022年4月11日，上海合作组织前秘书长拉希德·阿利莫夫（Рашид Алимов）在瓦尔代俱乐部网站上发表文章《上海合作组织面临新挑战》② 指出，自21世纪初以来，世界发生了迅速变化，美国和其他一些国家对俄罗斯实施的大规模制裁和限制不仅影响到俄罗斯经济，而且影响到整个世界经济，威胁到现有的世界贸易体系。上海合作组织将俄罗斯和中国、印度和巴基斯坦以及哈萨克斯坦、吉尔吉斯斯坦、塔吉克斯坦和乌兹别克斯坦团结在一起。从地缘战略角度看，上海合作组织成员国具有在当前国际现实条件下自主、逐步发展的共同愿望，历史没有终结，而是"新历史"的开始。

2022年9月14日，拉希德·阿利莫夫在瓦尔代俱乐部网站上又发表了题为《上海合作组织撒马尔罕峰会：不确定性中的期待》③ 的文章。他指出，上海合作组织撒马尔罕峰会对世界和平与国际安全的未来至关重要。西方正在重新筑起隔离墙，并拉开了70年来的第二道铁幕。上海合作组织成员国团结在一起，探索发展道路，该组织必须发展和改革以适应不断变化的世界。

2022年9月16日，瓦尔代俱乐部项目主任雅罗斯拉夫·利索沃利克在该俱乐部网站上发

---

① Гамза Леонид Анатольевич.Цифровой Шёлковый путь Китая // Проблемы Дальнего Востока. 2022г.№2.

② Рашид Алимов. ШОС перед новым вызовом. https://ru.valdaiclub.com/a/highlights/shos-pered-novym-vyzovom/? sphrase_id=563233.

③ Рашид Алимов. Саммит ШОС в Самарканде：ожидания в условиях неопределённости. https://ru.valdaiclub.com/a/highlights//sammit-shos-v-samarkande-ozhidaniya/? sphrase_id=563233.

表文章《上合组织扩员将带来什么?》①。他指出,发展中国家对上海合作组织的兴趣与日俱增,近期的一个问题是未来几年该组织成员国可能扩大,以及建立该组织发展机构的可能性加大,上海合作组织即将转变为一个更加面向经济合作的国际组织。

(三) 集体安全条约组织研究

白俄罗斯国立大学国际关系系教授列舍纽科(Олег Лешенюк)在《现代欧洲》杂志2022年第3期上发表文章《加强集体安全条约组织框架内的区域集体安全体系》②。他描述了从普遍集体安全体系向区域安全体系过渡的原因,讨论了集体安全条约组织的基本原则及其在解决受支持地区危机局势中的作用。随着包括联合国在内的普遍安全体系面临的新挑战出现,由于各国的国家利益不同,有时甚至相互冲突,达成共识变得越来越困难。在这种情况下,许多国际机构正在失去意义,或者需要进行根本性的变革和创新。在区域集体安全体系中,集体安全体系的管理是通过维持和平行动和军事合作,通过中亚、东欧和高加索联盟部队指挥系统的力量来实现的。白俄罗斯和俄罗斯联邦在集体安全条约组织中发挥着特殊作用。结论认为,有必要提高集体快速反应部队的能力,共同努力打击为武装极端分子扫清道路的民族激进分子,在武装部队中实施统一标准,确保其兼容性,发展物流基础设施,保持高水平的培训。

2022年2月9日,拉希德·阿利莫夫在瓦尔代俱乐部网站上发表文章《集安组织:创造和平》③。他在文中指出,2022年的集体安全条约组织是6个成员国多年来共同努力的结果,摧毁和平比创造它容易得多。集体安全条约组织在哈萨克斯坦的维和行动是以精确的方式进行,威胁被消除。集体安全条约组织的行动在维和行动历史上是一个典范,原因有三个:第一,对一个盟国的安全威胁作出迅速反应;第二,这一进程的所有参与者的行动具有一致性——从集体安全条约组织主席国和成员国元首到指挥官和军人;第三,实现维和特遣队目标和有序撤离迅速。集体安全条约组织是一个成功的、有影响力的国际组织,具有解决集体安全问题的强大潜力。中亚是上海合作组织和集体安全条约组织的核心,区域安全的潜在威胁要求将两个伙伴组织的合作提升到一个全新的水平。

2022年3月30日,瓦尔代俱乐部项目总监蒂莫菲·博尔达切夫(Тимофей Бордачёв)在瓦尔代俱乐部网站上发表文章《新的条件下集体安全条约组织和欧洲经济联盟:从抽象到实践》④。他在文中指出,国际合作、一体化和集体安全机构——首先是集体安全条约组织和欧亚经济联盟——是在一个似乎已经结束的历史时代建立的。现在,我们无法确定即将到来的

---

① Ярослав Лисоволик.Чего ожидать от расширения членства ШОС? https://ru.valdaiclub.com/a/highlights/chego-ozhidat-ot-rasshireniya-chlenstva-shos/? sphrase_id=563233.

② Олег Лешенюк. Николаевич.Укрепление региональной системы коллективной безопасности в рамках ОДКБ // Современная Европа.2022г.. № 3. http://www.sov-europe.ru/2022-3/ukreplenie-regionalnoj-sistemy-kollektivnoj-bezopasnosti-v-ramkakh-odkb.html.

③ Рашид Алимов.ОДКБ: творить мир. https://ru.valdaiclub.com/a/highlights/odkb-tvorit-mir/? sphrase_id=564078.

④ Тимофей Бордачёв. ОДКБ и ЕАЭС в новых условиях: от абстракции к практике. https://ru.valdaiclub.com/a/highlights/odkb-i-eaes-v-novykh-usloviyakh/? sphrase_id=564078.

变化会有多激进，也无法确定它将在多大程度上影响到欧洲，很难判断以前出现的制度实践将以何种形式继续存在，以及以生存为唯一目的的国家机构将面临何种任务。没有直接卷入冲突的每一个国家都将努力确保冲突对国民经济发展和自身安全能力的负面影响最小化。从这个意义上说，对于占集体安全条约组织和欧亚经济联盟成员国大多数的欧亚中小国家来说，主要的问题是如何利用这些机构来促进它们在日益不利的国际环境中的发展。集体安全条约组织维和部队在哈萨克斯坦的行动，首次展示了使集体安全条约组织成为集体安全条约组织成员国国内稳定工具的能力。欧亚经济联盟长期以来一直处于缓慢发展的状态，其主要障碍是成员国缺乏充分履行组织条约和其他一般性文书约定义务的意愿。现在，欧亚经济联盟国家应该更仔细地审视现有的法律框架内的责任义务，采取更具创造性和实用性的态度，以适应不稳定的全球经济和普遍的贸易战。在新的情况下，欧亚经济联盟成员国将不得不重新评估它们的合作和已经取得的一体化成就。鉴于当前俄罗斯周边的力量和地缘形势变化，明智的做法是不要追求更大的战略或未来的"愿景"，而是适应周围的变化。

（四）欧亚经济联盟研究

2022年9月26日，蒂莫菲·博尔达切夫在瓦尔代俱乐部网站上发表文章《现代世界中各联盟的命运》[1]，探讨关于永久联盟和联盟关系的命运问题。文中指出，俄罗斯和以美国为首的西方国家之间的外交冲突使永久联盟和联盟关系的问题凸显。集体安全条约组织和欧亚经济联盟中的正式盟友在当前条件下的行为引起了俄罗斯的质疑。集体安全条约组织和欧亚经济联盟成员国中的一些国家在履行美国对俄罗斯经济战争的要求方面表现得更加克制，当俄罗斯的所有努力都集中在西方方向时，一些盟友以不一致的行为给它带来了挑战。这让人不禁要想，在俄罗斯不能像美国那样对其外交和国防政策实行独裁统治的情况下，盟友的重要性和必要性有多大？在未来俄罗斯及其邻国，要么放弃将其关系制度化的想法，要么在条件允许的情况下转向相当独裁的管理方法。

欧亚经济委员会的卡马梁·阿尔塔克·卡吉科维奇、齐布尔尼克·柳德米拉·维克托罗芙娜和帕克·安娜·尤里耶芙娜（Камалян Артак Каджикович, Цыбульник Людмила Викторовна, Пак Анна Юрьевна）在《世界经济与国际关系》杂志上共同发表文章《欧亚经济联盟工业政策》[2]，研究了区域一体化协会产业政策的本质及其组成要素，提出了欧亚经济联盟工业政策发展的可能方向。

（五）"金砖国家"组织研究

2022年6月10日，雅罗斯拉夫·利索沃利克（Ярослав Лисоволик）在瓦尔代俱乐部网站上发表文章《"金砖+"带着雄心壮志回归》[3]。他指出，"金砖国家"的全球雄心是给全球

---

[1] Тимофей Бордачёв. Судьба союзов в современном мире. https://ru.valdaiclub.com/a/highlights/sudba-soyuzov-v-sovremennom-mire/?sphrase_id=564078.

[2] Камалян Артак Каджикович, Цыбульник Людмила Викторовна, Пак Анна Юрьевна. Промышленная политика Евразийского экономического союза // Мировая экономика и международные отношения. 2022. №11.

[3] Ярослав Лисоволик. БРИКС+ возвращается с размахом и амбициями. https://russiancouncil.ru/analytics-and-comments/comments/briks-vozvrashchaetsya-s-razmakhom-i-ambitsiyami/?sphrase_id=94626582.

南方带来了全球经济体系发生重大变化的希望,中国似乎正在推进多边主义,旨在最大限度地扩大"金砖+"范式运作的包容性和多样性。"金砖+"形式未来演变的一个重要考虑是其公正性和保持全球南方主要地区之间的平衡。

2022年11月14日,雅罗斯拉夫·利索沃利克在俄罗斯外交事务委员会网站上发表文章《"金砖国家"储备货币:形成之路》[1]。他在文中指出,瓦尔代俱乐部早在2018年就提出了基于"金砖国家"货币篮子的新储备货币提案。最近几个月,在普京总统表示正在讨论建立储备货币后,"金砖国家"的储备货币问题变得尤为重要。关于新储备货币前景的争论多集中在其风险、可靠性方面。在"金砖国家"经济体中实现更大的贸易份额是可取的,但这不是推出新储备货币的先决条件。新的"金砖"货币不应该在短期内服务于"金砖国家"之间的所有贸易交易。新储备货币如果成功推出,将对国际金融体系产生重大影响。

2022年4月12日,雅罗斯拉夫·利索沃利克在俄罗斯外交事务委员会网站上发表文章《"金砖国家"作为新世界秩序基础的前景如何?》[2]。他在文中指出,在世界地缘政治风险空前增长的背景下,旧的国际秩序架构正在被国际关系和区域集团的新格局所取代。全球南方国家正在建立自己的机构、区域一体化联盟和金融结算系统,并且正在成为全球经济转型的一个重要动力。为了使"金砖国家"成为新世界秩序的基础,该集团必须为世界其他经济体提供新的全球发展范式。几乎所有可能的全球范式都可以在广泛的"金砖+"框架内实现,这为"金砖国家"与世界经济其他国家互动提供了各种选择。在"金砖+"形式的框架内,可以形成全球南方国家互动的两条轨道:一是"上海合作组织+非盟+拉加共同体"模式,这是最具包容性和面向发展中国家在国际组织中广泛合作的模式;二是"金砖国家"领导的区域经济一体化平台。

2022年4月20日,俄罗斯科学院拉丁美洲研究所所长德米特里·拉祖莫夫斯基(Дмитрий Разумовский)在俄罗斯国际事务委员会网站上发表文章《什么能推动"金砖国家"的增长?》[3]。他在文中指出,经过近十年的发展,"金砖国家"面临着必须重新思考目标和任务,该机制工作落实存在不足,许多倡议仍然停留于口号等问题。他为"金砖国家"勾勒出几种发展方案。第一种方案是通过扩员使其成为发展中国家组成的类似于G20的机制。第二种方案是中国的主导地位越来越强,"金砖国家"将成为一个"互助银行",中国将通过新开发银行和其他工具支持伙伴国。第三种方案是仔细寻找平衡,同时保持现有的组成、目标和任务配置。新的地缘政治现实更新了"金砖国家"的议程,使金融或粮食安全领域的个别倡议对所有成员国都至关重要。在现代条件下,创建统一支付系统BRICS Pay变得非常紧迫,俄罗斯非常清楚加快该项目工作的必要性。

---

[1] Ярослав Лисоволик. Резервная валюта БРИКС:пути формирования. https://russiancouncil.ru//analytics-and-comments/comments/rezervnaya-valyuta-briks-puti-formirovaniya/.

[2] Ярослав Лисоволик.БРИКС как основа нового миропорядка:каковы перспективы? https://russiancouncil.ru/analytics-and-comments/analytics/briks-kak-osnova-novogo-miroporyadka-kakovy-perspektivy/.

[3] Дмитрий Разумовский.Что может послужить драйвером роста для БРИКС? https://russiancouncil.ru/analytics-and-comments/analytics/chto-mozhet-posluzhit-drayverom-rosta-dlya-briks/.

三、西方学界对多边与区域问题的研究

西方学者对"一带一路"建设的研究最多,既有相关专著,又有许多研究报告和学术论文。

(一)"一带一路"倡议与中国外交核心理念研究

党的十八大以来,习近平主席在国内外多次阐述"人类命运共同体"理念,传递中国与邻为善、以邻为伴的周边外交方针。建设人类命运共同体是当前外交的核心理念,是中国特色大国外交的精髓,是建设和平发展、合作共赢目标的根本路径,也是对传统上延续了几百年的西方外交理念的超越,引领了"一带一路"倡议和周边、大国、区域合作不同层次和目标的实现。对此,西方学者有不同的解读。一部分学者认为,中国的人类命运共同体理念和"一带一路"倡议体现中国力图与美国争夺世界霸权和地区影响力的雄心,并未超越固有的修昔底德陷阱。随着该理念的继续推行,中美之间将陷入更加不可调解的冲突,结构性矛盾始终笼罩两个大国,中国希望借此改变现有国际制度,是不折不扣的"修正国家"。[①] 另有一部分学者认为,这一理念及具体实践为欧亚地区带来实实在在的好处,中国对基础设施的重视和资金注入惠及了该地区经济安全建设,有力地帮助了落后国家在新冠疫情和局部冲突之后的经济复苏和社会稳定。特别是对中亚国家而言,中国将中亚打造成欧亚陆路通道的枢纽之地,有助于中亚国家提升国家影响力。[②]

(二)"一带一路"倡议在欧亚地区的发展现状

国外学者关注到"一带一路"在哈萨克斯坦、土库曼斯坦等国的显著成效。哈萨克斯坦是中国在中亚可靠的政治和经济伙伴,两国在基础设施、交通、互联互通等领域开展大型项目,推动能源、金融等领域合作,深化人道主义、人文等领域关系。通过新扩建的铁路和公路网,哈发挥了连接中国与俄罗斯、欧洲的交通枢纽作用。具体来看,哈萨克斯坦参与了欧亚经济走廊6条路线中的5条:中国—哈萨克斯坦—俄罗斯—欧洲,出口到波罗的海;中国—哈萨克斯坦—阿塞拜疆—格鲁吉亚—土耳其—欧洲,出口到黑海和地中海;中国—哈萨克斯坦—土库曼斯坦—伊朗—巴基斯坦,出口到波斯湾和印度洋。欧亚走廊的北部铁路从中国西南部经过哈萨克斯坦,到达俄罗斯、白俄罗斯、波兰,最后到达德国的杜伊斯堡;南部路线经过哈萨克斯坦、里海到达格鲁吉亚和土耳其,然后通过保加利亚领土到达欧盟。哈寻求提

[①] 上述观点主要在劳特利奇(Routledge)出版社"一带一路"倡议系列丛书中,包括 David M. Arase, *The Belt and Road Initiative in Asia, Africa and Europe*, Routledge, 2022, pp.127-142; Vassilis Ntousas, Stephen Minas, *The European Union and China's Belt and Road: Impact, Engagement and Competition*, Routledge, 2022, pp.153-169; Carolijn van Noort, *China's Communication of the Belt and Road Initiative: Silk Road and Infrastructure Narratives*, Routledge, 2022, pp.32-48; Faisal Ahmed, Alexandre Lambert, *The Belt and Road Initiative: Geopolitical and Geoeconomics Aspects*, Routledge, 2022, pp.67-85。

[②] 上述观点体现在:Aghavni A. Harutyunyan, "China-Kazakhstan: Cooperation within The Belt and Road and Nurly Zhol", *Asian Journal of Middle Eastern and Islamic Studies*, Vol.16, Iss.3, 2022, pp.281-297; Aida T. Yerimpasheva, Aida M. Myrzakhmetova and Dina U. Alshimbayeva, "Conjugation of the Eurasian Economic Union and the Belt Road Initiative: the Role and Place of Kazakhstan", *R-Economy*, Vol.8, No.2, 2022, pp.172-186。

高阿拉木图州西欧—中国西部公路走廊的交通效率，并使西欧—中国西部公路走廊各路段的公路管理现代化。

"一带一路"倡议和哈萨克斯坦"光明之路"的对接也能助哈实现强国之梦。[①] 与其他走廊，如"西伯利亚大铁路"和通过苏伊士运河的海上航线相比，西欧—中国西部项目的优势在于缩短了运输时间。如果走西伯利亚大铁路需要14天，走海路需要45天，那么从连云港到西欧的陆路走廊只需10天左右。

"一带一路"与土库曼斯坦的合作议题主要集中在能源领域。通过中国—中亚天然气管道，中国持续不断进口土库曼斯坦的天然气，为"一带一路"框架内的能源合作打下基础。此外，中国—中亚天然气管道D线与中吉乌铁路是下一步最受关注的大项目，其战略价值高于经济价值，这两大项目的落实可强化中国能源安全与产业安全。《中亚：21世纪的能源之地》[②] 和《走出俄罗斯阴影：俄罗斯在后苏联空间不断变化的能源权力》[③] 等论文详细阐释了这些观点。

（三）"一带一路"倡议与共建国家公共空间认可度研究

这一议题涉及亟须加强的共建国家舆论建设和"一带一路"品牌宣传。不同地区、不同国家和不同的发展阶段，导致在"一带一路"具体项目上有的国家接受快，合作顺畅；有的国家接受慢，合作频繁受阻，恐华、排华情绪有所上升。新冠疫情及俄乌冲突影响欧亚地区的经济复苏，民众生活水平有所下降，可能借排华反华来发泄对政府的不满。此外，部分项目缺乏透明度，与所在国的腐败、内部交易等搅和在一起，损害了"一带一路"声誉。[④] 部分企业打着"一带一路"旗号，实为壮大声势提高影响力，违背了"丝路精神"，也不利于中国在共建国家的良好形象建设。[⑤] 此外，西方学者通过对非洲和欧洲地区的分析发现，政府和社会层面对"一带一路"合作的接受程度存在很大差异。从大体上看，在南亚和东南亚，"一带一路"与政府建立了深层次的经济相互依赖和政治伙伴关系，这些政府可以在中国与美西方竞争时为中国发声。但是在欧洲，特别是西欧和东欧部分国家，"一带一路"的公共空间认可度建设还需进一步加强。[⑥] 因此，更为根本的问题是，"一带一路"能否在共建国家的公民社

[①] Aghavni A. Harutyunyan, "China-Kazakhstan: Cooperation within The Belt and Road and Nurly Zhol", *Asian Journal of Middle Eastern and Islamic Studies*, Vol.16, Iss.3, 2022, pp.281-297.

[②] Ariel Cohen, Wesley A. Hill and Daniel Tomares, Central Asia: A Source of Energy for the 21st Century, International Tax and Investment Center, November 2022, pp.16-19, https://static1.squarespace.com/static/5a789b2a1f318da5a590af4a/t/637404f634d6b626ec26dfe0/1668547832144/Central+Asia+A+Source+of+Energy+for+the+21st+Century.pdf.

[③] Morena Skalamera, "Stepping Out of Russia's Shadow: Russia's Changing 'Energy Power', Post-Soviet Eurasia", *Europe-Asia Studies*, Vol.74, No.9, 2022, pp.1640-1656.

[④] Vassilis Ntousas, Stephen Minas, *The European Union and China's Belt and Road: Impact, Engagement and Competition*, Routledge, 2022, pp.42-58.

[⑤] Julia Gurol, Fabricio Rodríguez, "Contingent Power Extension"and Regional (Dis)integration: China's Belt and Road Initiative and Its Consequences for the EU", *Asia Europe Journal*, Vol.20, 2022, pp.441-456.

[⑥] Mehdi Parvizi Amineh, *The China-led Belt and Road Initiative and its Reflections: The Crisis of Hegemony and Changing Global Orders*, Routledge, 2022, pp.132-140.

会层面培养对中国的好感和信任,使其成为长期的首选的合作伙伴。

(四)"一带一路"倡议与主观需求、客观合理性的关系研究

国外学界在回顾"一带一路"的成果之际,重点讨论欧亚国家主观需求和客观合理性的关系。第一,学者认为如果不考虑中亚自身的需求,忽视市场规律和市场主体性,凭借主观意愿去硬推合作项目,往往吃力不讨好。例如,在人口密度低的地区建设大型交通项目,可能引发所在国对经济合理性和项目适配度的争论,担心陷入债务困境。部分国家民众将"小而美"项目误读为"大小通吃",认为挤压了本地劳动力和商品市场,出现新一轮"中国威胁论"。第二,在市场容量有限的情况下,大的优质项目越来越少,竞争越来越激烈。有限的市场意味着对项目数量和规模的需求有限,那些明显超出其经济发展阶段的项目可能造成供应量过剩、重复建设等问题,不利于经济可持续发展。以中亚为例,在市场趋近饱和之下,优质项目可遇不可求,争夺越发激烈,甚至引发利益集团间的政治斗争。[①]

(五)"一带一路"倡议与多边组织、发展倡议的合作研究

欧亚地区域内组织主要包括欧亚经济联盟、上海合作组织、集安条约组织等,域外组织涉及东盟、欧盟、阿盟及非盟等。在整理以往"一带一路"与地区组织关系的相关英文文献中发现,成果较多但较少有深层次分析。"一带一路"与特定地区或国家的合作是研究的主流,项目实施、项目效果、对外交和国内政策的影响是聚焦点。然而,地区多边组织的解释力以及项目影响的区域维度尚未得到充分研究,域外组织对"一带一路"的战略回应目前缺乏系统性分析,以东盟为例,描述东盟对"一带一路"的态度时只提到了"默许"。2022年度出现了多篇具有影响力的"一带一路"与地区多边组织合作的论文,如发表在《亚太商业评论》上的《区域经济组织对中国"一带一路"倡议的战略回应:东盟、欧亚经济联盟和欧盟的案例》,比较了"一带一路"与欧盟、欧亚经济联盟和东盟的合作进展和协调程度。[②] 发表在《海洋政策》上的《中国21世纪海上丝绸之路:东盟国家的挑战与机遇》一文阐释了东盟借助"一带一路"能够达成的发展目标,以及在这一过程中出现的成员国意见不一致和政治斗争。[③]《中国在东南亚的对外直接投资:分析中国政府的战略举措和潜在影响》[④] 研究报告则针对东盟吸收中国直接投资的情况,讨论投入与产出的关系,以及是否带来金融风险和债务危机。欧亚经济联盟、上海合作组织、集安条约组织等域内多边组织与"一带一路"的

---

① Jeffrey Mankoff, "The East Wind Prevails? Russia's Response to China's Eurasian Ambitions", *Europe-Asia Studies*, Vol.74, No.9, 2022, pp.1616-1639.

② Philippe De Lombaerde, Kairat Moldashev, Ikboljon Qoraboyev and Servaas Taghon, "Strategic Responses of Regional Economic Organizations to the Chinese Belt and Road Initiative: the Cases of ASEAN, EAEU and EU", *Asia Pacific Business Review*, Vol.30, No.2, 2022, pp.1-21.

③ Annie Young Song, Michael Fabinyi, "China's 21st Century Maritime Silk Road: Challenges and Opportunities to Coastal Livelihoods in ASEAN Countries", *Marine Policy*, Vol.136, 2022, pp.1-8.

④ Elsa Lafaye de Micheaux, Min-Hua Chiang, "China's Outward Foreign Direct Investment in Southeast Asia: Analyzing the Chinese State's Strategies and Potential Influence", *Thunderbird Int. Bus. Rev.* Vol.64, 2022, pp.581-593.

合作始终不缺研究热点。① "一带一路"与欧亚经济联盟的对接、上海合作组织作为"一带一路"支撑平台等议题被反复讨论。②

四、中国的欧亚地区多边与区域合作学科建设情况

综观全国从事欧亚地区多边与区域合作研究的学者，主要分布在中国社会科学院俄罗斯东欧中亚研究所、各大高校和科研院所。2022年国内学者发表的论文和学术文章不少，但成建制和专业从事相关研究的只有中国社会科学院俄罗斯东欧中亚研究所以多边与区域合作研究室为核心的研究团队，其他科研院所和高校的学者通常是基于教学需要或接受专门委托偶尔或分散从事相关问题研究。

（一）中国社会科学院俄罗斯东欧中亚研究所多边与区域合作研究团队基本情况

中国社会科学院俄罗斯东欧中亚研究所关于多边与区域合作的研究由来已久，各研究室都基于各自研究的对象国开展多边与区域合作研究，但长久以来一直没有成立专门的研究室和研究团队对该学科进行系统和深入的研究。2020年，该研究所进行学科调整，设立多边与区域合作研究室，专门从事欧亚地区多边与区域合作研究。2022年该研究室共有研究人员6人，其中研究员1人，副研究员1人，助理研究员4人，均为博士研究生学历，1人为2022年新引进的博士后。研究团队相对年轻化，平均年龄39岁。

（二）中国社会科学院俄罗斯东欧中亚研究所多边与区域合作研究优势与不足

该研究团队的优势在于专业性和集中性。在国内高校和研究院所中也不乏开展多边和区域合作研究的学者，但这些学者往往从事区域经济合作研究或国别研究，并非专门进行欧亚地区的多边与区域合作研究。相比之下，该研究团队具有较强的理论性、前沿性和专业性，在基础研究、热点追踪、跨学科研究等方面具有无可比拟的优势。由于研究室成立时间较短，研究人员年轻化，该研究团队还面临很多挑战，需要进一步明晰学科发展定位，不断进行学术积淀，对"金砖国家"、G20等重要的多边组织开展深入研究。

（三）中国社会科学院俄罗斯东欧中亚研究所多边与区域合作研究成果

2022年，该研究团队的主要研究成果涉及欧亚区域多边经济合作、上海合作组织、"一带一路"建设、欧亚经济联盟、集安条约组织等问题，公开发表学术文章20余篇，出版学术专著2部，开展研究项目十余项。

---

① Sergey Marochkin, Yury Bezborodov, *The Shanghai Cooperation Organization: Exploring New Horizons*, Routledge, 2022, pp.40-45.

② Aida T. Yerimpasheva, Aida M. Myrzakhmetova and Dina U. Alshimbayeva, "Conjugation of the Eurasian Economic Union and the Belt Road Initiative: The Role and Place of Kazakhstan", *R-Economy*, Vol.8, No.2, 2022, pp.172-186.

年度论文推荐

该部分收录了2022年国内学术界正式发表的有关俄罗斯东欧中亚研究的论文。在检索国家哲学社会科学学术期刊数据库、国家图书馆、中国知网、读秀等数据库的基础上进行了筛选。年度论文按照俄罗斯政治、社会与文化学科，俄罗斯经济学科，俄罗斯外交学科，俄罗斯历史与文化学科，中亚与高加索学科，中东欧转型和一体化学科，乌克兰、白俄罗斯、摩尔多瓦学科，欧亚战略学科，多边与区域合作学科的顺序排列。

【俄罗斯国家观念对俄乌冲突的影响】

庞大鹏　《俄罗斯研究》2022年第4期

主要观点：

从俄罗斯国家观念的本质化、在地化和系统化思考内政外交的联动性，可以理解俄罗斯国家观念与俄乌冲突之间多元互联的密切关系。在国家构建、国家认同和国家与国际社会的关系三个层面，俄罗斯重视"文化主权"，倡导"理性保守主义"，抵御西方价值观对俄罗斯传统的侵蚀，加强俄罗斯主流政治价值观建设，巩固俄罗斯国家认同，维护俄罗斯国家安全。俄罗斯突出国家在国际政治中的主体地位，主张由每个国家根据自己的能力、文化和传统自主决定发展道路。俄罗斯回归治理传统的同时，与西方产生认识差异和结构性矛盾，这是导致乌克兰危机难以调和并最终兵戎相见的重要原因。国家观念的形成需要国家注重治理的平衡性，寻找适合自己的发展模式，并且树立世界眼光，妥善处理国内政治与国际社会的关系。

学术影响：

该文主要分析苏联解体后俄罗斯在国家观念的三个层面所具有的特点，探讨国家观念与俄乌冲突之间的关系。

【认知约束、螺旋对抗与机制耦合——探源俄乌危机中俄罗斯的冲突选择】

郝赫　《俄罗斯学刊》2022年第6期

主要观点：

俄乌冲突的爆发出乎大多数观察者的预料，以旁观者的视角难以认为俄罗斯在利益取舍上做出了最优选项。为此，有必要对俄方的特有决策逻辑做更深层次的解析。俄罗斯高层逐步筑牢的认知体系、形势发展中的螺旋对抗以及俄方独有的政治机制特点，对俄罗斯的最终行为起到了直接且具有决定性的作用。认知是行为的前提，俄罗斯基于精神重塑和文明捍卫双重使命的思想认识是关键决策的源点和基础。这场冲突的本质是俄罗斯与北约、美西方的矛盾与斗争，而当事方间螺旋上升的敌视进程则直接催化了矛盾由量变转向质变，当西方世界与俄乌两方陷入了难以逆转的安全困境后，激化的阈值便变得触手可及。加之在俄罗斯的政治权力架构中，一方面对决策端的制约机制存有较大的制度空间，另一方面又有着事实上存在的对领袖政治遗产激励。这些要素之间的相互作用与耦合，可以视为俄方行动的主要驱动力。

学术影响：

该文以俄罗斯视角为主探讨俄乌冲突选择的决策根源，勾画总结俄方的思想逻辑，并试图对国家间冲突原理进行一些实证性分析。

【俄罗斯数字化转型与网络公共领域的生成】

马强　《俄罗斯学刊》2022年第2期

主要观点：

数字技术的快速发展在全球范围内掀起了一场剧烈的变革，深刻地影响着经济、政治、社会、文化等各个领域，这一进程被称为数字化转型。俄罗斯积极应对数字化浪潮，将数字化转型作为国家的发展战略，构建数字化转型的基础设施，推动数字经济发展。而在政治和社会领域，数字化转型的基础设施在网络空间促进了网络公共领域的生成，对政治参与和社会交往的方式、路径产生重大影响，推动了民主政治、市民社会、社会自组织的发展。与此同时，数字化转型也带来诸多风险，包括网络空间的无政府主义以及外部势力和政治反对派对现政权的威胁。在俄罗斯，网络空间建立秩序和规避风险的需求推动国家权力进入网络空间。数字化转型带来的机遇和挑战，是包括中国在内的世界各国和地区面临的共同性议题，俄罗斯的数字化转型无疑为我们提供了一个生动的案例。

学术影响：

该文关注俄罗斯在推动数字经济和国家治理数字化过程中的"基础设施"建设、在此基础上的政治参与和社会交往对于俄罗斯政治安全和社会稳定具有的重要意义。

【转型国家的政治学：俄罗斯政治学 30 年来的发展与评析】

费海汀　《国际政治研究》2022 年第 6 期

主要观点：

俄罗斯政治学在 30 年发展中，经历了一个从政治学知识方面的模仿学习，到本土政治现象的科学化描述，再到秉持本土价值、吸纳前沿方法的三阶段发展历程。俄罗斯政治学总体呈现概念的体系化、思维的科学化与视角的本土化三个特征。当前，俄罗斯政治学已经确定了国家、政府、政党、市场、社会、精英、思想文化 7 个主要研究领域。但是，这些主要研究领域发展并不均衡，还存在诸多问题，如对策性、技术性研究强于理论性研究，议程和理论引进强于本土理论建构，学术研究落后于政治实践，等等。目前，俄罗斯政治学的有些研究成果转化成国家战略，促进了政治主体的协同发展，有些研究还揭示出改革与发展过程中的潜在威胁。对追求政治与政治学现代化与本土化双重目标的转型国家而言，俄罗斯政治学的发展历程可以提供一定的借鉴。

学术影响：

该文对俄罗斯政治学 30 年来的发展进行分析，结合俄罗斯政治学会核心成员近 10 年来重点关注的 7 大领域，对俄罗斯政治学的成果进行分类阐述，主要探讨转型国家的政治学发展规律、重点领域等问题。

【普京时期俄罗斯议会职权的演变——以宪法修改为视角】

马天骄　《俄罗斯东欧中亚研究》2022 年第 2 期

主要观点：

1993 年《俄罗斯联邦宪法》确立了俄罗斯的政治体制是总统集权下的三权分立，同时也规定了俄罗斯议会作为立法机关的地位。这一地位就决定了其职能重在立法。俄罗斯议会为巩固政权而存在，而西方议会旨在限制执政者权力，这是俄罗斯议会与西方议会在本质上的区别，但也是俄罗斯国家长治久安与长远发展的必要条件。俄罗斯历史上也做出过旨在提高议会地位与实际权力的努力，但实践表明，议会权力过大或者实行议会制不仅不适合俄罗斯的政治土壤，而且会导致国家机器停止运转，甚至陷入瘫痪。尤其是叶利钦时期，立法机关与行政机关长期对立导致国家陷入僵局，这一失败教训使普京认识到，只有巩固和不断完善以总统权力为核心的政治体制，才可满足俄罗斯政治稳定与发展的需要。因此，立法机关要与行政机关进行合作；议会职权大小也要随社会转型的需要而不断变化，时而扩大，时而缩小，但无论扩大或缩小到何种程度，都始终要纳入总统的控制之下。

学术影响：

普京时期的几次宪法修改，2014年对议会上院职权以及2020年对议会上下两院职权的大幅度修改，使议会职权引人注目。俄罗斯议会职权的演变牵一发而动全身，该文的研究非常有价值。

【美欧制裁压力下俄罗斯经济的韧性、根源及未来方向】

徐坡岭 《俄罗斯学刊》2022年第4期

主要观点：

自2022年2月23日以来，美欧对俄罗斯实施了史上"最严厉的全面制裁"。最初的制裁以制造恐慌和危机，进而摧毁俄罗斯经济为目的。随着俄乌武装冲突长期化，美欧的制裁措施及目标逐渐转向削弱和破坏俄罗斯经济的综合实力和长期发展潜力。俄罗斯成功抵御了第一波制裁的冲击，并采取一系列结构性转型措施，以应对之后来自美欧源源不断的新制裁，一方面强化经济安全，另一方面为未来经济发展确定方向和道路。俄罗斯经济在美欧制裁压力下表现出的韧性，一方面来自俄罗斯过去的进口替代战略和经济安全战略；另一方面则根植于俄罗斯经济运行和发展的模式之中。同时，俄罗斯在能源、粮食领域的优势以及美欧经济在长期量化宽松之后积累的隐患，也为俄罗斯经济抵御美欧的极限制裁提供了空间和手段。在美欧制裁长期化背景下，俄罗斯经济将走上一条经济主权优先、有限开放、有限市场竞争与政府深度介入资源配置相结合的发展道路。

学术影响：

该文分析了乌克兰危机升级后俄罗斯经济在美欧制裁压力下表现出韧性的根本原因，并从发展战略、市场和政府关系等方面提出俄罗斯经济发展方向，从历史到未来，在经济领域全方位解析了乌克兰危机升级对俄罗斯经济的影响。

【极限制裁下的反制裁：博弈、影响及展望】

高际香 《欧亚经济》2022年第4期

主要观点：

乌克兰危机升级后，美西方对俄罗斯发起以全面孤立与弱化为目标的高强度与高密度制裁，特别是金融制裁的全面化与极限化、运输物流制裁的"全域围堵"、科技制裁的"全面脱钩"、能源制裁的立场趋近更是超乎预期。俄罗斯应对制裁未雨绸缪、先行布局，紧急采取卢布与黄金和天然气"双锚定"、冲击西方知识产权体系的科技反制等非常规措施。美西方与俄罗斯的制裁和反制裁已经形成系统性、全面性、体系性博弈，其对抗之烈、范围之广、影响之深，前所未见。俄罗斯金融体系暂时抵御了制裁带来的强烈冲击，但后续实体经济发展不容乐观；欧洲面临滞胀风险加剧、企业遭受重大损失、能源制裁立场分歧引发内部裂痕、对美能源依赖加深等困局；世界经济则受到粮食安全风险陡增、能源价格高企的冲击。美西方与俄罗斯制裁与反制裁博弈或将引发以下图景：俄罗斯与西方主导的全球化体系渐行渐远、全球产业分工逻辑发生根本改变、全球金融格局加速调整重构、俄欧关系转圜难度加大。

学术影响：

该文分析了乌克兰危机全面升级后，俄罗斯与美国等西方国家在制裁和反制裁领域的各方博弈，对俄罗斯经济、欧洲经济、世界经济、俄罗斯与西方关系等多个层面形成一系列短期和中长期判断。该文被人大复印报刊资料《国际经济文摘》2023年第1期部分转载。

【俄罗斯开发开放东部地区的进程及其战略意图】

陆南泉　《中国浦东干部学院学报》2022年第3期

主要观点：

俄罗斯东部地区包括西伯利亚和远东两大部分，可分为西伯利亚和远东两大联邦区或东西伯利亚、西西伯利亚和远东三大经济区。苏联时期，这一地区的经济获得了很大发展。普京上台执政后，采取一系列政策措施加快开发开放东部地区，目的是加强与亚太地区各国的合作，推动国内经济发展，巩固与提升俄罗斯在亚太地区的影响力，减少对欧盟的能源出口依赖，以及维护和巩固国家安全。俄罗斯强化战略东移亚太、加快开发开放东部地区，对中俄区域经贸合作将产生积极影响。同时，中俄区域经贸合作仍然受到一系列因素的制约。

学术影响：

该文分别从时间和空间的视角对俄罗斯东部地区开发开放的政策目标和所获成效进行了梳理、分析，落脚于中俄区域经贸合作的积极影响和制约因素，在乌克兰危机升级后的国际和地区形势下具有决策参考价值。

【美西方制裁对俄罗斯经济的影响及启示】

李建民　《欧亚经济》2022年第4期

主要观点：

2022年2月，乌克兰危机升级对地缘政治、大国关系、世界经济、国际市场、全球治理及相关国家本身产生了多方面的影响，搅动国际关系和世界经济格局加速演变。此次危机对俄罗斯经济的影响除每天3亿多美元的直接军事成本外，主要通过金融制裁、贸易限制、阻断物流链等措施体现。制裁已成为美国及其盟友遏制孤立俄罗斯的重要工具和长期政策选择，从而也成为影响俄罗斯经济发展的经常性变量。制裁对俄经济造成严重冲击，短期内将使其经济出现深度下降，长期内将打击其创新能力和发展潜力，俄国际形象和影响力的损失在短期内难以弥补，硬实力和软实力都将陷入新的低谷。西方与俄罗斯在金融、科技、贸易方面的强行"脱钩"将促使俄转变经济运行和发展模式，重构对外经济关系，其转型的效果如何将成为未来研究的重要课题。更值得关注的是，西方各国对乌克兰危机的反应和干预对维护遵守既有国际秩序和规则提出严峻挑战，促使各国不得不进一步严肃思考如储备资产、跨境结算、稳定供应链等关系国家安全的问题。

学术影响：

该文从乌克兰危机全面升级的各方影响出发，重点研究俄罗斯经济受美国等西方国家系列制裁的近、远期影响，并对现行国际秩序和规则的发展与改革以及各国维护经济安全的着力点予以深思，得到一系列启发。

【俄乌冲突下美欧利用SWIFT制裁俄罗斯的影响及其对中国的启示】

李仁真　关蕴珈　《国际贸易》2022年第9期

主要观点：

SWIFT作为全球银行业和国际金融市场不可或缺的基础设施，其设立初衷是保持政治中立。然而，受地缘政治紧张加剧、美国强权威压、欧方利益权衡等因素的影响，SWIFT已成为一种金融制裁工具。俄乌冲突下，美欧等西方经济体第一次真正利用SWIFT制裁俄罗斯，这实质上是对2014年克里米亚事件以来美欧对俄金融制裁手段的升级和加码，意图将俄罗斯彻底孤立于国际金融体系之外。此项制裁强烈冲击着世界经济金融格局，会破坏国际支付清算体系的公平性、削弱美元自身的信用以及推动国际货币体系的嬗变。面对美欧可能利用 SWIFT 对中国实施金融制裁的风险，中国在短期内仍应以合作的态度对待 SWIFT，长期则需要继续推动 CIPS 建设以及加快探索数字人民币跨境使用的适用性，从而摆脱对 SWIFT 的依赖。

学术影响：

该文关注到 SWIFT 从国际金融基础设施到制裁工具转变的现象，发现这一转变不仅仅影响到俄罗斯，而且会影响到国际金融体系以及美欧自身利益，提出中国在相关影响和受到类似制裁时可行的应对措施，并从中把握进一步推进人民币国际化的机会。该文被人大复印报刊资料《金融与保险》2023 年第 1 期全文转载。

【地缘经济视域下的历史逻辑——俄罗斯经济结构特性与俄乌冲突的起源】

吴贺　陈晓律　《探索与争鸣》2022 年第 9 期

主要观点：

经济因素已经成为现代地缘政治冲突中的核心问题。认识俄乌冲突的根源，需要从俄罗斯当今所面临的经济困境入手，借助经济地理学和地缘经济学的视角，深入挖掘俄罗斯经济问题的起源。在认知俄罗斯经济结构特性的基础上，以发现俄罗斯在当今世界自由贸易体系下存在着源自地理的固有劣势。随着世界地缘经济竞争的日益激烈，这种劣势遭到放大，导致俄罗斯在现代金融、贸易体系中处于被动地位，乃至于被固定在"世界体系"外围位置上。俄罗斯在历史上形成了依靠地缘政治主导地缘经济从而改善经济地理条件的路径依赖。当代俄罗斯也曾试图改善经济结构，以独联体为核心打造欧亚联盟来扭转其在世界经济体系中的不利地位，但欧美对乌克兰事务的深度介入使得俄罗斯的地缘经济布局被一再打破。从这个角度看，俄乌冲突是不可避免的。然而，如果俄罗斯能够转变以地缘政治主导地缘经济的旧有思路，则以和平方式破解困局的契机依然存在。

学术影响：

该文在经济地理学的范畴里研究乌克兰危机的根源，并得出结论：地理上的固有劣势决定了俄罗斯在世界经济体系的被动和外围地位，而俄罗斯扭转不利形势的努力受到来自欧美的阻力，基于此，该文作出"俄乌冲突不可避免"的判断，并努力思考未来俄罗斯经济发展的出路。

【欧亚经济联盟经济一体化效果测度及评价】

宫艳华　《俄罗斯东欧中亚研究》2022 年第 5 期

主要观点：

欧亚地区是俄美欧争夺的战略要地，与中国丝绸之路经济带建设密切相关。欧亚经济联盟是目前欧亚地区最活跃的一体化组织。它是由俄罗斯主导的经济合作组织，却被普遍认为具有浓厚的政治色彩。欧亚经济联盟自成立以来取得了一些成绩，对其成果进行经济学测度发现，成员国选择"入盟"确有贸易和投资方面的实际需要，同时联盟规则也完全有利于俄谋求强国地位的战略意图。未来，欧亚经济联盟将长期存在，但可能将始终维持低效运转，即经济一体化深度发展局限性较强，空间扩展有限，且发展进度和节奏将明显低于预期水平。俄乌冲突给欧亚经济联盟成员国带来的经济冲击将使得未受制裁国家不断衡量自身的收益和风险，而俄罗斯将比以往更加需要联盟的支持。在西方全方位制裁下，俄罗斯与欧盟之间从能源贸易到金融投资彻底割裂的风险骤升，导致欧亚经济联盟未来发展可能走向封闭，前景不乐观。

学术影响：

该文利用经济学方法探寻到欧亚经济联盟产生、发展和长期受限背后的动因，并对乌克兰危机升级后，欧亚经济联盟及其成员国的发展、俄罗斯与欧亚经济联盟的关系进行预判。

【当代俄罗斯外交：理论兴替与政策承变】

柳丰华　《俄罗斯东欧中亚研究》2022年第4期

主要观点：

苏联解体至今，在"冷战"后国际形势变幻不定、俄罗斯国内形势发展变化、俄领导人外交理念调整等因素影响下，俄外交政策经历了从转型到定型的演变进程。这一进程分为亲西方外交（1991—1995年）、"多极化"外交（1996—2000年）、大国务实外交（2001—2004年、2009—2013年）、新斯拉夫主义外交（2005—2008年）和大国权力外交（2014年至今）五个阶段。俄罗斯西方主义、斯拉夫主义、欧亚主义和强国主义等外交理论，对俄外交决策产生了重要影响。俄罗斯外交政策既因势而变，又变中有承，形成若干共识。俄罗斯外交政策共识包括追求大国地位、重视维护国家安全、追求国际权力、利用国际机制和注重经济外交等，这些共识将为今后俄政府所遵行。

学术影响：

该文通过对苏联解体至今俄罗斯的外交政策的演变进程，认为在未来相当长一个时期，俄罗斯仍将奉行大国权力外交政策。

【俄日关系：基于俄罗斯独立三十年对日政策的战略安全考量】

李勇慧　《东北亚学刊》2022年第1期

主要观点：

二战已结束70多年，俄日尚未解决领土问题，未签订和平条约。二战后俄日所确立的是非制度性的安全关系，两国相互认同也建立在既非敌人，也非伙伴的关系上。美日同盟强化和机制不断加强的美国"印太战略"，使俄日相互关系构建受到巨大影响。俄罗斯独立30年来，俄日关系具有亲西方寻求领土问题突破，恢复大国地位寻求签署和约与日本"边谈边防"均衡发展关系，以及"印太战略"加强背景下俄关锁领土问题与日本政治关系僵持三个特点。鉴于日本协助美国实施"印太战略"以及追求有利于日本在亚太地区秩序中的权重，俄日将长期维持这种既非战争，也非和平的关系。

学术影响：

该文总结了俄罗斯独立30年以来俄日关系的特点，分析了俄罗斯在远东地区的战略安全利益，从安全观和大国互动的安全体系角度探讨俄罗斯战略安全变化对俄日关系发展的影响。

【北约东扩与乌克兰危机】

韩克敌　《俄罗斯东欧中亚研究》2022年第5期

主要观点：

"冷战"结束后，北约先后实现了五轮东扩，俄罗斯对北约东扩的态度经历了从警惕到希望加入北约再到强烈反对的变化。俄罗斯政府认为，美国曾承诺北约不东扩，但1990年两德统一时，美俄之间并没有就北约停止扩张达成明确的协议。2021年以后，普京政府在北约东扩，尤其是乌克兰加入北约问题上态度愈发强硬，要求北约作出停止扩张的法律承诺。乌克兰对北约东扩的态度则经历了从摇摆到不再谋求加入北约，再到以宪法和法律形式确定争取加入北约的变化。美国的"冷战"思维和俄罗斯的传统观念是乌克兰危机爆发和不断升级的两个重要因素。

美俄在北约东扩问题上的龃龉反映出双方对主权不可侵犯和安全不可分割原则的各自主张。

学术影响：

该文梳理了乌克兰危机升级的过程，指出美国的"冷战"思维和俄罗斯的传统观念是乌克兰危机爆发和不断升级的两个重要因素。北约东扩、乌克兰危机、俄美博弈、俄欧争端，所有这些混杂在一起，最终导致2022年的俄乌冲突。

【行稳致远、不断深化的中俄关系】

刘显忠　《旗帜》2022年第1期

主要观点：

从1989年中苏关系正常化至今，中俄两国关系随着中俄边界问题的逐步解决不断深化。从1992年的"互视为友好国家"到1994年的"建设性伙伴关系"，再到1996年的"战略协作伙伴关系"，中俄关系5年上了三个台阶。2001年7月，两国签署《中俄睦邻友好合作条约》，将"世代友好、永不为敌"的和平思想和"不结盟、不对抗、不针对第三国"的外交理念以法律形式固定下来，确立了新型国家关系。这为中俄关系的进一步发展提供了法律保障。中俄关系本着《中俄睦邻友好合作条约》的精神和原则不断深化。

学术影响：

截至2023年5月，该文在中国知网被下载999次，得到学界好评。

【乌克兰危机中的美俄混合战：演化、场景与镜鉴】

许华　《俄罗斯学刊》2022年第4期

主要观点：

近年来俄罗斯通过组建相互策应的媒体矩阵，利用秘密情报操控信息流向，组织网络部队潜伏与渗透等手段，在叙利亚战争、美国大选和新冠疫情等事件的信息战、舆论战中有效介入，实现了结构性弱势下的宣传突围。这些对抗和反击虽亮点频现，但仍无法根本扭转总体实力较弱的局面。美国仍是混合战的顶级玩家，具备进行全体系混合战的超强实力。这种态势在2022年俄乌冲突混合战中得到了清晰体现。美国及其盟友在信息战领域进行了全面的火力压制，各种制裁、封锁、妖魔化宣传达到前所未有的烈度，俄罗斯近年来行之有效的一套舆论战和心智战手段被美西方破解和反杀。俄罗斯与美国进行的这场制裁与反制裁、封锁与突破的激烈较量，让我们对中国未来发展进程中可能面临同样的，甚至升级化的威胁与风险有了更加清晰和直观的认识，有必要对此进行研究和借鉴。

学术影响：

截至2023年5月，该文在中国知网被下载957次，被转引3次，得到学界好评。

【苏联核计划：从模仿到创新】

张广翔　《社会科学战线》2022年第11期

主要观点：

苏联以举国之力实施核计划，短期内成功试爆了核武器并进行量产。苏联核计划之所以变不可能为可能，取决于诸多因素。择其要者有：依靠高度集中的政治体制、计划经济体制，充分、高效地集中所有资源；物理学家围绕核裂变、核聚变等核物理研究取得了一系列重大突破；科学家通力合作，攻克一道道核技术、核工程难关；国外核情报成为模仿与创新的重要借鉴，节省了时间与经费；从由学界倡导到由政府主导，核计划如虎添翼，战略决策集中既便于保密，又利于及时施策，决策机构的组织、协调与监督工作行之有效；紧急动员各类人才，从高端科学家、技术骨干到普通员工应征尽征,干部决定一切大见成效。

学术影响:

该文被人大复印报刊资料《世界史》2023年第1期全文转载,截至2023年6月,在中国知网被下载160次,被引用1次。

【制度与人:苏联解体过程的演进逻辑】

余伟民　《俄罗斯研究》2022年第1期

主要观点:

"苏联解体过程"包含三方面内容:戈尔巴乔夫的体制改革、苏联东欧集团"类帝国"统治体系的终结和联盟的解体。从制度分析着眼,导致苏联解体的基本问题是斯大林时期确立的高度集权的政治经济体制与联盟国家体制的结构性矛盾和内在张力。戈尔巴乔夫改革显化了这一矛盾,但未能掌控好改革进程,从而陷入双重体制危机。从行为分析着眼,各派政治力量的组合与博弈决定了苏联走向解体的具体路径。虽然苏联的体制改革和社会转型是顺应历史潮流的发展趋势,但联盟的解体并非唯一的选择。在苏联解体过程中,俄罗斯联邦的"主权独立"及其对苏联国家权力的攫取,发挥了特殊的杠杆作用,"8·19"事件则加速了这一进程。

学术影响:

截至2023年6月,该文在中国知网被下载1837次,被转引3次,得到学界好评。

【中国学界苏联剧变问题研究史回眸】

左凤荣　《当代世界社会主义问题》2022年第2期

主要观点:

苏联解体30多年来,有关苏联剧变的研究成为中国学术界的热点问题。苏联解体之初和10周年前后相关研究取得不错的成绩,苏联解体20周年前后相关研究成果显著,自2014年以来苏联剧变研究略显滞后。中国研究苏联剧变问题的学者,基本上由苏联史研究和马克思主义理论研究两部分学者构成,由于研究的基础不同,其研究各有侧重点。回眸中国学界对苏联剧变问题研究的30年,学者们坚持辩证唯物主义和历史唯物主义原则,从事实出发,充分利用大量资料,特别是新解密的档案资料,不断把对苏联剧变问题的研究推向深入。

学术影响:

截至2023年5月,该文在中国知网被下载1083次,被转引1次,得到学界好评。

【阿富汗变局后的中亚安全:大国博弈与地区合作】

孙壮志　《俄罗斯东欧中亚研究》2022年第1期

主要观点:

阿富汗与中亚有着非常密切的历史文化联系,同时阿富汗问题对中亚安全构成了直接威胁。随着2021年美国仓促撤军、塔利班重新夺取政权,中亚战略地位的特殊性引发大国为争夺地区安全和经济主导权展开新一轮地缘政治竞争,中亚地区的和平与稳定又遭遇新的挑战。区域国家对内部事务的发言权增多,对外政策选择更趋主动和多元,同时也为进一步扩大区域认同奠定了基础。在如何实现有效的地区安全治理、推动地区国家关系向合作型秩序转变的问题上,应该最大限度地发挥上海合作组织在区域整合方面的特殊作用,在中亚推动建立一个新的政治经济秩序,涵盖多极、多面和多元的新要素,其中上海合作组织将与"一带一路"倡议融合发展,以构建地区国家命运共同体为目标,最终完成这一战略性的历史任务。

学术影响:

该文通过对新形势下中亚地区安全的新

特征、新变化的梳理和分析，发现阿富汗变局后中亚地区面临的安全问题既呈现本土化趋势，也具有国际化特征，提出通过发挥上海合作组织作用并推动其与"一带一路"倡议融合发展，来推动有效的地区安全治理及地区国家关系向合作型秩序转变。该文被收录于《区域国别学文摘2023年卷》（赵少峰、倪凯、孙云之鹏主编）。

["无声的协调"：大国在中亚的互动模式新探]

曾向红　《世界经济与政治》2022年第10期

主要观点：

自中亚国家独立以来，诸多大国介入中亚事务而未导致该地区出现明显动荡的事实引人深思。这与大国在中亚同时存在明确的合作与"无声的协调"等互动模式有关。明确的合作主要存在于欧盟与美国、俄罗斯与中国等行为体之间，"无声的协调"则普遍体现在诸多大国的日常互动中。迄今为止，"无声的协调"对于稳定中亚局势所具有的意义并未引起学界充分关注。事实上，"无声的协调"是大国在中亚经由长期摸索和互动，通过遵循"潜规则"而形成的具有一定默契的合作。域外大国在中亚开展"无声的协调"主要体现在四方面，即遵守四个"潜规则"：不约而同地承认中亚国家的主权、默认俄罗斯在中亚具有特殊地位、尊重中亚国家奉行的多元平衡外交政策以及力促中亚的和平与稳定。"无声的协调"互动模式的形成与中亚地理环境具有的多重二元性特征、大国在中亚形成了特定的权力结构和心态结构以及大国积极配合中亚国家追求其外交政策目标密切相关。鉴于以上因素具有较高稳定性，大国在中亚进行"无声的协调"有其延续性。

学术影响：

该文从互动模式的视角分析中亚作为大国博弈的战略要地却能够相对平稳发展的原因，并发现学术界更多关注到中亚与大国间明确合作的互动，而少有关注到大国间"无声的协调"的互动。因此，对"无声的协调"互动模式形成和运行机理、基本属性和未来发展的充分论述，构成了该文的边际贡献。该文被人大复印报刊资料《国际政治》2023年第2期全文转载。

[从规则治理到关系治理——三十年来中亚地区治理模式的变迁]

曾向红　《东北亚论坛》2022年第2期

主要观点：

2021年是中亚国家独立30周年的特殊年份。回顾中亚地区的治理历程可发现，该地区的治理模式大体经历了以规则治理为主到以关系治理为主的演进。中亚国家独立后的优先任务在于学习并接受国际规范与规则，提升自身的国际生存能力，而国际规则在很大程度上指引着中亚国家间的互动及其对国际事务的参与。这种态势导致中亚地区治理具有浓郁的规范治理的特征。而"9·11"事件后，尤其是当2003—2005年"颜色革命"波及后苏联空间时，中亚国家意识到处理好与域外大国的关系极为重要，因其直接影响到各国的政权生存，由此导致各国将实现对各种关系的大致平衡视为国家优先任务，这使中亚地区治理的关系治理特征凸显。中亚地区治理模式的转型反映了参与中亚地区治理的行为体逐渐增多、地区治理议题日益繁杂、治理主体间关系日益复杂等现实。中亚地区治理模式的转型有多重影响，如中亚国家自主性得到显著提高，地区治理成效好坏参半，各国寻求关系平衡增大了大国主导中亚事务的难度，使中亚地区逐渐形成了后自由主义的地区秩序类型。

学术影响：

该文回顾了中亚国家独立30年的地区治理历程，从中发现了中亚地区治理模式"从规则治理到关系治理"的演进规律和发展特征，并以现实为依据对其加以论证，对这一转型的影响及其最终促成的中亚地区秩序类型进行评判。该文被人大复印报刊资料《国际政治》2022年第7期全文转载。

【构建更紧密的命运共同体："一带一路"建设的欧亚实践】

王晨星　《俄罗斯东欧中亚研究》2022年第5期

主要观点：

党的十八大以来，在习近平外交思想的指引下，新时代中国特色大国外交在应对世界百年未有之大变局加速演进时，表现出强大的国际影响力、感召力和塑造力，为回答"世界向何处去？和平还是战争？发展还是衰退？开放还是封闭？合作还是对抗？"的时代之问给出了"中国答案"。习近平外交思想明确了以构建人类命运共同体为总目标、以推动"一带一路"建设为重要合作平台的新时代中国外交的基本方略。欧亚地区是新时代中国外交诸多理念的首倡地，是命运共同体建设和"一带一路"建设的先行区和示范区。

学术影响：

该文探析在欧亚地区推动"一带一路"建设作为构建更紧密的命运共同体的实践成就和特点、面临的机遇与挑战，并且探讨在欧亚地区推动"一带一路"高质量发展的路径选择。该文被人大复印报刊资料《中国外交》2023年第2期全文转载。

【中亚安全再认识：威胁与保障】

高烙迅　《俄罗斯东欧中亚研究》2022年第2期

主要观点：

中亚国家30余年的发展历程表明，中亚安全既取决于其能否探索出符合国情的政治经济模式，也取决于其与周边大国之间的关系，还取决于其在全球化背景下的身份构建和发展定位。中亚安全研究涉及三类问题，一是"谁的安全"，将中亚整体作为安全研究对象，探寻中亚国家在国家—地区—全球三个层面面临的安全威胁；二是回答"存在哪些安全威胁"，从权力、制度和观念三个视角加以分析；三是分析"如何维护安全"，阐释中亚国家在政治、经济、社会安全以及打击"三股势力"、维护生态环境等领域取得的成效和面临的突出问题。政治安全是中亚一切安全的"总阀门"，外部势力煽动的"颜色革命"是政治安全的主要威胁，经济社会发展状况及民生保障水平是内部安全稳定的根本因素。当前，中亚地区安全保障虽然存在诸多潜在威胁，但总体上仍可维持安全稳定局面。

学术影响：

该文以中亚地区安全为研究对象，对其组成部分、影响因素、重点问题进行阐释，并对中亚地区安全形势进行预判，具有较强的全面性、整体性、层次性和逻辑性。

【大国博弈视角下欧亚地区生物安全治理】

李睿思　《俄罗斯东欧中亚研究》2022年第6期

主要观点：

近年来，全球生物安全形势日趋严峻。欧亚地区因其独特而复杂的地缘战略属性，不可避免地成为大国及其利益集团在生物安全问题上开展博弈的新战场。分析发现，基于不同的价值理念，中美俄对欧亚地区生物安全的战略期待存在根本性差异，面对日益严峻复杂的生物安全形势，欧亚地区急需更有效的公共治理产品应对发展危机。以人类命运共同体为核心价值观的中国治理方案，倡导兼顾各方生物安全发展诉求，以实现地区和谐发展为最终目标，通过开展国际协同合作，构建维护欧亚地区生物安全的保障体系。生物安全治理的中国方案是应对欧亚地区生物安全危机的有效路径，也是对全球生物安全治理思维的伟大革新和智慧贡献。

学术影响：

该文以日趋严峻的全球生物安全形势及大国在欧亚地区的生物安全博弈为背景，通过梳理欧亚地区生物安全危机的产生及表现、发展趋势和影响因素，分析中美俄在欧亚地区战略博弈中的价值维度差异对地区生物安全发展走势的影响，并结合生物安全治理的中国方案，尝试提出欧亚地区应对生物安全危机的对策。

【中亚国家民法典编纂：国家建构、民族性与现代性】

金欣　《俄罗斯东欧中亚研究》2022年第2期

主要观点：

1991年中亚五国独立后，四国参照《俄罗斯联邦民法典》和《独联体国家示范民法典》制定了内容、结构、体例和语言风格极为相似的民法典，土库曼斯坦制定了德国式的民法典。民法典编纂的完成让中亚各国内部的民事法律得以统一化和体系化，从法律形式上实现了人民生活的国族化，各国内部不同族群民众有了共同生活的基本规则，实现了国家对社会的形式整合，促进了国家建构的完善。但中亚五国民法典编纂用时较短，没有进行民事习惯调查，各国的法学研究较弱，以移植、借鉴俄罗斯和西方的法律和学说为主，法律与社会较为疏离，因此从法典对民族国家建构的实质性效果来说，仍存在不少问题。中亚国家民法典中存在着民族性与现代性的张力，具体表现为极为复杂的各国法律传统和移植的现代性法律的冲突。中亚国家民法典实效性的提高需要在吸收本民族法律传统、建设成熟的现代法律文化的同时，处理好法律移植面对的排斥性和适应性问题，并在民法典的民族性和普适性之间寻找平衡点。

学术影响：

该文以法学研究的视角，系统梳理了中亚国家民法典的制定和实施、意义和作用、特征和问题，关注到提高中亚国家民法典的效能要处理好民族性与普适性、传统性和现代性、排斥性和适应性之间的关系，这为未来中亚各国民法典修订提供了切实的思路。

【吉尔吉斯斯坦混合制国家权力体制评析】

梁强　《俄罗斯东欧中亚研究》2022年第6期

主要观点：

吉尔吉斯斯坦2021年颁行第三部宪法，明确实行总统制，已实行30年之久的混合制国家权力体制终结。独立后吉历经三次剧烈的非正常政权更迭，宪法更是频繁修改重订，国家权力体制在总统制和议会制之间摇摆反复，成为各派势力权争的由头和借口。新宪法从根本上解决了吉国家权力体制演变的制度难题，是一次重要的"破旧立新"之举，具有一定的现实合理性。但新宪法的颁行本质上仍是政治精英集团主导的行为，缺乏广泛社会基础。混合制国家权力体制能长期维持，也说明其在吉自有存在的土壤和基础。吉全面转向总统制能否长久还有待时间检验，未来政局能否持久稳定仍未可知。

学术影响：

该文对吉尔吉斯斯坦国家权力体制从混合制到总统制的演变进行了阐释，对已在吉实行30年的混合制体制根深蒂固的影响进行了分析,对新实行的总统制体制的合理性和弊端进行了评判,并对未来吉国家权力体制发展及其对吉政局的作用进行了展望。

【欧盟宪政秩序的挑战与危机——基于波兰法治危机案的考察】

程卫东　《欧洲研究》2022年第1期

主要观点:

该文指出,自2015年年底开启的波兰司法改革引发了一场事关波兰国内法治并波及整个欧盟宪政秩序的深刻而持久的危机。从危机的形成与演变过程来看,这两个危机的形成与扩大,大体可归为三方面的原因:一是波兰与欧盟对波兰司法改革的不同认知与定性;二是欧盟处理成员国国内法治危机的权威性与工具不足,未能及时有效解决波兰法治危机;三是波兰在应对欧盟措施时,对欧盟宪政秩序的基础提出了质疑。波兰法治危机不仅代表波兰内部政治与法律变迁及波兰与欧盟对这一变迁的不同认知与定性,而且全面深刻地揭示了欧盟宪政秩序内在的一些深层次、根本性的矛盾与冲突。波兰法治危机对欧盟宪政秩序形成了重大冲击,但从总体上看,欧洲一体化的逻辑仍然成立,只是由于欧盟宪政秩序中的根本问题短期内无法解决,其宪政秩序中的矛盾与冲突仍将不可避免。

【欧盟绿色和数字化转型与捷克第二次经济转型构想】

姜琍　张海燕　《欧亚经济》2022年第2期

主要观点:

1989年政局剧变后不久,捷克开始了从中央计划经济向市场经济的第一次转型。这次经济转型使捷克在过去32年中保持了相对稳定的经济增长,成为西方民主国家和自由市场经济体的组成部分,而且缩小了与西方发达国家的差距。时隔32年后,随着欧盟大力推进绿色和数字化转型,捷克商界人士呼吁进行第二次经济转型。该文回顾了捷克第一次经济转型的历程,总结了捷克经济的特点,分析了第二次经济转型倡议提出的背景,梳理了第二次经济转型构想的目标和具体内容,探析该构想所面临的机遇和挑战。

【增长、趋同与中东欧国家的第二次转型】

孔田平　《欧亚经济》2022年第2期

主要观点:

欧盟的中东欧新成员国在与老成员国的经济趋同上有所进展,但尚未有任何一个中东欧国家的人均国内生产总值超过欧盟老成员国的平均水平。2008年国际金融危机之前,中东欧国家的趋同进程加速。2008年之后,中东欧国家经济增长放缓,趋同进程放慢。转轨30余年来,外资驱动的增长模式的潜力已丧失殆尽,中东欧国家需要经济增长模式的转变,亟待第二次经济转型。第二次转型的主要任务是为可持续的经济增长形成适当的制度框架和政策环境。中东欧国家能否在下一个30年改变其外围地位,取决于它们能否成功完成第二次转型。

【政党权力转换与政党制度变迁——基于中东欧国家政党制度变迁的案例分析】

高歌　《俄罗斯东欧中亚研究》2022年第4期

主要观点:

该文立足有关政党制度及其变迁的既有理论,结合中东欧国家的实际,围绕政党权力转换这一核心概念建构研究框架,从政党制度性质的变化、政党制度类型的变化、主流竞争结构的变化和政党制度的制度化四个方面阐释中东欧国家政党制度的变迁。该文指出，20世纪80年代末90年代初，中东欧国家几乎同时放弃共产党领导，改行多党制，完成了政党制度性质的转变。其后约30年间，中东欧国家的政党制度类型及其变化呈现多样化态势，多数国家的主流竞争结构发生程度不同的变化，政党制度的制度化水平不高，且没有出现明显的由弱到强的转变。总体来看，多数中东欧国家的多党制虽已建立，但尚未形成稳定模式，发展前景不够确定。

【俄乌冲突后欧盟政治的新变化】

鞠豪 《俄罗斯学刊》2022年第5期

主要观点：

该文指出，俄乌冲突爆发后，欧盟及其成员国保持了基本一致的立场，一方面发起多轮对俄制裁，积极援助乌克兰；另一方面强化国防建设，增加与美国和北约的军事合作，以巩固自身安全。受此影响，欧盟政治出现了许多明显的变化。面对重大的安全威胁，欧盟及其成员国展现了前所未有的一致性，其政治选择愈发受到军事安全因素的影响，并展现出强烈的地缘政治色彩。此外，欧盟内部的领导力量与反对力量也随之发生了微妙的变化。变化的原因既来源于冲突本身的性质与规模，也与冲突的时间节点和特征密切相关。面对一场社交媒体时代的"混合型冲突"，欧盟试图从过去的一系列危机中吸取经验教训，并在政治领域作出相应的调整。

【新冠肺炎疫情冲击下中东欧国家的经济韧性：表现、原因和启示】

王效云 《俄罗斯东欧中亚研究》2022年第5期

主要观点：

该文指出，塑造经济韧性的路径是多样化的，但任何一条路径都离不开结构性因素。对于新冠疫情冲击下中东欧国家的经济韧性来说，存在四条强化路径，其中不过多依赖旅游业是各条路径共同的前提条件。此外，较高的数字经济竞争力、多样化的经济结构、较高的技术水平以及不过度融入全球产业链，都是塑造经济韧性的关键因素。较高的财政缓冲也有助于降低疫情对经济的冲击，提高经济的韧性。该文采用核心变量法，从抵抗力和恢复力两个维度对中东欧16个国家面对新冠疫情冲击的经济韧性进行测度和衡量，根据测度结果，将这些国家划分为7组情境。在此基础上，结合现有经济韧性相关问题研究成果，以及新冠疫情冲击中东欧国家经济的机制和渠道，选取6个可能的经济韧性的前提条件变量，采用模糊集定性比较分析方法（fsQCA）对塑造中东欧国家经济韧性的条件组态进行分析。

【乌克兰危机的多维探源】

赵会荣 《俄罗斯东欧中亚研究》2022年第4期

主要观点：

俄乌冲突有着复杂的历史经纬和现实因素，是不同国际关系行为体在互动过程中彼此之间的矛盾不断累积直至激化的结果。该文基于国际关系层次分析法，分别从国际体系、地区体系、国家层面和个体层面探究俄乌冲突的根源。研究认为，俄罗斯追求巩固欧亚地区事务主导权与美国追求巩固全球霸权以及乌克兰通过加入西方阵营谋求独立权之间的矛盾是俄乌冲突中的主要矛盾，内外因素推动俄罗斯与西方及乌克兰的矛盾升级为军事冲突。"冷战"结束以来，以美国为首的西方集团对俄罗斯持续推进战略挤压和全面遏制，乌克兰在对外政策多次反复后最终走上亲西方反俄道路，成为西方遏制俄罗斯的桥头堡，是刺激俄罗斯采取军事行动的外在因素。对大国地位的高度期待与残酷的现实境遇促使俄罗斯产生强烈的心理落差、相对剥夺感和屈辱感，北约东扩促使俄罗斯的安全焦虑不断上升，加上俄方在冲突前对于国际形势、作战对象和自身实力作出相对乐观的判断，成为推动俄罗斯作出具有"挫折—反抗"性质决策的内在因素。普京总统在俄罗斯决策系统中居于核心地位，因其大国抱负、对于乌克兰的执念以及铁腕作风成为必不可少的媒介，将俄罗斯的战略诉求和安全压力以军事冲突的形式展现和释放出来。而泽连斯基选择联美抗俄对俄乌矛盾升级为全面军事冲突以及冲突的长期化起到推动作用。

【历史与认同碎片化：乌克兰国家建设的困境与镜鉴】

刘显忠　《统一战线学研究》2022年第5期

　　主要观点：

　　乌克兰作为一个独立国家的历史只有30年。当今的乌克兰地区曾因地缘政治变化经历了极为复杂和极为矛盾的政治整合进程。实际上，当今的乌克兰历史是彼此很少联系的一些地方历史的总和。复杂的历史进程导致了当今乌克兰复杂的民族、文化、语言特点，而其民族、文化、语言特点的复杂性又导致了乌克兰国家建设的深度困境。乌克兰国家建设的深度困境及复杂成因，为多民族国家建设提供了现实镜鉴：坚持立足国情，不能简单移植既有模式；坚持统筹兼顾，采取"多样一体"思路；坚持稳妥有序，实施科学合理的国家语言政策。多民族国家推进现代国家建设，要正确处理一致性与多样性关系，朝着塑造共同历史与整体认同的方向深入。

【俄乌冲突主要利益攸关方之博弈及其影响】

李永全　《俄罗斯学刊》2022年第4期

　　主要观点：

　　俄乌冲突表面上是俄乌两个斯拉夫兄弟骨肉相残，实际上是美俄战略博弈，是美国利用俄乌冲突遏制和打压俄罗斯，也是俄罗斯对美国和西方遏制俄政策的大反攻。在这场冲突中，美国通过策动各种冲突维护霸主地位的战略特点更加清晰，俄罗斯通过混合战争维护自身利益和势力范围的决心更加坚定，欧洲在冲突中的尴尬处境将促使其进一步实现战略自主，乌克兰沦为大国博弈的棋子，已经分崩离析。

【乌克兰危机折射俄罗斯与西方关系结构性困境】

庞大鹏　《当代世界》2022年第2期

　　主要观点：

　　苏联解体30年之际，俄罗斯整合独联体一体化的态势高歌猛进：俄白联盟实质推进；借助集体安全条约组织深度介入哈萨克斯坦局势并力保中亚总体稳定；在乌克兰问题上保持强势并提出俄国家安全红线论。当前，俄罗斯已形成巩固并强化在独联体地区主导地位的态势。

【俄罗斯与乌克兰：从同根同源到兵戎相见】

张弘　《世界知识》2022年第6期

　　主要观点：

　　自2022年2月下旬以来，乌克兰局势持续升级，引发国际社会高度关注。2月24日，俄罗斯总统普京宣布在顿巴斯地区发起特别军事行动，随后，乌克兰总统泽连斯基宣布与俄罗斯断绝外交关系。可能没有人会想到，这两个曾经关系最为亲密的东斯拉夫民族有一天会兵戎相见、手足相残。这不仅改变了两个国家的关系，也使乌克兰的国家命运变得扑朔迷离。

【俄乌冲突对国际政治格局的影响】

倪峰 达巍 冯仲平 张健 庞大鹏 李勇慧 鲁传颖 《国际经济评论》2022年第3期

主要观点：

当前的俄乌冲突既是俄罗斯与西方关系危机的总爆发，也是俄罗斯与美国、欧洲之间地缘政治矛盾和利益冲突的总爆发。俄乌冲突加快了大国关系的调整，各大国将竞相增强军备或加强联盟，世界多极化趋势将加速。这一轮对抗和博弈将首先在欧洲展开，并扩展至非洲、中东。危机的扩大化、长远化将给欧洲带来本可避免的巨大伤害。美国将强化意识形态和价值观联盟在应对挑战中的作用。一个实力下降的俄罗斯可能引发欧亚大陆地区秩序的分化与重组。俄乌冲突意味着"冷战"后国际秩序的终结。世界其他大国的选择与行为将在很大程度上决定正在浮现的国际新秩序的模样。

【近年来摩尔多瓦共产党人党的发展状况与政策主张】

曲岩 《世界社会主义研究》2022年第12期

主要观点：

自2009年摩尔多瓦议会选举后，摩尔多瓦共产党人党从执政党变为反对党，此后又从议会党沦为议会外政党。摩共支持率持续下降，一方面是因为政党建设不力导致党内分裂、精英出走、党员流失；另一方面是因为美西方通过培植代理人对摩政治进行干涉，其支持的中右翼政党不断挤压摩共生存空间。在不利形势下，摩共对党的发展战略进行反思与调整，通过与左翼政党结成联盟、制定更贴近民生的竞选纲领等方式得以重回议会。当前，摩共继续深化与左翼政党的合作；聚焦民生，推动社会改革；客观分析新的地区局势，积极为摩尔多瓦国家和人民利益发声；不断加强与各国共产党的联系与合作。今后，摩共的发展前景依然充满各种挑战与不确定性，走出低迷状态任重而道远。

【欧亚地区的"中心—边缘"结构：区域研究的新视角】

薛福岐 《俄罗斯东欧中亚研究》2022年第6期

主要观点：

俄罗斯与欧亚国家的"特殊关系"是中心与边缘的关系。这个结构是以俄罗斯为中心的地区秩序。欧亚地区的"中心—边缘"结构具有超强的稳定性，这在很大程度上首先是自然条件所决定的。与世界体系中的"中心—边缘"结构不同的是，欧亚地区的边缘国家不可能变成中心并替代俄罗斯，但有可能不同程度上脱离俄罗斯的支配和影响。与此同时，欧亚国家并不是完全被动地接受俄罗斯的影响。在很多领域可以观察到，地区国家不同程度地在实行全方位的外交政策，实行积极的语言政策，强调主体民族的地位，等等。俄罗斯所谓的独联体政策优先，可以看作维持这个"中心—边缘"结构的努力。而俄罗斯维护中心地位所做出的努力与欧亚国家保持自主性的努力，就是一个结构性矛盾。

学术影响：

该文从历史与现实的角度，发现在欧亚地区存在一个显著的区域性"中心—边缘"结构，并且阐释了该结构的内涵和外延。第一，这个"中心—边缘"结构是俄罗斯积极建构的结果，而继续维持这个结构在很大程度上符合中心国家俄罗斯的利益，并且在俄罗斯与边缘国家之间发生着持续的互动与博弈。第二，这个"中心—边缘"结构有助于维护地区稳定与安全，但它的内涵也在发生变化，成为世界百年未有之大变局的重要内涵之一。该文体现了较强的理论性和问题性，实现了理论和实践的有机结合。

【上合组织安全合作理论构建、行动实践与中国力量贡献】

苏畅 《俄罗斯学刊》2022年第6期

主要观点：

上海合作组织成立21年来，安全合作是重要内容。中国是推动该组织安全合作的重要力量并作出突出贡献，主要体现在三个方面：一是引领倡导、大力推动、积极参与上海合作组织机制建设和安全合作；二是提出了安全合作新理念，即新型安全观、构建安全共同体等，为该组织安全合作理论作出重大贡献，为推动建立公正合理的国际政治经济新秩序而努力；三是重视务实安全合作，落实相关构想与建议，推动安全合作深化与拓展，在反恐合作、执法合作和防务合作等方面取得卓越成绩。中国为上海合作组织地区安全贡献关键力量，同时中亚各国保持基本稳定也惠及中国西北安全。上海合作组织成员国实现安全共建与共享，正是对上海合作组织命运共同体的有益探索，更是构建人类命运共同体的重要实践。

学术影响：

该文从理论和实践两方面出发研究阐释中国在上海合作组织安全合作方面的贡献，并且分析了中国与中亚各国在该组织框架内通过作用与反作用形成的良性互动关系，各国共建共享安全共同体的成果，成为推动构建人类命运共同体的典范。

【"转阵营行为"与欧亚地区"灰色地带"的起源】

肖斌 《俄罗斯东欧中亚研究》2022年第3期

主要观点：

在国际体系中，欧亚地区属于子系统，并表现为"中心—边缘"结构，"灰色地带"在系统中是中介变量，即"中心—灰色地带—边缘"，是考察欧亚地区的"中心—边缘"结构与外部世界互动关系的切入点，因为它能反映出在特定国际体系、地区子系统与单元的关系，特别是在国际体系与地区子系统不一致的前提下，单元的行为要受到来自体系和地区的双重影响。"灰色地带和平政治"是所有参与方利益相对均衡的体现，但在本质上还是大国政治的一部分。竞争性共处是大国政治的常态，在全球秩序失衡的状态下，非盟友关系大国间的竞争关系更容易给"灰色地带和平政治"带来危机。

学术影响：

该文在"中心—边缘"理论与地缘政治理论相结合的基础上建立了"灰色地带"的理论分析模型，并将"灰色地带"视为中间变量，从体系、地区、行为体三者之间的互动分析了它的生成机制，发展了联盟理论的研究路径，注重地区层次的影响。

【中俄美合作与竞争：基于全球气候治理、低碳绿色发展视角的分析】

徐洪峰 伊磊 《俄罗斯东欧中亚研究》2022年第3期

主要观点：

随着工业化进程的加快，全球气候变暖趋势显著，全球气温升高主要由人类活动产生的温室气体增加造成。气候变化引发的物理风险和转型风险会经实体经济传递至金融系统。为应对气候变化及其风险，全球共同努力持续地进行气候治理。中俄美作为全球碳排放大国，应在全球气候治理中承担"共同但有区别"的责任。三个国家已各自推出应对气候变化的政策和行动。应对气候变化不仅是简单的气候环境问题，更是关系国际经济、政治格局深刻转变的长期性全局性竞争。未来三个大国可以在全球气候治理、能源低碳转型以及绿色金融的投融资支持方面求同存异，挖掘共赢点，发挥大国的引领作用和责任担当。

学术影响：

该文聚焦全球气候治理、低碳绿色发展领域探讨中俄美三国的合作与竞争，发现这一问题具有长期性、全局性特征，并基于三国在此领域的相同点和不同点，认为它们应该承担"共同但有区别"的责任，可以将绿色金融作为解决问题的着力点。

【俄罗斯新版国家安全战略评析】

于淑杰　《俄罗斯东欧中亚研究》2022 年第 1 期

主要观点：

2021 年 7 月 2 日，俄出台新版《俄罗斯联邦国家安全战略》，其中有许多新变化值得关注。俄认为当前国际形势动荡不安，地缘政治紧张局势日益加剧，武力仍是解决国家间冲突矛盾的重要手段。俄当前国家安全面临的主要威胁是美西方针对其进行的"混合战争"，具体包括军事威胁、经济制裁和政治施压。为此，新战略提出的基本战略目标是维护国内、周边及全球稳定，保持和增强俄在独联体空间作为地区大国的影响力，巩固和提高俄作为世界影响力中心之一的国际地位。当前俄保障国家安全的基本途径是：维护全球战略稳定，巩固和平、安全和国际关系的法律基础，以稳定促发展，以发展保安全，以综合安全观为指导，优先抓好关键重点安全领域。但能否成功实施新战略取决于俄的能力和条件。就目前来看，有利的一面是俄现政权拥有比较稳定的群众基础和雄厚的军事实力，不利的一面是俄经济不景气可能对新战略的实施造成相当大的阻力。

学术影响：

该文聚焦新版《俄罗斯联邦国家安全战略》当中的新变化，包括新的战略目标、新的保障途径等，认识到俄罗斯的综合能力和创造有利条件是保障新战略实施的前提，而从现实情况看，有利因素和不利因素共存。

学术活动

面对世界百年未有之大变局与世纪疫情相互叠加，2022年中国政府部门、学术机构、高校、智库深入贯彻落实中共中央、国务院和习近平总书记指示要求，充分发挥"二轨外交"重要作用，举办和参与一系列学术活动和国际交流合作，不仅为对外阐释党的二十大精神、诠释习近平外交思想、宣传中国抗疫经验、夯实地区双边和多边关系贡献了中国智慧，更是在国际社会发出了中国学术强音。以下为2022年俄罗斯东欧中亚研究相关学术活动，按照举办时间排序。

● 学术讲座

【"俄国官僚制度的演进与1917年革命"讲座】

2022年3月8日，俄罗斯莫斯科大学副教授德米特里·安德烈耶夫受北京大学历史系的邀请，以视频会议形式举行了"俄国官僚制度的演进与1917年革命"的讲座。

【苏联军事工业史系列讲座】

2022年3月21—31日，吉林大学东北亚研究院邀请俄罗斯科学院5位学者就苏联军事工业史举行了系列讲座，分别是 И. В. 贝斯特洛娃的"苏联军事工业综合体：史料研究"、В. Н. 库兹涅佐夫的"苏联核计划的实施阶段"、Е. Т. 阿尔乔莫夫的"斯大林至赫鲁晓夫时期的军事政策与经济发展"、Н. В. 梅利尼科娃的"苏联核计划中的人才政策"、А. В. 斯佩兰斯基的"外国人对苏联核计划的贡献"。

【俄罗斯政治社会文化学术沙龙（第二期）】

2022年5月11日，由中国社会科学院俄罗斯东欧中亚研究所俄罗斯政治与社会研究室和中国社会科学院俄罗斯研究中心主办的俄罗斯政治社会文化学术沙龙第二期"俄罗斯政治与社会思想中的保守主义"在线上举行，来自俄罗斯东欧中亚研究所和各高校的8位科研人员围绕俄罗斯保守主义的历史和现实问题进行深入研讨。

【德国汉堡大学教授视频讲座】

2022年5月17日，德国汉堡大学教授维克多·德宁豪斯受北京大学历史系的邀请，以视频会议形式举行了"二战后苏联境内的德意志人（1945—1991）"的讲座。

2022年5月28日和29日，德国汉堡大学教授维克多·德宁豪斯受北京师范大学历史学院的邀请，以视频会议形式举行了"认识异邦：18—19世纪德国人眼中的俄罗斯形象"和"神话与现实：20世纪德国与德国形象的互识"两场讲座。

【中国苏联东欧史研究会2022年学术年会】

2022年8月13—14日，中国苏联东欧史研究会2022年学术年会在黑龙江省抚远市召开。

此次年会由中国苏联东欧史研究会和黑龙江省社会科学院俄罗斯研究所共同主办。来自中国社会科学院、北京大学、中共中央党校（国家行政学院）、北京师范大学、北京外国语大学、复旦大学、山东大学、陕西师范大学、吉林大学、黑龙江大学、黑龙江省社会科学院等高校和科研院所的近60名专家学者与研究生出席了会议，并展开了为期两天的学术研讨。

【苏联制度史专题研究系列讲座】

2022年9月22日和29日，受北京大学历史系邀请，俄罗斯国家社会政治史档案馆米哈伊尔·泽列诺夫高级馆员举行了苏联制度史专题研究系列讲座。9月22日的讲座题目为"苏共中央委员会的职能和结构变迁"。

9月29日的讲座题目为"苏联图书出版管理"。

【"回望俄国革命"讲座】

2022年11月23日，苏州科技大学教授姚海在华东师范大学社会主义历史与文献研究院举行了"回望俄国革命"的讲座，讲座由谷继坤老师主持，余伟民教授参与对谈。

【"乌克兰历史的演进及其历史文化特点"讲座】

2022年12月8日，刘显忠研究员受上海师范大学世界史系的邀请，举行了"乌克兰历史的演进及其历史文化特点"的讲座，该讲座以视频会议形式进行。

【中国中俄关系史研究会2022年学术年会】

2022年12月10日，由中国中俄关系史研究会主办的2022年学术年会以腾讯会议形式在线上举办。

此次年会由中国社会科学院近代史研究所承办。来自中国社会科学院、北京大学、清华大学、复旦大学、兰州大学、北京外国语大学、中共中央党校（国家行政学院）、黑龙江大学、国际关系学院、外交学院等国内高校和科研机构的50余位专家学者，围绕中俄关系史的很多重要议题，以视频会议的形式进行了热烈讨论和深入交流。

【"'新帝国史'视野下的俄罗斯帝国（1552—1917）"讲座】

2022年12月20日，美国辛辛那提大学历史系教授魏裴·桑德兰受吉林大学东北亚学院的邀请，以视频会议形式举行了"'新帝国史'视野下的俄罗斯帝国（1552—1917）"的讲座。

学术研讨会

【"俄罗斯文化文明发展道路"国际学术研讨会暨第十八届全国俄罗斯哲学年会】

2022年1月19—20日，中国现代外国哲学学会俄罗斯哲学专业委员会、北京师范大学哲学学院主办"俄罗斯文化文明发展道路"国际学术研讨会暨第十八届全国俄罗斯哲学年会。此次研讨会的主要内容为俄罗斯哲学思潮、俄罗斯文明文化类型、东正教等议题。

【中国社会科学院国际研究学部2022年度国际问题研讨会暨《中国社会科学院国际形势报告（2022）》发布会】

2022年2月24日，中国社会科学院国际研究学部2022年度国际问题研讨会暨《中国社会科学院国际形势报告（2022）》发布会在京举办。中国社会科学院国际研究学部主任周弘主持发布会，社会科学文献出版社社长王利民主持媒体提问环节。会议由中国社会科学院科研局、国际研究学部、国家全球战略智库理事会主办，俄罗斯东欧中亚研究所、中俄战略协作高端合作智库承办，社会科学文献出版社协办。《中国社会科学院国际形势报告（2022）》由谢伏瞻主编，中国社会科学院国际研究学部各研究所参与编撰，内容权威，具有很强的现实指导意义。全书对2021年美国、日本、俄罗斯等大国及各地区的经济、政治、社会、外交领域形势以及重大事件和风险进行综合分析，在此基础上对2022年世界格局发展趋势作出预判。

【"乌克兰局势对地区形势影响及应对建议"学术研讨会】

2022年2月25日，中国社会科学院俄罗斯东欧中亚研究所战略研究室举行以"乌克兰局势对地区形势影响及应对建议"为主题的学术研讨会。来自中国现代国际关系研究院、中国国际问题研究院等单位的相关领域专家参加了会议。

【"俄乌冲突对地区形势影响"学术研讨会】

2022年3月7日，中国社会科学院俄罗斯东欧中亚研究所战略研究室举办以"俄乌冲突对地区形势影响"为主题的学术研讨会。北京有关研究单位的专家学者与会。

【"中俄北极合作：机遇与挑战"国际研讨会】

2022年3月18日，中国社会科学院俄罗斯东欧中亚研究所与俄罗斯国际事务委员会共同举办"中俄北极合作：机遇与挑战"国际研讨会。来自中国社会科学院俄罗斯东欧中亚研究所、中国现代国际关系研究院、大连海事大学、中国社会科学院生态文明研究所、俄罗斯国际事务委员会、俄罗斯外交部莫斯科国际关系学院、卡耐基莫斯科研究中心、俄罗斯科学院远东研究所、中俄友好协会等机构的专家学者出席会议。与会专家学者围绕中俄北极战略合作、合作前景、合作意义、政策协调等几方面开展讨论交流。

【"新冠疫情和俄乌冲突下的中东欧华侨华人"研讨会】

2022年3月23日，转型和一体化理论研究室以线下线上相结合的方式举办"新冠疫情和俄乌冲突下的中东欧华侨华人"研讨会。来自中联部当代世界研究中心、上海社会科学院、北京外国语大学的专家学者与北马其顿斯科普里大学孔子学院中方院长、旅居波兰和保加利亚的华侨及立陶宛和塞尔维亚的留学生一起研讨中东欧华侨华人现状、中东欧华侨华人对新冠疫情和俄乌冲突的看法等问题。

【第二届"中国与俄罗斯：共同发展与现代化"暨庆祝中俄友好、和平与发展委员会成立25周年国际研讨会】

2022年3月29日，第二届"中国与俄罗斯：共同发展与现代化"暨庆祝中俄友好、和平与发展委员会成立25周年国际研讨会举行。会议由中俄友好、和平与发展委员会及中国社会科学院、俄罗斯科学院共同主办，中国社会科学院俄罗斯东欧中亚研究所、俄罗斯科学院经济研究所承办，中国社会科学出版社协办，中国社会科学院国家高端智库理事会支持。全国政协副主席，中俄友好、和平与发展委员会中方主席夏宝龙，中国社会科学院院长谢伏瞻出席开幕式并致辞。俄罗斯国家杜马第一副主席梅利尼科夫，中俄友好、和平与发展委员会俄方主席季托夫，中国驻俄罗斯大使张汉晖，俄罗斯驻华大使杰尼索夫，俄罗斯科学院副院长马卡洛夫线上出席开幕式。中国社会科学院秘书长赵奇主持开幕式。来自中国和俄罗斯的十余位专家学者围绕中国式现代化道路、中国对外开放经济理论、俄罗斯经济结构现代化、全球化发展新趋势以及中俄低碳发展与能源合作、绿色金融合作、政党合作等议题进行了深入交流。

【"中国与亚美尼亚建交三十年：现状与前景"研讨会】

2022年4月7日，"中国与亚美尼亚建交三十年：现状与前景"研讨会以线上线下相结合的方式，在北京、埃里温两地同时举行。与会者围绕中亚各领域合作、中亚共建"一带一路"的潜力与前景、欧亚地区形势及大国关系、中亚在上海合作组织框架内的合作等议题展开深入研讨交流。中国政府欧亚事务特别代表李辉、亚美尼亚外交部副部长姆纳察坎·萨法良、亚美尼亚国家科学院院长萨基扬、中国社会科学院秘书长赵奇等出席会议并致辞。会议由中国社会科学院俄罗斯东欧中亚研究所、亚美尼亚驻华大使馆、亚美尼亚国家科学院东方研究所主办。

【首届"中国—亚美尼亚论坛"】

2022年4月8日，为庆祝中国与亚美尼亚建立外交关系30周年，由中国人民大学国际关系学院世界社会主义研究所和亚美尼亚中国—欧亚战略研究中心联合主办的首届"中国—亚美尼亚论坛"，在亚美尼亚首都埃里温和线上同步举行。中国人民大学国际关系学院世界社会主义研究所所长郑云天副教授应邀在线出席会议并致辞。论坛创办人、中国—欧亚战略研究中心主任明华·萨哈基扬（Mher Sahakyan）在欢迎致辞中宣布"中国—亚美尼亚论坛"正式成立，他表示该论坛将成为亚中两国学者展示交流前沿研究成果和发展双边关系的最佳平台。会议由中华人民共和国驻亚美尼亚大使馆支持。

【"塞尔维亚大选及其内政外交走向"学术研讨会】

2022年4月12日，转型和一体化理论研究室以线下线上相结合的方式举办"塞尔维亚大选及其内政外交走向"学术研讨会。来自外交部、北京大学、北京第二外国语学院、中国国际问题研究院、中国社会科学院欧洲研究所的专家学者围绕塞尔维亚大选、新一届政府组成及其内政外交走向、中塞关系的前景等议题展开研讨。

【2022金砖国家智库国际研讨会】

2022年4月25日，2022金砖国家智库国际研讨会以线上方式举行。会议由金砖国家智库合作中方牵头单位金砖国家智库合作中方理事会主办，金砖国家智库合作中方理事会副理事长单位对外经济贸易大学承办。"金砖五国"学者齐聚云端，就"推动金砖国家高质量经贸合作"分享了观点看法。会议认为，当前"金砖国家"正面临更加复杂的内外环境，需要坚持真正的多边主义，加强协调配合，实现互利共赢。为此，应共同开展创新驱动发展战略，落实好《金砖国家经济伙伴战略2025》，积极参与全球贸易与环境议题的讨论和谈判，推动"金砖国家"新工业革命伙伴关系建设，维护好"金砖国家"和发展中国家的广泛利益。

【"新形势下中俄能源合作发展"国际研讨会】

2022年4月29日，中国社会科学院俄罗斯东欧中亚研究所与俄罗斯国际事务委员会共同举办了"新形势下中俄能源合作发展"国际研讨会。来自中国社会科学院俄罗斯东欧中亚研究所、厦门大学中国能源经济研究中心、中国人民大学国际关系学院、中国石油大学（北京）俄罗斯东欧中亚研究中心、俄罗斯国际事务委员会、俄罗斯外交部莫斯科国际关系学院欧亚研究中心、俄罗斯国家能源安全基金会天然气问题部、莫斯科国立大学、俄罗斯高等经济大学、俄罗斯科学院远东研究所等机构的专家学者出席会议。与会专家学者围绕世界能源贸易发展的新特点、稳步推进中俄传统能源合作、中俄在新能源领域的合作潜力和前景等进行研讨交流。

【"俄乌冲突背景下伊朗与上合组织"学术研讨会】

2022年5月25日，中国社会科学院俄罗斯东欧中亚研究所战略研究室举办以"俄乌冲突背景下伊朗与上合组织"为主题的学术研讨会。北京有关研究单位的专家学者与会。

【中俄智库高端论坛（2022）"中国与俄罗斯：新时代合作"】

2022年6月1—2日，中俄智库高端论坛（2022）"中国与俄罗斯：新时代合作"以视频连线方式在北京和莫斯科召开。论坛由中国社会科学院和俄罗斯国际事务委员会共同主办，中国社会科学院俄罗斯东欧中亚研究所和中俄战略协作高端合作智库承办，中国社会科学院—俄罗斯国际事务委员会中俄思想库交流机制提供项目支持。中国国务委员兼外交部部长王毅、俄罗斯外交部部长拉夫罗夫、中国社会科学院院长石泰峰、俄罗斯国际事务委员会主席伊万诺夫等出席开幕式并致辞。论坛期间，来自中俄两国政府、学界和企业界的代表，围绕中俄经济合作高质量发展、绿色合作、全球和地区治理等议题展开深入研讨交流。论坛还以视频形式播放了由中俄两国学者共同撰写的《新时代全球治理：理念与路径》一书的具体情况，这部文集既是两国智库对2021年3月中俄外长"关于当前全球治理若干问题的联合声明"的积极回应，也是为落实该声明交出的一份优异答卷。

【上海合作组织经济智库联盟专家会议】

2022年6月21日，上海合作组织经济智库联盟专家在中方主持下举行视频会议。上海合作组织成员国经济问题研究和分析机构的代表与会。会议讨论了"新冠疫情后全球和地区经济宏观发展趋势分析"联合研究的初步结果。

【"中国与乌兹别克斯坦：友好合作30年"国际学术研讨会】

2022年6月29日，由中国社会科学院俄罗斯东欧中亚研究所与乌兹别克斯坦外交部信息分析中心共同举办的"中国与乌兹别克斯坦：友好合作30年"国际学术研讨会以线上线下相结合的方式，在北京、塔什干两地同时举行。中国社会科学院俄罗斯东欧中亚研究所所长孙壮志、乌兹别克斯坦外交部信息分析中心主任达尼埃尔·库尔班诺夫、中国驻乌兹别克斯坦大使姜岩、乌兹别克斯坦驻华大使法尔霍特·阿尔济耶夫等出席会议并致辞。中国与乌兹别克斯坦相关科研机构的专家学者出席会议，围绕中乌各领域合作、中乌共建"一带一路"的前景、中亚地区形势、中乌在上海合作组织框架内的合作等议题展开深入研讨交流。

【中国国际金融30人论坛第七届研讨会"金融科技暨俄乌战争与国际金融变局"】

2022年7月2日，由中国国际金融30人论坛主办的第七届研讨会"金融科技暨俄乌战争与国际金融变局"在北京召开。中国共产党中央委员会外事工作委员会办公室原副主任、中将陈小工，中共中央党史研究室原副主任章百家，中国社会科学院学部委员、国家金融与发展实验室理事长、中国社会科学院原副院长李扬，以及国内相关领域知名专家学者和产业界代表参会。会议就俄乌冲突下国际金融面临的新变局以及如何把握金融监管和创新之间的平衡等问题进行了广泛深入的讨论。中国国际金融30人论坛秘书长、清华大学当代中国研究中心副主任王玉荣主持会议开幕式及主旨演讲环节。

【"中俄跨境物流合作前景"国际学术研讨会】

2022年7月7日，中国社会科学院俄罗斯东欧中亚研究所、俄罗斯国际事务委员会举办"中俄跨境物流合作前景"国际学术研讨会。

【"俄反制金融制裁"学术研讨会】

2022年7月22日，中国证监会研究院组织召开"俄反制金融制裁"学术研讨会。

【"和平与发展时代主题：机遇与挑战"国际学术研讨会】

2022年7月28日，由中国社会科学院国家高端智库主办，中国社会科学院俄罗斯东欧中亚研究所承办的"和平与发展时代主题：机遇与挑战"国际学术研讨会在北京举行。中国社会科学院国家高端智库理事会秘书处秘书长张冠梓出席开幕式并致辞，中国社会科学院俄罗斯东欧中亚研究所所长孙壮志主持开幕式。来自中国、俄罗斯、白俄罗斯、哈萨克斯坦、乌兹别克斯坦、塔吉克斯坦等国的十余位专家学者围绕和平与发展时代主题下的历史背景、人类命运共同体发展、百年未有之大变局带来的新挑战、全球发展与安全倡议等议题进行了深入交流。

【"新乌兹别克斯坦的宪法改革"圆桌会议】

2022年8月5日，由上海合作组织秘书处、上海合作组织元首峰会主宾国乌兹别克斯坦驻华使馆主办的"新乌兹别克斯坦的宪法改革"圆桌会议，在北京上海合作组织秘书处举办。作为2022年上海合作组织元首峰会系列前置会议，此次圆桌会议由上海合作组织秘书处主持，上海合作组织成员国、观察员国与对话伙伴国家使团、中国外交部、中国部分智库等组织派代表参会。上海合作组织秘书长张明发表视频致辞，高度评价乌兹别克斯坦现行改革将致力于保障人民安全、基本权利与生活水平，改善国家基础设施现代化建设、医疗服务、教育和生态环境质量。会上，上海合作组织秘书处副秘书长索海尔·汗、乌兹别克斯坦议会立法院第一副议长赛义多夫、乌兹别克斯坦发展战略中心主任图里亚科夫、中国国务院发展研究中心欧亚社会发展研究所主任李永全、中国社会科学院高级专家苏畅、各成员国家使团代表等与会政要和专家学者作主题报告。

【第四届新时代中俄全面战略协作高层论坛】

2022年8月19—22日，黑龙江大学、中国俄罗斯东欧中亚学会、中联部当代世界研究中心、中共黑河市委共同主办的第四届新时代中俄全面战略协作高层论坛在黑河市召开。该论坛的主要议题是：俄乌局势对欧亚地区秩序重构的影响、区域国别学科建设与欧亚问题研究等。

【《俄罗斯黄皮书：俄罗斯发展报告（2022）》新书发布会】

2022年8月23日，中国社会科学院俄罗斯东欧中亚研究所与社会科学文献出版社举行了《俄罗斯黄皮书：俄罗斯发展报告（2022）》（以下简称"报告"）线上发布会。报告指出，2021年俄罗斯经济社会发展面临许多新的挑战。在此背景下，俄罗斯政府强化各方面建设和调整，以努力保持政治、经济、社会及外交形势的总体稳定。该黄皮书由总报告、分报告、政治、经济、外交、中俄关系六部分组成，全方位、多角度论述了2021年俄罗斯的发展概况、重大事件、新的变化和特点，以及面临的挑战。报告指出，2021年是《中俄睦邻友好合作条约》签署20周年，两国元首高度评价条约的历史和现实价值，并同意对其予以延期。在该条约的基础上，中俄关系在2021年取得一系列新成果。报告预测，2022年，中俄两国将继续加强在政治、经贸、能源、军事安全、人文和外交等领域的合作，以务实合作赋予中俄新时代全面战略协作伙伴关系更加丰富的内涵，推动中俄关系向更高水平发展。

【"上合峰会前地区国家形势"学术研讨会】

2022年8月30日,中国社会科学院俄罗斯东欧中亚研究所战略研究室以"上合峰会前地区国家形势"为主题举办学术研讨会。中国现代国际关系研究院、中国国际问题研究院等单位的相关领域专家与会。

【哈萨克斯坦驻华大使馆圆桌会议】

2022年9月8日,在中国社会科学院俄罗斯东欧中亚研究所的协助下,哈萨克斯坦驻华大使馆组织了圆桌会议,以讨论哈萨克斯坦总统卡瑟姆-若马尔特·托卡耶夫在2022年9月1日发表的国情咨文中的新倡议。中国国务院发展研究中心欧亚社会发展研究所、中国社会科学院、中国现代国际关系研究院、中国国际问题研究院等中国权威智库的领导和专家出席了活动。哈萨克斯坦驻华大使沙赫拉特·努雷舍夫在发言中向与会者详细介绍了《公正的国家 团结的民族 福利的社会》国情咨文的要点,并强调总统提出的政治和社会经济改革是国家已经开始的大规模变革的合理的延续。中方专家和中国国家研究机构代表则分别就哈萨克斯坦当前形势发表看法,对建设"新哈萨克斯坦"道路上实施的改革给予积极评价。

【"乌克兰学科发展三十年"学术研讨会】

2022年11月2日,由中国社会科学院俄罗斯东欧中亚研究所乌克兰研究室主办的"乌克兰学科发展三十年"学术研讨会在北京成功召开。中国社会科学院俄罗斯东欧中亚研究所所长孙壮志、国家发展改革委区域开放司处长刘翔宇、商务部欧亚司处长郭旭出席会议并致辞。孙壮志所长指出,乌克兰研究室是国内最早的对乌克兰问题进行专门研究的机构,乌克兰学科作为中国社会科学院"登峰战略"的特殊学科,得到了院里的大力支持和帮助。从现在来看,当初选乌克兰学作为一个特殊学科是非常有远见的,2022年区域国别学已经纳入一级学科,区域国别研究离不开案例,案例的选择一定要具有典型性,很显然,乌克兰已经成为区域国别研究非常重要的一个案例。孙壮志所长表示,苏联解体以后,研究所于1992年成立了乌克兰研究室,2022年恰逢乌克兰研究室成立30周年,这一年举办乌克兰学科发展研讨会具有特殊的纪念意义。30年的发展,一代一代学者积累了大量的、非常珍贵的学术资料,形成了一系列高水准、高质量的学术成果,团结了国内外一大批从事乌克兰研究的专家学者。现在乌克兰研究室风华正茂,队伍不断壮大,学科不断夯实,影响不断增强,希望我们能够继续夯实研究基础,抓住时代机遇,创造新的价值。此次研讨会上,中共中央对外联络部原副部长、中国前驻乌兹别克斯坦大使于洪君,中国社会科学院俄罗斯东欧中亚研究所所长孙壮志发表了主旨演讲。中国社会科学院俄罗斯东欧中亚研究所副所长田德文、副所长庞大鹏,中国国际问题研究院欧亚研究所所长李自国,中国现代国际关系研究院欧亚研究所所长丁晓星,中国社会科学院欧洲研究所研究员程卫东、孔田平,以及来自武汉大学、黑龙江大学、中国石油大学等机构的20余位知名专家发表了真知灼见。

【第二届"中国+中亚五国"智库论坛】

2022年11月8—9日,第二届"中国+中亚五国"智库论坛以线上线下相结合的方式举行。论坛主题为"中国与中亚:走向共同发展的新路径"。该智库论坛是中国与中亚五国外长会议框架内的国家级大型国际会议,中国国务委员兼外交部部长王毅和乌兹别克斯坦外交部部长弗拉基米尔·诺罗夫向论坛致贺信。中国社会科学院副院长高翔、中国政府欧亚事务特别代表李辉、中亚五国驻华大使等出席开幕式并致辞。论坛由中国社会科学院俄罗斯东欧中亚研究所、哈萨克斯坦总统战略研究所、吉尔吉斯斯坦总统战略研究所、塔吉克斯坦总统战略研究中心、土库曼斯坦外交部国际关系学院、乌兹别克斯坦总统战略与地区研究所共同主办，中国社会科学院俄罗斯东欧中亚研究所、中国社会科学院国家高端智库理事会秘书处、中国俄罗斯东欧中亚学会承办。

【"乌克兰危机背景下的中欧关系"学术研讨会】

2022年11月9日，中国社会科学院俄罗斯东欧中亚研究所战略研究室举办以"乌克兰危机背景下的中欧关系"为主题的学术研讨会。中国现代国际关系研究院、中国国际问题研究院等单位的相关领域专家与会。

【新兴经济体研究会2022年会暨2022新兴经济体论坛】

2022年11月11—13日，新兴经济体研究会2022年会暨2022新兴经济体论坛成功举办。此次论坛的主题为"高质量伙伴关系与全球可持续发展"，由新兴经济体研究会、中国国际文化交流中心、广东工业大学主办，中共广东省委外事工作委员会办公室、致公党广东省委经济委员会战略支持，广东省新兴经济体研究会、广东工业大学经济学院、广东工业大学金砖国家研究中心、广东外语外贸大学国际经济贸易研究中心、佛山科学技术学院经济管理学院、辽宁大学国际经济政治学院承办。来自北京大学、清华大学、中国人民大学、北京师范大学、中央民族大学、复旦大学、湖南大学、南开大学、中山大学、中央财经大学、山东理工大学、对外经济贸易大学、广东工业大学、广东外语外贸大学、佛山科学技术学院、澳门城市大学、中国社会科学院、新兴经济体研究会、华夏银行有限公司、广州一建建设集团有限公司等70所高等院校、社会团体、知名企业的共计110多名领导、专家、学者、企业家代表等参会，并吸引190多人参会观看。新兴经济体论坛主题论坛共分为三节，议题分别为"新兴经济体与区域合作新机遇""新兴经济体与'一带一路'高质量发展""新兴经济体与全球治理体系改革"，共12位嘉宾作了报告，6位嘉宾进行点评。

【"俄与独联体国家关系变化新动向"学术研讨会】

2022年11月16日，中国社会科学院俄罗斯东欧中亚研究所战略研究室举办以"俄与独联体国家关系变化新动向"为主题的学术研讨会。北京有关单位的专家学者与会。

【第五届中国—中东欧论坛】

2022年11月16—17日，转型和一体化理论研究室代表俄罗斯东欧中亚研究所以线上线下相结合的方式举办第五届中国—中东欧论坛。来自国内十多家研究机构和高等院校，塞尔维亚、波兰、捷克等中东欧9国相关机构的40余位代表参加了论坛。此次论坛的主题是"欧洲一体化进程中的中东欧"。与会学者围绕中东欧成员国与欧盟关系的现状与前景、西巴尔干国家"入盟"的动力与障碍、中东欧次区域合作与欧洲一体化三大议题进行了广泛的交流和深入的研讨。

【《中东欧转型30年：新格局、新治理与新合作》与列国志《捷克》发布会】

2022年11月17日，转型和一体化理论研究室以线下线上相结合的方式举办《中东欧转型30年：新格局、新治理与新合作》与列国志《捷克》发布会。社会科学文献出版社总编辑杨群，前中国—中东欧合作事务特别代表、中国前驻捷克大使霍玉珍，中国前驻捷克大使马克卿以及来自中国现代国际关系研究院、浙江金融职业学院、华东师范大学、北京大学和中国社会科学院欧洲研究所的专家学者到会发言。《北京日报》客户端、中国网、中国经济新闻网和中国社会科学网予以报道。

【中国与独联体国家区域合作发展研讨会】

2022年11月19日，由中国社会科学院中白发展分析中心、大连理工大学独联体国家研究中心、大连理工大学国际教育学院共同主办的首届中国与独联体国家区域合作发展研讨会成功召开。中国社会科学院俄罗斯东欧中亚研究所所长孙壮志、大连理工大学副校长罗钟铉出席会议并在开幕式上致辞。孙壮志所长指出，随着乌克兰危机不断升级，独联体地区的地缘政治和地缘经济形势正在发生急剧震荡，不稳定、不确定因素不断增多，地区出现明显的力量分化。2022年是中国与独联体国家建交30周年，中国与多个独联体国家建立了战略伙伴关系，与近半数独联体国家建立了全面战略伙伴关系。所谓战略伙伴、战略合作，就是既要加强双边层面在政治、经济、人文等领域的全方位合作，也要在国际事务与地区事务中，包括在多边框架内加强互动与政策协调。孙壮志所长表示，在区域合作层面，中国与独联体国家在四个方面的合作值得关注：一是要共同推动多边机制的建设与发展；二是要加强在完善地区治理方面的合作；三是要重视"一带一路"框架内的战略规划对接；四是要通过实践推动区域合作的理念创新。大连理工大学党委常委、副校长罗钟铉教授介绍了大连理工大学与俄罗斯、白俄罗斯、乌克兰等国家高校的合作成果。他表示，学校高度重视与独联体国家高校的合作发展和综合研究，不断增强该地区人才交流，增进青年学者的学术理解，在广泛的合作交流中架起友谊的桥梁，有助于推进共建"一带一路"教育行动高质量发展。此次研讨会上，中国社会科学院荣誉学部委员、俄罗斯研究中心副主任、大连理工大学独联体国家研究中心学术委员会名誉主任陆南泉，中国—上海合作组织国际私法合作基地（上海政法学院）欧亚研究所所长李新，中国人民大学圣彼得堡国立大学俄罗斯研究中心副主任王宪举，中国社会科学院俄罗斯东欧中亚研究所副所长庞大鹏发表了主旨演讲。来自中国社会科学院俄罗斯东欧中亚研究所、大连理工大学、中国现代国际关系研究院欧亚研究所、中国人民大学、上海政法学院、华东师范大学、武汉大学、辽宁大学、北京第二外国语学院、中国石油大学、南京理工大学等十余家机构的20余位知名专家，围绕中国与独联体国家相关国际关系与地区问题、战略对接与经贸合作、教育合作与人文交流等议题发表了真知灼见。中国社会科学院俄罗斯东欧中亚研究所乌克兰研究室主任、中白发展分析中心常务副主任赵会荣研究员与大连理工大学独联体国家研究中心常务副主任、大连理工大学白俄罗斯国立大学联合学院副院长郭淑红教授作了会议闭幕致辞。

【第十一届东亚斯拉夫欧亚会议】

2022年12月10—11日，第十一届东亚斯拉夫欧亚会议在华东师范大学召开，此次会议的主题是"全球大变局下的欧亚空间：重塑地区秩序的起点"。会议的主要议题为：后苏联国家的威权政治动态、俄罗斯文化的历史镜像与当代呈现、俄乌冲突对中亚地缘政治的影响、欧亚地区多样文明的互动与地缘政治格局的重构等。

【"2022年俄罗斯内政外交评估"学术研讨会】

2022年12月11日，由外交学院俄罗斯研究中心、北京大学国际战略研究院、北京大学当代俄罗斯研究中心、西安交通大学亚欧研究中心联合主办的"2022年俄罗斯内政外交评估"学术研讨会成功举办。此次研讨会的主要议题为评估2022年欧亚形势变化与俄罗斯内外政策调整。

【中国俄罗斯东欧中亚学会成立四十周年庆祝大会暨第十四届俄罗斯东欧中亚与世界高层论坛】

2022年12月20日，由中国社会科学院俄罗斯东欧中亚研究所、中国俄罗斯东欧中亚学会与北京外国语大学联合主办的"中国俄罗斯东欧中亚学会成立四十周年庆祝大会暨第十四届俄罗斯东欧中亚与世界高层论坛"在线上召开。在大会发言环节，来自中国社会科学院、中国上海合作组织研究中心、清华大学、复旦大学、北京外国语大学等科研机构和高校的专家学者从政治、外交、经济、文化、军事等角度，对俄罗斯东欧中亚形势和重大事件进行了深入研讨。大会还设置了中国特色区域国别学学科建设专题论坛，旨在更好地把握区域国别学成为一级学科的发展机遇，进一步推动学科建设和人才培养。

【"俄乌战局、俄国内形势阶段性分析及展望"学术讨论会】

2022年12月27日，中国社会科学院俄罗斯东欧中亚研究所战略研究室举办以"俄乌战局、俄国内形势阶段性分析及展望"为主题的学术研讨会。北京有关单位的专家学者与会。

2022年，尽管受新冠疫情影响，很多会议工作无法正常开展，但各部门仍努力克服困难，举办了有副部级及以上领导参加的国际学术会议或论坛。在上述活动中，中方专家系统阐释中国国家治理和社会经济发展取得的重大成就，党建理论和实践最新成果及相关经验。在当前美国等西方国家加紧对华战略遏制、阿富汗战争给地区安全构成严峻挑战、大国博弈导致地区政局趋向复杂的背景下，向国际社会宣传和展示中国成就、强调中国与上海合作组织成员国经济领域密切关系及合作前景，有利于提升中国国家形象，助力中国经略周边地区。

数据统计

栏目说明

张知备[*]

俄罗斯东欧中亚地区共有28个国家，包括俄罗斯、中亚五国（哈萨克斯坦、乌兹别克斯坦、吉尔吉斯斯坦、塔吉克斯坦和土库曼斯坦）、外高加索三国（格鲁吉亚、亚美尼亚、阿塞拜疆）、乌克兰、白俄罗斯、摩尔多瓦和波罗的海三国（爱沙尼亚、拉脱维亚、立陶宛），以及中东欧13个国家，即波兰、匈牙利、捷克、斯洛伐克、斯洛文尼亚、克罗地亚、北马其顿、波黑、塞尔维亚、黑山、罗马尼亚、保加利亚和阿尔巴尼亚。

这部分包括俄罗斯东欧中亚地区28个国家的基本经济指标：国内生产总值、工业产值、工业增加值、生产者价格指数、固定资本形成总额、外商直接投资、贸易差额、出口额（离岸价格）、进口额（到岸价格）、贸易总额、国际储备、外汇储备、广义货币供应量（M2）、总人口、失业率、男性失业率、女性失业率。其中，国内生产总值由支出法计算；为了方便进行横向比对，各国统计局的国内生产总值和固定资本形成总额换算为美元；贸易总额由出口额和进口额相加而得。由于各个国家的统计能力参差不齐，有些国家的部分指标尚未更新至2022年，这些指标被标记为"—"。

俄罗斯东欧中亚地区28个国家按照亚洲地区和欧洲地区分类，地区内各国按照汉语拼音排序。

---

[*] 张知备，中国社会科学院俄罗斯东欧中亚研究所助理馆员。

● 亚洲

2022年阿塞拜疆共和国基本经济数据指标

指标名称	数值	数据来源
国内生产总值（单位：亿美元）	787.210 0	阿塞拜疆共和国国家统计局
工业产值（单位：亿美元）	508.137 6	阿塞拜疆共和国国家统计局
工业增加值（单位：亿美元）	402.560 0	阿塞拜疆共和国国家统计局
生产者价格指数（2010年=100）	472.61	国际货币基金组织
固定资本形成总额（单位：亿美元）	101.379 4	阿塞拜疆共和国国家统计局
外商直接投资（单位：亿美元）	−67.607	CEIC Data
贸易差额（单位：亿美元）	236.069 2	国际货币基金组织
出口额（离岸价格，单位：亿美元）	381.464 3	国际货币基金组织
进口额（到岸价格，单位：亿美元）	145.395 1	国际货币基金组织
贸易总额（单位：亿美元）	526.859 4	国际货币基金组织
国际储备（单位：亿美元）	112.901 0	国际货币基金组织
外汇储备（单位：亿美元）	105.862 6	国际货币基金组织
广义货币供应量（M2）（单位：亿美元）	173.910 0	CEIC Data
总人口（单位：万人）	1 015.6	阿塞拜疆共和国国家统计局
失业率（%）	5.75	CEIC Data
男性失业率（%）	6.46	世界银行
女性失业率（%）	4.47	世界银行

2022年格鲁吉亚基本经济数据指标

指标名称	数值	数据来源
国内生产总值（单位：亿美元）	246.053 3	格鲁吉亚国家统计局
工业产值（单位：亿美元）	—	

续表

指标名称	数值	数据来源
工业增加值（单位：亿美元）	35.811 4	格鲁吉亚国家统计局
生产者价格指数（2010 年 = 100）	227.51	国际货币基金组织
固定资本形成总额（单位：亿美元）	54.851 6	格鲁吉亚国家统计局
外商直接投资（单位：亿美元）	20.338 0	CEIC Data
贸易差额（单位：亿美元）	-79.241 0	国际货币基金组织
出口额（离岸价格，单位：亿美元）	55.927 6	国际货币基金组织
进口额（到岸价格，单位：亿美元）	135.168 6	国际货币基金组织
贸易总额（单位：亿美元）	191.096 2	国际货币基金组织
国际储备（单位：亿美元）	48.860 0	国际货币基金组织
外汇储备（单位：亿美元）	44.261 0	国际货币基金组织
广义货币供应量（M2）（单位：亿美元）	73.244 6	CEIC Data
总人口（单位：万人）	374.0	格鲁吉亚国家统计局
失业率（%）	17.26	格鲁吉亚国家统计局
男性失业率（%）	19.26	格鲁吉亚国家统计局
女性失业率（%）	14.61	格鲁吉亚国家统计局

2022 年哈萨克斯坦共和国基本经济数据指标

指标名称	数值	数据来源
国内生产总值（单位：亿美元）	2 206.230 0	哈萨克斯坦共和国战略规划和改革署国家统计局
工业产值（单位：亿美元）	6 712.176 0	哈萨克斯坦共和国战略规划和改革署国家统计局
工业增加值（单位：亿美元）	644.947 0	哈萨克斯坦共和国战略规划和改革署国家统计局
生产者价格指数（2010 年 = 100）	—	
固定资本形成总额（单位：亿美元）	481.656 8	哈萨克斯坦共和国战略规划和改革署国家统计局
外商直接投资（单位：亿美元）	280.124 0	哈萨克斯坦国家银行

续表

指标名称	数值	数据来源
贸易差额（单位：亿美元）	433.867 1	国际货币基金组织
出口额（离岸价格，单位：亿美元）	956.024 3	国际货币基金组织
进口额（到岸价格，单位：亿美元）	522.157 2	国际货币基金组织
贸易总额（单位：亿美元）	1 478.181 5	国际货币基金组织
国际储备（单位：亿美元）	2 985.351 5	国际货币基金组织
外汇储备（单位：亿美元）	123.710 3	国际货币基金组织
广义货币供应量（M2）（单位：亿美元）	605.757 2	CEIC Data
总人口（单位：万人）	2 331.1	哈萨克斯坦共和国战略规划和改革署国家统计局
失业率（%）	4.90	哈萨克斯坦共和国战略规划和改革署国家统计局
男性失业率（%）	4.45	世界银行
女性失业率（%）	5.57	世界银行

2022年吉尔吉斯共和国基本经济数据指标

指标名称	数值	数据来源
国内生产总值（单位：亿美元）	109.306 5	吉尔吉斯共和国国家统计局
工业产值（单位：亿美元）	50.434 1	吉尔吉斯共和国国家统计局
工业增加值（单位：亿美元）	17.890 2	吉尔吉斯共和国国家统计局
生产者价格指数（2010年＝100）	225.71	吉尔吉斯共和国国家统计局
固定资本形成总额（单位：亿美元）	25.046 4	吉尔吉斯共和国国家统计局
外商直接投资（单位：亿美元）	5.607 2	CEIC Data
贸易差额（单位：亿美元）	-74.423 7	国际货币基金组织
出口额（离岸价格，单位：亿美元）	21.867 0	国际货币基金组织
进口额（到岸价格，单位：亿美元）	96.290 7	国际货币基金组织
贸易总额（单位：亿美元）	118.157 7	国际货币基金组织
国际储备（单位：亿美元）	319.442 1	吉尔吉斯斯坦中央银行
外汇储备（单位：亿美元）	188.693 0	CEIC Data

续表

指标名称	数值	数据来源
广义货币供应量（M2）（单位：亿美元）	39.158 4	CEIC Data
总人口（单位：万人）	674.7	吉尔吉斯共和国国家统计局
失业率（%）	4.57	世界银行
男性失业率（%）	4.31	世界银行
女性失业率（%）	4.96	世界银行

2022年塔吉克斯坦共和国基本经济数据指标

指标名称	数值	数据来源
国内生产总值（单位：亿美元）	104.968 3	塔吉克斯坦共和国总统数据办公室
工业产值（单位：亿美元）	17.734 0	塔吉克斯坦共和国总统数据办公室
工业增加值（单位：亿美元）	42.749 3	塔吉克斯坦共和国总统数据办公室
生产者价格指数（2010年=100）	—	
固定资本形成总额（单位：亿美元）	—	
外商直接投资（单位：亿美元）	－1.623 2	CEIC Data
贸易差额（单位：亿美元）	－40.236 8	国际货币基金组织
出口额（离岸价格，单位：亿美元）	15.771 1	国际货币基金组织
进口额（到岸价格，单位：亿美元）	56.007 9	国际货币基金组织
贸易总额（单位：亿美元）	71.779 0	国际货币基金组织
国际储备（单位：亿美元）	38.473 6	国际货币基金组织
外汇储备（单位：亿美元）	31.027 7	国际货币基金组织
广义货币供应量（M2）（单位：亿美元）	35.505 4	CEIC Data
总人口（单位：万人）	995.3	世界银行
失业率（%）	7.83	世界银行
男性失业率（%）	8.71	世界银行
女性失业率（%）	6.40	世界银行

2022 年土库曼斯坦基本经济数据指标

指标名称	数值	数据来源
国内生产总值（单位：亿美元）	—	
工业产值（单位：亿美元）	—	
工业增加值（单位：亿美元）	—	
生产者价格指数（2010 年＝100）	—	
固定资本形成总额（单位：亿美元）	—	
外商直接投资（单位：亿美元）	—	
贸易差额（单位：亿美元）	96.610 5	国际货币基金组织
出口额（离岸价格，单位：亿美元）	128.206 6	国际货币基金组织
进口额（到岸价格，单位：亿美元）	31.596 1	国际货币基金组织
贸易总额（单位：亿美元）	159.802 7	国际货币基金组织
国际储备（单位：亿美元）	—	
外汇储备（单位：亿美元）	—	
广义货币供应量（M2）（单位：亿美元）	—	
总人口（单位：万人）	—	
失业率（％）	—	
男性失业率（％）	—	
女性失业率（％）	—	

2022 年乌兹别克斯坦共和国基本经济数据指标

指标名称	数值	数据来源
国内生产总值（单位：亿美元）	803.918 5	乌兹别克斯坦国家统计局
工业产值（单位：亿美元）	—	
工业增加值（单位：亿美元）	199.729 8	乌兹别克斯坦国家统计局
生产者价格指数（2010 年＝100）	746.47	国际货币基金组织
固定资本形成总额（单位：亿美元）	257.525 8	CEIC Data

续表

指标名称	数值	数据来源
外商直接投资（单位：亿美元）	25.313 4	CEIC Data
贸易差额（单位：亿美元）	-148.276 3	国际货币基金组织
出口额（离岸价格，单位：亿美元）	142.533 7	国际货币基金组织
进口额（到岸价格，单位：亿美元）	290.810 0	国际货币基金组织
贸易总额（单位：亿美元）	433.343 7	国际货币基金组织
国际储备（单位：亿美元）	357.675 1	国际货币基金组织
外汇储备（单位：亿美元）	116.454 4	国际货币基金组织
广义货币供应量（M2）（单位：亿美元）	168.443 1	CEIC Data
总人口（单位：万人）	360.2	乌兹别克斯坦国家统计局
失业率（%）	6.01	世界银行
男性失业率（%）	5.45	世界银行
女性失业率（%）	7.00	世界银行

2022年亚美尼亚共和国基本经济数据指标

指标名称	数值	数据来源
国内生产总值（单位：亿美元）	195.029 7	国际货币基金组织
工业产值（单位：亿美元）	62.610 3	亚美尼亚共和国统计局
工业增加值（单位：亿美元）	49.851 2	世界银行
生产者价格指数（2010年=100）	—	
固定资本形成总额（单位：亿美元）	34.140 8	国际货币基金组织
外商直接投资（单位：亿美元）	9.980 6	CEIC Data
贸易差额（单位：亿美元）	-34.085 9	国际货币基金组织
出口额（离岸价格，单位：亿美元）	53.600 7	国际货币基金组织
进口额（到岸价格，单位：亿美元）	87.686 6	国际货币基金组织
贸易总额（单位：亿美元）	141.287 3	国际货币基金组织
国际储备（单位：亿美元）	41.094 0	国际货币基金组织
外汇储备（单位：亿美元）	41.033 2	国际货币基金组织

续表

指标名称	数值	数据来源
广义货币供应量（M2）（单位：亿美元）	70.984 3	CEIC Data
总人口（单位：万人）	297.7	亚美尼亚共和国统计局
失业率（%）	13.00	亚美尼亚共和国统计局
男性失业率（%）	14.75	世界银行
女性失业率（%）	10.59	世界银行

● 欧洲

2022 年阿尔巴尼亚共和国基本经济数据指标

指标名称	数值	数据来源
国内生产总值（单位：亿美元）	189.417 7	阿尔巴尼亚国家统计局
工业产值（单位：亿美元）	—	
工业增加值（单位：亿美元）	—	
生产者价格指数（2010 年 = 100）	122.18	国际货币基金组织
固定资本形成总额（单位：亿美元）	45.363 6	阿尔巴尼亚国家统计局
外商直接投资（单位：亿美元）	14.413 3	CEIC Data
贸易差额（单位：亿美元）	-40.907 8	国际货币基金组织
出口额（离岸价格，单位：亿美元）	43.101 4	国际货币基金组织
进口额（到岸价格，单位：亿美元）	84.009 2	国际货币基金组织
贸易总额（单位：亿美元）	127.110 6	国际货币基金组织
国际储备（单位：亿美元）	52.613 0	国际货币基金组织
外汇储备（单位：亿美元）	47.921 1	国际货币基金组织
广义货币供应量（M2）（单位：亿美元）	88.239 5	CEIC Data
总人口（单位：万人）	276.17 8	阿尔巴尼亚国家统计局
失业率（%）	10.95	阿尔巴尼亚国家统计局
男性失业率（%）	10.58	阿尔巴尼亚国家统计局
女性失业率（%）	11.35	阿尔巴尼亚国家统计局

2022 年爱沙尼亚共和国基本经济数据指标

指标名称	数值	数据来源
国内生产总值（单位：亿美元）	380.003 1	爱沙尼亚统计局

续表

指标名称	数值	数据来源
工业产值（单位：亿美元）	—	
工业增加值（单位：亿美元）	64.581 6	爱沙尼亚统计局
生产者价格指数（2010 年 = 100）	157.44	国际货币基金组织
固定资本形成总额（单位：亿美元）	95.937 2	爱沙尼亚统计局
外商直接投资（单位：亿美元）	10.582 8	CEIC Data
贸易差额（单位：亿美元）	-38.230 1	国际货币基金组织
出口额（离岸价格，单位：亿美元）	224.047 6	国际货币基金组织
进口额（到岸价格，单位：亿美元）	262.277 7	国际货币基金组织
贸易总额（单位：亿美元）	486.325 3	国际货币基金组织
国际储备（单位：亿美元）	22.166 5	国际货币基金组织
外汇储备（单位：亿美元）	17.254 3	国际货币基金组织
广义货币供应量（M2）（单位：亿美元）	276.414 9	CEIC Data
总人口（单位：万人）	133.2	经济合作与发展组织
失业率（%）	5.57	经济合作与发展组织
男性失业率（%）	6.07	经济合作与发展组织
女性失业率（%）	5.07	经济合作与发展组织

2022 年白俄罗斯共和国基本经济数据指标

指标名称	数值	数据来源
国内生产总值（单位：亿美元）	728.738 4	白俄罗斯共和国国家统计委员会
工业产值（单位：亿美元）	—	
工业增加值（单位：亿美元）	241.578 5	世界银行
生产者价格指数（2010 年 = 100）	209.12	国际货币基金组织
固定资本形成总额（单位：亿美元）	141.530 4	白俄罗斯共和国国家统计委员会
外商直接投资（单位：亿美元）	16.130 3	CEIC Data
贸易差额（单位：亿美元）	-110.903 7	国际货币基金组织
出口额（离岸价格，单位：亿美元）	343.447 8	国际货币基金组织

续表

指标名称	数值	数据来源
进口额（到岸价格，单位：亿美元）	454.351 5	国际货币基金组织
贸易总额（单位：亿美元）	797.799 3	国际货币基金组织
国际储备（单位：亿美元）	59.535 6	国际货币基金组织
外汇储备（单位：亿美元）	34.151 9	国际货币基金组织
广义货币供应量（M2）（单位：亿美元）	113.917 9	CEIC Data
总人口（单位：万人）	920.1	白俄罗斯共和国国家统计委员会
失业率（%）	3.55	白俄罗斯共和国国家统计委员会
男性失业率（%）	4.20	白俄罗斯共和国国家统计委员会
女性失业率（%）	2.90	白俄罗斯共和国国家统计委员会

2022年保加利亚共和国基本经济数据指标

指标名称	数值	数据来源
国内生产总值（单位：亿美元）	887.247 6	保加利亚国家统计局
工业产值（单位：亿美元）	780.460 4	保加利亚国家统计局
工业增加值（单位：亿美元）	203.319 6	保加利亚国家统计局
生产者价格指数（2010年=100）	184.51	国际货币基金组织
固定资本形成总额（单位：亿美元）	136.611 1	保加利亚国家统计局
外商直接投资（单位：亿美元）	29.554 1	CEIC Data
贸易差额（单位：亿美元）	-78.099 5	国际货币基金组织
出口额（离岸价格，单位：亿美元）	502.387 8	国际货币基金组织
进口额（到岸价格，单位：亿美元）	580.487 3	国际货币基金组织
贸易总额（单位：亿美元）	1 082.875 1	国际货币基金组织
国际储备（单位：亿美元）	409.888 0	国际货币基金组织
外汇储备（单位：亿美元）	365.037 6	国际货币基金组织
广义货币供应量（M2）（单位：亿美元）	776.409 2	CEIC Data
总人口（单位：万人）	644.8	保加利亚国家统计局
失业率（%）	4.26	保加利亚国家统计局

续表

指标名称	数值	数据来源
男性失业率（%）	4.47	保加利亚国家统计局
女性失业率（%）	4.05	保加利亚国家统计局

2022年北马其顿共和国基本经济数据指标

指标名称	数值	数据来源
国内生产总值（单位：亿美元）	135.659 3	北马其顿国家统计局
工业产值（单位：亿美元）	—	
工业增加值（单位：亿美元）	23.621 0	北马其顿国家统计局
生产者价格指数（2010年=100）	—	
固定资本形成总额（单位：亿美元）	—	
外商直接投资（单位：亿美元）	8.704 0	CEIC Data
贸易差额（单位：亿美元）	-40.274 1	国际货币基金组织
出口额（离岸价格，单位：亿美元）	87.293 6	国际货币基金组织
进口额（到岸价格，单位：亿美元）	127.567 6	国际货币基金组织
贸易总额（单位：亿美元）	214.861 2	国际货币基金组织
国际储备（单位：亿美元）	41.201 2	国际货币基金组织
外汇储备（单位：亿美元）	37.182 1	国际货币基金组织
广义货币供应量（M2）（单位：亿美元）	77.930 7	CEIC Data
总人口（单位：万人）	205.768	世界银行
失业率（%）	14.38	北马其顿国家统计局
男性失业率（%）	15.68	北马其顿国家统计局
女性失业率（%）	12.43	北马其顿国家统计局

2022年波兰共和国基本经济数据指标

指标名称	数值	数据来源
国内生产总值（单位：亿美元）	6 874.091 9	波兰统计局

续表

指标名称	数值	数据来源
工业产值（单位：亿美元）	5 954.806 9	波兰统计局
工业增加值（单位：亿美元）	1 691.675 2	波兰统计局
生产者价格指数（2010年=100）	147.84	国际货币基金组织
固定资本形成总额（单位：亿美元）	1 145.791 9	波兰统计局
外商直接投资（单位：亿美元）	337.130 0	波兰国家银行
贸易差额（单位：亿美元）	−206.451 3	国际货币基金组织
出口额（离岸价格，单位：亿美元）	3 605.419 3	国际货币基金组织
进口额（到岸价格，单位：亿美元）	3 811.870 6	国际货币基金组织
贸易总额（单位：亿美元）	7 417.289 9	国际货币基金组织
国际储备（单位：亿美元）	1 666.639 3	国际货币基金组织
外汇储备（单位：亿美元）	252.356 5	国际货币基金组织
广义货币供应量（M2）（单位：亿美元）	4 721.288 7	CEIC Data
总人口（单位：万人）	3 776.7	波兰统计局
失业率（%）	2.89	经济合作与发展组织
男性失业率（%）	2.84	经济合作与发展组织
女性失业率（%）	2.94	经济合作与发展组织

2022年波斯尼亚和黑塞哥维那基本经济数据指标

指标名称	数值	数据来源
国内生产总值（单位：亿美元）	246.015 4	波斯尼亚和黑塞哥维那统计局
工业产值（单位：亿美元）	—	
工业增加值（单位：亿美元）	51.376 4	波斯尼亚和黑塞哥维那统计局
生产者价格指数（2010年=100）	—	
固定资本形成总额（单位：亿美元）	52.838	国际货币基金组织
外商直接投资（单位：亿美元）	6.449 8	CEIC Data
贸易差额（单位：亿美元）	−57.042 9	国际货币基金组织
出口额（离岸价格，单位：亿美元）	96.781 9	国际货币基金组织

续表

指标名称	数值	数据来源
进口额（到岸价格，单位：亿美元）	153.824 8	国际货币基金组织
贸易总额（单位：亿美元）	250.606 7	国际货币基金组织
国际储备（单位：亿美元）	87.619 8	国际货币基金组织
外汇储备（单位：亿美元）	86.741 4	国际货币基金组织
广义货币供应量（M2）（单位：亿美元）	180.980 7	CEIC Data
总人口（单位：万人）	—	
失业率（%）	15.40	波斯尼亚和黑塞哥维那统计局
男性失业率（%）	12.60	波斯尼亚和黑塞哥维那统计局
女性失业率（%）	19.80	波斯尼亚和黑塞哥维那统计局

2022年俄罗斯联邦基本经济数据指标

指标名称	数值	数据来源
国内生产总值（单位：万亿美元）	2.211 5	俄罗斯联邦统计局
工业产值（单位：万亿美元）	1.438 0	俄罗斯联邦统计局
工业增加值（单位：亿美元）	6 193.270 4	俄罗斯联邦统计局
生产者价格指数（2010年=100）	270.05	国际货币基金组织
固定资本形成总额（单位：亿美元）	4 667.989 7	俄罗斯联邦统计局
外商直接投资（单位：亿美元）	-431.335 0	CEIC Data
贸易差额（单位：亿美元）	3 714.440 1	国际货币基金组织
出口额（离岸价格，单位：亿美元）	5 724.710 5	国际货币基金组织
进口额（到岸价格，单位：亿美元）	2 010.270 4	国际货币基金组织
贸易总额（单位：亿美元）	7 734.980 9	国际货币基金组织
国际储备（单位：亿美元）	5 818.611 1	国际货币基金组织
外汇储备（单位：亿美元）	4 178.065 0	国际货币基金组织
广义货币供应量（M2）（单位：亿美元）	11 713.239 7	CEIC Data
总人口（单位：万人）	14 644.0	俄罗斯联邦统计局
失业率（%）	3.90	俄罗斯联邦统计局

续表

指标名称	数值	数据来源
男性失业率（%）	3.85	俄罗斯联邦统计局
女性失业率（%）	4.04	俄罗斯联邦统计局

2022 年黑山基本经济数据指标

指标名称	数值	数据来源
国内生产总值（单位：亿美元）	60.563 2	黑山统计局
工业产值（单位：亿美元）	—	
工业增加值（单位：亿美元）	7.950 4	世界银行
生产者价格指数（2010 年＝100）	—	
固定资本形成总额（单位：亿美元）	13.217 1	黑山统计局
外商直接投资（单位：亿美元）	8.725 1	CEIC Data
贸易差额（单位：亿美元）	-29.613 7	国际货币基金组织
出口额（离岸价格，单位：亿美元）	7.423 1	国际货币基金组织
进口额（到岸价格，单位：亿美元）	37.036 8	国际货币基金组织
贸易总额（单位：亿美元）	44.459 9	国际货币基金组织
国际储备（单位：亿美元）	20.408 3	国际货币基金组织
外汇储备（单位：亿美元）	19.225 2	国际货币基金组织
广义货币供应量（M2）（单位：亿美元）	37.131 9	国际货币基金组织
总人口（单位：万人）	62.0	黑山统计局
失业率（%）	14.72	黑山统计局
男性失业率（%）	16.25	黑山统计局
女性失业率（%）	12.85	黑山统计局

2022 年捷克共和国基本经济数据指标

指标名称	数值	数据来源
国内生产总值（单位：亿美元）	2 904.009 2	捷克中央统计局

续表

指标名称	数值	数据来源
工业产值（单位：亿美元）	—	
工业增加值（单位：亿美元）	892.713 5	世界银行
生产者价格指数（2010 年 = 100）	143.50	国际货币基金组织
固定资本形成总额（单位：亿美元）	786.733 3	捷克中央统计局
外商直接投资（单位：亿美元）	10 526.55	CEIC Data
贸易差额（单位：亿美元）	51.980 3	国际货币基金组织
出口额（离岸价格，单位：亿美元）	2 414.576 6	国际货币基金组织
进口额（到岸价格，单位：亿美元）	2 362.596 3	国际货币基金组织
贸易总额（单位：亿美元）	4 777.172 9	国际货币基金组织
国际储备（单位：亿美元）	1 399.823 8	国际货币基金组织
外汇储备（单位：亿美元）	1 351.446 5	国际货币基金组织
广义货币供应量（M2）（单位：亿美元）	2 571.929 8	CEIC Data
总人口（单位：万人）	1 053.3	捷克中央统计局
失业率（%）	2.32	经济合作与发展组织
男性失业率（%）	1.87	经济合作与发展组织
女性失业率（%）	2.88	经济合作与发展组织

2022 年克罗地亚共和国基本经济数据指标

指标名称	数值	数据来源
国内生产总值（单位：亿美元）	709.170 2	克罗地亚统计局
工业产值（单位：亿美元）	—	
工业增加值（单位：亿美元）	97.548 4	克罗地亚统计局
生产者价格指数（2010 年 = 100）	133.43	国际货币基金组织
固定资本形成总额（单位：亿美元）	19.329 2	国际货币基金组织
外商直接投资（单位：亿美元）	37.478 6	CEIC Data
贸易差额（单位：亿美元）	-189.949 3	国际货币基金组织
出口额（离岸价格，单位：亿美元）	253.056 5	国际货币基金组织

续表

指标名称	数值	数据来源
进口额（到岸价格，单位：亿美元）	443.005 8	国际货币基金组织
贸易总额（单位：亿美元）	696.062 3	国际货币基金组织
国际储备（单位：亿美元）	297.270 2	国际货币基金组织
外汇储备（单位：亿美元）	282.928 9	国际货币基金组织
广义货币供应量（M2）（单位：亿美元）	584.152 9	CEIC Data
总人口（单位：万人）	385.4	世界银行
失业率（%）	6.97	克罗地亚统计局
男性失业率（%）	6.15	克罗地亚统计局
女性失业率（%）	7.90	克罗地亚统计局

2022年拉脱维亚共和国基本经济数据指标

指标名称	数值	数据来源
国内生产总值（单位：亿美元）	410.948 5	拉脱维亚中央统计局
工业产值（制造业，单位：亿美元）	116.442 3	拉脱维亚中央统计局
工业增加值（单位：亿美元）	67.561 0	拉脱维亚中央统计局
生产者价格指数（2010年=100）	141.89	国际货币基金组织
固定资本形成总额（单位：亿美元）	89.292 4	拉脱维亚中央统计局
外商直接投资（单位：亿美元）	12.220 2	CEIC Data
贸易差额（单位：亿美元）	-54.748 6	国际货币基金组织
出口额（离岸价格，单位：亿美元）	240.110 5	国际货币基金组织
进口额（到岸价格，单位：亿美元）	294.859 1	国际货币基金组织
贸易总额（单位：亿美元）	534.969 6	国际货币基金组织
国际储备（单位：亿美元）	44.616 1	国际货币基金组织
外汇储备（单位：亿美元）	34.643 2	国际货币基金组织
广义货币供应量（M2）（单位：亿美元）	214.399 7	CEIC Data
总人口（单位：万人）	188.8	拉脱维亚中央统计局
失业率（%）	6.88	拉脱维亚中央统计局

续表

指标名称	数值	数据来源
男性失业率（%）	8.15	拉脱维亚中央统计局
女性失业率（%）	5.55	拉脱维亚中央统计局

2022 年立陶宛共和国基本经济数据指标

指标名称	数值	数据来源
国内生产总值（单位：亿美元）	703.669 9	立陶宛统计局
工业产值（单位：亿美元）	404.103 6	立陶宛统计局
工业增加值（单位：亿美元）	146.171 2	立陶宛统计局
生产者价格指数（2010 年＝100）	133.73	国际货币基金组织
固定资本形成总额（单位：亿美元）	146.739 7	立陶宛统计局
外商直接投资（单位：亿美元）	7.476 0	CEIC Data
贸易差额（单位：亿美元）	-85.984 8	国际货币基金组织
出口额（离岸价格，单位：亿美元）	463.397 8	国际货币基金组织
进口额（到岸价格，单位：亿美元）	549.382 6	国际货币基金组织
贸易总额（单位：亿美元）	1 012.780 4	国际货币基金组织
国际储备（单位：亿美元）	53.666 3	国际货币基金组织
外汇储备（单位：亿美元）	41.202 8	国际货币基金组织
广义货币供应量（M2）（单位：亿美元）	550.602 5	CEIC Data
总人口（单位：万人）	286.0	立陶宛统计局
失业率（%）	5.92	立陶宛统计局
男性失业率（%）	6.34	立陶宛统计局
女性失业率（%）	5.50	立陶宛统计局

2022 年罗马尼亚基本经济数据指标

指标名称	数值	数据来源
国内生产总值（单位：亿美元）	3 012.618 5	罗马尼亚国家统计局

续表

指标名称	数值	数据来源
工业产值（单位：亿美元）	—	
工业增加值（单位：亿美元）	677.548 0	罗马尼亚国家统计局
生产者价格指数（2010 年＝100）	147.12	国际货币基金组织
固定资本形成总额（单位：亿美元）	757.786 3	罗马尼亚国家统计局
外商直接投资（单位：亿美元）	124.659 9	CEIC Data
贸易差额（单位：亿美元）	-357.838 4	国际货币基金组织
出口额（离岸价格，单位：亿美元）	967.069 7	国际货币基金组织
进口额（到岸价格，单位：亿美元）	1 324.908 1	国际货币基金组织
贸易总额（单位：亿美元）	2 291.977 8	国际货币基金组织
国际储备（单位：亿美元）	419.461 1	国际货币基金组织
外汇储备（单位：亿美元）	461.288 8	国际货币基金组织
广义货币供应量（M2）（单位：亿美元）	1 301.513 9	CEIC Data
总人口（单位：万人）	1 905.0	罗马尼亚国家统计局
失业率（％）	5.62	罗马尼亚国家统计局
男性失业率（％）	6.03	罗马尼亚国家统计局
女性失业率（％）	5.05	罗马尼亚国家统计局

2022 年摩尔多瓦共和国基本经济数据指标

指标名称	数值	数据来源
国内生产总值（单位：亿美元）	144.228 3	摩尔多瓦共和国国家统计局
工业产值（单位：亿美元）	45.244 7	摩尔多瓦共和国国家统计局
工业增加值（单位：亿美元）	18.257 8	摩尔多瓦共和国国家统计局
生产者价格指数（2010 年＝100）	—	
固定资本形成总额；（单位：亿美元）	32.805 7	摩尔多瓦共和国国家统计局
外商直接投资（单位：亿美元）	5.920 4	CEIC Data
贸易差额（单位：亿美元）	-50.500 5	国际货币基金组织
出口额（离岸价格，单位：亿美元）	42.464 6	国际货币基金组织

续表

指标名称	数值	数据来源
进口额（到岸价格，单位：亿美元）	92.965 1	国际货币基金组织
贸易总额（单位：亿美元）	135.429 7	国际货币基金组织
国际储备（单位：亿美元）	44.741 7	国际货币基金组织
外汇储备（单位：亿美元）	44.688 8	国际货币基金组织
广义货币供应量（M2）（单位：亿美元）	47.506 0	CEIC Data
总人口（单位：万人）	251.3	摩尔多瓦共和国国家统计局
失业率（%）	3.12	摩尔多瓦共和国国家统计局
男性失业率（%）	3.55	摩尔多瓦共和国国家统计局
女性失业率（%）	2.64	摩尔多瓦共和国国家统计局

2022年塞尔维亚共和国基本经济数据指标

指标名称	数值	数据来源
国内生产总值（单位：亿美元）	635.000 8	塞尔维亚共和国统计局
工业产值（单位：亿美元）	—	
工业增加值（单位：亿美元）	111.623 7	塞尔维亚共和国统计局
生产者价格指数（2010年=100）	164.03	国际货币基金组织
固定资本形成总额（单位：亿美元）	145.050 8	塞尔维亚共和国统计局
外商直接投资（单位：亿美元）	45.462 0	CEIC Data
贸易差额（单位：亿美元）	-120.914 7	国际货币基金组织
出口额（离岸价格，单位：亿美元）	290.569 8	国际货币基金组织
进口额（到岸价格，单位：亿美元）	411.484 5	国际货币基金组织
贸易总额（单位：亿美元）	702.054 3	国际货币基金组织
国际储备（单位：亿美元）	206.796 2	国际货币基金组织
外汇储备（单位：亿美元）	183.632 6	国际货币基金组织
广义货币供应量（M2）（单位：亿美元）	168.050 2	CEIC Data
总人口（单位：万人）	684.4	世界银行
失业率（%）	9.4	塞尔维亚共和国统计局

续表

指标名称	数值	数据来源
男性失业率（%）	9	塞尔维亚共和国统计局
女性失业率（%）	9.8	塞尔维亚共和国统计局

2022年斯洛伐克共和国基本经济数据指标

指标名称	数值	数据来源
国内生产总值（单位：亿美元）	1 132.823 4	斯洛伐克统计局
工业产值（单位：亿美元）	—	
工业增加值（单位：亿美元）	242.975 1	斯洛伐克统计局
生产者价格指数（2010年=100）	139.84	国际货币基金组织
固定资本形成总额（单位：亿美元）	228.917 6	斯洛伐克统计局
外商直接投资（单位：亿美元）	45.942 4	CEIC Data
贸易差额（单位：亿美元）	-47.005 4	国际货币基金组织
出口额（离岸价格，单位：亿美元）	1 077.708 6	国际货币基金组织
进口额（到岸价格，单位：亿美元）	1 124.714 0	国际货币基金组织
贸易总额（单位：亿美元）	2 202.422 6	国际货币基金组织
国际储备（单位：亿美元）	102.877 5	国际货币基金组织
外汇储备（单位：亿美元）	63.268 6	国际货币基金组织
广义货币供应量（M2）（单位：亿美元）	888.703 1	CEIC Data
总人口（单位：万人）	542.879 2	斯洛伐克统计局
失业率（%）	6.14	斯洛伐克统计局
男性失业率（%）	5.93	斯洛伐克统计局
女性失业率（%）	6.38	斯洛伐克统计局

2022年斯洛文尼亚共和国基本经济数据指标

指标名称	数值	数据来源
国内生产总值（单位：亿美元）	620.286 2	斯洛文尼亚统计局

续表

指标名称	数值	数据来源
工业产值（单位：亿美元）	—	
工业增加值（单位：亿美元）	548.584 9	斯洛文尼亚统计局
生产者价格指数（2010年=100）	136.34	国际货币基金组织
固定资本形成总额（单位：亿美元）	136.289 3	国际货币基金组织
外商直接投资（单位：亿美元）	17.266 2	CEIC Data
贸易差额（单位：亿美元）	-0.372 5	国际货币基金组织
出口额（离岸价格，单位：亿美元）	697.009 7	国际货币基金组织
进口额（到岸价格，单位：亿美元）	697.382 2	国际货币基金组织
贸易总额（单位：亿美元）	1 394.391 9	国际货币基金组织
国际储备（单位：亿美元）	22.687 0	国际货币基金组织
外汇储备（单位：亿美元）	8.076 2	国际货币基金组织
广义货币供应量（M2）（单位：亿美元）	474.231 6	CEIC Data
总人口（单位：万人）	212.0	斯洛文尼亚统计局
失业率（%）	4.00	斯洛文尼亚统计局
男性失业率（%）	3.73	斯洛文尼亚统计局
女性失业率（%）	4.30	斯洛文尼亚统计局

2022年乌克兰基本经济数据指标

指标名称	数值	数据来源
国内生产总值（单位：亿美元）	16 05.027 4	乌克兰国家统计署
工业产值（单位：亿美元）	—	
工业增加值（单位：亿美元）	121.609 2	乌克兰国家统计署
生产者价格指数（2010年=100）	507.26	乌克兰国家统计署
固定资本形成总额（单位：亿美元）	186.354 7	乌克兰国家统计署
外商直接投资（单位：亿美元）	5.38	CEIC Data
贸易差额（单位：亿美元）	-107.808 7	国际货币基金组织
出口额（离岸价格，单位：亿美元）	444.432 0	国际货币基金组织

续表

指标名称	数值	数据来源
进口额（到岸价格，单位：亿美元）	552.240 7	国际货币基金组织
贸易总额（单位：亿美元）	996.672 7	国际货币基金组织
国际储备（单位：亿美元）	284.944 6	国际货币基金组织
外汇储备（单位：亿美元）	252.356 5	国际货币基金组织
广义货币供应量（M2）（单位：亿美元）	683.783 9	CEIC Data
总人口（单位：万人）	—	
失业率（%）	—	
男性失业率（%）	—	
女性失业率（%）	—	

2022年匈牙利基本经济数据指标

指标名称	数值	数据来源
国内生产总值（单位：亿美元）	1 781.743 5	匈牙利中央统计局
工业产值（单位：亿美元）	1 547.704 6	匈牙利中央统计局
工业增加值（单位：亿美元）	307.183 6	匈牙利中央统计局
生产者价格指数（2010年=100）	186.30	国际货币基金组织
固定资本形成总额（单位：亿美元）	502.537 4	匈牙利中央统计局
外商直接投资（单位：亿美元）	131.347 8	CEIC Data
贸易差额（单位：亿美元）	-1 627.787 5	国际货币基金组织
出口额（离岸价格，单位：亿美元）	15.154 0	国际货币基金组织
进口额（到岸价格，单位：亿美元）	1 642.941 5	国际货币基金组织
贸易总额（单位：亿美元）	1 658.095 5	国际货币基金组织
国际储备（单位：亿美元）	412.277 7	国际货币基金组织
外汇储备（单位：亿美元）	328.420 0	国际货币基金组织
广义货币供应量（M2）（单位：亿美元）	1 095.632 9	CEIC Data
总人口（单位：万人）	968.9	匈牙利中央统计局
失业率（%）	3.61	经济合作与发展组织

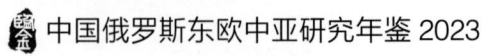

续表

指标名称	数值	数据来源
男性失业率（%）	3.72	经济合作与发展组织
女性失业率（%）	3.48	经济合作与发展组织

2022年大事记

1月

1日

△ 在哈萨克斯坦曼格斯套州扎瑙津市，液化石油气价格飙升引发群众性抗议集会活动。部分市民在市政府前广场集结，在录制了一段向国家领导人请愿要求降低液化石油气价格的视频后散去。执法机关人员在周边正常维持秩序，没有人使用武力。

2日

△ 在未提前通报、不在指定区域的情况下，哈萨克斯坦曼格斯套州政府停车场和清真寺附近发生了集会示威，有上百人参与。扎瑙津市的示威者封锁了市内的道路交通，执法机关人员在周边正常维持秩序，没有人使用武力。

3日

△ 哈萨克斯坦集会示威活动蔓延到其他城市和地区。当天，以支持曼格斯套州居民的名义，全国7个地区举行了和平集会。

4日

△ 哈萨克斯坦发生集会示威活动的地区增至11个，参与人数增至3.8万人左右。这些集会示威活动绝大多数不符合和平集会法的规定。打、砸、抢、烧行为，特别是针对执法车辆的打砸和焚烧行为，在阿拉木图市和奇姆肯特市开始发生。约5000人在阿拉木图竞技场附近集结，随后试图冲击阿拉木图市市政府大楼，并与大楼前负责维持秩序的执法机关人员爆发了冲突。执法机关人员开始使用特殊的非致命手段，以击退对执法人员和行政设施的袭击。

4—5日

△ 骚乱和针对公共设施的袭击在哈萨克斯坦11个地区发生，参与此类活动的人数增至5万人。在1月4—5日的夜晚，恐怖分子袭击并占领了阿拉木图市市政府大楼和阿拉木图国际机场。暴徒还对市区内的警察局和消防局发动了攻击，并洗劫了7个武器商店。部分党政机关和国家机构的建筑物遭到纵火焚烧，商业设施和金融设施被洗劫。在克孜勒奥尔达市，暴徒烧毁了9辆汽车，并驾车撞死1名国民近卫队军人。在塔勒德库尔干市，暴徒袭击并占领了政府大楼和其他一些公共设施。在其他几个地区，此类针对国家机关的打、砸、抢、烧和武装袭击活动也几乎同时发生，并显示出攻击者有着统一的指挥和精密的计划，且拥有精良的装备。由于这些活动威胁公民安全，总统签署命令宣布全国各地区进入紧急状态并实施宵禁。为了阻断极端分子协调和组织发动袭击行动的通信手段，政府限制了对互联网的访问。

6日

△ 根据哈萨克斯坦安全会议的决议，哈萨克斯坦正式启动反恐专项行动。反恐专项行动的主要目的是消除恐怖暴力活动对国家安全的威胁，保护公民的生命财产安全。执法机关和安全部队被授权可以向暴恐分子使用致命武力。当天，安全部队挫败了武装暴徒对阿拉木图市电视塔和安全委员会边防警卫学院发动的攻击行动。集体安全条约组织通过决议，决定向哈萨克斯坦派出一支维和特遣队。

7日

△ 在哈萨克斯坦曼格斯套州、阿特劳州、阿克托别州、卡拉干达州和东哈州，集会示威活动仍在继续。而在阿拉木图市，哈总统托卡耶夫当天发表声明说，哈全国正在恢复宪法法制，将继续实施反恐行动。俄罗斯、亚美尼亚等国外交部发表声明，支持采取措施尽快恢复正常秩序。

8日

△ 哈萨克斯坦全国局势大体恢复稳定，未再发生非法的集会示威活动。根据哈萨克斯坦共和国总检察长办公室的数据，"一月骚乱"共造成了4578人受伤，255人死亡。

12日

△ 俄罗斯—北约理事会会议1月12日在位于布鲁塞尔的北约总部召开。此次会议是在1月9—10日于日内瓦进行的俄美安全保障谈判后举行的。会议的主要议题是俄罗斯关于安全保证的建议，包括北约不东扩。

13日

△ 俄罗斯和欧安组织的代表举行会谈。俄罗斯针对乌克兰局势升级作出回应，阐述俄方的安全关切和对欧洲安全的愿景。

14日

△ 俄罗斯总统普京任命统一俄罗斯党最高委员会主席格雷兹洛夫担任驻白俄罗斯共和国大使。

19—20日

△ 伊朗总统莱希访问俄罗斯，与俄罗斯总统普京就发展双边合作和开展国际协作进行协商。访问期间，莱希提交了两国新版《20年战略合作协议》草案供俄方审议。

21日

△ 俄罗斯外交部部长拉夫罗夫与美国国务卿布林肯在日内瓦举行会谈，一个月后俄罗斯对乌克兰发动特别军事行动，此后俄美双方高层面对面会晤终止。

27日

△ 首届中亚—印度峰会以线上形式举行，会议由印度总理莫迪发起。哈萨克斯坦总统托卡耶夫、乌兹别克斯坦总统米尔济约耶夫、吉尔吉斯斯坦总统扎帕罗夫、土库曼斯坦总统别尔德穆哈梅多夫和塔吉克斯坦总统拉赫蒙出席会议。会议期间，中亚各国领导人就莫迪发起此次峰会的倡议表示感谢，并就1月26日举行的印度"共和国日"表达了祝贺。与会各方就加强和扩大中亚国家与印度在经济、社会及人文等各个领域的合作问题进行讨论，还特别提到阿富汗问题。值得注意的是，与会各方发言均重点提到了发展交通、过境运输合作的重要性。印度、国际南北运输走廊、《阿什哈巴德国际运输和过境走廊协定》的中亚成员国，呼吁其他中亚国家考虑加入这些连通性倡议。作为峰会的结果，通过了《德里宣言》。

2月

4日

△ 俄罗斯总统普京访华，中国国家主席习近平与普京举行了会晤，并共同出席了第24届

冬季奥运会开幕式。中俄发表了关于新时代国际关系和全球可持续发展的联合声明，集中阐述中俄在民主观、发展观、安全观、秩序观方面的共同立场。

7日

△ 俄罗斯总统普京在克里姆林宫与到访的法国总统马克龙举行会晤，双方就安全保障、俄乌关系、北约扩张及双边关系等问题进行讨论。

12日

△ 美国总统拜登与俄罗斯总统普京通电话，双方主要讨论了乌克兰局势。拜登警告，如果俄入侵乌克兰，美将采取果断措施，俄将付出沉重代价。普京指责美国散布虚假信息，无视俄方安全关切。

△ 在美国的提议下，俄罗斯外交部部长拉夫罗夫与美国国务卿布林肯通话，主要议题是乌克兰局势，布林肯呼吁俄罗斯撤回俄乌边境的军队，回到外交解决的轨道。

15日

△ 俄罗斯总统普京与德国总理朔尔茨在莫斯科举行会谈，双方就两国关系、国际和地区热点问题交换了意见。此外，双方还就人文领域双边合作和气候变化问题进行了讨论。

△ 俄罗斯联邦政府办公厅前主任苏尔科夫发表题为《秽乱世界迷雾般的未来》的署名文章。

18日

△ 美国总统拜登在白宫发出警告，俄罗斯将很快开始进攻乌克兰，攻击目标之一就是基辅。

△ 美国国防部部长奥斯汀与俄罗斯国防部部长绍伊古通电话，呼吁俄罗斯撤回驻乌克兰边境的部队，使危机降级。

21日

△ 俄罗斯总统普京就顿巴斯局势向全国发表讲话。同日，他签署命令承认"顿涅茨克人民共和国"和"卢甘斯克人民共和国"。

24日

△ 俄罗斯总统普京宣布，决定对乌克兰采取特别军事行动。

△ 乌克兰总统泽连斯基随即下令进行全国总动员。

△ 美国总统拜登发表讲话，激烈批评普京拒绝对话和协商，俄对乌的特别军事行动完全是"无端的和无理的"，"普京是侵略者"，宣布联合盟国对俄予以经济制裁。拜登同时表示，美国的部队没有也不会卷入与俄罗斯在乌克兰的冲突。

24—27日

△ 莫斯科、圣彼得堡、叶卡捷琳堡等地举行反战抗议游行。

25日

△ 中国国家主席习近平同俄罗斯总统普京通电话，双方重点就当前乌克兰局势交换意见。普京介绍了乌克兰问题的历史经纬以及俄罗斯在乌东部地区采取特别军事行动的情况和立场。习近平主席指出，中方根据乌克兰问题本身的是非曲直决定中方立场。要摒弃"冷战"思维，重视和尊重各国合理安全关切，通过谈判形成均衡、有效、可持续的欧洲安全机制。中方关

于尊重各国主权和领土完整、遵守联合国宪章宗旨和原则的基本立场是一贯的。中方愿同国际社会各方一道，倡导共同、综合、合作、可持续的安全观，坚定维护以联合国为核心的国际体系和以国际法为基础的国际秩序。

△ 欧洲委员会部长委员会通过决定，暂停俄罗斯在欧洲委员会法定机构中的代表权。俄罗斯于2022年3月15日正式通知欧洲委员会，启动退出该组织以及《欧洲人权公约》的程序。

26日

△ 欧盟将俄罗斯银行从环球银行金融电信协会（SWIFT）中剔除，这意味着俄罗斯金融系统与全球金融体系被隔离开来。

27日

△ 普京下令俄罗斯战略核力量进入特别戒备状态，这是自"冷战"结束以来俄罗斯核力量首次转向这种模式。

△ 欧盟追加制裁，禁止俄罗斯民用飞机进入欧盟领空。同时俄罗斯国有媒体"Sputnik"和今日俄罗斯及其子公司被禁止使用欧盟广播和互联网。同一时间，俄罗斯军队正在向乌克兰首都基辅以及哈尔科夫和赫尔松推进。乌克兰则招纳大批男性青年入伍。

28日

△ 乌克兰申请加入欧盟，俄罗斯和乌克兰开始第一轮停火谈判，欧盟禁止与俄罗斯中央银行进行交易，并批准对乌克兰军方提供5亿欧元的军事援助计划。

△ 俄罗斯代表团和乌克兰代表团在白俄罗斯戈梅利州举行第一轮谈判。谈判过程中俄乌代表详细讨论了议程上的所有议题，找到一些双方预测可以达成一致立场的议题，双方一致同意继续谈判。

3月

1日

△ 乌克兰首都基辅附近的俄军车队近65公里长。乌克兰东部的哈尔科夫和马里乌波尔以及南部的赫尔松都处在俄军的包围之中。

△

2日

△ 俄罗斯坦克进入赫尔松，这是乌克兰危机升级以来乌克兰第一个沦陷的地区首府城市。同时俄罗斯军队还包围了乌克兰东南部的港口城市马里乌波尔。

3日

△ 俄乌双方代表团在白俄罗斯布列斯特州的别洛韦日森林举行第二轮谈判。谈判取得实质性进展：俄乌两国国防部的代表就为平民开辟人道主义走廊的形式，以及为保证平民撤离宣布临时停火的方式都达成了一致。

5日

△ 以色列总理贝内特应乌克兰总统泽连斯基请求赴莫斯科与普京商讨乌克兰局势，试图推动俄乌双方通过谈判解决冲突。

△ 俄罗斯屏蔽了 Twitter、Facebook、美国之音、BBC 和德国之声等媒体平台。为了应对西方的舆论战，普京还签署了一项将"假新闻"定为刑事犯罪的法律，该法律可能会判处违法者长达 15 年的监禁。

△ 美国国务卿布林肯在波兰和乌克兰边境会见了乌克兰外交部部长德米特罗·库莱巴，美国敦促其公民立即离开俄罗斯。欧盟委员会公布了一项针对俄罗斯的制裁计划，该计划将在 2022 年年底前对俄罗斯天然气的依赖减少 2/3。

6 日

△ 俄罗斯约 60 个城市出现了反战抗议运动，内务部报告共拘捕约 3500 名抗议者。

7 日

△ 俄罗斯政府正式出台"不友好国家和地区"名单，名单中包括美国、欧盟成员国、英国、瑞士、挪威、冰岛、乌克兰、日本和其他一些国家和地区，共计 48 个。

△ 俄乌双方代表团在别洛韦日森林举行第三轮谈判。俄乌第三轮会谈未取得能实质改善局势的结果。

16 日

△ 哈萨克斯坦总统托卡耶夫出席议会上下两院联席会议，发表 2022 年国情咨文《新哈萨克斯坦：革新和现代化之路》，宣布了一项使哈萨克斯坦政治制度"全面现代化"的计划，将在哈萨克斯坦进行一次"全面改革"。为表示对托卡耶夫的政治改革的支持，阿达尔党宣布加入阿曼纳特党；公众人物穆赫塔尔·泰詹宣布成立一个政党"土地捍卫者"党。

△ 日本首相岸田文雄表示，加大对俄外交和经济压力，宣布了五项制裁措施。

21 日

△ 俄罗斯与乌克兰代表团以视频方式举行线上正式谈判。双方没有达成实质性进展。

29 日

△ 哈萨克斯坦总理阿里汗·斯迈洛夫宣布将实施一揽子优先反危机措施。

△ 俄乌代表团在土耳其总统府伊斯坦布尔办公区多尔玛巴赫切宫举行第五轮谈判。谈判就"乌克兰是否成为中立国、俄罗斯的军事行动、乌克兰是否加入军事联盟、乌克兰能否加入欧盟以及两国领导人会面"等问题交换了意见。

4 月

6 日

△ 俄罗斯自由民主党领导人日里诺夫斯基因新冠肺炎去世，享年 76 岁。

8 日

△ 为了进一步推进哈萨克斯坦社会民主化，加深公众对该国新一轮政治改革的认识，让人民广泛地参与改革进程，哈萨克斯坦总统托卡耶夫签署法令要求中央行政机构负责人与民众举行共同会议。

11 日

△ 匈牙利外交部部长西雅尔多访问俄罗斯，与俄罗斯副总理诺瓦克和俄罗斯国家原子能集团首席执行官利哈乔夫就能源合作问题举行会谈。

12日

△ 喀麦隆国防部部长约瑟夫·贝蒂·阿索莫访问俄罗斯，两国最终达成为军事、培训、研究、信息交流和打击恐怖主义提供支持的新军事合作协议。

14日

△ 哈萨克斯坦总统托卡耶夫签署关于国家机器去官僚化的法令。

18日

△ 哈萨克斯坦司法部部长卡纳特·穆辛称目前哈萨克斯坦有4个新注册成立的政党正在审议当中。

22日

△ 哈萨克斯坦总统托卡耶夫要求将"土地及其底土、水、动植物、其他自然资源都属于人民"写入宪法中。

25日

△ 哈萨克斯坦修宪工作组计划将哈萨克斯坦首任总统努尔苏丹·纳扎尔巴耶夫作为"独立后的哈萨克斯坦的开国总统"写入宪法。

26日

△ 为确保各党派"公平竞争"，哈萨克斯坦总统托卡耶夫宣布辞去执政党阿曼纳特党主席的职务。

27日

△ 俄罗斯横跨中国黑龙江通往中国的首座跨境铁路桥——下列宁斯科耶—同江铁路大桥顺利通车。

29日

△ 哈萨克斯坦总统托卡耶夫强调，哈萨克斯坦人不要曲解与滥用"新哈萨克斯坦"的概念。托卡耶夫宣布哈萨克斯坦就宪法修正案举行全民公决。

5月

1日

△ 俄罗斯总统普京签署法律，暂停向欧盟、丹麦、冰岛、列支敦士登、挪威和瑞士的一些类别的公民以简化程序发放俄罗斯签证，包括记者和官方代表团。

4日

△ 根据哈萨克斯坦总统托卡耶夫的要求，宪法委员会对宪法修正案草案进行审查，认为宪法修正案草案符合国家的基本法要求。

5日

△《关于哈萨克斯坦共和国宪法"共和国公投"的修正和补充》的宪法法律草案得到了马吉利斯（下议院）的批准，但参议院（上议院）审议后将该文件退回马吉利斯进行修改，理由是有关第一任总统的地位问题不能成为全民公投的主题，参议员们建议将该条款删除。托卡耶夫决定就宪法的修改和补充举行的全民公投于6月5日举行。

10 日

△ 阿尔及利亚总统特本会见来访的俄罗斯外交部部长拉夫罗夫。双方就农业、经贸、军工、能源、人文等领域合作及俄罗斯对乌克兰的特别军事行动、巴以冲突等国际和地区问题进行了交流。

13 日

△ 美国国防部部长奥斯汀与俄罗斯国防部长绍伊古进行了自俄罗斯对乌克兰发动特别军事行动以来的首次通话,主要讨论了乌克兰问题。

16 日

△ 集体安全条约组织峰会在莫斯科举行。此次会议正值《集体安全条约》签署30周年和集体安全条约组织成立20周年。集体安全条约组织发布联合声明称,该组织将坚持维护成员国安全、主权和领土完整。致力于巩固全球和地区安全,根据国际法公认的准则和原则,公正地解决国际问题。俄罗斯外交部部长拉夫罗夫认为,集体安全条约组织应成为在欧洲大西洋地区维持平衡的要素。虽然它与北约相比是一个成立时间较短的组织,但随着在该地区推进关于安全的讨论和倡议,它的权威性和发出的声音将越来越有分量。

17 日

△ 俄罗斯外交部发表声明表示,俄罗斯决定退出波罗的海国家理事会,但这不会影响俄方在波罗的海地区的存在,将俄罗斯赶出该地区的企图注定要失败。

25 日

△ 经联邦委员会同意,俄罗斯总统普京任命前国民近卫军副司令库连科夫担任紧急情况部部长。

26 日

△ 俄罗斯总统普京在第一届欧亚经济论坛全体会议上发表讲话,阐述俄罗斯对欧亚经济联盟的政策。他讲话的中心思想是,"优先考虑与所有欧亚经济联盟国家建立更深层次的盟国关系"。

6 月

2 日

△ 非洲联盟轮值主席、塞内加尔总统麦基·萨勒访问俄罗斯。他此行的目的是,一方面呼吁俄乌双方停火和开展促和工作;另一方面吁请俄罗斯允许乌克兰向非洲出口谷物和化肥,并呼吁取消对俄罗斯出口小麦和化肥的制裁措施。

10 日

△ 俄罗斯联邦总统顾问安东·科比亚科夫在莫斯科会见了埃塞俄比亚驻俄罗斯大使阿莱马耶胡·特格努,双方表示将继续致力于发展两国之间的贸易和经济关系。

15 日

△ 中国国家主席习近平同俄罗斯总统普京通电话,就乌克兰局势交换意见,推动双方务实合作行稳致远。

△ 连接中俄两国边境的第一座公路大桥黑河—布拉戈维申斯克界河公路大桥正式通车。

17 日

△ 哈萨克斯坦总统托卡耶夫在圣彼得堡国际经济论坛上表示否认乌东顿涅茨克和卢甘斯克的独立地位，因为广泛使用国家自决可能会导致区域混乱。他在会议期间回答主持人玛格利塔西蒙尼扬的问题时指出："如果各国的自决权在全球实现，那么地球上将不再只是如今的193个联合国成员国，而是500或600多个国家。这将会成为一场混乱。因此，我们不会承认台湾、科索沃、南奥塞梯和阿布哈兹，同样这一原则也适用于卢甘斯克和顿涅茨克地区。"

△ 埃及总统塞西作为主宾以视频方式出席第二十五届圣彼得堡国际经济论坛并致辞。他表示，过去几年来埃俄关系发展良好，埃方赞赏与俄的历史友谊。

18 日

△ 阿尔及利亚工业部部长艾哈迈德·格达尔参加在圣彼得堡举行的第二十五届圣彼得堡国际经济论坛的活动，这表明阿尔及利亚当局在西方制裁下继续与俄罗斯开展密切合作。

7 月

1 日

△ 乌兹别克斯坦因修改宪法而爆发非法示威活动。乌兹别克斯坦现行宪法于1992年通过，由128条组成，已经过15次修订。2022年6月底乌总统沙夫卡特·米尔济约耶夫提议在全国范围内就宪法改革进行公投。此前，他提出在2022年12月前修改宪法。5月底，议会成立了一个宪法委员会来起草修正案。6月底，关于修正案的宪法草案被提交给立法院审议，后来在一读中获得批准，并公布供全国讨论。根据议会的决定，全国性讨论将持续到7月4日，然后该草案将被提交给公民投票。该草案对宪法提出了200多条修正案，其中包括关于将乌兹别克斯坦总统的任期从5年延长至7年的条款，关于禁止死刑的条款，关于禁止将本国公民引渡至外国的条款。由于修宪草案明确否定了卡拉卡尔帕克斯坦共和国主权地位及脱乌权利，7月1日在其首府努库斯爆发大规模抗议集会，抗议即将举行的修宪公投，反对宪法修正案中取消可以退出乌兹别克斯坦的条款。抗议最终升级演变为骚乱并延续到7月2日，内务部队使用眩晕手榴弹、橡皮子弹等平息骚乱。为防止事态扩大，乌临时关闭了卡拉卡尔帕克与哈萨克斯坦的边界口岸。

2 日

△ 乌兹别克斯坦总统米尔济约耶夫飞抵努库斯，对当地民众做出让步，表示最具争议的74条款"卡拉卡尔帕克有退出乌兹别克斯坦的权利"仍然保留。米尔济约耶夫于当日返回塔什干，宣布自7月3日至8月2日卡拉卡尔帕克实施紧急状态。

3 日

△ 乌兹别克斯坦总统米尔济约耶夫发表讲话，称7月1日和2日暴徒在努库斯进行打、砸、烧等严重暴力活动，试图占领警察局和其他执法机关，造成平民和执法人员伤亡。据乌方调查后宣布事件造成21人死亡，102人重伤。

7 日

△ 俄罗斯总统普京同国家杜马主要政党党团领导人举行会谈。

15 日

△ 经俄罗斯国家杜马批准，普京签署法令任命工业贸易部部长曼图罗夫担任联邦政府副总理。

△ 俄罗斯总统普京任命前联邦政府副总理鲍里索夫担任俄罗斯国家航天集团领导人。

19 日

△ 俄罗斯总统普京赴伊朗德黑兰进行工作访问。他与伊朗最高领袖哈梅内伊和总统莱希会面并出席俄罗斯、土耳其与伊朗"阿斯塔纳进程"三方会晤。访问期间，俄罗斯天然气工业股份公司与伊朗国家石油公司签署了价值约 400 亿美元的合作备忘录。

20 日

△ 埃及达巴核电站第一座反应堆正式开工建设。该核电站由俄罗斯国家原子能公司提供 250 亿美元贷款并承建。计划于 2028 年前建成 4 座发电机组，之后俄方将在 60 年内提供核燃料并进行人员培训。

24—28 日

△ 俄罗斯外交部部长拉夫罗夫访问非洲四国——埃及、刚果（布）、乌干达和埃塞俄比亚。俄力图通过开展务实合作夯实对非关系，打破西方的外交孤立。

8 月

5 日

△ 俄罗斯总统普京在索契会见土耳其总统埃尔多安。双方主要讨论了经贸、能源、交通等领域合作问题，叙利亚局势和乌克兰危机升级等地区热点问题以及黑海粮食协议执行情况。

30 日

△ 苏联领导人戈尔巴乔夫因病去世，享年 92 岁。

9 月

1—7 日

△ 中俄"东方-2022"战略指挥演习在俄东部军区举行。中国海军和俄太平洋舰队在日本海水域进行保卫海上通信和海上经济活动区以及配合沿岸地区地面部队行动的联合演习。

5 日

△ 俄罗斯总统普京批准了《俄罗斯联邦对外人文主义政策概念》。

7 日

△ 俄罗斯总统普京出席第七届东方经济论坛全会。该论坛的主题是"迈向多极世界"。普京在致辞中评价了当前世界的国际关系局势。他说，当今国际关系体系发生了不可逆转的结构性变化，美国在全球经济和政治中的主导地位正在下降，世界上充满活力和前景的国家和地区的作用已经大幅提升。包括亚太地区在内的新兴国家作用显著增强，无论某些人多么希望孤立俄罗斯都是不可能的。绝大多数亚太国家不会接受毁坏性的制裁政策。

11 日

△ 俄罗斯举行地方选举，统一俄罗斯党在选举中大获全胜。

13 日

△ 亚美尼亚和阿塞拜疆再次爆发边境冲突。阿塞拜疆媒体报道称已与亚美尼亚达成停火协议，但这份停火协议在达成后几分钟内即被打破。双方交火数分钟后，再次恢复停火。据法国媒体报道，亚美尼亚国防部称 13 日凌晨阿塞拜疆使用大口径武器向亚美尼亚南部戈里斯、索特克和杰尔穆克等城市方向的军事阵地发动密集炮击，阿方同时还使用了无人机。与此同时，阿塞拜疆国防部指责亚美尼亚在阿塞拜疆边境的达什克桑、卡尔巴贾尔等地区实施了"大规模破坏活动"，称其军事阵地遭到亚方炮击。

14 日

△ 吉尔吉斯斯坦和塔吉克斯坦在边境地区发生边防军交火事件。9 月 16 日上午，这场冲突出现升级态势，双方互指对方动用重型武器。吉尔吉斯斯坦总统扎帕罗夫和塔吉克斯坦总统拉赫蒙 16 日在上海合作组织峰会期间举行了会谈，同意停火。然而，当晚双方战火再燃，并在 17 日继续。

15 日

△ 中国国家主席习近平在乌兹别克斯坦撒马尔罕上海合作组织峰会期间会晤俄罗斯总统普京。习近平强调，面对世界之变、时代之变、历史之变，中方愿同俄方一道努力，体现大国担当，发挥引领作用，为变乱交织的世界注入稳定性。普京表示，当今世界正在发生许多变化，唯一不变的是俄中友谊与互信，俄中全面战略协作关系稳固如山。

16 日

△ 印度总理莫迪在撒马尔罕上海合作组织峰会期间会晤俄罗斯总统普京。莫迪表示，当今的时代不该是战争的年代。普京对莫迪说："我理解你对乌克兰冲突的立场，我也知道你的关切。我们希望这一切都能尽快结束。"

21 日

△ 俄罗斯总统普京发表全国电视讲话，批评西方对俄罗斯搞核讹诈、威胁对俄使用核武器、支持乌克兰炮击扎波罗热核电站、试图制造核灾难。

△ 美国总统拜登在联合国大会专门回应普京当天的讲话，批评俄对使用核武器发出不负责任的威胁。核战争不会赢，也绝不该打。美国准备采取关键的军备控制措施。

△ 俄罗斯总统普京宣布在俄罗斯进行部分动员。

21—22 日

△ 在宣布部分动员令后，俄罗斯 43 个城市发生了反战抗议游行。

23—27 日

△ 顿涅茨克、卢甘斯克、扎波罗热、赫尔松举行入俄公投。

26 日

△ 乌德穆尔特共和国伊热夫斯克市发生枪击案，造成 17 人死亡 23 人受伤。

26—29 日

△ 丹麦和瑞典附近水域的"北溪-1"和"北溪-2"管道先后出现 4 处泄漏点，两国测量站在管道泄漏区域录得强烈的水下爆炸。

30 日

△ 俄罗斯总统普京与"顿涅茨克人民共和国"、"卢甘斯克人民共和国"、扎波罗热州和赫尔松州四个地区的领导人签署了关于以上四地加入俄罗斯联邦的条约。

10 月

8 日

△ 克里米亚大桥发生爆炸，造成3人死亡。

△ 俄罗斯国防部长绍伊古任命苏罗维金大将为特别军事行动联合部队指挥官。

11 日

△ 俄罗斯总统普京签署总统令，将食品反制裁措施延长至2023年12月31日。这项反制裁措施规定，禁止进口原产于美国、欧盟、加拿大、澳大利亚和挪威的部分食品。

△ 俄罗斯总统普京在圣彼得堡会见阿联酋总统穆罕默德。双方主要讨论了双边关系、"欧佩克+"组织内的合作、乌克兰危机升级等问题。

14 日

△ 俄罗斯总统普京在独联体国家元首理事会会议上发表讲话。其要点有：俄罗斯始终真诚地寻求解决任何冲突，包括在卡拉巴赫的冲突；独联体国家正在大力转向以本国货币结算；必须最大限度地用善意去解决独联体空间中的任何冲突和纠纷；在制裁的背景下，俄与独联体国家的经济往来仍在扩大，上半年贸易增长7%；俄罗斯支持独联体在集体安全条约组织中获得观察员地位，它将为讨论争议问题提供了额外的平台。

△ 首届俄罗斯—中亚国家领导人峰会在哈萨克斯坦首都阿斯塔纳开幕。俄罗斯总统普京、哈萨克斯坦总统托卡耶夫、乌兹别克斯坦总统米尔济约耶夫、塔吉克斯坦总统拉赫蒙、吉尔吉斯斯坦总统扎帕罗夫和土库曼斯坦总统别尔德穆哈梅多夫参加峰会。此次峰会正值俄罗斯与中亚五国建交30周年之际，会议上讨论了俄罗斯与中亚五国在目前粮食、原材料和物流成本价格上涨的环境下发展合作的问题，也包括维护共同经贸领域及其他领域内的利益问题。与会各国领导人还在地区安全和阿富汗问题上交换了意见。会议结束后领导人就欧亚地区合作方面等问题发表联合声明。

19 日

△ 俄罗斯联邦委员会通过了《非物质民族文化遗产法》。

21 日

△ 俄罗斯总统普京签署总统令成立政府下属协调保障俄罗斯武装力量及其他部队、军事组织和机构委员会。

△ 在美国提议下，美俄两国国防部部长举行了俄罗斯对乌克兰发动特别军事行动以来的第二次电话交谈，主题为乌克兰危机及双边安全问题。

23 日

△ 俄罗斯国防部长绍伊古主动打电话给美国国防部部长奥斯汀，警告乌克兰可能使用包含放射性物质的"脏弹"（dirty bomb），奥斯汀予以否认。

24 日

△ 俄军总参谋长格拉西莫夫与美军参谋长联席会议主席米利通话，继续讨论乌克兰可能使用"脏弹"的问题，双方各执一词。

25 日

△ 西非国家几内亚比绍总统恩巴洛访问俄罗斯，与俄总统普京举行会谈。恩巴洛总统表示，几内亚比绍是俄罗斯和苏联历史上坚定不移的伙伴，与俄罗斯推进双边关系的发展具有重要意义。

11 月

9 日

△ 俄罗斯总统普京签署了总统法令《保护和加强俄罗斯传统精神和道德价值观的国家政策基本纲要》。

△ 俄罗斯联邦安全会议秘书帕特鲁舍夫应邀访问伊朗，先后会见伊朗最高国家安全委员会秘书阿里·沙姆哈尼和总统莱希。双方主要商讨了安全、经贸、能源、运输、金融等领域合作以及乌克兰危机升级等地区问题和国际热点。

13 日

△ 东亚峰会在柬埔寨首都金边举行，俄外交部部长拉夫罗夫代表普京出席峰会。峰会后其对记者表示，中俄在维护东盟发挥作用方面团结一致，但美国及其盟友和北约正在努力控制亚太地区，与东盟周围的包容性结构相竞争，其在该地区军事化目标显然是遏制中国，遏制俄罗斯在亚太地区的利益。拉夫罗夫指出，北约甚至已经不再宣扬其所谓"防御"性质，现在希望在亚太地区发挥主导作用。

14 日

△ 美国中央情报局局长伯恩斯和俄罗斯对外情报局局长纳雷什金在土耳其安卡拉秘密会晤，这是 2 月 24 日俄罗斯发动对乌克兰的特别军事行动后美俄高级官员首次面对面会晤，主题是核安全与乌克兰问题。伯恩斯就俄罗斯可能在乌克兰使用战术核武器发出了警告，称这会导致美俄双方的误判和战争升级。

15—16 日

△ 二十国集团领导人第十七次峰会（G20）在印度尼西亚巴厘岛举行。俄总统普京派外交部部长拉夫罗夫出席会议，拉夫罗夫提前离开巴厘岛，由俄财政部部长代为继续出席。G20 峰会通过了《二十国集团领导人巴厘岛峰会宣言》，将乌克兰危机升级写入该宣言。

18—19 日

△ 俄罗斯第一副总理别洛乌索夫代表总统普京出席在泰国曼谷举行的 2022 年亚太经济合作组织领导人非正式会议。

20 日

△ 哈萨克斯坦提前举行大选。哈总统托卡耶夫在当日参加完投票后表示，总统选举后政府不会辞职，因为"政治改革必须继续，否则就会出现停滞不前的现象"。另外，他表示议会选举前将可能出现新的政党，而外交上哈萨克斯坦将继续秉持全方位外交政策。

21 日

△ 哈萨克斯坦中央选举委员会公布了投票的初步统计结果。此次总统选举共有828.2万余名选民参与投票，占登记选民总数的69%。现任总统托卡耶夫共获得645.6392万张选票，得票率为81.31%，远超其他5位候选人成功连任。此外，首次设立的"反对所有候选人"这一选项有46.0484万张选票，占总数的5.8%。此次总统选举注册选民近1200万人，哈国内设1.0101万个投票站，另外在海外的53个国家还设有68个投票站，而出于"众所周知的原因"，总统选举将不会在乌克兰设立投票站，在乌的哈萨克斯坦公民和驻乌使馆工作人员需要前往波兰首都华沙参与投票。

12 月

8 日

△ 俄罗斯外交部副部长里亚布科夫称，俄美《新削减战略武器条约》谈判只是暂停，并没有取消。此前，原定于11月29日至12月6日召开的《新削减战略武器条约》磋商会议由俄方建议推迟，里亚布科夫称这是政治决定。

19 日

△ 俄罗斯和白俄罗斯签署了建立联盟国家共同规划系统的政府间协议。该协议为建立一个完整的短期、中期和长期联盟规划体系奠定了坚实的基础。该协议的成功实施将进一步提升两国宏观经济政策效率，将有助于形成两国经济运行的统一原则，并确保两国在联盟国家框架内的有效合作。

23 日

△ 俄罗斯联邦委员会（上议院）新增顿涅茨克、卢甘斯克、扎波罗热、赫尔松四地的联邦委员会代表。

26 日

△ 俄罗斯总统普京任命联邦安全会议副主席梅德韦杰夫担任军事工业委员会第一副主席。